语言学经典文丛

《齐民要术》
词汇语法研究

（修订本）

汪维辉 著

上海教育出版社

国家社会科学基金资助项目(项目批准号：00BYY013)

本书初版荣获教育部"高等学校科学研究优秀成果奖(人文社会科学)"二等奖

[教社科证字(2009)第 086 号]

出　版　说　明

　　上海教育出版社成立六十年来，出版了许多语言学专著，受到学界的欢迎。为满足读者的需要，我们从历年出版的著作中精选了一批，辑为"语言学经典文丛"。此次出版，我们按照学术著作出版规范的国家标准，对编入文丛的著作进行了体例等方面的调整，还对个别差错予以改正。其他均保持原貌。

上海教育出版社

2018 年 8 月

目　　录

上编　概　　论

下编　《齐民要术》新词新义词典

上　编
概　论

第一章 《齐民要术》及其语言

第一节 贾思勰与《齐民要术》①

《齐民要术》(以下简称《要术》)是著名的"北魏三书"之一(另两书是杨衒之的《洛阳伽蓝记》和郦道元的《水经注》),约成书于公元530—540年②,时当北魏(386—534)末、东魏(534—550)初。作者贾思勰,山东益都(今山东省寿光市南)人,其生平史无记载,仅在《要术》一书中留下了"后魏高阳太守贾思勰撰"一行字③。从《要术》中所透露的零星信息来看,他一生中到过今山东、山西、河南、河北等省,足迹遍及黄

---

① 本节内容参考了缪启愉先生的《齐民要术校释·前言》。

② 此系据缪启愉说,见《齐民要术校释·前言》,1页。关于《要术》的成书年代,吴承仕《经籍旧音序录》"贾思勰"条曾作过详细考证,认为"思勰东魏、北齐间人,其著书宜在武定、天保之际",他举出五条证据(《要术》内证四条,两《唐书》一条),结论是:"据此五证,知思勰卒年必当天保后矣。"(58—59页)其中最后一条证据认为《唐书·宰相世系表》的"贾勰,北齐青、兖二州刺史"即《要术》作者贾思勰,已被余嘉锡《四库提要辨证》否定(622—624页)。栾调甫《〈齐民要术〉考证·〈齐民要术〉作者考》认为"吴氏考证作者年代,所立的五证还不免疏误"(9页),他根据《要术》中的三条内证,指出:"根据以上三条考证来说,自公元五二六—五三八年,一共是十二个整年,为作者可考的年代,假如在这时期的初年,作者年在五十岁以上,生年当在太和元年(公元四七七年)前,卒年应在元象元年(公元五三八年)后,年纪在六十岁以上。"《要术》卷一"种谷""西兖州刺史刘仁之"条(即本书下文所引第一条)"应作于元象元年后,因此据以考定年代,是在东魏静帝之世"(13页)。

③ 关于《要术》作者贾思勰,《四库全书总目》云:"思勰始末未详,惟知其官为高平(按,应作'阳')太守而已。"姚振宗《隋书经籍志考证》卷三十一云:"案《魏书》有贾思伯,字士休,齐郡益都人。弟思同,字士明,孝明帝时并为侍讲,授静帝《杜氏春秋》,已在魏之季世,当梁武帝天监、普通、大同之时,思勰或与之同时同族,为郡守以后,不仕而农者欤?"栾调甫上引书曾"根据《要术》本书和《魏书》有关的材料",对"贾思勰"和"贾思同"的关系作过极为详尽的考证,推定两者应为同一人:他本名"思勰",入仕后"释褐彭城王国侍郎"(《魏书·贾思伯传》),此彭城王即北魏宗室元勰,因与上司同名,故依据当时的习惯,改为同义字"同","思"则是当时贾宗的排行。至于书中题款仍称"贾思勰"而不称"贾思同",栾先生认为"思勰"是"行于乡里的名字,所以《要术》家本的题款用本名了"(详见该书17—45页)。我认为栾先生的考证是相当深入可信的。

河中下游地区。书中述及自己的片断有:

    (1) 西兖州刺史刘仁之,老成懿德,谓余言曰:"昔在洛阳,于宅田以七十步之地,试为区田,收粟三十六石。"(卷一"种谷",83页)

    (2) 今并州无大蒜,朝歌取种,一岁之后,还成百子蒜矣,其瓣粗细,正与条中子同。芜菁根,其大如碗口,虽种他州子,一年亦变大。蒜瓣变小,芜菁根变大,二事相反,其理难推。又八月中方得熟,九月中始刈得花子。至于五谷蔬果,与馀州早晚不殊,亦一异也。并州豌豆,度井陉以东,山东谷子,入壶关、上党,苗而无实。皆余目所亲见,非信传疑:盖土地之异者也。(卷三"种蒜",191页)

    (3) 余昔有羊二百口,茭豆既少,无以饲,一岁之中,饿死过半。假有在者,疥瘦羸弊,与死不殊,毛复浅短,全无润泽。余初谓家自不宜,又疑岁道病瘦,乃饥饿所致,无他故也。人家八月收获之始,多无庸暇,宜卖羊雇人,所费既少,所存者大。传曰:"三折臂,知为良医。"又曰:"亡羊治牢,未为晚也。"世事略皆如此,安可不存意哉?(卷六"养羊",427页)

从中可以看出贾思勰对农业生产的关心和熟悉:他不仅留心观察、虚心请教,还亲自实践。这些都是他写作《要术》的基础。

《要术》是我国现存最早的完整农书,也是世界农业史上最早最有价值的名著之一。《四库全书简明目录》称誉为"农家诸书,无更能出其上者",达尔文在其名著《物种起源》中称它为"中国古代的百科全书"[①]。全书共十卷,九十二篇,近十四万字。前五卷包括粮食、油料、

---

    ① 达尔文说:"我看到一部中国古代的百科全书清楚记载着选择原理。"见《物种起源》,周建人、叶笃庄、方宗熙译,商务印书馆,1995年,第44页。译注:"潘吉星考证:早在1840—1850年达尔文起草《物种起源》时,就已看到了全面介绍中国情况的法文巨著《中国纪要》(Mémoires concernant les chinois),该书1776—1814年出齐,共十六巨册。达尔文阅读了其中有关中国科学技术的一些卷,并通过此书了解了北魏贾思勰著的《齐民要术》中关于人工选择的思想,而且予以引用和高度评价。潘氏通过研究《中国纪要》法文原著、达尔文著作的英文原著及《齐民要术》汉文原著后,加以综合对比,从而肯定了达尔文此处所谓的《中国古代百科全书》即为《齐民要术》。参阅:《达尔文与〈齐民要术〉》,潘吉星,《农业考古》,1990年,第二期。"另请参看潘吉星《达尔文涉猎中国古代科学著作考》,《自然科学史研究》第10卷第1期(1991年)。

纤维、染料作物,蔬菜,果树,竹木,栽桑养蚕等栽培饲养技术;第六卷是关于畜禽和鱼类的养殖;第七至第九卷是农副产品的加工、储藏,包括酿造、腌藏、果品加工、烹饪、饼饵、饮浆、制糖,兼及煮胶和制墨等;第十卷记载"五谷、果蓏、菜茹非中国物产者",体例独特,以很大的篇幅引载了有实用价值的热带亚热带植物,成为我国最早的"南方植物志"。全书规模宏大,体例严谨,层次井然,系统完整,包罗了农、林、牧、渔、副各个方面,"起自耕农,终于醯、醢,资生之业,靡不毕书"(《要术·序》),堪称当时的一部农业百科全书。作者定书名为《齐民要术》("齐民"者,平民也),重在其实用价值,所以自序中说:"舍本逐末,贤哲所非,日富岁贫,饥寒之渐,故商贾之事,阙而不录。花草之流,可以悦目,徒有春花,而无秋实,匹诸浮伪,盖不足存。"

《要术》在长期流传的过程中,产生了许多错、讹、衍、脱,号称难读。它是一部农学名著,农史专家对它作了较为深入的研究,南京农业大学缪启愉先生的《齐民要术校释》(第二版)是目前最为详备的校注本。此书的特色之一,是"利用了所有的重要版本、仅有的抄本和稿本",搜罗版本达 29 种之多,据此对全书作了校勘,又博稽载籍,详加注释。尽管此书在校勘和注释方面也还存在着一些问题(详下第三节),但毕竟为我们研究《要术》的语言提供了一个较好的本子。本书引《要术》原文即依据此本,并注明页码。引例如为注文,则用小一号字以示区别。

第二节 《齐民要术》的语言
特点及语料价值

《要术》不仅在中国和世界农学史上具有崇高的地位,而且也是我们今天研究南北朝汉语特别是 6 世纪中叶北方通语的重要语料。作者在自序中说:"鄙意晓示家童,未敢闻之有识,故丁宁周至,言提其耳,每事指斥,不尚浮辞。览者无或嗤焉。"这样的写作宗旨决定了贾思勰采用的是通俗易晓的语言,正如缪启愉先生所说:"文词表达朴实明爽,摒弃冷词僻典,没有一句转弯抹角,或者意义含糊不明的……《要术》行文给人的总的感觉是有一种明白、朴素、直爽、紧凑的风格,娓娓道来,接近口语,如说家常,跟当时的浮靡文风大相径庭。"(《齐民要术校释·前言》)具体而言,我认为《要术》的语言具有专业性、口语性和地域性这样三个鲜明的特点,同时全书语言存在较大的内部差异。下面试分别加以论述。

1. 专业性

唐作藩先生在《汉语词汇发展简史》"五、中古时期汉语词汇的发展"①中谈到《要术》中的农业词汇问题,包括农作物名称、农具名称、耕作行为方面的词语等。这确是《要术》词汇的一个重要特点,也是给读者的第一印象。缪启愉先生曾指出《要术》一书世称"难读"的两大原因,其中之一就是书中有不少当时的民间"土语"和生产上的"术语"。(《齐民要术校释·前言》)这样的词语我们可以举出一大串,足以编成一本小型的《齐民要术术语词典》,比如:水稻、旱稻、粳稻、大麦、小麦、宿麦、荞麦、青稞麦、襄草、秏、菽、大豆、黄高丽豆、黑高丽豆、燕豆、豍豆、小豆、豌豆、江豆、䝊豆、绿豆、线豆、谷、稙谷、黍、穄、粱、秫、油麻、大麻、苴麻、胡麻,冬瓜、越瓜、胡瓜、茄子、蔓菁、芜菁、莴苣、芋、姜、葱、蒜、韭、芥、芸、薑、椒、枣、李、桃、梅、杏、梨、栗、柿、石榴、木瓜、茱萸、甘蔗、雉尾、茭、耒、耜、犁、长辕犁、蔚犁、锄、耰、欘斸、铲、镰、一脚耧、两脚耧、三脚耧、杷、水车、桔槔、辘轳、柳罐、陆轴、铁齿镉榛,春耕、秋耕、初耕、深耕、细耕、耦耕、转地、春种、夏种、播种、㯜种、概种、耩种、植、耘(芸)、耩、杷、耧、薅、芋、劳(耮)、摩(耱)、掩、曳、挞、辗、镞、蹋、刨、劋、刈、锋、劀、挠(呼毛反,搅也)、溲种、灌溉,白背、黄塌、浥郁、蚜蚄、垅、故墟,等等。还有各种农作物众多品种的名称。这些词语有些承自前代,有些则始见于《要术》,它们丰富了汉语词汇的宝库。

2. 口语性

《要术》语言的口语性首先是表现在词汇上,它使用了一大批当时的口语词(详见第二章和下编《〈齐民要术〉新词新义词典》)②;其次是

---

① 收入其《汉语史学习与研究》,322—323 页,商务印书馆,2001 年。

② 入矢义高先生曾经指出:"又'及热'的意思也很明确。它出现在《齐民要术》详细叙述各种各样的烧菜方法中,意思是'热的时候',即'趁还没有冷时'。……像这种'及'的用法,我认为是口语。"参看其《中国口语史的构想》,艾莉钧译,载《汉语史学报》第四辑,上海教育出版社,2004 年,3—4 页。

反映在语法上,有不少中古时期新兴的语法现象(详见第三章)。我们随便抽取书中的几段文字,来真切地感受一下当时的口语大概是个什么样子:

凡耕高下田,不问春秋,必须燥湿得所为佳。若水旱不调,宁燥不湿。燥耕虽块,一经得雨,地则粉解。湿耕坚垎,数年不佳。谚曰:"湿耕泽锄,不如归去。"言无益而有损。湿耕者,白背速镉榛之,亦无伤;否则大恶也。春耕寻手劳,古曰"耰",今曰"劳"。《说文》曰:"耰,摩田器。"今人亦名劳曰"摩",鄙语曰"耕田摩劳"也。秋耕待白背劳。春既多风,若不寻劳,地必虚燥。秋田塌(长劫反)实,湿劳令地硬。谚曰:"耕而不劳,不如作暴。"盖言泽难遇,喜天时故也。(卷一"耕田",37—38页)

染潢及治书法:凡打纸欲生,生则坚厚,特宜入潢。凡潢纸灭白便是,不宜太深,深则年久色暗也。人浸蘖熟,即弃滓,直用纯汁,费而无益。蘖熟后,漉滓捣而煮之,布囊压讫,复捣煮之,凡三捣三煮,添和纯汁者,其省四倍,又弥明净。写书,经夏然后入潢,缝不绽解。其新写者,须以熨斗缝缝熨而潢之,不尔,入则零落矣。豆黄特不宜裹,裹则全不入黄矣。凡开卷读书,卷头首纸,不宜急卷;急则破折,折则裂。以书带上下络首纸者,无不裂坏;卷一两张后,乃以书带上下络之者,稳而不坏。卷书勿用高带而引之,非直带湿损卷,又损首纸令穴;当衔竹引之。书带勿太急,急则令书腰折。骑蕈书上过者,亦令书腰折。书有毁裂,剟方纸而补者,率皆拳挛,瘢疮硬厚。瘢痕于书有损。裂薄纸如薤叶以补织,微相入,殆无际会,自非向明举而看之,略不觉补。裂若屈曲者,还须于正纸上,逐屈曲形势裂取而补之。若不先正元理,随宜裂斜纸者,则令书拳缩。凡点书、记事,多用绯缝,缯体硬强,费人齿力,俞污染书,又多零落。若用红纸者,非直明净无染,又纸性相亲,久而不落。(卷三"杂说",226—227页)

凡栽树,正月为上时,谚曰:"正月可栽大树。"言得时则易生也。二月为中时,三月为下时。然枣——鸡口,槐——兔目,桑——虾蟆眼,榆——负瘤散,自馀杂木——鼠耳、虻翅,各其时。此等名目,皆是叶生形容之所象似,以此时栽种者,叶皆即生。早栽者,叶晚出。虽然,大

率宁早为佳,不可晚也。(卷四"栽树",256 页)

　　牧羊必须大老子、心性宛顺者,起居以时,调其宜适。卜式云:牧民何异于是者。若使急性人及小儿者,拦约不得,必有打伤之灾;或劳戏不看,则有狼犬之害;懒不驱行,无肥充之理;将息失所,有羔死之患也。唯远水为良,二日一饮。频饮则伤水而鼻脓。缓驱行,勿停息。息则不食而羊瘦,急行则坌尘而蚰颡也。春夏早放,秋冬晚出。春夏气软,所以宜早;秋冬霜露,所以宜晚。《养生经》云:"春夏早起,与鸡俱兴;秋冬晏起,必待日光。"此其义也。夏日盛暑,须得阴凉;若日中不避热,则尘汗相渐,秋冬之间,必致癣疥。七月以后,霜露气降,必须日出霜露晞解,然后放之;不尔则逢毒气,令羊口疮、腹胀也。(卷六"养羊",423 页)

　　上述四段文字不足一千字,反映当时口语的词语和表述法就有:不问,必须,不调,块,粉解,坚垎,不佳,归去,白背,镉楼,大恶,寻手,劳,摩,寻,垎实,硬,作暴,泽,打纸,特,潢纸,灭白,便是,年久,熟,滓,漉,添和,明净,绽解,熨斗,零落,豆黄,裹,全,开卷,卷头,急,破折,坏,书带,(一两)张,鬲带,穴,骑蓦,毁裂,率皆,挛拳,瘢疮,硬厚,瘢痕,补织,看,略不,屈曲,还,裂取,元理,随宜,拳缩,点书,硬强,红纸,(纸性)相亲,栽树,上时,中时,下时,虾蟆眼,自馀,负瘤散,虹翅,此等,名目,象似,栽种,大老子,心性,宛顺,急性,拦约,打伤,劳戏,不看,懒,驱行,肥充,将息,脓,停息,坌,蚰,气软,所以,阴凉,以后,毒气;<u>宁燥不湿</u>,<u>一经得雨</u>,布囊<u>压讫</u>,须以熨斗<u>缝缝</u>熨而潢之,<u>卷一两张后</u>;等等。《要术》的口语性之强,由此可见一斑。

　　《要术》引谚语、俗语、歌谣数十条,是当时口语的真实记录,十分珍贵,比如:

　　　　谚曰:"智如禹、汤,不如尝更。"(序,8 页)
　　　　谚曰:"一年之计,莫如树谷;十年之计,莫如树木。"此之谓也。(同上,10 页)
　　　　谚曰:"湿耕泽锄,不如归去。"言无益而有损。(卷一"耕田",38 页)
　　　　春耕寻手劳,古曰"耰",今曰"劳"。《说文》曰:"耰,摩田器。"今人亦名劳曰"摩",鄙语曰"耕田摩劳"也。(同上)

谚曰:"耕而不劳,不如作暴。"盖言泽难遇,喜天时故也。(同上)

谚曰:"欲得谷,马耳镞。"(卷一"种谷",66 页)

谚云:"回车倒马,掷衣不下,皆十石而收。"(同上)

谚曰"以时及泽,为上策"也。(同上,73 页)

谚曰:"家贫无所有,秋墙三五堵。"(同上,74 页)

谚曰:"顷不比亩善。"(同上,83 页)

谚曰:"桃李不言,下自成蹊。"(同上,92 页)

谚曰:"椹厘厘,种黍时。"(卷二"黍穄",102 页)

谚曰:"穄青喉,黍折头。"(同上)

谚曰:"前十鸱张,后十羌襄,欲得黍,近我傍。"(同上,105 页)

谚曰"立秋叶如荷钱,犹得豆"者,指谓宜晚之岁耳,不可为常矣。(卷二"小豆",115 页)

谚曰:"与他作豆田。"(同上,116 页)

谚曰:"夏至后,不没狗。"或答曰:"但雨多,没橐驼。"又谚曰:"五月及泽,父子不相借。"言及泽急,说非辞也。(卷二"种麻",118 页)

语曰:"湖猪肉,郑稀熟。"山提小麦,至黏弱;以贡御。(卷二"大小麦"引《广志》,126 页)

歌曰:"高田种小麦,穇穇不成穗。男儿在他乡,那得不憔悴?"(卷二"大小麦",127 页)

故谚曰:"子欲富,黄金覆。"(同上,133 页)

谚曰:"种瓜黄台头。"(卷二"种瓜",156 页)

谚曰:"触露不掐葵,日中不剪韭。"(卷三"种葵",177 页)

谚曰:"生啖芜菁无人情。"(卷三"蔓菁",188 页)

谚曰:"左右通锄,一万馀株。"(卷三"种蒜",191 页)

谚曰:"葱三薤四。"(卷三"种薤",196 页)

谚曰:"韭者懒人菜。"(卷三"种韭",203 页)

凡栽树,正月为上时,谚曰:"正月可栽大树。"言得时则易生也。(卷四"栽树",256 页)

谚曰:"木奴千,无凶年。"(卷四"种梅杏",282 页)

谚曰:"鲁桑百,丰绵帛。"(卷五"种桑、柘",317 页)

谚曰:"不剥不沐,十年成毂。"(卷五"种榆、白杨",339 页)

谚云："东家种竹，西家治地。"（卷五"种竹"，359 页）

谚曰："羸牛劣马寒食下。"（卷六"养牛、马、驴、骡"，383 页）

谚曰："旦起骑谷，日中骑水。"（同上，405 页）

谚曰："富何卒？耕水窟；贫何卒？亦耕水窟。"（卷七"货殖"，471 页）

谚曰："姜蘘葵，日干酱。"（卷八"作酱等法"，537 页）

熟栗黄：谚曰："金齑玉脍"，橘皮多则不美，故加栗黄，取其金色，又益味甜。（卷八"八和齑"，568 页）

粳米饭：脍齑必须浓，故谚曰："倍著齑。"（同上）

谚曰："杨桃无蹙，一岁三熟。"（卷十"五谷、果蓏、菜茹非中国物产者·果蓏"引《临海异物志》，700 页）

俗曰："槟榔扶留，可以忘忧。"（卷十"五谷、果蓏、菜茹非中国物产者·扶留"引《异物志》，764 页）

语曰："夏苣秋堇滑如粉。"（卷十"五谷、果蓏、菜茹非中国物产者·堇"引《广志》，797 页）

《文心雕龙·书记》云："夫文辞鄙俚，莫过于谚。"确是知言之选。如"智如禹、汤，不如尝更"，"更"表示"经历；经过"义，就是"少不更事"的"更"，可见这个词当时是活在人们口头的；"男儿在他乡，那得不憔悴"，"男儿"和"那得"都是当时的口语词；"触露不掐葵"的"掐"也是口语词，直到今天还说；"生啖芜菁无人情"采用的是东汉以来常见的一种口头韵语形式，七字一句，第四字与第七字押韵，如《后汉书·贾逵传》载诸儒为之语曰"问事不休贾长头"、《许慎传》载时人为之语曰"五经无双许叔重"之类皆是，这句谚语用生动的口语告诫人们芜菁根不能生吃①，其中的"啖"和"无人情"都应该是口语；"韭者懒人菜"，"懒人菜"真是活脱脱的口语；"羸牛劣马寒食下"的"下"是指时间，"寒食下"即寒食节左右，这是目前所见"下"字这一用法的较早例证，当为彼时口语无疑②；"杨桃无蹙，一岁三熟"，透露出当时南部方言仍管"年"叫

---

① 参看缪启愉《校释》190 页注释【一一】。
② 下文第三节对这个"下"字有详细讨论，请读者参看。

"岁";等等。谚语不仅富含口语词和方言成分,且多押韵,可借以考见当时的实际韵部和字音。如"智如禹、汤,不如尝更",汤、更押韵,汤在《广韵》属阳韵[①];"湿耕泽锄,不如归去",锄(鱼韵)、去(御韵)押韵;"以时及泽,为上策",泽(陌韵)、策(麦韵)押韵;"家贫无所有,秋墙三五堵",有(有韵)、堵(姥韵)押韵;"前十鸥张,后十羌襄,欲得黍,近我傍",张(阳韵)、襄(阳韵)、傍(唐韵)押韵;"左右通锄,一万馀株",锄(鱼韵)、株(虞韵)押韵;等等。[②] 于安澜先生的《汉魏六朝韵谱》和周祖谟先生的《魏晋南北朝韵部之演变》均未用到这些押韵材料。

3. 地域性

地域性是指它反映了当时的方言,主要是方言词汇[③]。《要术》中有一批北方方言词,比如:博(换取;贸易),不用(不能,不要)[④],得(行,可以),断手(结束,完毕),对半(两边各一半),浑脱(整个儿地剥脱),仍(仍然),伤(副词,太;失于),剩(阉割),岁道(时令;时运),外许(外面),寻手(随手,随即),预前(事先,预先),在外(除外,不计在内)等。在第二章第四节中,我们把《要术》和同时期的南方文献《周氏冥通记》作了一个比较,可以看出当时南北方言的若干词汇差异。

---

① 在《要术》时代,阳部和庚部已经清楚地分为两个韵部,参看周祖谟《魏晋南北朝韵部之演变》上编第二章"魏晋宋时期韵部的演变",21 页。

② 以上论谚语押韵部分承好友徐泰松教授是正多处,谨致谢忱。

③ 栾调甫先生曾指出《要术》"音注为地方音",他详细考证了《要术》卷三"种胡荽"中的一条音注:"六月连雨时,稆(音吕)生者亦寻满地。"(210 页)认为"稆"本作"旅",最早见于《东观汉记》的"天下野谷旅生谷子",而"旅"自古就有"鲁""吕"二音,现代山东方言仍有此分别:东部地区读作"鲁",西部地区读作"吕"。寿光赵东甫先生告诉他,"寿光语旅生作吕音,桓台一带便呼作鲁。"所以贾思勰注"音吕"是读的他的家乡音。正因为"稆"有"吕"音,所以才造出一个异体字"稆"。(参看栾调甫《〈齐民要术〉考证》23—25 页)若栾说可信,那么《要术》在语音方面也具有地域性,值得研究语音史的学者重视。

④ 友生刘君敬硕士惠告:"《宋书·张邵传》:魏主又遣送毡及九种盐和胡豉,云:'此诸盐,各有宜。白盐是魏主所食。黑者疗腹胀气满,刮取六铢,以酒服之。胡盐疗目痛。柔盐不用食,疗马脊创。赤盐、驳盐、臭盐、马齿盐四种,并不中食。胡豉亦中啖。'(p.1398)按,'柔盐不用食,疗马脊创',应释为'柔盐不能供人食用,只用于治疗马脊创',然此词虽出于北魏致南朝宋书信,也可见南人明白'不用'的意思。可否把它确认为北方方言词,尚须斟酌。"笔者感谢君敬同学提供这一重要的例子和有价值的意见。此例虽然可以让我们推测当时南方人应该也懂得"不用"的特殊含义,但更能证明这是北方口语中的一个常用词,所以会出现在口语色彩很浓的书信中。在没有找到确切的南方文献用例之前,我觉得我们仍不妨假定这个"不用"是一个北方方言词。

4.《要术》语言的内部差异

《要术》的语言存在着较大的内部差异,最重要的一点就是贾氏自己的叙述语言和引用文献之间的差异。《要术》引录古文献占全书篇幅半数以上[①],其中的情况颇为复杂:有引用前代的,也有引用当代的;有引用北方的,也有引用南方的;有全引的,也有节引的。这些不同质的语言成分在研究中需要加以区分。缪启愉先生在《校释》中就常常指出,《要术》所引南方著作《食经》《食次》中的有些词语是贾思勰所不用的。

其次是本文和注文的关系问题。《要术》有很多夹注,梁家勉先生曾将它区分为四种类型,其中大部分是贾氏的自注,当时人著书有自己作注的习惯,比如杨衒之《洛阳伽蓝记》和沈约《宋书》有自注,谢灵运的《山居赋》、颜之推的《观我生赋》等也都有自注。《要术》的自注有些可能已经跟正文互混,不过只要同是贾思勰的语言,对我们的研究关系就不大。但是,《要术》的小注也有一些是后人加上去的,最明显的是《汉书》的颜师古注。还有少量注中注。因此,对于注文,本书持谨慎态度,遇有可疑之处,一般不作为立论的依据。

除上述两点外,《要术》中还有一些后人掺入的文字,如卷前"杂说"和卷二"青稞麦"条等,在用作语料时也应予剔除[②]。我们举两个例子。

A. 卷前《杂说》

《要术》有两"杂说",一在卷前,一在卷三(列于第三十篇)。其中

---

① 明万历三十一年(1603),胡震亨在刊行《要术》时曾这样说:"此特农家书耳,又身是北佬,乃援引史传、杂记,不下百馀种,方言奇字,难复尽通,腹中似有数千卷书者。今人财记《孝经》《论语》,便思著述,将为此佬鬼所笑。"(见《秘册汇函》本《齐民要术》"书《齐民要术》后")虽然语带不敬,所论却是实情。

② 王毓瑚先生《中国农学书录》"齐民要术"条曾经指出:"关于书的本身,也还存在着不少问题。书前面的那篇《杂说》,现已公认是原书所无。《货殖篇》全抄的《汉书》,而内容又恰与自序中'商贾之事,阙而不录'的原则相违,也早经人指出过,同样可疑。此外书中所引的几大段《汉书》,都带了颜师古的注文;注文部分不用说自然是唐朝或五代时期的人加进去的,就连《汉书》原文也未必是原来就有的。按,本书每篇后面摘引的文字,大体上是依时代先后排列的;而《种谷篇》所引的两段《汉书》却在杨泉《物理论》之后,很像是后加的。如果联想到所带的颜师古注文,这种可能性就显得更大。至于其他的注文,也还需要进一步鉴定。作者虽然未必遵守不为本人的著作作注的习惯,但有的注文像《养鸡篇》注引《玄中记》天鸡之类,也并非禁忌、厌胜的性质,殊属无聊,与作者的写作态度颇不相合,不免使人怀疑。总而言之,本书在刻印以前长时期的辗转传抄过程中,难免有好事者羼入了一些别的文字,尤其是注文部分更是如此。前面举出的无可置疑的例子就是证明。"(29—30页)

卷前"杂说"非贾思勰所作,已为学界所公认。柳士镇先生(1989)曾著文从语言角度论证这个问题,给我们以启发。柳文重点讨论了五个词语,证明此文不可能出于贾思勰之手。这五个词语,除"盖/磨"一条属于农业专用词汇外①,另外四条都跟语法史有关,它们是:量词"个","第×遍","著","了"。

如果我们从词汇史的角度用内部比较法来重新审视这篇短短1 400余字的"杂说",就可以发现它非贾氏所作的更多的证据。这不仅有助于进一步推定此文的写作时代,对语言史的研究也不无裨益。下面试逐条加以讨论。

(1)只如

> 《杂说》云:"只如稼穑之力,虽未逮于老农;规画之间,窃自同于'后稷'。"(22页)又云:"只如十亩之地,灼然良沃者,选得五亩,二亩半种葱,二亩半种诸杂菜;似校平者种瓜、萝卜。"(29页)

按,"只如"用于句首,表示提起一件事情,意为"比如,就如,就像",是唐宋时期的习用语。例如唐吴融《李周弹筝歌(淮南韦太尉席上赠)》:"只如伊州与梁州,尽是太平时歌舞。"唐钱珝《江行无题一百首》之二十九:"只如秦塞远,格磔鹧鸪啼。"唐义玄述《镇州临济慧照禅师语录》:"山僧说法,与天下人别。只如有个文殊普贤,出来目前,各现一身问法,才道咨和尚,我早辨了也。"唐道一述《江西马祖道一禅师语录》:"只如今行住坐卧,应机接物,尽是道。"《神会语录》:"只如凝心入定,堕无记空。"唐良价述《筠州洞山悟本禅师语录》:"师遂问曰:'佛界道界即不问,只如说佛界道界底是甚么人?'"《太平广记》卷一八五"张文成"引《朝野佥载》:"人不加众,选人益繁者,盖有由矣。尝试论之。只如明经进士,十周三卫,勋散杂色,国官直司,妙简实材,堪入流者十分不过一二。"又卷二三九"裴延龄"引《谭宾录》:"只如鸿胪礼宾,诸国番客,至于回纥马价,用一分钱物,尚有赢羡甚多。"又卷四九二

---

① 日本学者对此也有论述,参看[日]天野元之助《中国古农书考》第40页,农业出版社,1992年。

"灵应传":"妾家族望,海内咸知。只如彭蠡洞庭,皆外祖也;陵水罗水,皆中表也。"敦煌变文《庐山远公话》:"只如汝未知时,吾早先知此事。"又《燕子赋(一)》:"燕子曰:人急烧香,狗急蓦墙。只如你疗疮病癫,埋却尸丧。总是转关作咒,徒拟诳惑大王。"稗海本《搜神记》卷三:"鬼官对曰:'只如信之徒,世间极有。今若放此,后者举例。请下本司定罪,轻重取旨。'"①例子不胜枚举。

这种"只如"先唐佛经中偶见用例,如东晋法显译《大般泥洹经》卷五:"复次善男子,只如斗星,月尽后夜,明暗中间,暂现光明,众人见已,寻即还灭,人谓其灭而实不灭。"南朝梁法云撰《法华义记》卷一:"问者又言:'即此时众有得他心智者,即见弥勒有如此疑。如此为义,岂成为物耶?'解释者又言:'只如此智,即成为物。……'"隋吉藏撰《华严游意》:"只如林树,有想心取则成有漏树,无想心取则成无漏林树。树未曾有漏无漏,随两心故有漏无漏。今亦尔。"可见其起源不会晚于东晋②。但在中土文献中出现却是唐代的事。《杂说》两次用到此词,应该是体现了唐以后的语言特点。

(2) 宁可

　　《杂说》云:"凡人家营田,须量己力,宁可少好,不可多恶。"(22 页)

　　按,贾思勰不用"宁可"而用"宁",如:若水旱不调,宁燥不湿。(卷一"耕田",37 页)虽然,大率宁早为佳,不可晚也。(卷四"栽树",256 页)土薄火炽,则令酱焦;熟迟气味美好。是以宁冷不焦;焦,食虽便,不复中food也。(卷八"作酱等法",541 页)若等不调,宁伤冷,不伤热;冷则穰覆还暖,热则臭败矣。(卷八"作豉法",560 页)下铁臼中,宁刚不宜泽,捣三万杵,杵多益

善。(卷九"笔墨",683页)墨之大诀如此。宁小不大。(同上,684页)

"宁可"连用虽然早在《史记》中已经出现,汉魏六朝用例多见,但唐以前几乎都是"岂可;是否可以"的意思,表示疑问或反诘;当"宁愿"讲,表示两相比较,选取一面,只在佛经中偶见用例,见于中土文献也是唐以后的事[①]。

根据本人的穷尽性调查,先唐佛经中作"宁愿"讲的"宁可"有如下数例:西晋竺法护译《佛说德光太子经》:"我宁可从高楼上东向自投,莫使我诸家眷属于门中作挂碍,使吾不得出也。"《大宝积经》卷八十八北魏月婆首那译《摩诃迦叶会》第二十三之一:"尔时文殊师利菩萨赞诸比丘:'善哉善哉,善男子! 是汝所应。若不能消信施之食,宁可一日百数归俗,不应破戒受人信施。'"南朝齐僧伽跋陀罗译《善见律毗婆沙》卷十二:"铁丸热光炎,宁可吞取死;若有破戒者,不应吞信施。"隋阇那崛多译《佛本行集经》卷四十八《舍利目连因缘品下》:"宁可共汝死,不欲生离汝。"表示"岂可;是否可以"义的例子则不计其数。

唐以后的中土文献中可以见到当"宁愿"讲的例子,如唐张鷟《答或人》:"宁可且将朱唇饮酒,谁能逐你黑齿常之。"唐王梵志《工匠莫学巧》:"户役一概差,不办棒下死,宁可出头坐,谁肯被鞭耻。"《北齐书·元景安传》:"景皓云:'岂得弃本宗,逐他姓,大丈夫宁可玉碎,不能瓦全。'"《祖堂集》卷十三"招庆和尚":"问:'诸缘则不问,如何是和尚家风?'师云:'宁可清贫长乐,不作浊富多忧。'"敦煌变文《秋胡变文》:"家中贫薄,宁可守饿而死,岂乐黄金为重?"

(3) 假如

> 《杂说》云:"凡人家营田,须量己力,宁可少好,不可多恶。假如一具牛,总营得小亩三顷——据齐地大亩,一顷三十五亩也——每年一易,必莫频种。其杂田地,即是来年谷资。"(22页)

按,这个"假如"并非假设连词"如果",而是"譬如,例如"的意思,

---

① 《大词典》此义下所引的始见书证是唐王绩《赠学仙者》诗:"相逢宁可醉,定不学丹砂。"(3·1600)也嫌晚。

可比较同篇下文："如一具牛，两个月秋耕，计得小亩三顷。"(24 页)
"如"与"假如"同义。此类"假如"先唐译经中偶一见之，如西晋竺法护
译《佛说如来兴显经》卷四："假如日遍照，其界及边崖，难畏所见影，适
见不复见；人中尊如此，普现于世间，众生离笃信，诲示以无为。"①竺法
护译《渐备一切智德经》卷三："假如有人，举其负债，而在解缚。观察
无尽，无所有尽。"②宋代的《朱子语类》中多见，如卷一："问道之体用。
曰：'假如耳便是体，听便是用；目是体，见是用。'"又卷十三："凡事只
去看个是非。假如今日做得一件事，自心安而无疑，便是是处；一事自
不信，便是非处。"又卷十七："物之生，必因气之聚而后有形，得其清者
为人，得其浊者为物。假如大炉镕铁，其好者在一处，其渣滓又在一
处。"又卷一百二十九："人主此事亦不可不知。假如有人已做侍御史，
宰相骤擢作侍从，虽官品高，然侍御史却紧要。为人主者，便须知把他
擢作侍从，如何不把做谏议大夫之类。"此前的其他中土文献中则难觅
用例。

（4）快利

> 《杂说》云："且须调习器械，务令快利；秣饲牛畜，事须肥健；
> 抚恤其人，常遣欢悦。"(22 页)

按，"快利"系同义连文，《大词典》释作"锋利；锐利"，首引此例，次
引唐刘恂《岭表录异》卷中："笆劳竹，皮薄而空……可为锁子错甲，利
胜于铁。若钝，以浆水洗之，还复快利。"(7·437)

"快"有"锋利"义，一般认为是唐代才开始的③。不过我们在先唐
佛经中发现这样一个例子：北魏菩提留支译《大萨遮尼乾子所说经》卷
二："犹如快利刀，剪除诸细草。"④这是目前所见到的最早用例。此外，

---

① 此义的"假如"《大词典》仅引《警世通言》和《初刻拍案惊奇》两个例子(1·1576)，太晚。
② 感谢方一新先生示此例。
③ 《汉语大字典》(以下简称《大字典》)引本例，《大词典》则首引杜甫《戏题王宰画山水图歌》："焉得并州快剪刀，剪取吴松半江水。"(7·435)
④ 先唐佛经中"快利"多见，但除此例外均非此义。如西晋竺法护译《佛说海龙王经》卷四："其有闻佛声，诸天人快利。"又《文殊师利佛土严净经》卷下："若有众生闻普现名，乃获快利无极之庆。"北魏慧觉等译《贤愚经》卷十二："王闻其语，叹言：'善哉！汝得快利，值此上人。'"

唐慧琳《一切经音义》卷九"豺狼"条引《苍颉训诂》云："豺，似狗，白色，爪牙迅快，善搏噬也。"①这个"快"也只能当"锋利"解，但不知道慧琳所引的《苍颉训诂》为何时何人所作。

但是"快"字"锋利"义的普遍行用还是唐以后的事，如《北齐书·方伎传·綦毋怀文》："今襄国冶家所铸宿柔铤，乃其遗法，作刀犹甚快利，不能截三十札也。"杜甫《李潮八分小篆歌》："况潮小篆逼秦相，快剑长戟森相向。"韩愈《石鼓歌》："年深岂免有缺画，快剑斫断生蛟鼍。"李商隐《行次西郊作一百韵》："快刀断其头，列若猪牛悬。"陆龟蒙《杂讽九首》之九："古铁久不快，倚天无处磨。"敦煌变文《大目乾连冥间救母变文》："铁钻长交利锋剑，馋牙快似如锥钻。"《杂说》的"快利"看作唐人用语恐怕更合理。

（5）遣

　　《杂说》云："且须调习器械，务令快利；秣饲牛畜，事须肥健；抚恤其人，常遣欢悦。"（22页）又云："观其地势，干湿得所，禾秋收了，先耕荞麦地，次耕馀地。务遣深细，不得趁多。"（同上）

按，"遣"当"使，令"讲也是《杂说》的惯用词，而不见于贾思勰笔下，他用"令"和"使"，例如：锄常令净。荒则少实。（卷二"种麻子"，123页）深掘，以熟粪对半和土覆其上，令厚一寸，铁齿杷楼之，令熟，足踏使坚平。（卷三"种葵"，176页）每耕即劳，以铁齿杷楼去陈根，使地极熟，令如麻地。（同上，181页）又五月子熟，拔取曝干。勿使令湿，湿则裹郁。（卷三"种胡荽"，209页）剗讫，即编为巴篱，随宜夹缚，务使舒缓。（卷四"园篱"，254页）时时溉灌，常令润泽。（卷四"栽树"，256页）春采者，必须长梯高机，数人一树，还条复枝，务令净尽。（卷五"种桑、柘"，318页）生则薅治，常令净洁。（卷五"种槐、柳、楸、梓、梧、柞"，358页）火盛喜破，微则难热，务令调适乃佳。（卷七"涂瓮"，477页）

尽管"遣"当"使，令"讲魏晋南北朝已有用例②，但与这里的用法有

---

①　上海古籍出版社1986年影印本，339页。这条材料承姚永铭博士检示，谨致谢忱。
②　《大词典》和《大字典》"遣"字条"使，让"义下皆首引《杂说》此例，嫌晚。

所不同:《杂说》的"遣"后面跟的都是形容词,这种"遣"的词义已经相当虚泛,不再带有任何"派遣;发遣"的意味,而像《世说新语》中的这几个例子,"遣"的派遣,命令,指使"意味还比较明显:《品藻 7》:"〔杨〕准与裴颜、乐广友善,遣见之。"《夙慧 2》:"魏武知之,即遣还外。"又如《百喻经·山羌偷官库衣喻》:"王遣著衣,实非山羌本所有,故不知著之,应在手者著于脚上,应在腰者返著头上。""遣"后带形容词的例子要到唐代才见到,如王梵志《富饶田舍儿》:"广设好饮食,多酒劝遣醉。"又《两两相劫夺》:"他卖抑遣贱,自卖即高擎。"岑参《与鲜于庶子泛汉江》:"急管更须吹,杯行莫遣迟。"姚伦《感秋》:"霜风与春日,几度遣荣枯。"寒山《养女畏太多》:"养女畏太多,已生须训诱。捺头遣小心,鞭背令缄口。"因此《杂说》的两例"遣"反映的应是唐人的用词习惯。

(6) 干湿

> 《杂说》云:"观其地势,干湿得所,禾秋收了,先耕荞麦地,次耕馀地。务遣深细,不得趁多。看干湿,随时盖磨著切。"又云:"凡种小麦地,以五月内耕一遍,看干湿转之,耕三遍为度。"(22 页)

按,同样的意思贾思勰说"燥湿",凡四见:凡耕高下田,不问春秋,必须燥湿得所为佳。(卷一"耕田",37 页)燥湿候黄塴。(卷二"黍穄",102 页)燥湿之宜,杷劳之法,一同谷苗。(卷二"粱秫",107 页)八九月中水尽,燥湿得所时,急耕则镉榛之。(卷五"种槐、柳、楸、梓、梧、柞",352 页)这两个词贾思勰和《杂说》作者分用划然,绝不相混,可见《杂说》不可能出于贾氏之手。

"燥湿"为自上古以迄唐代的习惯说法,例子很多,《左传》《荀子》《商君书》《韩非子》《管子》《晏子春秋》《礼记》《吕氏春秋》《淮南子》《新论》《论衡》《三国志》及裴注、《全唐诗》《太平广记》等均有用例;而"干湿"则少见,笔者只在佛经中见到一些例子,如后秦僧肇著《宝藏论》:"明暗自尔,干湿同方。"隋智顗说《妙法莲华经文句》卷八上:"三菩提者,明一切权果也。权因权果皆摄属此经,如干湿等土悉依于水,故言摄属也。"隋智顗说《摩诃止观》卷一上:"山海水陆四方土地各有所出,采掘干湿各各有时。"唐湛然述《止观辅行传弘决》卷六之二:"根苗各有干湿不同,用真如干,用俗如湿。"唐智俨述《大方广佛华严经搜玄分齐通智方轨》卷三(之下):"如彼渴鹿,见阳焰水,干湿并彰。"唐玄奘译《阿毗达磨大毗婆沙论》卷一百十九:"时彼老父,率诸女人,稽首佛足,合掌恭敬,取家所有干湿净肉,调和香味,以奉世尊。"唐不空译《十一面观自在菩萨心密言念诵仪轨经》卷下:"粪器形干湿,焰散舐掠形。"唐慧琳《一切经音义》卷十三《大宝积经》第四十二卷"疽癣"条:"颜氏云:今癣有干湿二种。"①中土文献中"干湿"一词难觅踪迹。

（7）趁

　　《杂说》云:"务遣深细,不得趁多。"（22页）

　　按,"趁"当"求;贪"讲,唐以前未见②,而唐人时有使用,如柳宗元《叠后》:"事业无成耻艺成,南宫起草旧连名。劝君火急添功用,趁取当时二妙声。"白居易《感事》:"每遇凄凉事,还思潦倒身。唯知趁杯酒,不解炼金银。"姚合《山居寄友人》:"因客始沽酒,借书方到城。诗情聊自遣,不是趁声名。"《杂说》用"趁",符合唐人的用词习惯。

（8）排比

　　《杂说》云:"至十二月内,即须排比农具使足。一入正月初,未开阳气上,即更盖所耕得地一遍。"（24页）

　　按,"排比"当"安排,准备"讲,是唐宋时代的口语词,如元稹《遣行十首》之三:"就枕回转数,闻鸡撩乱惊。一家同草草,排比送君行。"又《奉和荥阳公离筵作》:"钧天排比箫韶待,犹顾人间有别情。"白居易《湖上招客送春泛舟》:"排比管弦行翠袖,指麾船舫点红旌。"又《和微

----

① 方一新先生认为:"此例'干湿'疑为医学用语,指干癣、湿癣,与上述各例有异。"
② 《大字典》"追求;寻觅"义下首引《杂说》例,次例为五代成彦雄《杨柳枝十首》之一:"欲趁寒梅趁得么? 雪中偷眼望阳和。"（1451）《大词典》"追求;寻取"下首例同,次例是唐周贺《赠姚合郎中》诗:"道从会解唯求静,诗造玄微不趁新。"（9·1117）

之诗二十三首·和寄乐天》："饯筵才收拾,征棹遽排比。"吴融《南迁途中作七首·溪翁》："应嗟独上浔阳客,排比椒浆奠楚魂。"陆贽《诛李怀光后原宥河中将史并招谕淮西诏》："如本是奉天定难功臣,准条合给赏者,度支即排比支付。"〔日〕圆仁《入唐求法巡礼行记》卷三:"〔七月〕一日,为往长安,排比行李。"《太平广记》卷二二四"令狐绚门僧"引《摭言》："公闻之,即处分所司,排比迎新使。"敦煌变文《庐山远公话》："当时有敕:令中书门下,排比释、道、儒三教,同至福光寺内,迎请远公入其大内供养。"宋法贤译《大正句王经》卷下:"于是各各多装车乘,排比鞍马同日上路。"字又写作"排批""排枇",如《伍子胥变文》："排批舟船,横军度水。"《维摩诘经讲经文》（一）:"时宝积等闻维摩此语,却问居士曰:'不委菴园世尊何时说法?'居士曰:'汝速排批,今整（正）是时。'"《太子成道经》："是时大王排枇鸾驾,亲自便往天祝神边。"①此词目前尚未见到唐以前的用例。

（9）上头

　　《杂说》云:"下两重子黑,上头一重子白,皆是白汁,满似如浓,即须收刈之。"又云:"若待上头总黑,半已下黑子,尽总落矣。"（25 页）

　　按,贾思勰不用"上头",同样的意思他用"上",如:收取种茧,必取居簇中者。近上则丝薄,近地则子不生也。（卷五"种桑、柘",333 页）。跟"下"相对、表示"上面"义的"上头",唐代文献中多见②,如王梵志《古来服丹石》："人人总色活,拄著上头天。"岑参《登嘉州凌云寺作》:"寺出飞鸟外,青峰戴朱楼。搏壁跻半空,喜得登上头。"白居易《游小洞庭》:

---

　　①　参看蒋礼鸿《敦煌变文字义通释》（增补定本）"排比 排批 排枇 排备"条（上海古籍出版社,1997 年,159—161 页）、蒋礼鸿主编《敦煌文献语言词典》"排比""排批""排枇"诸条（杭州大学出版社,1994 年,236—237 页）。方一新先生指出:蒋先生《通释》在条末引《齐民要术》杂说此例后云:"据此,'排比'一词北朝已有。"可商。

　　②　先唐佛经中多见"上头"一词,不过基本上都是"排列在前,次序在先"的意思,如东汉安世高译《普法义经》:"是时贤者舍利弗请比丘听说法,上头亦善,中央亦善,要亦善。"南朝齐伽伽跋陀罗译《善见律毗婆沙》卷十二:"若女人次第坐,膝膝相著,比丘捉著上头第一女僧残,馀女突吉罗。"像《杂说》这样用法的"上头"尚未见到。

"湖山上头别有湖,芰荷香气占仙都。"唐一行《大毗卢遮那成佛经疏》卷十四:"仰壤擎曩莽亦有五字,即同上头之点也。其也啰等八字,即同字傍之二点,是除之义也。"〔日〕圆仁《入唐求法巡礼行记》卷四:"见说仙台高百五十尺,上头周圆与七间殿基齐。"

（10）缘

> 《杂说》云:"何者? 缘盖磨数多故也。"（25 页）

按,"缘"表示"因为;由于",起源甚早,如《公羊传·宣公六年》:"赵穿缘民众不说,起弑灵公,然后迎赵盾而入。"但贾思勰不用此词,同样的意思贾氏用"由"字,如:凡瓜所以早烂者,皆由脚蹋及摘时不慎,翻动其蔓故也。(卷二"种瓜",157 页)盖由土中先有大鱼子,得水即生也。(卷六"养鱼",461 页)由子形上花似鸡冠,故名曰"鸡头"。(同上,465 页)世人作葵菹不好,皆由葵大脆故也。(卷九"作菹、藏生菜法",659 页)或干脆不用介词,如:初酿此酒者,率多伤薄,何者? 犹以凡麹之意忖度之,盖用米既少,麹势未尽故也,所以伤薄耳。(卷七"造神麹并酒",487 页)这个"缘"字是《杂说》非出贾手的又一个证据。

（11）如

> 《杂说》云:"候未蚕老毕,报锄第三遍。如无力,即止;如有馀力,秀后更锄第四遍。"（25 页）又云:"如去城郭近,务须多种瓜、菜、茄子等,且得供家,有馀出卖。"（29 页）又云:"至七月六日、十四日,如有车牛,尽割卖之;如自无车牛,输与人。"（同上）又云:"瓜,二月种;如拟种瓜四亩,留四月种,并锄十遍。"（同上）

按,以上用作假设连词的"如",在贾思勰笔下几乎都用"若",例子不胜枚举。《杂说》也用"若"表假设,如:"夫治生之道,不仕则农;若昧于田畴,则多匮乏。"（22 页）"见世人耕了,仰著土块,并待孟春盖,若冬乏水雪,连夏亢阳,徒道秋耕不堪下种。"（同上）"若待上头总黑,半已下黑子,尽总落矣。"（25 页）可见作为假设连词,《杂说》"如""若"混用。而《要术》全书"如""若"二字分别甚严:"如"是"如似"义,例如:

苗生如马耳则镞锄。(卷一"种谷",66 页)细剉麹如雀头,先布瓮底。(卷七"笨麹并酒",520 页)"若"则是"假如"义。只有三个"如"是用作假设连词:科大,如概者,五六月中霖雨时,拔而栽之。(卷二"旱稻",147 页)如其栽榆与柳,斜直高共人等,然后编之。(卷四"园篱",254 页)于北向户大屋中作之第一。如无北向户屋,于清凉处亦得。(卷七"笨麹并酒",509 页)在短短 1 400 馀字的《杂说》里竟然出现了 6 个表假设的"如",这显然不符合贾思勰的用词习惯。

要论定卷前《杂说》非贾思勰所作是比较容易的,柳文的论证已经很充分,以上 11 个词语可以进一步补充证明这一点(其中"只如、宁可、假如、快利、干湿"五个词先唐佛经已见用例,可以看作辅证);要推定《杂说》的写作时代,则要困难一些。缪启愉先生曾说:"卷前《杂说》宋以前已有,一般推测为唐人所作。"从柳文和我们这里所考察的十多个词来看,《杂说》的语言带有明显的唐代汉语的特点,据此大致可以推测《杂说》的写作不会早于唐。柳文指出:"但我们现在见到的《杂说》也许不是唐人写定的本子,很可能又经过后人的增删。例如将'劳'称为'盖'或'盖磨',据元代王祯的看法,就是当时人根据本为农具的'劳'的功效而采取的称呼。"这个意见也是很有道理的,因为我们现在还找不到唐代称"劳"为"盖"的证据。

B. 卷五《伐木》篇末"种地黄法"条

原文不长,先引在这里:

> 种地黄法:须黑良田,五遍细耕。三月上旬为上时,中旬为中时,下旬为下时。一亩下种五石。其种还用三月中掘取者。逐犁后如禾麦法下之。至四月末、五月初生苗。讫至八月尽九月初,根成,中染。若须留为种者,即在地中勿掘之。待来年三月,取之为种。计一亩可收根三十石。有草,锄不限遍数。锄时别作小刃锄,勿使细土覆心。今秋取讫,至来年更不须种,自旅生也。唯须锄之。如此,得四年不要种之,皆馀根自生矣。(381 页)

缪启愉先生说:"地黄种法似宜附在种染料作物某篇之后,现在附于《伐木》篇,可能是全卷写成后再补上的。"按,此条甚可疑。其中有一个词语"不要",是"无需"的意思,我认为不应出自贾思勰的笔下。全书"不要"连用仅此一见,这样的"不要"在唐以前还没有见到过。

第三节 《齐民要术》校释商补

如前所述,南京农大缪启愉教授积数十年之功撰成的《齐民要术校释》(中国农业出版社,1998年第二版),是目前最详备、最权威的《齐民要术》校注本,今日读《要术》者不可不利用其书。缪书实为贾氏功臣,嘉惠学林,厥功甚伟,毋庸赘言;但由于贾书卷帙繁重,问题复杂,《校释》在校勘和注释方面也还存在着一些有待继续商讨和补充的问题。下面是笔者在研读过程中的一些心得,整理出来以就正于方家。所论各条以书中出现的先后为序。

1. 离

〔召信臣〕躬劝农耕,出入阡陌,止舍离乡亭,稀有安居时①。(序,9页)

《校释》:"离:《周易·序卦》:'离者,丽也。'《诗经·小雅·鱼丽》毛《传》:'丽,历也。'是'离'即经历之意。《要术》语出《汉书》,《汉书·西域传上》又有'离一二旬',颜师古注:'离,亦历也。'说明'离乡亭'意即'历乡亭',不是离开乡亭。此句意谓召信臣深入农村,勘察水源,经历各乡各亭,就在乡亭里'止舍'(过夜),很少有安适的时候和住处。"(14页)

按,照缪注,则原文的语序应作"离乡亭止舍",可见把"离"解释成"历"在上下文中是难以讲通的。《汉书·循吏传·召信臣传》颜师古注解释"止舍离乡亭"句云:"言休息之时,皆在野次。"(11·3642)"离"字显然是理解成"离开"的意思。这样解释是对的,"乡亭"本供行人止息,正因为召信臣止舍的时候总是离开乡亭,所以才"稀有安居时"②。

---

① 缪书"安居"后句断,"时"属下句。今从中华书局标点本《汉书·循吏传·召信臣传》断句。

② 真大成君惠告:《汉语大词典》"乡亭"条引《要术》此文脱"离"字,意义恰反。

不必别出新解。

2. 匠

　　又课以闲月取材，使得转相教匠作车。（序，9页）

　　《校释》："匠：指制车技术。"（15页）

　　按，所释无据，"匠"字并无此义。此"匠"仍应以常义"匠人"释之，意谓"教导匠人作车"。此系《要术·序》引《魏略》（见《三国志·魏书·仓慈传》裴注引），《晋书·食货志》作"斐又课百姓，令闲月取车材，转相教匠"，无"作车"二字[1]。

3. 苽

　　如去城郭近，务须多种苽、菜、茄子等，且得供家，有馀出卖。（杂说，29页）

　　《校释》："连下段内四'苽'字，金抄、明抄均作'苽'（院刻残页剩有后二苽字，亦作'苽'），明清刻本均作'瓜'。按：苽即'菰'字，是菱白，也许《杂说》作者习惯上写瓜为'苽'，犹果之写作'菓'。但在这里易致混淆，从明清刻本作'瓜'。"（29—30页）

　　按，据《说文》，"苽"确是"菰"的本字，但民间俗书早已把此字用作了"瓜"字，道理正如缪先生所说的"犹果之写作'菓'"，并非只是《杂说》作者的书写习惯。例如《南齐书·孝义传·韩灵敏》："兄弟共种苽半亩，朝采苽子，暮已复生。"敦煌写本《搜神记》："今十二月非时，何由可得苽食？……汝有孝心，上感于天，天使我送苽一双与汝来，君宜领取，与父充药。"《全唐诗》卷四七五李德裕《思山居一十

---

　　① 方一新先生惠告："匠"有教义。《楚辞·东方朔〈七谏·哀命〉》："念私门之正匠兮，遥涉江而远去。"王逸注："匠，教也。""教匠"有无可能是动词同义连用，谓"教、教导"？《贤愚经》卷一〇："世尊寻时，共诸比丘，往至鱼所。而问鱼言：'汝是迦毘梨不？'答言：'实是。'郑重三问：'汝是迦毘梨不？'答言：'实是。'复问：'教匠汝者，今在何处？'答言：'堕阿鼻地狱中。'""教匠"用同《要术》本例。但通检《大正藏》，"教匠"仅此一例（《法苑珠林》《诸经要集》均引《贤愚经》，是同一例），证据稍显不足。维辉按，方先生此说亦甚有理，谨录以备考。

首·忆种苽时》:"虽有苽园在,无因及种时。"例多不备举。唐颜元孙《干禄字书》:"苽、瓜,上俗下正。"正是对这一对正俗字的忠实记录[1]。实际上"瓜"作"苽"早在战国时期就已出现,如《上海博物馆藏战国楚竹书(一)·孔子诗论》中的《诗经》篇名《木瓜》即作《木苽》[2],可谓源远流长。

4. 准直

> 田事既饬,先定准直,农乃不惑。(卷一"耕田",44 页)

《校释》:"准直:准确公平,指田事准备就绪之后,要先把阡陌疆界合理地规定好,农民才不致于迷惑争闹。"(47 页)

按,《要术》此句系引《礼记·月令》,郑玄注曰:"准直,谓封疆径遂也。"孔颖达疏:"准谓轻重平均,直谓绳墨得中也。封疆有界限,径遂有阔狭,皆先平均正直之,故云'准直谓封疆径遂'。"[3]缪释"准直"二字不够准确,有以今律古之嫌。"准直"充当"定"的宾语,是名词而不是形容词,本指"标准;准绳",这里就是指疆界(即郑玄所谓"封疆径遂")。

5. 反性

> 节欲之本,在于反性。反其所受于天之正性也。(卷一"种谷",76 页)

《校释》:"反性:反其好利好声色的本性,坚持清心寡欲。照注文则相反,人性有'善'的一面,要回返到天赋的善性上来,发扬仁义道德的本性。"(81 页)

按,此系引《淮南子·诠言》,原文是:"……节欲之本,在于反性;

---

① 参看张涌泉《汉语俗字研究》48 页,岳麓书社,1995 年。

② 参看拙作《上博楚简〈孔子诗论〉释读管见》"苽"条,"简帛研究"网 2002 年 6 月 17 日,又收入《姜亮夫、蒋礼鸿、郭在贻先生纪念文集》(《汉语史学报专辑》〔总第三辑〕),浙江大学汉语史研究中心、浙江大学古籍研究所编,上海教育出版社 2003 年 5 月。

③ 《十三经注疏》上册,1357 页下栏,中华书局 1980 年影印本。

反性之本,在于去载。去载则虚,虚则平。" "反性"的意思应以原注所释为是。缪先生云:"所有各注,今《淮南子》各本没有,疑亦出许慎注。"经查,"反性"一词在《淮南子》中一共出现了六次,除上例外,其馀几例如下:

（1）天下有至贵而非势位也,有至富而非金玉也,有至寿而非千岁也。原心反性,则贵矣;适情知足,则富矣;明死生之分,则寿矣。（缪称）

（2）是故不闻道者,无以反性。（齐俗）

（3）故圣人体道反性,不化以待化,则几于免矣。（同上）

（4）故为治之本,务在宁民;宁民之本,在于足用;足用之本,在于勿夺时;勿夺时之本,在于省事;省事之本,在于节用;节用之本,在于反性。（泰族）

显然,原注的理解是符合文意的。

6. 方迷反

张揖《广雅》曰:"大豆,菽也。小豆,荅也。𢀓方迷反豆、豌豆,留豆也。……"（卷二"大豆",109 页）

《校释》:"'𢀓'的注音,各本均作'方迷反'（或'切'）。按:此字反切的声母,据《广雅》隋代曹宪注、《一切经音义》卷十二、《广韵》《集韵》均作'边'或'布',即均读唇音,不读唇齿音,吾点校改为'边迷切',是,'方'当是'边'的残文错成。"（110 页）

按,"方"的古音即为重唇音,不当改为"边"。以"方"切"𢀓"是后世所谓的"类隔切",即轻重唇音互切,反映了造这条反切的时代轻重唇音尚未分化。原本《玉篇》（据日僧空海《篆隶万象名义》）"𢀓"字也是"方迷反"。从所反映的语音特点看,《要术》注文中所用的反切,时代应该是比较早的。本条即其一例。卷七"笨麴并酒"条"笨"字注音"符本切","笨"重唇并母,"符"轻唇奉母,以轻唇切重唇,是同样的道理。《广韵》"笨"字"蒲本切",则为"音和切"。

7. 总尽

磨,总尽无麸。(卷二"大小麦",133 页)

《校释》:"'总尽',金抄、明抄等及元刻《辑要》力(所?)引并同,渐西本从殿本《辑要》删去'总'字。按:'总'字并非多馀,卷前唐人附益的《杂说》:'半已下黑子,尽总落矣。'东晋王羲之(321—379 年?)《题笔阵图后》:'且作馀字总竟,然后安点。'总尽即尽总、总竟,意即全部磨完。"(134 页)

按,说"总尽""意即全部磨完"是不错的,但"总尽"与"尽总"结构不同,不宜混为一谈。"尽总"是并列结构,同义连文,为副词,在《杂说》例中充当状语;而"总尽"则是偏正结构,"尽"是动词,"总"是副词,在上例中充当谓语。"总尽"与"总竟"结构相同,意思也相近。又,此句宜标点作:磨总尽,无麸。意谓"青稞麦"品质好,能全部磨完,没有麸皮。

8.《郭子》

《郭子》:"东吴有长柄壶楼。"(卷二"种瓠",165 页)

《校释》:"《郭子》此条,类书未见。《隋书·经籍志三》小说类著录'《郭子》三卷,东晋中郎将郭澄之撰',疑即此书。郭澄之东晋末人,《晋书》有传。书已佚。"(165—166 页)

按,说"类书未见",不确。《太平御览》卷三八九引《郭子》:"陆士衡初入洛,张公云:'宜诣刘道真。'于是二陆既往,刘尚在哀制,性嗜酒,礼毕,初无他言,唯问:'东吴有长柄壶卢,卿得种不?'陆兄弟殊失望,乃云悔往。"此条又见《世说新语·简傲5》,文字略有不同。据《要术》所引,则《世说》当是采自《郭子》。

9. 散盖

叶如散盖,绀色。(卷二"种芋",169 页)

《校释》："古时称雨伞为'盖'；散盖：即张开的雨伞，亦称'张缴'。《水经注》卷三三《江水》记载巴川（今四川东北部的巴河和渠江）出产一种'缴子盐'：'粒大者方寸，中央隆起，形如张缴。'缴：伞本字。"（171 页）

按，"散盖"当是同义连文，"散"即"缴"之省体字。西晋法炬共法立译《法句譬喻经》卷二："最后一日极大布施，如长者法：金钵盛银粟，银钵盛金粟，象马车乘，奴婢资财，七宝服饰，散盖履屣，鹿皮之衣。""散"，宋元明三本作"缴"。① 西晋竺法护译《梵网六十二见经》："有异道人，受人信施，食便沐浴，以杂香涂身，自庄严，以镜自照，持高缴盖，著履结发，以珠珞眊。""缴"，宋本作"散"。并可为证。《太平御览》卷七〇二引《通俗文》："张帛避雨谓之缴盖。"唐慧琳《一切经音义》卷十一"缴盖"条："《玉篇》云：'缴即盖也。'《通俗文》曰：'以帛避雨曰缴。'……盖亦伞也。案：缴、盖者一物也。"（421—422 页）这都是"缴盖"同义连文的证明。张开的伞可以说成"张缴"，但恐怕不能说成"散盖"。② "缴盖"一词佛经中多见，如：昼夜常以缴盖覆我，莫令太子夜为露所沾，昼为日所炙。（东晋瞿昙僧伽提婆译《中阿含经》卷二十九）合诸毒药，合诸香油，作诸乐器、革屣、缴盖，竹作织作、刻画文绣，服种种药，合和诸香。（东晋法显译《大般泥洹经》卷四）又作无量百千幡幢缴盖，使诸鬼神各持舍利供养之具。（南朝宋求那跋陀罗译《杂阿含经》卷二十三）乘朽故车，连缀树叶，以为缴盖。（失译附秦录《别译杂阿含经》卷三）彼能救护王苦厄，犹如热雨缴盖遮。（隋阇那崛多译《佛本行集经》卷四十三）《汉书·陈胜项籍传》"置人所罾鱼腹中"颜师古注："罾，鱼网也，形如仰缴盖，四维而举之。"可见唐人口语中仍说此词。

10. 劕

书有毁裂，劕方纸而补者，率皆弯拳，瘢疮硬厚。（卷三"杂说"，227 页）

---

① 此例承方一新先生惠示，谨致谢忱。
② 《大词典》"缴盖（伞盖）"释作"古代一种长柄圆顶、伞面外缘垂有流苏的仪仗物"（1·1587），释义嫌窄，实际上"伞盖"就是一种避雨遮阳的器具，可以手擎，也可以安装在车上，有时也用作仪仗物。"缴盖"下仅引《梁书·武帝纪上》一例（9·1016），既少且晚。

"劙"字《校释》解释为"撕、割的意思"(228页)。

按，释义不确。劙的确切含义是"（用利刃）割、划"，而没有"撕"的意思。此词《要术》中屡见，如：

(1) 桃性皮急，四年以上，宜以刀竖劙其皮。不劙者，皮急则死。（卷四"种桃柰"，268页）

(2) 若煮黑饧，即待芽生青，成饼，然后以刀劙取，干之。（卷八"黄衣、黄蒸及糱"，532页）

(3)《食次》曰："白茧糖法：……干为饼：法，厚二分许。日曝小燥，刀直劙为长条，广二分；乃斜裁之，大如枣核，两头尖。"（卷九"饧餔"，678页）

这些例子中的劙都是指用刀尖割、划。"劙"是"劙"的异体字，《广韵·霁韵》："劙，同劙。""劙，割破。"《方言》卷十三："劙，解也。"古书中多有用例，如《荀子·强国》："〔莫邪〕则劙盘盂，刎牛马，忽然耳。"唐杨倞注："劙，割也。"《太平广记》卷四〇六"荔枝木"条引《扶南记》："南海郡多荔枝树。荔枝为名者，以其结实时，枝条肴而蒂牢，不可摘取，以刀斧劙取其枝，故以为名。"《三遂平妖传》第八回："酒保去看时，只见水动，双手去捞，捞出一尾三尺长鲤鱼来，道：'却不作怪！'只得替他劙了鱼，落锅煮熟了，用些盐酱椒醋，将盘子盛了搬来与他。"《聊斋志异·饿鬼》："马探其生殷富，登门强索资，故挑其怒，乃以刀自劙，诬而控诸学。"又《大男》："至夜，以刀自劙。贾不敢逼，俟创瘥，又转鬻于盐亭贾。"

此词至今仍保存在许多方言中，如冀鲁官话的山东莒南、利津，胶辽官话的山东烟台、长岛，中原官话的江苏徐州、山东郯城、东平、枣庄、平邑，徽语的安徽歙县，吴语的江苏常州、浙江宁波、定海等。①

11. 及

七月。……七日，遂作麹；及曝经书与衣裳；作干糗，采葸耳。

---

① 参看许宝华、宫田一郎主编《汉语方言大词典》第五卷7520页，中华书局，1999年。

（卷三"杂说"引崔寔《四民月令》,239 页）

《校释》:"'作麴'下连'及'字,晒经书等不少事都要在初七这同一天做,不合理,《玉烛宝典》在'作麴'下另起'是月也',则晒经书等事尽可在七月内做,不必忙在一天内。《要术》'及'不妥,没有'及'字还好些。"(241 页)

按,古人有七月七日晒书及衣裳的习俗,《世说新语》中就有明确的记载,如《任诞10》:"七月七日,北阮盛晒衣,皆纱罗锦绮。仲容以竿挂大布犊鼻裈于中庭。人或怪之,答曰:'未能免俗,聊复尔耳。'"刘孝标注:"旧俗:七月七日,法当晒衣。"《排调31》:"郝隆七月七日出日中仰卧。人问其故,答曰:'我晒书。'"《太平御览》卷三十一引《韦氏月录》:"七月七日晒曝革裘,无虫。"又引崔寔《四民月令》:"七月七日暴经书及衣裳,习俗然也。"《全唐诗》卷九十五沈佺期《七夕曝衣篇》自注引王子阳《园苑疏》:"太液池边有武帝阁,帝至七月七日夜,宫女出后衣曝之。"都可以为证。《要术》引《四民月令》有"及"字是正确的,并无不妥,"遂作麴及曝经书与衣裳"当作一句读。

12. 取

昼曝,夜内汁中,取令干。（卷四"种木瓜",307 页）

《校释》:"取:促使,须要。"(308 页)
按,此"取"字应释作"求,求得"方确。《要术》中多有同类用例,如:畦畔大小无定,须量地宜,取水均而已。(卷二"水稻",139 页)然后下土坚筑。近上三寸不筑,取其柔润也。(卷四"栽树",256 页)凡三日三夜,撤覆露之,毕日曝,取干,内屋中。(卷四"种枣",264 页)凡非时之木,水沤一月,或火焗取干,虫皆不生。(卷五"伐木",379 页)

13. 折

白杨,性甚劲直,堪为屋材;折则折矣,终不曲挠。（卷五"种榆、白杨",343 页）

《校释》:"'折则折矣',各本同,有误。'折'作为弯曲讲,与'曲挠'无别;如果作为折断讲,用作栋梁,祸害极大。清吴其濬《植物名实图考长编》卷二一'白杨'引《悬笥琐探》:'白杨……修直端美,用为寺观材,久则疏裂,不如松柏材劲实也。'说明白杨材虽然条直不'曲挠',但日久容易析裂开坼,则'折'应是'析'之形误。"(344页)

按,此校恐不可从。《要术》的本意是强调白杨的"劲直""不曲挠",在压力下即使折断了,也"终不曲挠"。与"曲挠"相对的反义词正应是"折",而不应随便改作"析"。"析"作不及物动词,有"分开;分散"义,但是没有见到过当"析裂开坼"讲的例子。白杨堪作屋材,主要是取其"劲直""不曲挠"这一点,当然,跟松柏相比,它并非最理想的,所以原文小注中即说:"凡屋材,松柏为上,白杨次之,榆为下也。"(344页)而且小注把榆和白杨作了比较:"榆性软,久无不曲,比之白杨,不如远矣。"凡此均可证明原文作"折"不误。

14. 合

> 世人见漆器暂在日中,恐其炙坏,合著阴润之地,虽欲爱慎,朽败更速矣。(卷五"漆",349页)

《校释》:"合:全部、统统;合著:全都放在阴湿的地方。合,此处不宜作倒覆讲。"(349页)

按,"合"释作"全部;统统"无据,《要术》中"合"字没有这样用的。此"合"仍应为倒覆、倒扣义。本书中即有同类例证,如:作汤净洗芜菁根,漉著一斛瓮子中,以苇荻塞瓮里以蔽口,合著釜上,系瓺带,以干牛粪燃火,竟夜蒸之,粗细均熟。(卷三"蔓菁",188页)缪先生《校释》:"合著釜上:釜上加瓺,将瓮口倒转,扣合在釜上瓺中,系上瓺带。"(190页)种法:以升盏合地为处,布子于围内。(卷三"种韭",203页)《校释》:"以升盏合地:用容量一升大的盏子倒扣在地上。"(204页)生炭火于坑中,合瓮口于坑上而熏之。(卷七"涂瓮",477页)本例的"合"字没有理由不讲成"倒覆"。如果说是"全部;统统"义,那么上文只说"世人见漆器暂在日中",并未说明是多少漆器,假如只有一两件呢?可见于文理也不合。倒扣放置在"阴润之地",正是"恐其炙坏"。文理通顺,不必曲说。

15. 根别

> 槐既细长,不能自立,根别竖木,以绳拦之。(卷五"种槐、柳、楸、梓、梧、柞",350 页)

《校释》"别:各别;根别:每一根。"(351 页)

按,"根"是"每一根"的意思,"别"则宜另释为"单独,单另"。"根别"并非一个词。

16. 㸬

> 㸬使甚细。(卷五"种红蓝花、栀子",371 页)

《校释》"'㸬(fèi)',舂的意思。院刻从'束',金抄、南宋本从'朿',沿讹字,正字应从'市'。"(372 页)

按,㸬字从臼市声,右旁当从"市",而不当从"巿"。"巿"乃"市"的形近俗讹体,如"肺""芾""柿"等字,皆从"市"声,而俗书每讹从"巿"。又,院刻从"束",金抄、南宋本从"朿",也都是俗体,未必是讹字。作声符的"市"俗书每作"束",如辽释行均《龙龛手镜·木部》:"柿,芳癈反。斫木片零柿也。"柿即柿(不是"柿")字。又《肉部》:"肺,正。芳癈反。肝肺也。"即肺字(《龙龛手镜》把"肺"等三种写法看作是俗体)。又作"朿",如"柿"可写作"柿","肺"可写作"肺",等等。

17. 贮出

> 接去清水,贮出淳汁,著大盆中。(卷五"种红蓝花、栀子",372 页)

《校释》:"贮出:出此贮彼之意,即从此器挹出贮入彼器中,是'出贮'的倒装词。下篇《种蓝》有'还出瓮中盛之','还出'谓原来贮在土坑中的蓝淀汁,仍然舀出盛入瓮中,亦'出还'之倒词,用例与'贮出'相同。"(373 页)

于席上摊黍饭令极冷,贮出麹汁,于盆中调和,以手搦破之,无块,然后内瓮中。(卷七"造神麹并酒",492 页)

《校释》:"贮,读为'抒'字;贮出:即抒出,舀出。后文有'贮汁于盆中',卷三《杂说》有'和热抒出',卷九《醴酪》有'抒却水'。"(495 页)

按,《校释》两处释"贮出",所解不同,当以后说为是。"倒装"之说不可信。观下面这些同类例子即可明"贮出"的含义:每酘皆挹取瓮中汁调和之,仅得和黍破块而已,不尽贮出。(卷七"造神麹并酒",492 页)气馏半日许,复贮出更装之,回在上者居下。不尔,则生熟不多调均也。(卷八"作酱等法",535 页)当纵横裂,周回离瓮,彻底生衣。悉贮出,搦破块,两瓮分为三瓮。(同上,536 页)先捣白梅、姜、橘皮为末,贮出之。……白梅、姜、橘,不先捣则不熟;不贮出,则为蒜所杀,无复香气,是以临熟乃下之。(卷八"八和齑",568 页)

18. 强粥

澄清,泻去水,别作小坑,贮蓝淀著坑中。候如强粥,还出瓮中盛之,蓝淀成矣。(卷五"种蓝",374 页)

"强粥"缪启愉先生无释。

按,"强"有"水分少;干;稠"义,与"刚"同义,跟"软""泽"构成反义词,如:其和麹之时,面向杀地和之,令使绝强。(卷七"造神麹并酒",478 页)磨不求细;细者酒不断粗,刚强难押。(卷七"笨麹并酒",505 页)炊作饭,调强软。(同上,511 页)膏环:一名"粔籹"。用秫稻米屑,水、蜜溲之,强泽如汤饼面。(卷九"饼法",633 页)用秫稻米末,绢罗,水、蜜溲之,如强汤饼面。(卷九"粽㠌法",引《食次》,640 页)详见本书下编《词典》"强"字条。"强粥"即稠的粥,"强汤饼面"即稠的汤饼面。

19. 熰

凡非时之木,水沤一月,或火熰取干,虫皆不生。(卷五"伐木",379 页)

《校释》:"煏(bì):同'熯',指逼近火旁烘炙。章炳麟《新方言·释器》认为后来变成'焙'字。"(380 页)

按,"煏"与"焙"非一字,章说不可信。《玉篇·火部》:"煏,火干也。"《集韵》"弼力切",是个入声字;"焙"《集韵》"蒲昧切",去声。两个字声调不同,意思也有差别,"焙"是指用微火烘烤,不宜与"煏"混为一谈。"煏"字现代方言中还存在,如吴语宁波话就有此词①,仍读入声。

20. 下

> 谚曰:"羸牛劣马寒食下。"言其乏食瘦瘠,春中必死。(卷六"养牛、马、驴、骡",383 页)

《校释》:"下:凡物自上陨落曰'下',此指倒毙。这是说瘦牛瘠马过不了寒食节(清明前一二天)就要倒毙。"(386 页)

按,"下"可指时间,表示"前后/时",如"节下"等。"寒食下"即"寒食前后/寒食时",跟孟浩然《上巳洛中寄王九迥》"斗鸡寒食下,走马射堂前"、张籍《白纻歌》"衣裳著时寒食下,还把玉鞭鞭白马"、白居易《将归渭村先寄舍弟》"为报阿连寒食下,与吾酿酒扫柴扉"、李频《苏州寒食日送人归觐》"江城寒食下,花木惨离魂"的"寒食下"都是同样的意思,故注文说"春中必死"。这样的"下"字在魏晋南北朝有用例,如陆云《与兄平原书》:"想冬下体中佳,能定之耳。"②另外,从押韵看,此"下"也以解作名词为宜。"下"字有上声和去声两读:作名词和形容词时读上声,《广韵》"胡雅切";作动词时读去声,《广韵》"胡驾切"。"马"是上声字,"下"读上声则押韵更显和谐。

21. 准常

> 羸:驴覆马生羸,则准常。以马覆驴,所生骡者,形容壮大,弥复胜马。(卷六"养牛、马、驴、骡",406 页)

---

① 参看朱彰年、薛恭穆、汪维辉、周志锋编著《宁波方言词典》"煏"条,汉语大词典出版社,1996 年,438 页。

② 参看江蓝生《魏晋南北朝小说词语汇释》"下"条,语文出版社,1988 年,218 页。

《校释》:"'准常'犹言通常。"(407 页)

按,"准常"的确切含义是"跟通常一样","准"有"跟……一样/相当"的意思。如果是"通常",那么原句就不通了。

22. 许

> 取芥子,熟捣,如鸡子黄许,取巴豆三枚,去皮留脐,三枚亦熟捣,以水和,令相著。(卷六"养牛、马、驴、骡",410 页)

《校释》:"'许'下宜有'大'字,谓芥子捣透之后,成芥子泥,取得像蛋黄大小的一团。"(413 页)

按,《校释》所说是。上文即有同类例证:治马中水方:取盐著两鼻中,各如鸡子黄许大,捉鼻,令马眼中泪出,乃止,良矣。(410 页)书中"如……许大"的例子还有一处:五升甋,用饭如鸡子许大。(卷八"八和齑",568 页)又有"大如……许"的说法,如:大如臂许,正月中移之。(卷五"种桑、柘",317 页)渑渑时作团,大如梨许。(卷六"养羊",433 页)"如……许"直接跟名词结合用的仅见一例:馎饦:挼如大指许,二寸一断,著水盆中浸,宜以手向盆旁挼使极薄,皆急火逐沸熟煮。(卷九"饼法",635 页)此例实际上仍是指"如大指许大"。这些都可以证明《校释》所释不误,但缪先生未作论证,不能使读者无疑,故为补证如上。

23. 破瓦

> 于破瓦中煮人尿令沸,热涂之,即愈。(卷六"养牛、马、驴、骡",411 页)

《校释》:"瓦:古时是瓦器的总名,见《说文》;破瓦:即破旧的瓦器。"(415 页)

按,《要术》中单用"瓦"字似不再是瓦器的总名,而是指瓦片。如:瓦子坢底,置独瓣蒜于瓦上,以土覆之,蒜科横阔而大,形容殊别,亦足以为异。(卷三"种蒜",191 页)多种者,以砖瓦蹉之亦得,以木砮砮之亦得。(卷三"种胡荽",207 页)八月、九月中,收莲子坚黑者,于瓦上磨莲子头,令皮薄。

(卷六"养鱼",465 页)屋必以草盖,瓦则不佳。(卷八"作豉法",560 页)瓦器则直称"瓦器",如:取干艾杂藏之,麦一石,艾一把。藏以瓦器、竹器。(卷一"收种",57 页)著铜器中,或不津瓦器亦得。(卷六"养羊",437 页)下面这个例子与本例语境相同,"瓦"也应是指瓦片:取燥马屎置瓦上,以人头乱发覆之,火烧马屎及发,令烟出。(卷六"养牛、马、驴、骡",409 页)

24. 染易

> 羊脓鼻,口颊生疮如干癣者,名曰"可妒浑",迭相染易,著者多死,或能绝群。(卷六"养羊",440 页)

《校释》:"易:更易,由此及彼,连环感染。"(442 页)

按,缪先生释"易"字大意不误,但尚欠准确。这个"易"的确切含义是"传染"[①],字又作"瘍",《大字典》"瘍"字条仅引《玉篇·疒部》"瘍,病相染也"和《集韵·昔韵》"瘍,关中谓病相传为瘍",而未举书证。"染易"系同义连文,亦见于他书,如:黄帝曰:余闻五疫之至,皆相染易,无问大小,病状相似,不施救疗,如何可得不相移易者?(《黄帝内经素问遗篇·刺法论第七十二》)永和末,多疾疫。旧制,朝臣家有时疾,染易三人以上者,身虽无病,百日不得入宫。至是,百官多列家疾,不入。(《晋书·王彪之传》)"易种"者,即今俗语云"相染易"也。(《尚书·盘庚中》"呜呼!今予告汝不易"唐孔颖达"正义")古书中又有"注易"同义连文的例子,如:石下长卿 味咸平。主治鬼注精物,邪恶气,杀百精蛊毒,老魅注易,亡走啼哭,悲伤恍惚。一名徐长卿。生池泽。(《神农本草经·草部·下品》)余又闻上党有赵瞿者,病癞历年,众治之不愈,垂死。或云:不如及活流弃之——后子孙转相注易。其家乃赍粮将之,送置山穴中。(《抱朴子·内篇·仙药》)"注"字又写作"疰",如:又有华佗狸骨散、龙牙散、羊脂丸诸大药等,并在大方中,及成帝所受淮南丸,并疗疰易灭

门。（葛洪《肘后备急方》卷一《治尸注鬼注方》）①《广雅·释诂一》：
"疰，病也。"王念孙疏证："《释名》：'注病，一人死，一人复得，气相灌注
也。''注'与'疰'通。"现代方言中还有保留"易（瘍）"这个词的，比如吴
语宁波话，如说"肝炎要瘍咯""我感冒拨其瘍过了我被他传染了感冒"
等，还有儿歌：鏖糟眼红眼病，便桶环粪桶把，瘍来瘍去拨侬还传来传去仍
旧还给你。②

25. 何必

> 所留之种，率皆精好，与世间绝殊，不可同日而语之。何必羔
> 犊之饶，又赢毡酪之利矣。（卷六"养羊"，440 页）

《校释》："'何必'，应作'何况'。"（441 页）

按，"何必"自有"岂止；不仅；非但"义，与"又"相应，表示让
步。不必轻易改字。此类用例虽不多见，但也并非绝无仅有，如：
何必道士，乱世避难入山林，亦宜知此法也。（晋葛洪《抱朴子·内
篇·登涉》）

26. 燂

> 母猪取短喙无柔毛者良。……有柔毛者，燂治难净也。（卷六"养
> 猪"，443 页）

《校释》："燂（xún，又 qián）治：净毛出肉。此字《礼记·礼器》作
'燅'，《内则》作'燂'，《仪礼·有司彻》作'燖'，郑玄注引《春秋传》作
'燖'。四字音义并同（均有循、潜二音），玄应《一切经音义》卷九'燂
脯'引《通俗文》解释是'以汤去毛'。《要术》中此四字都有，'燖'加手
作'撏'，均指加汤去毛并弄干净内脏的操作。不但净猪，净鸡鸭、净鱼

① 参看：蒋礼鸿上引书；江蓝生《魏晋南北朝小说词语汇释》"注连 注病"条，279—
280 页；蔡镜浩《魏晋南北朝词语例释》"注（蛀 注连 注易 疰易）"条，438—440 页；王云路、
方一新《中古汉语语词例释》"注病"及"注易"条，479—480 页。
② 参看朱彰年、薛恭穆、汪维辉、周志锋编著《宁波方言词典》"瘍"字条，汉语大词典出
版社，1996 年，437 页。

等同样有此称。现在群众口语称为'煺'或'烫'，均指净去毛鳞内脏。"
（446 页）

按，《校释》说"燖"字不确。"燖"仅指用热水烫后去毛，跟"弄干净
内脏"没有关系。现在群众口语中的"煺"或"烫"仍是此义，跟"弄干净
内脏"同样没有关系。原文中"燖治难净"的是"柔毛"，不牵涉内脏。
"燖"的本字当为"燅"，《说文·炎部》："燅，于汤中爓肉也。从炎，从热
省。"大徐本音徐盐切。大概到东汉，"燅"的"汤中爓肉"义进一步引申
出"汤中去毛"之义。如：《周礼·地官·封人》"毛炮之豚"，郑玄注：
"燖去其毛而炮之，以备八珍。"陆德明《经典释文》："燖，似盐反。"燖就
是"燅"（燂、燖）的异体字，见《集韵》。后来又写作"撏""劁"等。历代
字书、韵书、音义书对此词的释义都只是用热水烫后去毛，而从无言及
弄干净内脏的。如唐慧琳《一切经音义》卷一七引《通俗文》："以汤去
毛曰燅。"（17 页）又卷四一："《考声》云：'燂，煮也。以汤沃毛令脱也。'
《说文》从火，覃声。经作燖，俗字也。"（16 页）《龙龛手镜·火部》："燖，
以汤沃毛令脱。"均与内脏无涉。此词至今还普遍地存在于湘、赣等方
言中。[①] 从《要术》全书的用例看，不论写作哪一种字形，指的也都是以
热水除毛，不牵涉内脏。如：用新成子鸭极肥者，其大如雏。去头，燖
治，却腥翠、五藏，又净洗，细剉如笼肉。（卷八"脏、腤、煎、消法"，606
页）用乳下肥豚。作鱼眼汤，下冷水和之，挛豚令净，罢。若有粗毛，镊
子拔却，柔毛则剔之。（卷八"菹绿"，610—611 页）先养宿猪令肥，腊月
中杀之。挛讫，以火烧之令黄，用暖水梳洗之，削刮令净，刳去五藏。
（卷九"作脟、奥、糟、苞"，628 页）其中第二例讲到去除粗毛和柔毛的方
法，一、三两例在"燖（挛）"后都还要再去掉内脏，可见"燖（挛）"的确诂
当为"用热水烫后去毛"无疑。

27. 叫

量雏欲出之时，四五日内，不用闻打鼓、纺车、大叫、猪、犬及
舂声。（卷六"养鹅、鸭"，455 页）

___

① 参看周志锋《也说"劁"》，〔香港〕《词库建设通讯》第 16 期，1998 年 5 月；刘晓南
《"劁"字音义考》，同上刊，第 19 期，1999 年 3 月。

《校释》："'叫',金抄、明抄误作'叫',湖湘本作'𠮿',是'叫'的俗写。"(457 页)

按,"叫"也是"叫"的俗写,非误字,见张涌泉《汉语俗字丛考》298 页。

28. 无麛卵

> 此卵既非阴阳合生,虽伏亦不成雏,宜以供膳,幸无麛卵之咎也。（卷六"养鹅、鸭",456 页）

《校释》："麛:指初生的幼兽;卵:指正在孵化的鸟卵。《礼记·曲礼下》:'士不取麛卵。'孔颖达疏:'麛乃是鹿子之称,而凡兽子亦得通名也。卵,鸟卵也,春方乳长,故不得取也。'无麛卵:借用为不伤害生命之意,因其所食为无'雄'鸭蛋。"(459 页)

按,此释以"无麛卵"出词,不当,被释词与释义对不上号。应以"麛卵"为词,"幸无……之咎"构成动宾关系,"无"的宾语是"咎"。"麛卵"用作动词,泛指捕杀幼小的生物。《周礼·地官·迹人》:"禁麛卵者与其毒矢射者。"郑玄注:"麛,麇鹿子。"《吕氏春秋·孟春》:"禁止伐木,无覆巢,无杀孩虫胎夭飞鸟,无麛无卵。"陈奇猷《校释》:"'无麛无卵',犹言无捕麛无取卵也。"(18 页)

29. 钱

> 至来年二月,得鲤鱼长一尺者一万五千枚……枚直五十,得钱一百二十五万。……所馀皆贷,得钱五百一十五万钱。（卷六"养鱼"引《陶朱公养鱼经》,461 页）

"得钱五百一十五万钱"句各本皆同,缪先生无校。

按,句末"钱"字疑衍。《要术》凡言得(收/直)钱若干,有两种表述法:一是"得(收/直)钱＋数词(文)",如此处上文"得钱一百二十五万",又如:秋中卖银,十亩得钱一万。(卷三"蔓菁",188 页)一年卖三十亩,得钱六十四万八千文。(卷五"种榆、白杨",344 页)根直八钱,合收钱五十一万八千四百文。百树得柴一载,合柴六百四十八载。载直钱一百文,柴合收钱六万四千八百文。都合收钱五十八万三千二百文。(卷五"种槐、柳、楸、梓、梧、柞",352 页)二是"得(收/直)＋数词＋钱(文)",如:瓜收亩万钱。(卷二"种瓜"引"氾胜之区种瓜",161 页)瓠直十钱,并直五十七万六千文。(卷二"种瓠"引《氾胜之书》种瓠法",167 页)一乘直万钱。(卷五"种桑、柘",324 页)五条一钱,一亩岁收万钱。(卷五"种槐、柳、楸、梓、梧、柞",352 页)全书未见"得(收/直)钱＋数词＋钱(文)"的例子,也就是说,前面已经出现了"钱"字,后面就不可能再出现"钱"字。所以这个"钱"字很可能是衍文。

30. 杀

> 反斧背椎破,令大小如枣、栗;斧刃则杀小。(卷七"造神麹并酒",491 页)

《校释》:"杀:通'煞',太、过分之意。"(494 页)

按,此释恐未确。"杀(煞)"当"太、过分"讲是唐以后的事,笔者调查了数十种魏晋南北朝时期的文献,未发现这种用例,《大词典》《大字典》等辞书此义下所引的例子也没有早于唐代的。此句当是"用斧刃则所杀者小"的意思,即如果不用"斧背"而用"斧刃"劈破,则劈下来的麹就显得颗粒太小了。

31. 十二月朝

> 十二月朝,取流水五斗,渍小麦麹二斤,密泥封。(卷七"笨麹并酒",511 页)

《校释》:"朝:元旦称'岁朝';十二月朝:可以解释为十二月初一的早上。刘向《洪范五行传》:'上旬为月之朝',也可以指十二月上旬的早上。"(516 页)

按,这个"朝"字的确切含义应该是"初一","十二月朝"就是十二月初一。古可称每月初一为"朝",如:《天官》之书,以正月朝占四方之风,风从南方来者旱,从北方来者湛,东方来者为疫,西方来者为兵。(《论衡·变动》)陈蕃为郡法曹吏,正月朝见太守王龚,客有贡白鱼于龚者,龚曰:"汝南乃有此鱼。"蕃曰:"鱼大,且明府之德。"(《太平御览》卷九三六引谢承《后汉书》)后至八月朝,大宴,宾客并会。……至十月朝,融先见太祖,说"衡欲求见"。至日晏,衡著布单衣,(疏巾)〔练布〕履,坐太祖营门外,以杖捶地,数骂太祖。(《三国志·魏书·荀彧传》裴注引张衡《文士传》)十月朝,黄祖在艨冲舟上,宾客皆会。(《太平御览》卷八三三引《祢衡传》)冀州北郡以八月朝作饮食为腰,其俗语曰"腰腊社伏"。(《后汉书·刘玄传》)共请求人家生婢子兼有罪家女养之,至八月朝,祭送蛇穴口,蛇出吞啮之……至八月朝,便诣庙中坐,怀剑将犬……(《搜神记》卷十九)例子甚夥,不备举。又有"月朝"一词,本指月初,如《荀子·礼论》:"月朝卜日,月夕卜宅。"唐杨倞注:"月朝,月初也。"后多指每月初一。如《太平御览》卷六九九引三国魏曹操《遗令》:"吾与妓女皆着铜雀台,上施六尺床,练帐,月朝、十五辄向帐作乐。"又卷六五三引《佛国记》曰:"佛有四牙,广半寸,长半寸,一牙在呵条国,又一牙在天上,又一牙在海龙王宫,又一牙在乾陀国,国王使大臣九人守保之,月朝捧擎牙出,牙或时放光明,香花数十斛散牙上而牙不没。"《世说新语·雅量39》:"王东亭为桓宣武主簿,既承藉有美誉,公甚敬其人地,为一府之望。初,见谢失仪,而神色自若。坐上宾客即相贬笑,公曰:'不然。观其情貌,必自不凡。吾当试之。'后因月朝阁下伏,公于内走马直出突之,左右皆宕仆,而王不动。名价于是大重,咸云:'是公辅器也。'"南朝宋刘敬叔《异苑》卷四:"及愉母丧,月朝上祭,酒器在几上,须臾下地,复还登床。"

32. 映

四度酘时,及初押酒时,皆回身映火,勿使烛明及瓮。(卷七"笨麴并酒",513 页)

《校释》:"回身映火:转身以背遮蔽'烛'光;映:反影,以身影遮蔽之。"(517 页)

按,"映"自有"遮蔽"义,不必曲解为"反影"。《文选·颜延之〈应诏观北湖田收〉》:"楼观眺丰颖,金驾映松山。"李善注:"映,犹蔽也。"《法苑珠林》卷十五、《太平广记》卷一一四引《冥祥记》:"见西方有如来真形,及宝盖幡幢,蔽映天汉。""蔽映"同义连文。《法显传·拘萨罗国舍卫城》:"其道东有外道天寺,名曰影覆,与论议处精舍夹道相对,亦高六丈许。所以名影覆者,日在西时,世尊精舍影则映外道天寺;日在东时,外道天寺影则北映,终不得映佛精舍也。"杜甫《蜀相》:"映阶碧草自春色,隔叶黄鹂空好音。"皆其例。佛经中多有"暎①蔽"同义连文的例子,如北齐那连提耶舍译《月灯三昧经》卷三:"悉能暎蔽是魔众,不从魔力自在摄。"又:"其中最胜上妙身,佛放一光悉暎蔽。"颜洽茂先生释作"犹言遮盖、胜过、超过"。②《说文新附·日部》:"映,隐也。""映"有"遮蔽"义,《大词典》《大字典》均已收列。

33. 尝

瓮津则酱坏。尝为菹、酢者,亦不中用之。（卷八"作酱等法",535 页）

《校释》:"'尝',……明抄作'常',误。"(537 页)
　　按,"尝"字古书经常通作"常",非误字。例多不举。

34. 不多

不尔,则生熟不多调均也。（卷八"作酱等法",536 页）

《校释》:"'不多',疑'多不'倒错,或'多'是衍文。"(537 页)
　　按,"不多"既非倒亦不衍,意为"不甚,不太",乃南北朝以迄唐宋时期的口语词。此词在《要术》时代可能还处于萌芽状态,全书仅此一见,同期著作中用例也不多,例如:复观徒众,不多爱乐在家不? 不贪著在家不? ……复应观徒众,不多乐聚集调戏欢乐不? 于调戏中不贪著不?（失译附秦录《毗尼母经》卷六)尊者僧迦摩寺得增上护,然不多调习,于中先见护力成就。（前秦僧伽跋澄等译《尊婆须蜜菩萨所论集》卷五)凡夫有反复闻能得益,菩萨是已事解不多奇。（隋智顗《妙法

---

① "暎",同"映"。《集韵·映韵》:"映、暎,隐也。或从英。"
② 参看颜洽茂《佛教语言阐释——中古佛经词汇研究》98 页"暎蔽"条。

莲华经文句》卷七上)但在唐宋文献中则颇为常见。例如：别后纵吟终少兴,病来虽饮不多欢。(唐白居易《和令狐相公寄刘郎中兼见示长句》)灵山顿离众,列宿不多稠。(唐李洞《秋宿梓州牛头寺》)不多山下去,人世尽膻腥。(唐唐求《和舒上人山居即事》)申时,令卜部占风："不多宜。"(唐〔日〕圆仁《入唐求法巡礼行记》卷一)天竺难陀三藏不多解唐语。(又卷三)峰云："我今日不多安。"放身便倒。(《祖堂集》卷十"镜清和尚")视其状貌,不多类人,或似过老变易,又如猿玃之状。(《太平广记》卷三〇七"张仲殷"引《原化记》)老先生常不多开目,貌有童颜,体至肥充,都不复食。(又卷二八"郗鉴"引《记闻》)其僧至来朝上参,师乃转身面壁而卧,佯作呻吟声曰："老僧三两日来,不多安乐。大德身边有甚么药物,与老僧些。"(《五灯会元》卷三"兴善惟宽禅师")①

35. 萎蕤

　　谚曰："萎蕤葵,日干酱。"言其美也。(卷八"作酱等法",537页)

　　《校释》："萎蕤:萎蔫,凋谢。萎蕤葵:指适当萎蔫的葵菜腌制成的葵菹。腌菜必须晒到适当干萎后腌成的才能爽脆有鲜味,不然,烧熟后又软又糊,比鲜菜还难吃。"(539页)
　　按,"萎蕤"用来形容植物,通常是指枝叶繁茂下垂貌或柔弱、柔软貌,是个赞美性的词;释作"萎蔫,凋谢"则未闻。例如:王母自设天厨,真妙非常:丰珍上果,芳华百味;紫芝萎蕤,芬芳填樏;清香之酒,非地上所有,香气殊绝,帝不能名也。(《太平广记》卷三"汉武帝"引《汉武内传》)可怜河树叶萎蕤,关关河鸟声相思。(唐张说《曲离会》)玉阶寂历朝无事,碧树萎蕤寒更芳。(唐韦应物《骊山行》)缪说恐误。

36. 若等

　　大率常欲令温如人腋下为佳。若等不调,宁伤冷,不伤热:冷

---

① 参看董志翘《〈入唐求法巡礼行记〉词汇研究》"不多"条,中国社会科学出版社,2000年,262页。

则穰覆还暖,热则臭败矣。(卷八"作豉法",560 页)

《校释》:"若:如此;等:同样;若等:犹言'这等',意谓不能掌握到'如人腋下'的这样的相同温度时。"(563 页)

按,此释甚误。"若"是假设连词,意为"假如,如果","等不调"即同样不调——这与《史记·陈涉世家》"等死,死国可乎"的"等死"是一样的句式——就是要么太热,要么太冷,所以下句说"宁伤冷,不伤热"。整句的意思是:假如同是掌握不好温度,那么宁可冷一点,却不能太热。

37. 染汗

檀木硬而不染汗。(卷八"八和齑",567 页)

《校释》:"'不染汗',院刻、明抄同,金抄、湖湘本等作'不染汙',都费解,疑应作'不染汁',指不易沁入齑汁。"(569 页)

按,应以作"不染汗"为是。"汙"即污字,《说文》"从水,于声",后写作"污",大概就是为了跟"汗"字相区别。檀木质地坚硬,不会染污所捣的东西,所以宜于作"齑杵臼"。"染污"连言,本书就有用例,尽管意思不完全一样:羊有疥者,间别之;不别,相染污,或能合群致死。(卷六"养羊",439 页)同时代文献中"染污"连言也常见,略举数例:而贼中疠气疾病,夹江涂地,恐相染污。(《三国志·魏书·文帝纪》裴注引《魏书》载丙午诏)傥恐自嫌已为恶逆所见染污,不敢倡言,永怀伊戚。(又《公孙度传》裴注引《魏略》)

38. 潎;沙

未尝渡水者,宜以鱼眼汤潎锒①洽反半许半生用。(卷八"八和齑",568 页)

《校释》:"《集韵·入声·三十二洽》'煠'、'潎'同字,引《广雅》:

---

① "锒"当是"锢"之误。

'瀹也。'即在汤中暂沸即捞出,目的在解去某种蔬菜和肉类的苦涩或腥膻的气味,正系半生半熟。此字《要术》中还有'渫'、'煠'、'煤'等异写和借用。现在也写作'焯',读 chāo 音,如焯菠菜。"(570 页)

> 莼细择,以汤沙之。(卷八"羹臛法",590 页)

《校释》:"沙:下文屡见,《食经》特用词。按:在沸汤中'焯'一下的'焯'字,有'渳'、'煤'、'煠'、'汋'、'淖'等不同的字,《食经》的'以汤沙之',就是《要术》本文的'热汤暂煠之','沙'即'煠'、'煤'的借音字。《食经》借用俗讹字不少,此亦一例。"(591 页)

按,以上两条校释对相当于"瀹"义的一组字的解释大致不差,但也有一些问题。一是"淖"字无此义(见《大字典》和《大词典》该条),《要术》中也不这么用,不应扯进来;二是"汋"为"瀹"的异体字,与"渳(渫、煤、煠)"同义而不同音,是不同的词;三是说"'沙'即'渳'、'煤'的借音字",似尚可商量,因为两者的读音相去甚远:"煤"《广韵》"士洽切",浊声母崇纽,入声洽韵;而"沙"《广韵》"所加切",清声母生纽,平声麻韵。这样的两个字恐怕很难构成"借音"关系。《校释》多次指出,从语言特点看《食经》应为南方作品,而今天南方的许多方言中此词仍读入声,如吴语、赣语、客家话、粤语、闽语等,连属于江淮官话的江苏盐城、阜宁也读入声。① 从汉语语音史的一般规律来说,由入声转入其他三声是演变的总趋势,而由其他三声转为入声的情况却罕见。由此推断,用当时南方话写成的《食经》表示"瀹"义的词不大可能是一个平声字。即使这里的"沙"是"瀹"义,也不大可能是"'渳'、'煤'的借音字"。②

39. 科

> 牛羊科得一种,不须并用。(卷八"脯腊",580 页)

---

① 参看许宝华、宫田一郎主编《汉语方言大词典》"煤"字条,中华书局,1999 年,第五卷,6676 页。

② 《大字典》和《大词典》"沙"字条均未列此义项,此字的确切含义尚待考。

《校释》:"科得之科,北宋本、明抄同,湖湘本作'料'(脱'一种'二字),无论作'科选'还是'料简'解释,都讲不通。按:'则'有'仅'、'只'义,《荀子·劝学》:'口、耳之间则四寸耳,曷足以美七尺之躯哉?''则'即'仅'义,词曲中尤多用之。这里是说或牛或羊,'则得一种,不须并用','科'疑是'则'字之误。"(581页)

按,此条校释转的弯子太大,难以让人信服。"科"和"则"音、形均不相近,似无由致误。宋元词曲中的"则"当"仅""只"讲确实很常见,但恐怕应该是借音字,在《要术》时代"则"字还没有此种用法。而《荀子》的"则"字仍是普通用法,是个连词。此"科"字宜存疑待考。

40. 屈

解大肠,淘汰,复以白酒一过洗肠中,屈申以和灌肠。屈长五寸,煮之,视血不出,便熟。寸切,以苦酒、酱食之也。(卷八"羹臛法",585页)

《校释》:"屈:物件个数的名称,犹言'一卷','一筒'。《北户录》卷二记载有广州的一种'规白可爱,薄而复明'的'米饼'说:'按梁刘孝威谢官赐交州米饼四百屈。详其言屈,岂今之数乎?'这好像现在鏊子上烙熟的'煎饼',很薄,要卷进馅子吃的,所谓'四百屈',实际就是'四百卷'。这里'屈长五寸',就是截成五寸长的一屈,也就是'一筒'。刘孝威和《食经》的'屈',都是南方的方言,《食经》很像南人的手笔,这也是一个佐证。但上文的'屈申',如字,指肠的一屈一申以灌馅子。"(588页)

按,"屈长五寸"似指结扎成五寸长的一段一段(犹今之香肠),而非"截成五寸长的一屈"。如果是截断成五寸长的段,那煮的时候两头岂不要漏出馅儿来?下面说"寸切",才是切成一寸长的一段一段,这时已经煮熟了,就不怕馅儿漏出来了。

41. 及

浮鳞治,及霍叶斜截为方寸半,厚三寸。(卷八"羹臛法",592页)

《校释》:"'及',疑应作'即',音近而讹。"(594 页)

按,作"即"不可通,且"及"《广韵》"其立切",属群母缉韵,"即"《广韵》"子力切",属精母职韵,音也不相近。"及"应不误,作介词"与"讲,谓与霍叶一起斜截为方寸半长也。"及"用如介词"与"古籍中常见,《大词典》所引例子有:《诗·邶风·谷风》:"德音莫违,及尔同死。"《新唐书·高祖本纪》:"左屯卫将军何潘仁及山贼张子惠战于司竹,死之。"宋叶适《与戴少望书》:"十日前,及陈傅良遇于黄岩。"

42. 垢

蒸肫法:好肥肫一头,净洗垢,煮令半熟,以豉汁渍之。(卷八"蒸缹法",598 页)

《校释》:"'垢'疑应作'治',下条有'净治'。"(599 页)

按,所疑是。《要术》中有"净洗治""净治洗""净治""洗治"等说法(尤以"净治"最常见),而无"洗垢"之说。如:灌肠法:取羊盘肠,净洗治。(卷九"炙法",617 页)脯炙法:肥鸭,净治洗,去骨,作脔。(同上,620 页)五味腊法:腊月初作。用鹅、雁、鸡、鸭、鸧、鸹、凫、雉、兔、鹌鹑、生鱼,皆得作。乃净治,去腥窍及翠上"脂瓶"。(卷八"脯腊",580 页)肥鸭一只,净治如糁羹法,脔亦如此。(卷八"羹臛法",585 页)损肾:用牛羊百叶,净治令白。(同上,593 页)取肥子鸭一头,洗治,去骨,细锉。(卷九"炙法",620 页)可见"垢"应为"治"字形近而误,"治"就是"整治;清洗",包括去掉不能食用的脏物。

43. 举

袋盛,举置。须即汤煮,别作臛浇,坚而不泥。(卷九"饼法",635 页)

《校释》:"举,此处作'藏'解释;举置:即收藏放好。下文牛角袋之'举',亦收藏意。举有'藏'义,见蒋礼鸿《义府续貂》。"(639 页)

按,此释恐非。下文云:"用讫,洗,举,得二十年用。"(636 页)这两个"举"都应该是"悬挂,挂起"之义。《要术》中同类的用例还有:三七日出外,日中曝令燥,麴成矣。任意举、阁,亦不用瓮盛。瓮盛者则麴乌肠——乌肠者,绕孔黑烂。(卷七"造神麴并酒",486 页)《校释》云:"举:挂起来。举有'藏'义,非此所指。此麴既怕湿不能盛入瓮中,也应忌藏,而麴中穿孔,应是悬挂通风避湿。《北山酒经》有'风麴',……阁:放在高屋厨架上。"(488 页)抟作小饼,如神麴形,绳穿为贯,屋里悬之。……用时,全饼著汤中煮之,色足漉出。削去皮粕,还举。一饼得数遍煮用。(卷八"作豉法",565—566 页)《校释》亦云:"还举:依旧挂起来,还,承上文'屋里悬之'而言。此'举'非收藏之意。"(567 页)同样的语境,缪先生前后所释自相矛盾。这类"举"字的对象是宜通风干燥的饼、麴、豉之类,自应释作"悬挂,挂起"为确。[①] 参看蔡镜浩(1990)"举〔二〕"条,王云路、方一新(1992)"举"条。

44. 三过

《汉武故事》曰:"东郡献短人。帝呼东方朔。朔至,短人因指朔谓上曰:'西王母种桃,三千年一著子。此儿不良,以三过偷之矣。'"(卷十"五谷、果蓏、菜茹非中国物产者·桃",708 页)

《校释》:"《要术》'以三过','以'通'已',即'尝三来'之意。"(709 页)

按,以"尝三来"释"以三过",大意虽是,但欠准确。"过"在这里是动量词,意为"次;遍",这种用法魏晋南北朝常见[②],《要术》本书即有很多内证,如:手捉甲上长鬃,向上提之,令皮离肉,如此数过。(卷六"养牛、马、驴、骡",410 页)全饼麴,晒经五日许,日三过以炊帚刷治之,绝令使净。(卷七"涂瓮",479 页)如此三过,而去其苦。(卷八"八和齑",572 页)

45. 良久

《神仙传》曰:"樊夫人与夫刘纲,俱学道术,各自言胜。中庭有

---

① "二典""举"字条均未收此义,宜补。
② 参看刘世儒《魏晋南北朝量词研究》250—253 页,中华书局,1965 年。

两大桃树,夫妻各咒其一:夫人咒者,两枝相斗击;良久,纲所咒者,桃走出篱。"(卷十"五谷、果蓏、菜茹非中国物产者·桃",708页)

按,"良久"当属上句,"两枝相斗击良久"为一句。

46. 涎瀊

核小者,曰"益智",含之隔涎瀊。(卷十"五谷、果蓏、菜茹非中国物产者·益智",752页)

《校释》:"涎瀊:口中唾液多。瀊:水多貌。"(754页)

按,《大词典》"涎瀊"条所释同,仅引此例。此释语法上扞格难通:"涎瀊"应是一个名词性成分,作"隔"的宾语;而按照上面的解释,"涎瀊"本身成了一个主谓结构的词组,不可能充当"隔"的宾语。关键是"瀊"的词义。"瀊"在古书中除了作"水多貌"解外,还可以通"秽",当"污浊"讲,如《集韵·废韵》:"瀊,浊也。"《篇海类编·地理类·水部》:"瀊,与秽同。"《淮南子·齐俗》:"故日月欲明,浮云盖之;河水欲清,沙石瀊之。"庄逵吉校:"《太平御览》作'沙壤秽之'。"《汉书·萧望之传》:"(华)龙者,宣帝时与张子蟜等待诏,以行污瀊不进。"颜师古注:"瀊与秽同。"[1]可见"涎瀊"当是指唾液。此词的构词方式跟"尘秽""矢秽"相同。《要术》卷十"五谷、果蓏、菜茹非中国物产者·竹":"两竹屈垂,拂扫其上,初无尘秽。"(775—776页)"尘秽"即尘土。《世说新语·文学49》:"人有问殷中军:'何以将得位而梦棺器,将得财而梦矢秽?'""矢秽"即大便、粪便。

47. 濩

其茎如芋,取,濩而煮之,则如丝,可纺绩也。(卷十"五谷、果蓏、菜茹非中国物产者·芭蕉",760页)

《校释》:"濩:原意是雷水,这里作沤治讲。吴震方《岭南杂记》卷

---

① 参看《大字典》"瀊"字条。

下：'有蕉葛（制葛之蕉），不花不实，人家沿山溪种之。老则斫置溪中，俟烂，揉其筋，织为葛布。'此即沤治使自然脱胶，即'濩'的处理。李调元《南越笔记》卷五'葛布'：'蕉类不一。其可为布者曰"蕉麻"，生山或田种。以蕉身熟踏之，煮以纯灰水，漂澼，令干，乃绩为布。'这是沤治并加草木灰煮练的，就是《类聚》《御览》引《南州异物志》的'以灰练之'，也就是这里的'濩而煮之'。"（763 页）

按，"濩"即指煮，当是煮法的一种。《玉篇·水部》："濩，煮也。"《诗·周南·葛覃》："维叶莫莫，是刈是濩。"毛传："濩，煮之也。"陆德明《经典释文》引《韩诗》云："濩，瀹也。"字又作"鑊"，《尔雅·释训》："是刈是鑊。鑊，煮之也。"推其得义之由，可能是因为在鑊中煮，于是就叫做"鑊"，这种名词动用的现象在上古汉语中是常见的，孔颖达《毛诗正义》："以煮之于濩，故曰'濩，煮'，非训'濩'为'煮'。"正是此意。后来为了区别起见，借表示"雨流霤下"（《说文》）义的"濩"字来书写它。释"濩"为"沤治"，恐无据，缪先生也没有举出第二例。

48. 初

> 下有盘石，径四五丈，极高，方正青滑，如弹棊局。两竹屈垂，拂扫其上，初无尘秽。（卷十"五谷、果蓏、菜茹非中国物产者·竹"，775—776 页）

《校释》："初：一点没有，极少。"（783 页）

按，此释与原意正相反。缪先生误以释"初无"之语来释"初"了。在魏晋南北朝时期，"初"字常与"无，不，非"等否定词连用，表示彻底的否定，此处的"初无"相当于"全无，一点没有"。同类的例子如：《太平御览》卷三八九引《郭子》："于是二陆既往，刘尚在哀制，性嗜酒，礼毕，初无他言，唯问：'东吴有长柄壶卢，卿得种不？'"《世说新语·方正6》："考掠初无一言，临刑东市，颜色不异。"《文选·任昉〈奏弹刘整〉》："其宗长及地界职司，初无纠举，及诸连逮，请不足申尽。""初无"还可以表示"从来没有；根本没有"，如：《三国志·魏书·程昱传》："远览典志，近观秦汉，虽官名改易，职司不同，至于崇上抑下，显分明例，其致一也。初无校事之官干与庶政者也。"《法显传》："日日如是，初无懈倦。"《百喻经·叹父德行喻》:"愚人答曰:'我父小来,断绝淫欲,初无污染。'"例多不备举。

49. 卬

　　《陈诗》曰:"卬有旨苕。"(卷十"五谷、果蓏、菜茹非中国物产者·苕",805 页)

《校释》:"'卬',……明抄讹作'印',念 áng,是'我',《尔雅·释诂下》:'卬……我也。'即今'俺'字。"(806 页)

按,谓"卬""即今'俺'字",乃章太炎《新方言》说(释言第二)。从语言史看,上古汉语的第一人称代词"卬"与今天方言中的"俺"恐难直接划等号。吕叔湘先生说得好:"此说可议者有三:一,'卬'与'俺'之韵尾有-ŋ 与-m 之别;二,《诗》、《书》中'卬'字无以表复数为主之特征;三,《诗》、《书》以后'卬'或其同音字即不见记录,'俺'后出几二千年,时距太长。"①

50. 续断

　　藤类有十许种:续断,草藤也,一曰"诺藤",一曰"水藤"。山行渴,则断取汁饮之。治人体有损绝。沐则长发。去地一丈断之,辄更生根至地,永不死。(卷十"五谷、果蓏、菜茹非中国物产者·藤",813 页)

《校释》:"'续断'之名,当是由'治人体有损绝'(即本草所谓'续筋骨')而来。但未详是何种植物。又《神农本草经》有'续断',那是川续断科的续断或川续断,多年生草本植物,非此所指。陶弘景注:'广州又有一藤名"续断",一名"诺藤",断其茎,器承其汁饮之,疗虚损绝伤。用沐头,又长发。折枝插地即生。恐此又相类。'指明'诺藤'不等于《神农本草经》的'续断',而与顾微《广州记》的'水藤'相同。"(818 页)

---

　　① 见吕叔湘《释您,俺,咱,喒,附论们字》注 18,《吕叔湘文集》第二卷,29 页,商务印书馆,1995 年。

按,此藤的得名之由,或许是由断而复生而来,即陶弘景所说的"折枝插地即生";而非得义于"治人体有损绝"。上文注释【一七】引《南越笔记》卷十四:"有凉口藤,状若葛,叶如枸杞。去地丈馀,绝之更生。中含清水,渴者断取,饮之甚美。沐发令长。一名'断续藤①'。常飞越数树以相绕。"缪先生云:"显然,这'凉口藤'就是这里的含水藤,也就是下文顾微《广州记》的'续断藤'('水藤'),是一种草质缠绕藤本,但未详何种。"(817 页)均可证明这种"续断"藤有很强的生命力,"断"了了之后仍能自己"续"上,所以叫做"续断"。②

51. 亡代反

莓亡代反(卷十"五谷、果蓏、菜茹非中国物产者·莓",836 页)

《校释》:"'莓',音梅,又音每,则'亡代'应作'芒代'。惟《玉篇》有'亡佩'切,则作'亡代反',似亦不误。"(836 页)

按,古无轻唇音,"亡"字古代就是明纽字,与"芒"同音。缪氏因不知古音而误校。

52. 利刚

梓棪,大十围,材贞劲,非利刚截,不能克。(卷十"五谷、果蓏、菜茹非中国物产者·梓棪",876 页)

《校释》:"利刚:锋利的钢刀。"(876 页)

按,"刚"无名词"钢刀"义。《说文·刀部》:"刚,强断也。"朱骏声《说文通训定声》云:"刚,本训芒刃之坚利。""利刚"系近义连文,意为"锋利坚硬",这里应是形容词用如名词,指锋利坚硬的刀锯之类。高齐那连提耶舍译《月灯三昧经》卷二:"有人手执利刚刀,割截一一身支节;心能忍受无恚恨,悲怜增广初不坏。""利刚"即"锋利坚硬"义,可为

---

　①　维辉按,"断续"二字疑误倒。
　②　真大成君认为:"'续断'之名大约是从两方面而来:本身具有断而续生的特质以及因此人们认为它具有'治人体有损绝'的功效。"录此备考。

鄙说佐证。①

附：《齐民要术校释》存疑

缪启愉先生的《校释》中还有一些校勘和解释尚值得怀疑或商榷，有些疑难问题则没有校释，姑且都列在下面（以书中出现的先后为序），有的条目笔者提出了初步的看法，但未敢自必，统祈方家释疑解惑。

（1）作

> 谚曰："与他作豆田。"斯言良美可惜也。（卷二"小豆"，116 页）

《校释》："作，应指耕作过的，即种过豆的田，富含氮肥，比较肥美。"（117 页）

按，此释可疑，待考。

（2）故墟；點叶

> 麻欲得良田，不用故墟。故墟亦良，有點（丁破反）叶夭折之患，不任作布也。（卷二"种麻"，118 页）

《校释》："故墟，连作地。""'點叶'，金抄、明抄、黄校同，张校及《辑要》引作'夥叶'，音注相同。《集韵·去声·二十八箇》收有'點'字，音'丁贺反'，解释是：'草叶坏也。故墟种麻，有點叶夭折之患，贾思勰说。'即据《要术》此句推解。所谓'點叶'，可能指麻叶的一种病害。但也可能是错字。古称麻秆为'蘸'，玄应《一切经音义》卷十七'麻幹'注：'麻茎也。……字宜作'蘸'、'稭'二形，音皆，今呼为麻蘸是也。'此二'蘸'字原均误作'蘸'，说明'點'、'點'形近，极易致误，'蘸'字烂掉草头就变成了'點'。'蘸叶'是说茎叶发生病害而夭折。芝麻连作，茎叶也会发生病害长不好，终至萎死。"（119 页）

---

① 感谢方一新先生惠示此例。

按,"故墟"一词《要术》数见,石声汉云:"本书所谓'故墟',是指种植过而现在休闲的地。"与缪先生所释不同。《大词典》即据石说释作"荒芜的田地;休闲地",所引二例均出自《要术》。"故墟"的确义待考。① "點叶"之"點"似以作"點"为是。俟考。

(3) 说非辞

> 又谚曰:"五月及泽,父子不相借。"言及泽急,说非辞也。(卷二"种麻",118 页)

《校释》:"说非辞:说不合情理的话,指趁雨泽赶紧播种,父子之间也不通融。"(122 页)

按,"说非辞"释作"说不合情理的话"似难以信从。

(4) 次

> 有蔓芋,缘枝生,大者次二三升。(卷二"种芋",169 页)

《校释》:"次:至、及之意。《史记·酷吏列传·杜周传》:'内深次骨。'《索隐》:'次,至也。'又接近之意。唐刘禹锡(772—842)《刘梦得集》卷二《贾客词》:'大艑浮通川,高楼次旗亭。'次二三升:意即差不多有二三升大。"(171 页)

按,此"次"字确解待考。

(5) 故墟新粪坏墙垣

> 种不求多,唯须良地,故墟新粪坏墙垣乃佳。若无故墟粪者,以灰为粪,令厚一寸。(卷三"蔓菁",184 页)

《校释》:"故墟:指种过芜菁的连作地。新粪坏墙垣:新近上过陈墙土作粪肥的。陈墙土和陈灶土都含有多量速效性养分,很有肥效,并且有改善土壤结构的作用。"(186 页)"故墟粪:'墟'疑'垣'之误,即

---

① 参看下文第(5)条。

指用旧墙土作粪。"（185 页）

按，此句《校释》甚可疑。

（6）生樵

其枝茎生樵、爇烛，明而无烟。（卷四"种栗"，296 页）

《校释》："生樵：作柴烧。"（297 页）

按，"生"训"作"，似无据。

（7）更年

永宁南汉，更年上笋。（卷五"种竹"，361 页）

《校释》："更：经过；更年：经历一年，即全年。"（363 页）

按，"更年"似为隔年之意。参看下条。

（8）正月；断句

永宁南汉，更年上笋——大者一围五六寸：明年应上今年十一月笋，土中已生，但未出，须掘土取；可至明年正月出土讫。五月方过，六月便有含箭笋。（卷五"种竹"，361 页）

《校释》："'正月'，各本同，应是'五月'之形误。'讫'是完毕，应断句，不作'到'解释（作'到'解释下文二处均作'迄'），所以这里上下文不能读成'可至明年正月出土，讫五月。方过六月，便有含箭笋'，因这里所记是十一月可以挖取土中冬笋，一直到明年五月可以取地上毛笋。如果读成'方过六月，便有含箭笋'，则与含箭笋'六月生'违戾。重要的是《永嘉记》所记是全年出笋没有间断，如果冬笋毛笋'正月出土讫'，显然和箭竹笋四月出完接不上，中间有二三个月要断笋，所以'正月'应是'五月'之形误。这样，其全年出笋的交替情况是：十一月至明年五月出冬笋和毛笋；六月接上有含箭笋，一直到八月；九月接上有箭竹笋，一直到明年四月，接上五月的毛笋，所以全年出笋不间断。"（362 页）

按，此段甚混乱，疑缪先生的句读和理解有误。

（9）直头

　　一顷收子二百斛，与麻子同价，既任车脂，亦堪为烛，即是直头成米。（卷五"种红蓝花、栀子"，364 页）

《校释》："直头：两头抵直的意思，即是说二百石红花种子抵得上二百石米。"（366 页）

按，"直头"的词义待考。

（10）为

　　俗人以其似丁子，故为"丁子香"也。（卷五"种红蓝花、栀子"，367 页）

《校释》："'故为'之'为'，各本同，通'谓'，但在《要术》无第二例，仍疑原作'谓'，后人因同音写错作'为'。"（368 页）

按，若原文是作"谓"，那么应该说成"谓之"才通。作"为"自可通。

（11）匡

　　"机骨"欲举，上曲如悬匡。（卷六"养牛、马、驴、骡"，391 页）

《校释》："匡：即眶字，《说文》无'眶'字，即以'匡'为眼眶字。《史记·淮南王安列传》：'涕满匡而横流'，即指眼眶。而匡为'筐'之本字，筐就是'箱'，后世相马法因亦概称眼眶为'眼箱'。这里所称'上曲如悬匡'，意即谓眼眶的上缘要成弯曲形，与上文'眶欲小，上欲弓曲'相符应。机骨：指上眶骨。"（395 页）

按，如此解释，则"机骨上曲如悬眶"不可通——上眶骨上曲怎么会是如悬眶？

（12）不借

　　若旋毛眼眶上，寿四十年；值眶骨中，三十年；值中眶下，十八

年;在目下者,不借。(卷六"养牛、马、驴、骡",396 页)

《校释》:"不借:古时草鞋别名,是说人人易得,不须假借。这里比喻如草鞋之不经穿,其寿命不长。"(402 页)

按,此释迂曲,难以信从。

(13) 偏长

目偏长一寸,三百里。(卷六"养牛、马、驴、骡",396 页)

《校释》:"半边叫做'偏',偏长:指上眼睑睑缘半边的长。"(402 页)

按,此释似无据。

(14) 小儿哺

治马被刺脚方:用稷麦和小儿哺涂,即愈。(卷六"养牛、马、驴、骡",411 页)

《校释》:"小儿哺:孟方平说中药师告诉他是人乳的别名,是得自师傅的。此说尚待查证。"(415 页)

(15) 无在

角欲得细,横、竖无在大。(卷六"养牛、马、驴、骡",417 页)

《校释》无说。《大词典》"无在"条:"①犹言不在乎。《晋书·刘曜载记》:'如其胜也,关中不待檄而至;如其败也,一等死,早晚无在。'"(7·107)与《要术》的"无在"显非同义。似指"不须;不要",俟考。

(16) 及

其十一月及二月生者,母既含重,肤躯充满,草虽枯,亦不羸瘦;母乳适尽,即得春草,是以极佳也。(卷六"养羊",423 页)

《校释》:"'十一月及二月',各本同,仅金抄作'十一月、十二月',

《辑要》引同金抄。按:'及'应作'至'解释,即自十一月至二月,正文所说最好和较好的四个月都包括在内。一年十二个月中,三至十月的八个月,逐月点明其所以不好的缘由,剩下只有十一月至二月这四个月才是好的。所以不应作'十一月、十二月'。"(424 页)

按,这个"及"字作"至"解释似不符合当时的语言习惯。

(17)劳戏

> 若使急性人及小儿者,拦约不得,必有打伤之灾;或劳戏不看,则有狼犬之害;懒不驱行,无肥充之理;将息失所,有羔死之患也。(卷六"养羊",423 页)

《校释》:"'劳',两宋本及元刻《辑要》引同;湖湘本作'旁',渐西本从之;殿本《辑要》引作'游',学津本、《今释》从之。按:'劳'有过分、癖好之义,今浙江尚有此口语,为贬词。又《广雅·释诂二》:'劳,嫩①也。''劳戏'实际就是偷懒好嬉之意。"(424 页)

按,缪先生释"劳"字两说并存,似均未谛。王云路先生《汉魏六朝诗歌语词探源》"三、劳戏"条举有《隋诗》卷四薛道衡《和许给事善心戏场转韵》一例:"繁星渐寥落,斜月尚徘徊。王孙犹劳戏,公子未归来。"认为"从文意看,'劳戏'当为嬉戏、玩耍义"。又引《要术》本例,指出:"此例意思很明确,'劳戏不看'即嬉戏不照看羊群,'劳戏'的嬉戏义可以无疑。"但"'劳戏'何以有嬉戏义呢"? 王先生认为"敖(或作'傲'、'遨')"有嬉戏义,"写作'劳'是其假借字"。② 今按,此论可备一说,但"劳"与"敖(傲、遨)"声母并不相近,王文也未举出古书中它们可相通的例证,所以仍不能使人无疑。总之,"劳戏"之"劳"的确诂及其得义之由尚待进一步研究。

(18)庸暇

> 人家八月收获之始,多无庸暇,宜卖羊雇人,所费既少,所存者大。(卷

---

① 维辉按,应作"嬾"。
② 见王云路《词汇训诂论稿》,北京语言文化大学出版社,2002 年,90—92 页。

六"养羊",427页)

《校释》:"庸:通傭;庸暇:因家家都忙于秋收,没有空闲时间给人傭作,所以要另雇专人刈草。"(429页)

按,"没有空闲时间给人傭作"恐怕不能说成"庸暇"。此释未确。

(19) 降;极

> 冬天作者,卧时少令热于人体,降于余月,茹令极热。(卷六"养羊",433页)

《校释》:"降:阶次,引申为'次比',意谓比于其他各月,冬天要包裹得特别暖些。极:作'尤其'讲。降:不作'以下'讲,如果说冬天以下各月要裹得很热,岂不大悖常理。"(436页)

按,缪先生释"降""极"二字皆迂曲难通。待考。

(20) 轩虚

> 不尔,喜轩虚羌(丘尚切)量而死。(卷六"养鹅、鸭",455页)

《校释》:"'喜轩虚',元刻《辑要》引作'噎轵虚',殿本《辑要》则脱此注文。'噎'谓被干硬食物阻噎,但'轵'下应有'轩'字。'轩'谓高举,这里指昂头直颈;'虚'谓腹中空虚,即饥饿;全句是'噎,轵轩虚羌量而死',但'喜轩虚……'亦通。"(457页)

按,"喜轩虚"的校勘和释义均有待进一步研究。

(21) 相随;合

> 今西楚荆、沔之俗,卖盐豉者,盐、豉各一斗,则各为裹而相随焉,此则合也。(卷七"货殖",471页)

《校释》:"颜师古解释的'合',是重量或容量相等的意思,但怎样合法,多有不明,'各为裹而相随','相随'大概指包裹好后一起交给顾客带走,不会指卖者跟着买主送去吧?《史记》裴骃《集解》引徐广注,

‘合’读为‘瓵’（yí），是受一斗六升的陶制容器，有确切的数量，要合理些。”（475 页）

　　按，“相随”大概就是“相配”的意思，恐怕不可能是“指卖者跟着买主送去”。“合”的确义待考。

　　（22）室近

　　　　不得令人室近。（卷七“造神麴并酒”，478 页）

　　《校释》：“室近：意即‘近室’，就是不许闲杂的近临或进入团麴间，以避免可能引起的某些有害微生物的污染（日译本以为‘人室’指‘人妇’）。”（483 页）

　　按，“室近”解为“近室”恐不合语法。“人室”似应连读，但是否就像日译本所以为的是指“人妇”，则尚待考证。

　　（23）弱炊

　　　　其酒饭，欲得弱炊，炊如食饭法，舒使极冷，然后纳之。（卷七“造神麴并酒”，479—480 页）

　　《校释》：“弱炊：炊得软熟些，使充分软化。方法是‘再馏’，即添水再蒸。”（486 页）

　　　　初下酿，用黍米四斗，再馏弱炊，必令均熟，勿使坚刚、生、减也。（卷七“造神麴并酒”，492 页）

　　《校释》：“弱炊：炊得软些。”（495 页）

　　按，“弱炊”的确切含义似当为“用小火慢慢地炊”，“炊得软熟些”只是它的目的或结果。缪先生释义似有颠倒因果之嫌。《要术》中“弱炊”一词共出现 8 次，其余 6 处是：看酿多少，皆平分米作三分，一分一炊。净淘，弱炊为再馏，摊令温温暖于人体，便下，以杷搅之。（卷七“笨麴并酒”，511 页）米细䅾，净淘，弱炊再馏黍，摊冷。（同上，513 页）三月三日，取井花水三斗三升，绢筛麴末三斗三升，粳米三斗三升——

稻米佳,无者,旱稻米亦得充事——再馏弱炊,摊令小冷,先下水、麹,然后酘饭。(卷七"法酒",525—526页)折米弱炊,令相著,盛饭瓯中。(卷九"煮糗",642页)折米坚实,必须弱炊故也,不停则硬。……弱炊作酪粥者,美于粳米。(卷九"飧、饭",648页)还有"软炊"的说法:《食次》曰:"女麹:秫稻米三斗,净淅,炊为饭——软炊。停令极冷,以麹范中用手饼之……"(卷九"作菹、藏生菜法",664页)待考。

（24）减

初下酿,用黍米四斗,再馏弱炊,必令均熟,勿使坚刚、生、减也。(卷七"造神麹并酒",492页)

《校释》:"减:《广雅·释诂二》:'劣,减也。'过熟发毛,同样会减损。"(495页)

按,这个"减"字似有特定含义,可参照此例:按疏黍虽科,而米黄,又多减及空;今概,虽不科而米白,且均熟不减,更胜疏者。(卷二"黍穄",105页)待考。

（25）挠劳

没水而已,勿更挠劳。(卷七"笨麹并酒",505页)

《校释》:"劳:劳有'动'义,见朱骏声《说文通训定声》。挠劳:意即搅动。"(507页)

按,朱骏声《说文通训定声》"劳"字条并无"劳"有"动"义之说,只有引《〔国语·〕越语》:"劳而不矜其功。"注:"动而不已也。"这个"劳"训"动"是指人活动、劳动,与"搅动"不是一回事,缪先生犯了偷换概念的毛病。"挠劳"一词又见于唐刘禹锡《答道州薛侍郎论方书书》:"齐和之宜,炮剔之良,暴炙有阴阳之候,煎烹有少多之取。挠劳以制驶,露置以养洁,味有所走,薰有所归。"文渊阁《四库全书》本《刘宾客文集》"挠"字下注:"火高反。"[①]可见口语中确有此词,而且"挠"音"火高

---

① 感谢方一新先生惠示此例。

反",这个读音在《要术》中也有记载:卷一"种谷"引《氾胜之书》曰:"三四日,去附子,以汁和蚕矢、羊矢各等分,挠呼毛反,搅也令洞洞如稠粥。"(81页)"呼毛反"就是"火高反"。据此,"挠"有"搅"义不成问题,但"劳"何以会有"搅动"义则尚待考证。

(26) 无若

　　于后无若,或八日、六日一酘,会以偶日酘之,不得只日。(卷七"法酒",526页)

《校释》:"无若:各本同,仅金抄、明抄作'无苦',形误。按:若有'择'义,《国语·晋语二》:'若夫二公子而立之',意谓在二公子中择一人而立之。'无若',即不必择定要十日,以后可以八日或六日投一次。"(527页)

按,"若"有"择"义,古书用例罕见,段玉裁《说文解字注》及俞樾《群经平议》均认为《国语·晋语二》"若夫二公子而立之"的"若"是"择"义,辞书所举也仅此一例而已。至于到了《要术》时代"若"是否还有此义,更是值得怀疑。《校释》所说证据不足,待考。

(27) 发

　　盐色黄者发酱苦,盐若润湿令酱坏。(卷八"作酱等法",536页)

《校释》:"发,显现、发生之意,谓酱发生苦味,文句倒装。《今释》疑应作'令',下文多处作'令酱'。"(537页)

按,《校释》释"发"字牵强,"文句倒装"之说更难通,《要术》时代还没有"发苦"一类的说法。《今释》疑应作"令",有理,全书"令酱⋯⋯"一类表述屡见。但令、發音形俱不相近,何以致误尚待证。

(28) 良杀

　　取良杀新肉。(卷八"作酱等法",540页)

《校释》:"良杀:活的牲兽现杀的。"(542页)

按,"良杀"似应指"如法而杀;好好地杀",而非谓"活的牲兽现杀的"。《资治通鉴》卷一八一《隋纪五》"炀皇帝上之下大业八年":"乃自请为前锋,谓其三子曰:'吾荷国恩,今为死日!我得良杀,汝当富贵。'"虽然与《要术》意思不全同,但可证南北朝时期确有此种说法,意思并非"活的牲兽现杀的"。

（29）已熟

  凡酢未熟、已熟而移瓮者,率多坏矣;熟即无忌。（卷八"作酢法",548 页）

《校释》:"已:不久、旋即之意;已熟:意即将熟,快熟。"（551 页）
按,"已"作"不久、旋即"解无据。

（30）半许半生

  未尝渡水者,宜以鱼眼汤渳铟①汋反半许半生用。（卷八"八和齑",568 页）

《校释》:"半许半生:意即一半的程度是生的,亦即'半生半熟'之意。从'汋（zhá）'的含义,也可说明。"（570 页）
按,缪先生所释大意不误,但"半许"如何解释,仍是问题。

（31）似

  盐、豉汁下肉中复熬,令似熟。（卷八"肝、腤、煎、消法",606 页）

《校释》:"'似熟',丁国钧校记:'上言"小熟",此当作"极熟"。'按:'似'有'过'的意思,南宋刘克庄（1187—1269）《后村别调·浪淘沙·旅况》:'今年衰似去年些。''似'即'过'意。这里'似熟'即'过熟',犹言'极熟',原文可以。"（608 页）

————————————

① "铟"当是"钮"之误。

按,此释牵强无据。"似熟"绝不能解释成"过熟;极熟"。"似"字待详。

（32）不密

> 腊月中作者良,经夏无虫;馀月作者,必须覆护,不密则虫生。
> （卷九"作脘、奥、糟、苞",628 页）

《校释》:"'不密',应是'不尔'之误。"(628 页)

按,"不密"似不误,谓覆护须密也。卷三"杂说"引崔寔《四民月令》:"至后籴籴䴭,曝干,置罂中,密封。"原注:"使不虫生。"可为旁证。

（33）淘

> 乌梅渍汁淘奠。（卷九"作菹、藏生菜法",666 页）

《校释》:"淘:由用水冲洗引申为'浇',《食次》用词。淘奠:即浇些乌梅汁奠上去。"(670 页)

按,释"淘"为"浇"可疑。《要术》"淘"字凡四十馀见,都是"淘洗"义,没有作"浇"讲的。缪先生说这是"《食次》用词",但《要术》引《食次》也找不出第二例。

（34）为过

> 候皮烂熟,以匕沥汁,看末后一珠,微有黏势,胶便熟矣。为过伤火,令胶焦。（卷九"煮胶",680 页）

《校释》:"'为过',应是'过为'倒错。"(681 页)

按,即使倒作"过为",恐亦不合当时语言习惯。"为"或系"如"字之讹,二字草书形近易混。待考。

（35）薄;莙

> 《尔雅》曰:"薄,石衣。"郭璞曰:"水藻也,一名'石髪'。江东食之。或曰:'薄叶似莙而大,生水底,亦可食。'"（卷十"五谷、果

蕨、菜茹非中国物产者·石莕",794页）

《校释》："水莕：莕同'苔'，又读 zhì（治）音，音异义同。薄、莕双声，二字涵义亦同。《文选·郭璞〈江赋〉》有'绿苔'，李善注引《风土记》：'石髮，水苔也，青绿色，皆生于石。'《名医别录》有'陟釐'，《唐本草》注：'此物乃水中苔。'《本草图经》称：'石髮，即陟釐也。'陟釐可作纸，张华作《博物志》，晋武帝给他'侧理纸'万张，即'陟釐纸'，又名'苔纸'。陟釐二字切音即是'莕'字（音治），徐言是'陟釐'，急呼就是'莕'。因生于石上，故称'石衣'、'石髮'、'石莕'乃至'水莕'，都是指苔类植物的某些种。"（794页）

按，薄，《广韵》徒含切；莕，《广韵》徒哀切，又直尼切。"陟釐"二字的切音非"莕"字（音治），"陟"中古知纽，"莕"（音同治）澄纽，声母有清浊之别；"釐"平声，"莕"去声，声调也不同。

第二章 《齐民要术》词汇研究

中古汉语的研究近二十多年来取得了长足的进展,但跟上古汉语和近代汉语相比,无论是研究的广度还是深度都仍显薄弱,重要的表现之一是专书语言的研究尚未全面展开,目前仅限于《世说新语》《洛阳伽蓝记》《颜氏家训》《抱朴子》《水经注》等少数几种。像《要术》这样口语化程度很高的著作,虽然早就有学者指出过它的语料价值,但迄今仍停留在一般引用的阶段,专就此书语言进行研究的成果很少。①笔者认为,在传世的"北魏三书"中,《要术》最贴近口语,而且带有明显的北方方言色彩,是研究南北朝汉语不可多得的宝贵资料。本章我们从词汇的角度对《要术》的语料价值(主要是贾思勰自著部分)作些具体的揭示,以期引起对此书语言研究的兴趣。

第一节 《齐民要术》常用词研究

常用词出现频率高,在很大程度上决定着一部书的语言的基本面貌。《要术》中的常用词与当时的正统文言已经有了明显的差别,一批新兴的口语常用词被经常性地使用,这是此书语言反映当时口语的最重要的方面。但是由于以前对常用词历时演变研究的意义认识不足,《要术》在这方面的价值尚未引起普遍的关注。下面举一些例子来说明。

脚

自从王力先生在《汉语史稿》中提出"脚"代替"足"的问题以后,学

---

① 据本人查阅海内外有关文献索引,从语言角度研究此书的论文仅见到数篇,另有两篇硕士论文分别以此书的双音词和复音词为研究对象(未刊)。近年来《要术》语言的研究渐受重视,北京大学张双棣教授指导的博士论文《〈齐民要术〉词汇研究》(作者刘洁)已于2004年完成,笔者未寓目。据说北京师范大学也有研究《齐民要术》词汇的博士论文。

者们对"脚"何时开始有"足"义发生了兴趣,曾有多篇文章参与讨论,结论已渐趋一致:"脚"有"足"义不会晚于汉末三国。[①] 不过此后"脚"在通语中取代"足"却经历了漫长的过程。大体说来,在南北朝时期,"脚"的出现频率很高,在表示"整条腿"这一意义上已基本替换了"足",而且在"脚掌"义上也正在逐渐侵入"足"的领域。[②]

《要术》中"脚"和"足"这对词的使用情况很能反映当时口语的实际。两者的出现次数是41∶31,而且"脚"大都出现在贾思勰自著部分,只有3例出自引书,而"足"则有13例出自引书。也就是说,在贾氏笔下,两者的实际出现次数是38∶18,"脚"比"足"多一倍强。"足"词义单一,都是指"(人或动物的)脚掌"。"脚"的使用范围很广,可以指动物的腿,如牛脚、马脚、羊脚、兔脚、鸡脚、鸱脚、鸭脚、鸠脚等;可以指器物的腿,如一脚楼、两脚楼、三脚楼;还有山脚、雨脚,甚至麦芽也可以称脚。用于人时只有1处是指"小腿",而且是出自引书:

　　(1)大如靴雍,小如人脚䏚肠。(卷九"作脵、奥、糟、苞"引《食次》,630页)

馀下的7例都是指脚掌:

　　(2)凡瓜所以早烂者,皆由脚蹑及摘时不慎,翻动其蔓故也。(卷二"种瓜",157页)
　　(3)先燥晒,欲种时,布子于坚地,一升子与一掬湿土和之,以脚蹉令破作两段。(卷三"种胡荽",207页)
　　(4)于木槽中下水,脚踏十遍。(卷五"种红蓝花、栀子",371页)
　　(5)以手痛挼乳核令破,以脚二七遍蹴乳房,然后解放。羊产三日,直以手挼核令破,不以脚蹴。(卷六"养羊",431页)

---

　　① 参看董志翘《"脚"有"足"义始于何时?》,《中国语文》1985年第5期,372—373页;吴金华《"脚"有"足"义始于汉末》,《中国语文》1986年第4期,276页,又收入其《古文献研究丛稿》,江苏教育出版社,1995年,59—60页;吴金华《佛经译文中的汉魏六朝语词零拾》"脚"字条,《语言研究集刊》第2辑,江苏教育出版社,1988年,329—330页,又收入其《古文献研究丛稿》,42页。
　　② 参看拙著《东汉—隋常用词演变研究》"足/脚"条。

　　(6)内豆于瓮中,使一人在瓮中以脚蹑豆,令坚实。(卷八"作豉法",562页)

　　(7)于木槽内,以汤淘,脚踏。(卷九"飧、饭",648页)

　　这样集中地用"脚"来指"脚掌"的情况在同时期文献中是不多见的,很值得注意。

　　在"脚蹑/蹴/踏/蹉"一类语境里,《要术》也常用"足",具体情况是:"足蹑"3见,其中1例系引《氾胜之书》(西汉著作);"足践"4例,都是引《氾胜之书》;"足践踏"1例、"足踏"2例,为贾氏语;"足蹙"1例,系引《搜神记》。而"脚蹑"2例,"脚踏"2例,"脚蹴"2例,"脚蹉"1例,均为贾氏语。可以图示如下[①]:

	蹑	践	践踏	踏	蹴	蹙	蹉
足	1/3	0/4	1	2	0	0/1	0
脚	2	0	0	2	2	0	1

这说明在这种场合"脚"已完全等于"足",而且贾氏更倾向于用"脚"。据此我们推测,"脚"从指"整条腿/小腿"到专指"脚掌"这一变化,在南北朝时期北方可能要快于南方,在贾思勰的口语里这种转变大概已接近完成。

袋

　　古称囊,今称袋。"袋"是什么时候取代"囊"的?《要术》为我们提供了有用的资料。

　　在东晋南北朝文献里可以零星见到一些"袋"的例子,如晋葛洪撰、梁陶弘景补的《肘后备急方》有"绢袋",《洛阳伽蓝记》有"锦香袋"("袋"字有三种本子作"囊"),北周庾信有《题结线袋子》诗,等等。不过这些材料太零散,很难据以得出什么结论。

　　《要术》中"袋"字很常见,共出现20次,而且都是在贾思勰自著的部分,有绢袋(5见)、布袋(4见)、毛袋(3见)、纸袋(2见)等,还有加

---

　　① 　斜杠前表示贾氏笔下出现的次数,斜杠后表示总数。

"子"尾的"袋子"(4 见);"囊"则一共只见到 9 例,而且有 3 例系出自引书。所以在贾思勰自著部分"袋"和"囊"的出现次数实际上是 20∶6。两者在词义上看不出有什么明显的差别。

这一事实清楚地表明,在北魏后期的北方口语里,"袋"差不多已经取代了"囊"。①

揩

"拭、揩、抹、擦"在"擦拭"义上是一组历时同义词:"拭"最古老,先秦已见,"揩"次之,"抹"见于宋以后,"擦"则晚到清代才见诸文献。现代汉语普通话通常说"擦",也说"抹",但不少方言仍说"揩";而"拭"则基本上已成为书面语词。

"揩"是什么时候取代"拭"的? 现在还说不清楚。《说文》无"揩"字,《广雅·释诂三》:"揩,磨也。"这是字书对"揩"字的最早记录。文献用例则可以上溯到东汉:

(1) 揩枳落,突棘藩。(《文选·张衡〈西京赋〉》)李善注引《字林》:"揩,摩也。"

《要术》中这对词出现频率较高,我们不妨来看一看它们的使用情况。

全书"拭"字共见 18 例,其中有 7 例系引《食经》;"揩"见 14 例,有4 例系引《食次》;另有 2 例"揩拭"连文,均为贾氏手笔。如果只算贾氏自著部分,那么"揩"和"拭"的出现频率基本持平(10∶11)。为了保持语料的同质性,下面我们只讨论这部分例子。先看些例句:

(2) 凡木画、服玩、箱、枕之属,入五月,尽七月、九月中,每经雨,以布缠指,揩令热彻,胶不动作,光净耐久。若不揩拭者,地气蒸热,遍上生衣,厚润彻胶便皱,动处起发,飒然破矣。(卷五"漆",349 页)

(3) 其冒霜雪远行者,常啮蒜令破,以揩唇,既不劈裂,又令

_____

① 参看拙著《东汉—隋常用词演变研究》"囊/袋"条。

辟恶。(卷五"种红蓝花、栀子",367 页)

（4）治马疥方：用雄黄、头发二物，以腊月猪脂煎之，令发消；以砖揩疥令赤，及热涂之，即愈也。(卷六"养牛、马、驴、骡"，410 页)

（5）圈内须并墙竖柴栅，令周匝。羊不揩土，毛常自净；不竖柴者，羊揩墙壁，土、咸相得，毛皆成毡。(卷六"养羊"，423 页)

（6）净燖猪讫，更以热汤遍洗之，毛孔中即有垢出，以草痛揩，如此三遍，梳洗令净。(卷八"蒸缹法"，599 页)

（7）茅蒿叶揩洗，刀刮削令极净。净揩釜，勿令渝，釜渝则豚黑。(卷八"菹绿"，611 页)

（8）夜煮细糠汤净洗面，拭干，以药涂之，令手软滑，冬不皴。(卷五"种红蓝花、栀子"，367 页)

（9）以汤净洗，燥拭之。(卷六"养牛、马、驴、骡"，411 页)

（10）以砖瓦刮疥令赤，若强硬痂厚者，亦可以汤洗之，去痂，拭燥，以药汁涂之。(卷六"养羊"，439 页)

（11）一七日，冷水湿手拭之令遍，即翻之。(卷七"法酒"，528 页)

（12）取新猪膏极白净者，涂拭勿住。(卷九"炙法"，616 页)

从组合关系看，两者有些差异：有"揩洗"而无"拭洗"，有"涂拭、燥拭"而无"涂揩、燥揩"，有"拭干/拭燥"而无"揩干/揩燥"。据此看来，当时"拭"和"揩"在词义上可能还有细微差别："拭"轻而"揩"重。所以把某物擦干只说"拭"而不说"揩"；用来"拭"的东西是"湿手、布、脂、猪膏"等柔软的物品，而用来"揩"的则多为砖、草、茅蒿叶等粗硬之物；"拭"的结果一般是使之干、净，"揩"的结果则可以是令"热彻""赤""极白净"，还可以说"痛揩"，羊在墙上摩擦以止痒的动作说"揩"而不说"拭"。正因为此，《广雅》和《字林》均释"揩"为"磨（摩）也"。总起来看，浑言之，两者词义已趋同，故"揩拭"可构成双音词，以蒜揩唇也可以说"揩"(例(3))；析言之，则"拭"轻而"揩"重，"拭"相当于轻擦，"揩"则是重擦。从中可以看出，在北魏后期的口语里"揩"与"拭"的竞争已经达到高潮。

要

《要术》中的"要"字常当"必须"讲,共见到 24 例,只有 1 例("要须")是引《食次》,其馀均为贾氏语。"要须"连文尤为常见,共有 11 例。请看下面例子:

(1) 此菜旱种,非连雨不生,所以不同春月要求湿下。(卷三"种胡荽",210 页)

(2) 五月十五日以后,七月二十日以前,必须三度舒而展之。须要晴时,于大屋下风凉处,不见日处。(卷三"杂说",228 页)

(3) 春采者,必须长梯高机,数人一树,还条复枝,务令净尽;要欲旦、暮,而避热时。(卷五"种桑、柘",318 页)

(4) 满二石米以外,任意斟裁。然要须米微多,米少酒则不佳。冷暖之法,悉如常酿,要在精细也。(卷七"造神麴并酒",489 页)

(5) 又作神麴方:以七月中旬以前作麴为上时,亦不必要须寅日;二十日以后作者,麴渐弱。凡屋皆得作,亦不必要须东向开户草屋也。(同上,490 页)

(6) 数日复尝,麴势壮,酒乃苦者,亦可过十石米,但取味足而已,不必要止十石。然必须看候,勿使米过,过则酒甜。(卷七"笨麴并酒",506 页)

(7) 解后二十日堪食;然要百日始熟耳。(卷八"作酱等法",537 页)

(8) 神酢法:要用七月七日合和。瓮须好。蒸干黄蒸一斛,熟蒸麸三斛:凡二物,温温暖,便和之。水多少,要使相淹渍,水多则酢薄不好。(卷八"作酢法",554 页)

(9) 切脍人,虽讫亦不得洗手,洗手则脍湿;要待食罢,然后洗也。(卷八"八和齑",569 页)

(10) 槃者,树根下生木耳,要复接地生,不黑者乃中用。(卷八"羹臛法",593 页)

(11) 然麦粥自可御暑,不必要在寒食。(卷九"醴酪",644 页)

(12) 煮胶法:煮胶要用二月、三月、九月、十月,馀月则不成。

（卷九"煮胶"，679 页）

上引例(1)的"要求"、例(2)的"须要"、例(6)(11)的"不必要"、例(7)(8)(10)(12)的"要"，跟现代汉语几乎已经没有什么两样。这在同时期的文献中是很少见到的。

《大词典》和《大字典》"要"的"必须；应该"义下所引的始见书证都是《世说新语·文学 86》："孙兴公作《天台赋》成，以示范荣期，云：'卿试掷地，要作金石声。'"这个"要"和上述《要术》中的"要"细辨起来还有区别：《世说》的"要"是指客观上会发生什么情况，犹言"将会；将要"；而《要术》中的"要"主要是指客观上必须怎么样，词义基本上等于"须"。

《要术》中"要"字这种新兴用法的频繁使用反映出此词在口语中的活跃程度。这就为入唐以后"要"字又产生出"讨""想；希望"等重要的新义项奠定了基础。①

活

"死"的反义词，在先秦主要是"生"，有时也用"活"，但数量较少。两者对举时要说"生死"；"死活"连用要到几部旧题"后汉失译"的佛经里才见到。"活"替换"生"也经历了漫长的过程，是分两步完成的：先是取代"生"的动词用法，然后取代其形容词用法。② 大约到汉末，口语里作动词用时可能"活"已大致取代了"生"，但"活"作形容词用的例子在唐以前却不易见到，笔者只搜集到下面几例：

---

① 　《世说新语·雅量 11》："王夷甫与裴景声志好不同，景声恶欲取之，卒不能回。乃故诣王肆言极骂，要王答己，欲以分谤。王不为动色，徐曰：'白眼儿遂作。'"两种《世说新语》专书词典都把这个"要"解释为"欲，想要，希望"的意思，王云路先生《中古常用词研究漫谈》一文(载《中古近代汉语研究》第一辑)也认为这个"'要'是想要、希望的意思，后接主谓词组，与现代汉语用法同。"(279 页)我觉得这样理解恐怕还有问题。因为这样的用法在《世说新语》中仅此一例，在唐以前的其他文献中目前也尚未见到第二例。(《世说新语辞典》还引了《荀氏灵鬼志》中的一例："然爱君之琴，要当相见。""要当"的"要"显然不是此义，而是"须要，必须"的意思。)"要"在唐以前是否已经产生了"希望；想要"这个义项？仅凭这样一个孤例是难以确定的。其实《世说》此例的"要"解释成"邀约"(音 yāo)完全可以讲通(这是"要"在《世说》中最常用的义项)，没有必要把它解释为"希望；想要"。"二典""要"字条"想；希望"义下所引的始见书证都是唐韩愈《竹径》诗："若要添风月，应除数百竿。"我认为对此义的溯源是正确的。

② 　参看拙著《东汉—隋常用词演变研究》"生/活"条。

（1）今有树于此，而欲其美也，人时灌之，则恶之，而日伐其根，则必无活树矣。（《吕氏春秋·至忠》，2/577 页）

（2）围城必示之活门，所以开其生路也。（《三国志·魏书·曹仁传》，1/275 页）"活门"与"生路"相对，"活"是形容词。

（3）若值伏石，则无活路。（《法显传·自师子国到耶婆提国》，167 页）

（4）吴军中人皆是生劫，若作刺史，吾等岂有活路！（《宋书·吴喜传》载宋明帝诏书，7/2120 页）

（5）王所梦兽，生未曾睹，当于何所而求觅此？若今不得，王法难犯，我曹徒类，永无活路。（北魏慧觉等译《贤愚经》卷 3，366b）

《要术》中有一个很值得注意的例子：

（6）先煮薄饧，著活蟹于冷饧瓮中一宿。（卷八"作酱等法·藏蟹法"，545 页）

"活门/路"与"活蟹"的"活"性质还不同：前者是指求活的门、路，后者则是指活着的。如果这里不说"活蟹"而说"生蟹"，则易生歧解：是生熟之生还是死生之生？不过在这样的语境里唐以前通常都是说"生"而不说"活"的，用"活"的目前只见到上引《吕氏春秋》一例。"活蟹"的"活"接下来要到唐代的《王梵志诗》里才又见到用例：

（7）死王羡活鼠，宁及寻常人。（荣官赤赫赫，112 首）

项楚先生注"死王羡活鼠"说：典出《抱朴子·内篇·勤求》："古人有言曰，生之于我，利亦大焉。论其贵贱，虽爵为帝王，不足以此法比焉。论其轻重，虽富有天下，不足以此术易焉。故有死王乐为生鼠之喻也。"①

---

① 参看项楚《王梵志诗校注》，上海古籍出版社，1991 年，342—343 页。

葛洪笔下的"生鼠",到了王梵志的嘴里成了"活鼠",这是一个重要的变化;而《要术》中这个可贵的例子在《吕氏春秋》和《王梵志诗》之间架起了一座桥梁。

《大词典》"活"字条云:

> ①生命存在。与"死"相对。《诗·周颂·载芟》:"播厥百谷,实函斯活。"郑玄笺:"活,生也。"唐白居易《枯桑》诗:"皮黄外尚活,心黑中先焦。"《水浒传》第三八回:"我自去讨两尾活鱼来与哥哥吃。"(5·1157)

形容词"活"虽然没有另立义项,但从引例上还是有所反映。所引的第一条书证是《水浒传》,太晚。

好

《要术》中的"好"是个出现频率高、新兴用法多的口语常用词,颇可注意。下面分五点来讨论。

一是"可以,能"义,《大词典》和《大字典》所引的始见书证都是《要术》。例如:

> (1)与大麦同时熟。好收四十石,石八九斗面。(卷二"大小麦",133 页)
>
> (2)十五年,任为弓材,一张三百。……二十年,好作犊车材。一乘直万钱。(卷五"种桑、柘",324 页)
>
> (3)羊有死者,皮好作裘褥,肉好作干腊,及作肉酱,味又甚美。(卷六"养羊",440 页)

二是"完成,完毕"义,《大词典》和《大字典》也均首引《要术》:

> (4)炊米三斗酘之,使和调,盖。满五日,乃好。酒甘如乳。(卷七"笨麴并酒"引《食经》,519 页)

此例系引《食经》,在贾氏自著部分也有这样的用法,如:

（5）炙时以杂香菜汁灌之。燥复与之，熟而止。色赤则好。（卷九"炙法"，624 页）

"色赤则好"意思是颜色变赤就说明做成了。

三是作状语，表"充分；完全；彻底"义，书中用例也很多。尤以"好熟"为多见，共出现 8 次。例如：

（6）秋种者，五月子熟，拔去，急耕，十馀日又一转，入六月又一转，令好调熟，调熟如麻地。（卷三"种胡荽"，210 页）

（7）若旧瓶已曾卧酪者，每卧酪时，辄须灰火中烧瓶，令津出，回转烧之，皆使周匝热彻，好干，待冷乃用。（卷六"养羊"，432 页）

（8）夏一宿，春秋再宿，冬三宿，看米好消，更炊酘之，还泥封。（卷七"笨麹并酒"，511 页）

（9）自馀粉悉于甑中干蒸，令气好馏，下之，摊令冷，以麹末和之，极令调均。（同上，512 页）

（10）三日好净，漉，洗去鳞，全作勿切。（卷八"作酱等法"，541 页）

（11）二七日可食，三七日好熟。（卷八"作酢法"，552 页）

上述三种用法在《世说新语》《洛阳伽蓝记》等同时期著作中均未见到，从中可以看出《要术》反映口语的程度之高。

四是作状语，表示"好好地；小心仔细地"，如：

（12）摘时必令好接，勿令损伤。（卷四"插梨"，288 页）

（13）治肥田十亩，荒田久不耕者尤善，好耕治之。（卷五"种桑、柘"引《氾胜之书》，326 页）

（14）好择之，以蟹眼汤煮之，盐薄洒，抑著燥器中，密涂。（卷十"五谷、果蓏、菜茹非中国物产者·蒋"引《食经》，808 页）

此义的"好"也见于同时期的南北方文献，应该属于通语用法。例如：

(15)汝若为选官,当好料理此人。(《世说新语·德行 47》)

(16)周侯独留,与饮酒言话,临别流涕,抚其背曰:"阿奴好自爱。"(《世说新语·方正 26》)

(17)太傅李延实者,庄帝舅也。永安年中,除青州刺史。临去奉辞,帝谓实曰:"怀甎之俗,世号难治。舅宜好用心,副朝廷所委。"(《洛阳伽蓝记》卷二)

五是表"优良;美好",这是此书"好"字最常见的用法,共有 144 例(含引书),可作谓语、宾语。"第一好""最好"这样的口语化表述经常见到。像下面二例中的"好"也完全是口语的实录:

(18)外舍无市之处,一亩用子一升,疏密正好。(卷三"种胡荽",207 页)

(19)垅者看好,料理又易。(卷五"种榆、白杨",341 页)

"好"的本义是"女子貌美"[①],远在《诗经》时代它就已经引申为泛指"优良;美好";不过在口语中"好"有个逐步取代"善""美"等同义词的过程。《要术》中泛指的"善"的出现频率已经很低,而且多见于引书,看来已是一个书面语词;"美"尽管出现频率很高(不低于"好"),但大多是指味美和田地肥沃,泛指的用法也无法跟"好"相比。因此可以说,早在一千四百多年前的《要术》时代,汉语口语主要用"好"字来形容人和一切事物的"优良美好"的局面就已经形成,直到现代汉语仍是如此。

张

王力先生曾说:"纸称'张'是后起的现象,如杨万里诗:'百年人物今安在?千载功名纸半张。'"[②]刘世儒先生指出这一说法"不合事实",他引用《魏书》和甄鸾《笑道论》的例子证明这个"张"在南北朝已经有了。[③] 这无疑是正确的。其实见于《要术》的下面两个例子时代还要略

---

① 《说文·女部》:"好,美也。从女、子。"段玉裁注:"好,本谓女子,引申为凡美之称。"

② 《汉语史稿》(中册),科学出版社/中华书局,1958 年/1980 年,239 页。

③ 刘世儒《魏晋南北朝量词研究》,中华书局,1965 年,131—132 页。

早①,刘书未引,殊为可惜:

> （1）凡开卷读书,卷头首纸,不宜急卷;急则破折,折则裂。以书带上下络首纸者,无不裂坏;卷一两张后,乃以书带上下络之者,稳而不坏。（卷三"杂说",227页）
>
> （2）菘根萝卜菹法:净洗通体,细切长缕,束为把,大如十张纸卷。（卷九"作菹、藏生菜法",665页）

《要术》中像上面这样的口语常用词为数众多,名词如头、眼、泪、翅、树等,方位词如边、里等,代词如别②等,量词如个、道、把、粒、根、科（以上名量词）、度、过、遍、匝（以上动量词）等,动词如看、眠、吃、打、写（"抄写"义）、洗、盖、值（"碰到"义）、晒、挂、回（"返回"义）、捉、关（"关系到;牵涉"义）、著（"安放"义、"穿着"义）、换、听（"允许;听任"义）、候（"待"义）、歇（"停止"义）、住（"停"义）、拍、放（"放牧"义）、得（"行,可以"义）等,助动词如中/不中、合、应等,形容词如硬、瘦、暖、粗（圆周大）、冷、阔、宽（宽度大）、软、快（駃）、甜等,副词如仍（"仍然"义）、寻（"不久"义）等,介词如从（相当于"自"）、共（"与"义）等。限于篇幅,不再一一展开来讨论。此外像"红"泛指各种红色,《要术》中已常见,《大词典》首引唐白居易词（9·702）,亦嫌晚。由此可见,《要术》对汉语常用词演变史的研究具有重要的价值,也正是这些常用词决定了《要术》语言的基本面貌。

第二节 《齐民要术》所见的中古
汉语新词和新义

《要术》中蕴含着一大批中古时期产生的新词新义,把它们抉发出来,有助于词汇史的研究和辞书的编纂修订。下面以《大词典》和《大字典》（有时也合称"二典"）这两部迄今最具权威性的大型历史性语文

---

① 《魏书》为北齐魏收所撰,甄鸾则为北周人。
② 指"别的,其他的",如"别器""别瓮",相当于文言的"他（它）"。

辞书作为参照系,来作一些考察。所讨论的只限于普通词语,不涉及专业词汇。

1. "二典"引《要术》为始见书证的词条有①:

彻底(通彻到底),麤细(粗细的程度),大都(大多),大判,第一(形容程度最深;最重要),风凉(有风而凉爽),阁置(放置;放在一边),根(量词),后年(明年的明年),㿦角(偏斜,不正相对),急性(性情急躁),家生(生物由人工饲养或栽培,对"野生"而言),解放(解开;放松),铰(剪),科(①植物的根茎;②用同"棵"。量词。用于植物;③用同"颗"。颗粒;④kè,滋生;发棵),劙(划;分割),捩(拗折,折断),立意(打定主意;决心),凌旦(拂晓,清早),挛拳(蜷曲),泥(nì,用稀泥或如稀泥一样的东西涂抹或封固),气势(指品质,功效),乳房(人和哺乳动物所特有的哺乳器官),舒缓(宽松),舒适(舒服安逸),舒展(伸展;展开),随便(随其所宜),岁道(时令;时运),摊(平铺;展布),调适(合适;适合),调熟(将地翻耕使熟),痛(尽力;竭力),无嫌(犹无妨),稀豁(犹空旷),下(指播种),下酒(以菜肴佐酒),欲得(须要),种子(种子植物的胚珠经受精后长成的结构)。其中大判、科(③、④)、㿦角(偏斜,不正相对)、劙、气势(指品质,功效)、舒缓(宽松)、调熟(将地翻耕使熟)、无嫌(犹无妨)、稀豁、欲得("须要"义)等词(或相关义项)《大词典》只有《要术》的用例。

2. 为《大词典》所失收的词条有:

背脊骨(脊梁骨):髀骨欲得出俊骨上。出背脊骨上也。(卷六"养牛、马、驴、骡",417页)

多饶(多):既至冬寒,多饶风霜,或春初雨落,青草未生时,则须饲,不宜出放。(卷六"养羊",427页)

扶老杖(手杖):三年,间劚去,堪为浑心扶老杖。一根三文。(卷五"种桑、柘",324页)

合宜适(合宜,合适):其卧酪待冷暖之节,温温小暖于人体为合宜适。(卷六"养羊",433页)

荒没(荒芜):草生拔却,勿令荒没。(卷五"种桑、柘",324页)有草

---

① 词条按音序排列,括号内是相关的义项。下同。

拔令去,勿使荒没。(卷五"种槐、柳、楸、梓、梧、柞",354 页)

火杴(拨火棒):以煮寒食醴酪火杴著树枝间,亦良。(卷四"种李",277 页)

劳戏(游戏,嬉戏):或劳戏不看,则有狼犬之害。(卷六"养羊",423 页)

略皆(大略,大都):世事略皆如此,安可不存意哉?(同上,427 页)

秋上(秋天):秋上酸枣熟时,收,于垄中种之。(卷四"园篱",254 页)按,此词《要术》中凡 3 见。

索笼(索子编制的笼):索笼盛豚,著甑中,微火蒸之,汗出便罢。(卷六"养猪",443 页)

寻览(翻阅):卷首皆有目录,于文虽烦,寻览差易。(序,18 页)

3. 为"二典"所失收的义项有:

败坏(腐败变质):非直滋味倍胜,又得夏暑不败坏也。(卷四"种桃柰",273 页)按,《大词典》"败坏"条释作"损害;破坏"(5·465),与本例义别。

不用:"不用"有"不使;不应;不能;不要"义,为《要术》中常语,很容易误解为"不必;无须"。《大词典》未收。例如:春锄起地,夏为除草,故春锄不用触湿。六月以后,虽湿亦无嫌。(卷三"种谷",67 页)叶不用剪。剪则损白。(卷三"种薤",197 页)昼日箔盖,夜即去之。昼日不用见日,夜须受露气。(卷三"种兰香",213 页)凡栽树讫,皆不用手捉,及六畜抵突。(卷四"栽树",256 页)既生,数年不用掌近。凡新栽之树,皆不用掌近,栗性尤甚也。(卷四"种栗",293 页)凡耕桑田,不用近树。伤桑、破犁,所谓两失。(卷五"种桑、柘",318 页)鹅鸭皆一月雏出。量雏欲出之时,四五日内,不用闻打鼓、纺车、大叫、猪、犬及舂声;又不用器淋灰,不用见新产妇。触忌者,雏多厌杀,不能自出;假令出,亦寻死也。(卷六"养鹅、鸭",455 页)

将息(饲养;调理):将息失所,有羔死之患也。(卷六"养羊",423 页)

捩(拧;绞):少时,捩出,净撋去滓。……汁冷,捩出,曝干,则成矣。(卷三"杂说",240 页)按,"二典"均未收此义。

眠起(忽卧忽起):治马大小便不通,眠起欲死,须急治之。(卷六

"养牛、马、驴、骡",412 页)

生虫(长虫子):《氾胜之书》曰:"种伤湿郁热则生虫也。"(卷一"收种",57 页)五月湿热,蠹虫将生,书经夏不舒展者,必生虫也。(卷三"杂说",227 页)上犊车篷奉及糊屏风、书帙令不生虫法:……(同上,233 页)此义《要术》中常见。

周匝(周遍):圈内须并墙竖柴栅,令周匝。(卷六"养羊",423页)……回转烧之,皆使周匝热彻,好干,待冷乃用。(同上,432 页)转常使周匝,不匝则偏焦也。(卷九"炙法",616 页)

以上两类词语可以为"二典"补充新的词条或义项。

4. 可以为"二典"提前书证时代的词语有:

巴篱(篱笆):剥讫,即编为巴篱。(卷四"园篱",254 页)《大词典》引唐羊士谔诗(4·76)。

不用(不必;无须):《要术》中用作此义的例子已多见,如:此物性不耐寒,阳中之树,冬须草裹。不裹即死。其生小阴中者,少禀寒气,则不用裹。所谓"习以性成"。(卷四"种椒",309 页)鲤鱼、鲭鱼第一好;鳢鱼亦中。鳉鱼、鲇鱼即全作,不用切。(卷八"作酱等法",541 页)六七日,净淘粟米五升,米亦不用过细,炊作再馏饭。(卷八"作酢法",551页)《大词典》引唐王昌龄诗(1·404)。

成长(长大;长成):数年成长,共相蔽迫,交柯错叶,特似房笼。(卷四"园篱",254 页)《大词典》引北齐颜之推《颜氏家训》(5·197)。

此等:此等岂好为烦扰而轻费损哉?(序,10 页)此等名目,皆是叶生形容之所象似。(卷四"栽树",256 页)《大词典》引《二刻拍案惊奇》(5·331)。

大母指:三月上旬,斫取好直枝,如大母指,长五尺,内著芋魁中种之。(卷四"栽树"引《食经》,256 页)《大词典》引《水浒传》(2·1346)。

当中(中间):以锯子割所患蹄头前正当中。(卷六"养牛、马、驴、骡",411 页)《大词典》引唐李贺诗(7·1388)。

得(犹言行,可以):若牛力少者,但九月、十月一劳之,至春稴种亦得。(卷一"耕田",38 页)《大词典》引唐李肇《唐国史补》(3·988)。

膏润(含水分多,不干燥):今世有十月、十一月耕者,非直逆天道,害蛰虫,地亦无膏润,收必薄少也。(卷一"耕田",45 页)此义的"膏润"《要术》中常见。《大词典》引明谢肇淛《五杂俎》(6·1365)。

谷道(后窍,即直肠到肛门的一部分):以脂涂人手,探谷道中,去结屎。(卷六"养牛、马、驴、骡",412 页)《大词典》引明李时珍《本草纲目》(6·1506)。

坚硬:耩者,非不壅本苗深,杀草,益实,然令地坚硬,乏泽难耕。(卷一"种谷",67 页)《要术》中"坚硬"共 8 见。《大词典》自拟例子,未引书证(2·1118)。

洁白(纯净的白色):洁白而柔韧,胜皂荚矣。(卷三"杂说",233 页)六七日,水微臭,然后拍出,柔韧洁白,大胜用灰。(同上)饭色洁白,无异清流之米。(卷九"飧、饭",649 页)《大词典》引《陈书》(6·116)。

懒人菜(韭的别名):谚曰:"韭者懒人菜。"以其不须岁种也。(卷三"种韭",203 页)《大词典》引明冯梦龙《古今谭概》(7·784)。

冷气(寒冷的气流):盖覆器口,安砌泉、冷水中,使冷气折其出势。(卷五"种桑、柘"引《永嘉记》,327 页)《大词典》引宋苏轼诗(2·406)。

起手(起头;开始):旦起,泻酪著瓮中炙,直至日西南角,起手抨之,令把子常至瓮底。(卷六"养羊",437 页)《大词典》引明冯梦龙《挂枝儿》(9·1088)。

掐(用指甲截取或截断):瓜生数叶,掐去豆。(卷二"种瓜",156 页)掐秋菜,必留五六叶。不掐则茎孤,留叶多则科大。凡掐,必待露解。谚曰:"触露不掐葵,日中不剪韭。"(卷三"种葵",177 页)按,此义的"掐"字《要术》中极为常见。《大词典》引《颜氏家训》(6·697)。

拳缩(卷缩):若不先正元理,随宜裂斜纸者,则令书拳缩。(卷三"杂说",227 页)《大词典》引唐柳宗元文(6·540)。

省力(不费或少费力气):如此令地熟软,易锄省力。(卷一"种谷",67 页)《大词典》引宋朱翌《猗觉寮杂记》(7·1171)。

收益:大锄者,草繁茂,用功多而收益少。(卷一"种谷",66 页)《大词典》引现代作家孙犁文(5·386)。

下(表示时间):谚曰:"羸牛劣马寒食下。"言其乏食瘦瘠,春中必死。(卷六"养牛、马、驴、骡",383 页)①《大字典》引《红楼梦》(4),《大词典》

---

① 缪启愉校释:"下:凡物自上陨落曰'下',此指倒毙。这是说瘦牛瘠马过不了寒食节(清明前一二天)就要倒毙。"(386 页)按,缪说恐未当。详见第 34 页。

引现代作品(1·306)。

匀调(均匀;适当):竖枝于坑畔,环圆布枝,令匀调也。(卷四"安石榴",304 页)《大词典》引宋苏轼文(2·174)。

住宅:住宅上及园畔者,固宜即定。(卷五"种桑、柘",318 页)《大词典》引《水浒传》(1·1277)。

自在(安闲自得,身心舒适):非直饮食遂性,舒适自在,至于粪溺,自然一处,不须扫除。(卷六"养牛、马、驴、骡",406 页)《大词典》引唐杜甫诗(8·1311)。

上面所举四个方面的例子并非《要术》中新词新义的全部,只是举例性质。即此已可看出此书在钩稽南北朝新兴词汇成分上的价值。在"二典"编纂过程中,《齐民要术》都是取例的重要资料书,有专人做过卡片,但还有像 2、3、4 三类所列的这么多材料被漏略,这不得不引起我们的注意。① 实际上类似的情况并非偶见。假如"二典"有机会修订,这些基本典籍应该重新请专家勾词,以尽量减少疏失。我们将在"下编"《〈齐民要术〉新词新义词典》中展示《要术》新词新义的全貌。

第三节 《齐民要术》所引
佚书与辞书编纂

谈到《要术》与辞书编纂的关系,还有一个问题也值得一提,这就是《要术》征引文献十分丰富,许多典籍已经亡佚,其中也蕴含着大量有价值的语料。下面仅以《氾胜之书》为例作一个初步的探讨。

《氾胜之书》,今佚。《汉书·艺文志》著录《氾胜之十八篇》,是九家农书之一,后世通称《氾胜之书》。氾胜之,汉成帝(前 32—前 7 年在位)时人,任议郎,后徙为御史。曾在今陕西关中地区教导农业,获得丰收。其书有相当高的农学水平,可说是整个汉代最杰出的综合性农书,直到唐代还被推崇为"汉时农书有数家,《氾胜》为上"(《周礼》唐贾公彦疏)。《周礼》和《礼记》郑玄注、《后汉书》唐李贤注、《文选》唐李善

---

① 史光辉博士撰有《从〈齐民要术〉看〈汉语大词典〉编纂方面存在的问题》一文,对这一问题已经有所论述,请读者参看。

注,以及《北堂书钞》《艺文类聚》《初学记》《太平御览》《事类赋》等类书每有引录,但都是零星片断,又有错脱,不如《要术》所引比较全面和正确,在今天,唯有《要术》是最完整地保存了《氾胜之书》的精华内容的存世典籍。① 万国鼎先生有《氾胜之书辑释》(农业出版社1957年),他在"序"中说:"这些辑佚资料的来源,主要出自《齐民要术》。""文字主要依据《齐民要术》,但是尽可能地作了广泛而彻底的汇校,作了必要的校正与可能的补充。""《齐民要术》的引文比较完整而正确,其他各书所引,往往错误很多。……可见《要术》的引文也有删节,并非全照《氾书》原文一字没有改动的。"(7页)以下所论《氾胜之书》各条,我们都参考了万国鼎先生的校释成果。《要术》引《氾胜之书》可提前"二典"书证时代的有如下这些条目②:

【不佳】不好。《氾胜之书》区种瓠法:"留子法:初生二、三子~,去之;取第四、五、六子,留三子即足。"(卷二"种瓠",167页)《大词典》首引《世说新语·识鉴》:"褚期生少时,谢公甚知之。恒云:褚期生若~者,仆不复相士。"(1·422)

【不减】不次于,不差于。《氾胜之书》曰:"稗中有米,熟时捣取米,炊食之,~粱米。又可酿作酒。"(卷一"种谷",84页)《大词典》首引晋陆机《演连珠》之四七:"臣闻虐暑熏天,~坚冰之寒。"(1·454)

【疮瘢】创伤或疮疡的疤痕。《氾胜之书》种瓠法:"以藁荐其下,无令亲土,多~。"(卷二"种瓠",166页)《大词典》首引《后汉书·马廖传》:"吴王好剑客,百姓多~。"(8·349)

【酢】同"醋"。调味用的酸味液体。《氾胜之书》曰:"当种麦,若天旱无雨泽,则薄渍麦种以~浆并蚕矢;夜半渍,向晨速投之,令与白露俱下。~浆令麦耐旱,蚕矢令麦忍寒。"(卷二"大小麦",132—133页)《大词典》首引《梁书·孝行传·沈崇》(9·1400),《大字典》首引《隋书》(1490)。

【功力】指做事所费的时间和力量。《氾胜之书》种瓠法:"用蚕矢二百石,牛耕、~,直二万六千文。"(卷二"种瓠",167页)《大词典》首引

---

① 以上叙述据缪启愉《齐民要术校释》(第二版)50页。
② 引例中凡遇所论词条均以"~"代替。

南朝宋鲍照《谢假启》:"臣居家之治,上漏下湿,暑雨将降,有惧崩压,比欲完葺,私寡～。"(2·766)

【好】作状语。好好地;小心仔细地。《氾胜之书》曰:"治肥田十亩,荒田久不耕者尤善,～耕治之。"(卷五"种桑、柘",326 页)"二典"无相应义项。

【合】①共计;总共。《氾胜之书》"区种法"曰:"一沟容四十四株。一亩～万五千七百五十株。"(卷一"种谷",82 页)《大词典》首引南朝宋范晔《后汉二十八将传论》(3·143)。②掺和;混和。《氾胜之书》"区种法"曰:"区种粟二十粒;美粪一升,～土和之。"(卷一"种谷",83 页)氾胜之区种大豆法:"其坎成,取美粪一升,～坎中土搅和,以内坎中。"(卷二"大豆",113 页)《氾胜之书》种瓠法:"蚕矢一斗,与土粪～。"(卷二"种瓠",166 页)"二典"未收此义。③副词。共同,一起。《氾胜之书》曰:"每亩以黍、椹子各三升～种之。"(卷五"种桑、柘",326 页)《大字典》首引唐陆德明《经典释文》(245)。

【和】掺和;混杂。《氾胜之书》曰:"又取马骨剉一石,以水三石,煮之三沸;漉去滓,以汁渍附子五枚。三四日,去附子,以汁～蚕矢、羊矢各等分,挠呼毛反,搅也令洞洞如稠粥。……"(卷一"种谷",81 页)《氾胜之书》"区种法"曰:"区种粟二十粒;美粪一升,合土～之。亩用种二升。"(同上,83 页)《大词典》首引《齐民要术·养羊》:"作氈法:春毛、秋毛,中半～用。"(3·263)按,此义的"和"在《要术》所引的《氾胜之书》中很常见。

【坚垆】谓土壤板结成块。《氾胜之书》曰:"秋无雨而耕,绝土气,土～,名曰'腊田'。"(卷一"耕田",49 页)《说文·土部》:"垆,水干也,一曰坚也。"《大词典》"坚垆"条仅引《要术》二例(2·1117),"垆"条亦仅引《要术》一例(2·1102)。

【坚硬】很硬。《氾胜之书》曰:"春地气通,可耕～强地黑垆土。"(卷一"耕田",49 页)《大词典》自拟例子,未引书证(2·1118)。

【浇】以水灌溉。《要术》引"氾胜之法"多例,《大词典》首引唐诗(6·118),显然太晚。

【口】量词。用于表示口腔的容量或动作。《氾胜之术》曰:"牵马令就谷堆食数～,以马践过为种,无好蚼,厌好蚼虫也。"(卷一"收种",

56 页)《大词典》首引《南齐书·王奂传》(3·1)。

【粒】量词。用于细小粒状之物。《氾胜之书》"区种法"曰："一日作千区。区种粟二十～；美粪一升，合土和之。"(卷一"种谷"，83 页)氾胜之区种大豆法："坎内豆三～，覆上土，勿厚，以掌抑之，令种与土相亲。"(卷二"大豆"，113 页)"二典"均首引唐诗。

【漉】过滤。《氾胜之书》曰："又取马骨剉一石，以水三石，煮之三沸；～去滓，以汁渍附子五枚。"①(卷一"种谷"，81 页)《大字典》首引三国魏曹植《七步诗》(726)，《大词典》首引《西京杂记》(6·98)。

【蔓延】如蔓草滋生，连绵不断。引申为延伸，扩展。《氾胜之书》种瓠法："著三实，以马箠毁其心，勿令～；多实，实细。"(卷二"种瓠"，166 页)《氾胜之书》区种瓠法："子外之条，亦掐去之，勿令～。"(同上，167 页)《大词典》首引南朝梁刘勰《文心雕龙》(9·535)。

【沙】指蚕屎。《氾胜之书》区种瓠法："先掘地作坑，方圆、深各三尺。用蚕～与土相和，令中半，著坑中。"(卷二"种瓠"，167 页)《大字典》仅引宋陈旉《农书》(656)，《大词典》仅引明李时珍《本草纲目》(5·950)。

【伤败】败坏。《氾胜之书》曰："凡九谷有忌日，种之不避其忌，则多～。"(卷一"种谷"，73 页)《大词典》首引《颜氏家训》(1·1639)。

【生虫】长虫子。《氾胜之书》曰："种伤湿郁热则～也。"(卷一"收种"，58 页)《大词典》未收此义。

【四角】指方形物的四个角。《氾胜之书》曰："种芋，区方深皆三尺。……取五芋子置～及中央，足践之。"(卷二"种芋"，171—172 页)《大词典》首引《礼记·檀弓上》"蚁结于四隅"汉郑玄注。牛太清《常用词"隅""角"历时更替考》(《中国语文》2003 年第 2 期)引此例而视为南北朝用例，时代认定有误。

【特】副词。特别；格外。《氾胜之书》曰："稗，既堪水旱，种无不熟之时，又～滋茂盛，易生芜秽。良田亩得二三十斛。宜种之，备凶年。"(卷一"种谷"，84 页)《大词典》"特别；最"义下引《尹文子·大道上》："趋利之情，不肖～厚。"《北堂书钞》卷一五六引晋张华《博物志》：

---

① 按，此条万国鼎先生《氾胜之书辑释》未引，而缪启愉先生认为是出自《氾胜之书》。

"云南郡土～寒凉,四月五月犹积雪皓然。"(6·260)《大字典》"表示程度,相当于'非常''格外'"义下首引《越绝书·荆平王内传》:"今子大夫报寡人也～甚。"(760)

【稀疏】不稠密。《氾胜之书》曰:"种桑法:……黍、桑当俱生,锄之,桑令～调适。"(卷五"种桑、柘",326 页)《大词典》首引《后汉书·庞参传》(8·91)。

【向】接近;临近。《氾胜之书》曰:"夜半渍,～晨速投之,令与白露俱下。"(卷二"大小麦",132 页)"二典"均首引《后汉书》(244,3·136)。

【须】助动词。须要;需要。《氾胜之书》曰:"大豆～均而稀。"(卷二"大豆",113 页)《氾胜之书》区种瓠法:"……旱时～浇之:坑畔周匝小渠子,深四五寸,以水停之,令其遥润,不得坑中下水。"(卷二"种瓠",167 页)《大词典》首引《汉书·冯奉世传》:"奉世上言'愿得其众,不～烦大将'。"(12·247)《大字典》无相应义项。

【种子】种子植物的胚珠经受精后长成的结构。在一定条件下能萌发成新的植物体。《氾胜之书》区种瓠法:"收～须大者。若先受一斗者,得收一石;受一石者,得收十石。"(卷二"种瓠",167 页)《大词典》首引《要术》(8·108)。

【周回】环绕;回环。氾胜之区种瓜:"又种薤十根,令～瓮,居瓜子外。"(卷二"种瓜",161 页)《大词典》引南朝宋谢灵运《山居赋》(3·296)。

【子】名词后缀。《氾胜之书》区种瓠法:"旱时须浇之:坑畔周匝小渠～,深四五寸,以水停之,令其遥润,不得坑中下水。"(卷二"种瓠",167 页)《大词典》首引《宋书·朱龄石传》(4·165),《大字典》首引《旧唐书》(423)。①

【滓】沉淀物;渣子。《氾胜之书》曰:"又取马骨剉一石,以水三石,煮之三沸;漉去～,以汁渍附子五枚。"(卷一"种谷",81 页)"二典"均首引《周礼·天官·酒正》"一曰泛齐"汉郑玄注:"泛者,成而～浮泛泛然,如今宜成醪矣。"(6·41,718)

---

① 关于后缀"子",请参看柳士镇(1992)101—103 页。

《氾胜之书》有很高的语料价值，保存了许多西汉时期的口语词，这在西汉文献中是绝无仅有的，值得深入挖掘。上面所举只是其中的一小部分。"二典"有不少条目名义上是引《要术》，实际上是《要术》所引的《氾胜之书》。

第四节　《齐民要术》疑难词语考辨

《要术》中有不少疑难词语，石声汉先生《齐民要术今释》、缪启愉先生《齐民要术校释》以及其他农史专家的论著中考释了一部分，主要是农学方面的专门词汇。其实普通词汇中也有一些不易懂或易误解的，需要从事汉语史研究的专家来校释。下面是本人在研读《要术》过程中所写的几则词语考辨札记。

1. 喜烂

游修龄先生的《古农书疑义考释（四则）》（载《农史研究》第 6 辑，农业出版社，1985 年）一文考释了《要术》中的四个疑难问题，其中第二条"释'喜烂'"认为"喜"是"善"的误刻。笔者不同意游先生的解释，下面试作讨论。

《要术》卷二"种麻"云："获欲净。"小注曰："有叶者喜烂。"（118 页）其中的"喜"字，金钞本作"喜"，明钞本作"熹"①，《农桑辑要》《学津讨源》等本作"易"。石声汉先生《齐民要术今释》觉得纷纭莫是，暂按多数，作"熹"；缪启愉先生《齐民要术校释》认为"喜""熹"义同，故在校释中一律作"喜"。石、缪二先生都认为"喜""熹"同"容易"的意义相通，因此"喜烂"或"熹烂"就是"容易烂"。游文云：

> 笔者以为"喜"或"熹"都是讹传讹刻的字，"喜"和"熹"在字义上全不相同，更同"容易"没有字义上的联系，"喜"的字义很多，可有快乐、爱好、庆贺、怀孕等义（另与蟢通，又作姓），却没有"容易"的义。"熹"是光明、炽热等义，也没有"容易"的义。如"喜""熹"同音通假，都没有"容易"的义。《农桑辑要》等版本之所以改"喜""熹"为"易"，推想是传刻者感到"喜"或"熹"不好理解，按常识推

---

① 游文所引一律误作"熹"。下同。

断,改为"易"字。"喜""憙"和"易"在字形上相差太远,不是由于误刻,而是改字。麻茎带叶容易霉烂,影响麻纤维的品质,是浅显的道理,所以径直改为"有叶者易烂",简单明了。这个改动,好在没有歪曲了原意,但究竟不是《要术》的原本原字。原字是什么呢?笔者以为当是"善"字。善和喜的字形太相近似了,被误刻成"喜"或"憙"字。"善"是字义极多的多义词,其中一个意义可作"容易"或"多"解,从古到今,形容一个人多病,叫"善病",记忆力不好,叫"善忘",言行多变叫"善变"等等。同样,说"有叶者善烂",就是说带叶的麻茎容易霉烂,或带叶的麻茎大多会烂。

今按,应以作"喜"为是,"憙"是"喜"的异体字,而"易"则是后人的臆改。游文说"喜""没有'容易'的义",是缺乏调查研究的。实际上"喜"当"容易"讲,乃魏晋南北朝的习用语,例子很多,《要术》中就不下数十例。下面酌举一部分例子:

(1) 早出者,皮赤科坚,可以远行;晚则皮皴而喜碎。(卷三"种蒜",191 页)

(2) 此葱性热,多喜浥郁;浥郁则不生。(卷三"种葱",199 页)

(3) 后年正月、二月,移栽之。初生即移者,喜曲,故须丛林长之三年,乃移植。(卷五"种榆、白杨",338 页)

(4) 目多白,却视有态,畏物喜惊。(卷六"养牛、马、驴、骡",397 页)

(5) 常以正月、二月预收干牛羊矢煎乳,第一好:草既灰汁,柴又喜焦;干粪火软,无此二患。(卷六"养羊",432 页)

(6) 常以杓扬乳,勿令溢出;时复彻底纵横直勾,慎勿圆搅,圆搅喜断。(同上)

(7) 火盛喜破,微则难热,务令调适乃佳。(卷七"涂瓮",477 页)

(8) 初下即搦者,酒喜厚浊。(卷七"笨麹并酒",505 页)

(9) 其杀米多少,与春酒麹同。但不中为春酒:喜动。(同上,508 页)

(10) 酿此二酘,常宜谨慎:多,喜杀人;以饮少,不言醉死,正

疑药杀,尤须节量,勿轻饮之。(同上,513 页)

同时期文献中也多有用例,如:

(11) 兄喜患,散辄发痈热,积乃不易。(王献之杂帖,《全晋文》卷二十七)

(12) 人心孔昏塞,多忘喜误。(晋葛洪《肘后备急方·治面疮发秃身臭心昏鄙丑方》)

(13) 将军举动,不肯详思,辄喜言误,误不可数也。(《三国志·魏书·吕布传》裴松之注引《英雄记》)

(14) 人命难知,计算喜错。(南朝齐求那毗地译《百喻经》卷一"婆罗门杀子喻")

(15) 毒龙居之,多有灾异。夏喜暴雨,冬则积雪,行人由之多致难艰。(《洛阳伽蓝记》卷五)

"善"虽然也有"容易"义,但却不是贾思勰的用语,全书这样的用例一处也找不到。贾思勰只用"喜"字,这正是《要术》语言口语化的反映。可见不能改为"善"。

"喜"的这一用法时贤已多有论及,如钱锺书《管锥编》(第三册,1110 页),江蓝生《魏晋南北朝小说词语汇释》(215—216 页),蔡镜浩《魏晋南北朝词语例释》(349—350 页),方一新、王云路《中古汉语读本》(222 页),董志翘、蔡镜浩《中古虚词语法例释》(539—540 页)等,当可成定论。

2. 布叶

麻生数日中,常驱雀。叶青乃止。布叶而锄。频烦再遍止。高而锄者,便伤麻。(卷二"种麻",118 页)

缪启愉《校释》无注。方一新、王云路《中古汉语读本》注:"布叶而锄:贴近叶子锄地。下文曰:'高而锄者,便伤麻。'正说明了这个意思。'布'假为'薄',靠近、迫近的意思。卷三《种兰香》:'作干者,大晴时,

薄地刈取,布地曝之。'‘薄地’与‘布叶’用法同。"(吉林教育出版社
1993 年版,221 页)①

　　按,此说有误。"布叶"乃《要术》中常语,如:

　　　　(1)凡大、小豆,生既布叶,皆得用铁齿镉榛纵横杷而劳之。
(卷二"小豆",115 页)
　　　　(2)《氾胜之书》曰:"豆生布叶,锄之。生五六叶,又锄之。
大豆、小豆,不可尽治也。古所以不尽治者,豆生布叶,豆有膏,尽
治之则伤膏,伤则不成。"(卷二"小豆",115—116 页)
　　　　(3)《氾胜之书》曰:"种麻,豫调和田。二月下旬,三月上旬,
傍雨种之。麻生布叶,锄之。……"(卷二"种麻子",124 页)

　　可见"布叶"是指叶子展布开来,并无别意。且"布"和"薄"古音也
不相近,无由通假。《要术》有"附地"一词,指"迫近地面",如:

　　　　(4)于此时,附地剪却春葵,令根上藥生者,柔软至好,仍供
常食,美于秋菜。(卷三"种葵",177 页)
　　　　(5)至冬叶落,附地刈杀之,以炭火烧头。(卷四"插梨",
287 页)
　　　　(6)明年正月初,附地芟杀,以草覆上,放火烧之。(卷五"种
榆、白杨",338 页)
　　　　(7)明年正月,附地芟杀,放火烧之。(同上,341 页)

　　王云路先生《六朝诗歌语词研究》"布叶"条释作"叶子舒展、生长
义,多指枝叶繁茂",引六朝诗歌用例甚夥,是也。

3. 肥盛

　　　　唯多与谷,令竟冬肥盛,自然谷产矣。(卷六"养鸡",450 页)

---

　　① 按,修订本已改正为:"布叶:叶子舒展、展开。《要术》中通常指叶子刚刚舒展。"(上
海教育出版社,2006 年,314 页)

《大词典》"肥盛"条释作"谓肥壮盛多",首引《诗·大雅·灵台》"麀鹿濯濯,白鸟翯翯"汉郑玄笺:"鸟兽肥盛,喜乐。"(6·1194)

按,《大词典》释义不确。"盛"也是"肥壮"义,非指多。字本作"脿",汉扬雄《方言》卷十三:"脿,腯也。"①郭璞注:"腯腯,肥充也。"《说文解字·肉部》:"腯,牛羊曰肥,豕曰腯。"《集韵·劲韵》:"脿,肥也。"《类篇·肉部》:"脿,肥也。"字又作"胾",《方言》卷二:"偆、浑、膹、胦、僄、泡,盛也。……梁益之间,凡人言盛及其所爱,伟其肥胾谓之胦。"郭璞注:"肥胦多肉。"这一条的训释词"盛"就是肥壮的意思,它应该是西汉时候的口语词,所以扬雄用来解释其他同义词。"肥胾"就是"肥盛",是同义连文。《广雅·释诂二》:"腯,盛也。""盛"也是肥壮义。中医称肥胖的人为"盛人","盛"也是这个意思,如东汉张仲景《金匮要略·中风历节》:"盛人脉涩小,短气,自汗出,历节疼,不可屈伸,此皆饮酒汗出当风所致。"肥、腯、脿(盛、胾)、充、偆、浑、膹、胦、僄、泡都是同义词,义为肥壮。《要术》的"肥盛"与"肥充""充肥"是同义词②:

(1) 服牛乘马,量其力能;寒温饮饲,适其天性:如不肥充繁息者,未之有也。(卷六"养牛、马、驴、骡",383 页)

(2) 水稗实成时,尤是所便,啖此足得肥充。(卷六"养鹅、鸭",456 页)

(3) 细剉,和茎饲牛羊,全掷乞猪,并得充肥,亚于大豆耳。(卷三"蔓菁",187 页)

4. 杀(粣)

若作秫、黍米酒,一斗麴,杀米二石一斗:第一酘,米三斗;停一宿,酘米五斗;又停再宿,酘米一石;又停三宿,酘米三斗。(卷七"造神麴并酒",479 页)

---

① 王引之谓当作"腯,脿也",见《经义述闻·礼记上》"腯肥"条。
② "充"有"肥"义,"肥充""充肥"也是同义连文,《仪礼·特牲馈食礼》:"宗人视牲,告充。"郑玄注:"充,犹肥也。"参看蔡镜浩(1990)"肥充(充肥)"条,方一新(1997)"充壮"条。

缪启愉《校释》："杀米:指麹对于原料米的糖化和酒精发酵的效率。二石一斗:是该种麹一斗对于该种米所能负荷的消米量的指标。"（486 页）

按,这种"杀(shài)"字《要术》中常见。意思是"使消化;使消蚀"或"使(菜)蔫下去"。石声汉先生《齐民要术选读本》多释作"消化"（动词）或"消化力"（名词）。又如:

> （1）此麹一斗,杀米三石;笨麹一斗,杀米六斗:省费悬绝如此。（卷七"造神麹并酒",487 页）
>
> （2）渍麹法:……大率麹一斗,春用水八斗,秋用水七斗;秋杀米三石,春杀米四石。……虽言春秋二时杀米三石、四石,然要须善候麹势:麹势未穷,米犹消化者,便加米,唯多为良。世人云:"米过酒甜。"此乃不解法候。酒冷沸止,米有不消者,便是麹势尽。（同上,492 页）
>
> （3）麹一斗,熟水三斗,黍米七斗。麹杀多少,各随门法。（卷七"笨麹并酒",509 页）
>
> （4）笨麹一斗,杀米六斗;神麹弥胜。用神麹,量杀多少,以意消息。（同上,511 页）
>
> （5）其用神麹者,一升当笨麹四升,杀多故也。（卷八"作酱等法",536 页）

这个"杀"字应该是东汉产生的一个新词,西汉以前未见。目前所见的最早例子是东汉张仲景的《伤寒论·厥阴病》:"吴人驹曰:'有协热下利者,亦完谷不化,乃邪热不杀谷,其别在脉之阴阳虚实之不同。'"（《大词典》引）

王继如先生《魏晋南北朝疑难词语辨析三则》[①]"杀　栅"条不同意缪启愉和石声汉的解释,他说:"本书表达米在麹的作用下消化这一意思时,是用'消''消化'等字眼的,不可用'杀'来代替。"如上引例（2）,"例中的'消化''消'与'杀'字不可互易。"王先生说此例中的"'消化'

①　载《中国语文》1990 年第 5 期,又收入其《训诂问学丛稿》,江苏古籍出版社,2001 年。

'消'与'杀'字不可互易",这是完全正确的。不可互易的原因是"消化""消"的主语只能是"米",而且不能带宾语;"杀"的主语除 1 例外(详下),都是"麹",而且可以带宾语"米/米饭"。这就清楚地说明了"杀"的确切含义是"使消化;使消蚀",它的作用对象是"米/米饭"。石、缪二位先生所释虽然还不够准确,但大意不误。

王先生对"杀"字的解释是:

> 其实这里的"杀"是散开、搅拌(佐料)的意思。现在潮汕话中还有此语,将盐、酱油等佐料撒到食物中并搅匀都叫做"杀"(有音无字)。"杀"的宾语可以是佐料所要搅拌的对象,如"杀菜""杀豆腐",也可以是佐料本身,如"杀豉油""杀味精"。《齐民要术》"杀"的意义和"杀米若干""杀麹若干"两个用法,正与潮汕话相证发。

按,用"散开、搅拌(佐料)"这一解释代入上引 5 例,原文就难以讲通,这是显而易见的。所以我认为王说未当。王先生之所以提出这一新释,主要还是因为下面这两个例子:

> (6)大率米一石,杀麹末一斗,春酒糟末一斗,粟米饭五斗。麹杀若少,计须减饭。(卷七"笨麹并酒",514 页)缪启愉《校释》于"杀"后逗开,云:"'大率米一石,杀,麹末一斗,春酒糟末一斗,粟米饭五斗',不易理解,疑有错乱。通例以麹杀米,现在是句法倒装,米被麹所'杀',问题不大。……"(515 页)
> (7)作菹咸菹法:水四斗,盐三升,搅之,令杀菜。(卷九"作菹、藏生菜法",659 页)

例(6),王先生引了缪先生的《校释》,认为也难以讲通;例(7),王先生说:"此例与其他例子用法相同,但用于腌菜,无法用'消化'来解释,石先生只好随文解释为'淹没'了。"

按,这两例的"杀"确实与我们给出的"使消化;使消蚀"义有点矛盾,下面我们来试作解释。《要术》通例是"麹杀米",但例(6)却是"米杀麹",缪启愉先生的解释是"句法倒装"。其实这是一件事情的两个方面：都是用酒麴使米消化，从麴一方而言，是"麴杀米"，从米一方来说，则未始不可以说成"米杀麴"——麴在消化米的同时，自己也被消蚀了。因此我觉得不必用"倒装"说来弥缝，"杀麴末一斗"的"杀"字后也不必逗开。例（7）则是指用盐水浸泡使菜蔫下去，其情形类似于用麴使米消蚀，故也可说"杀"。据此例，《要术》中此类"杀"字的准确释义还应加上"使（菜）蔫下去"。综上所述，这两例实际上都是可以解释的，不必别出新解。

王文还认为同书中下例的"柵"字与"杀"义同：

（8）秫米为饭，令冷。取葵著瓮中，以向饭沃之。欲令色黄，著小麦时时柵桑葛反之。（卷九"作菹、藏生菜法"，660页）

这个"柵"倒确实是"散开、搅拌（佐料）"的意思，但它与"杀"是两码事。

第五节　从《齐民要术》和《周氏冥通记》
看六世纪汉语词汇的南北差异

《颜氏家训·音辞篇》云："南方水土和柔，其音清举而切诣，失在浮浅，其辞多鄙俗。北方山川深厚，其音沉浊而钝，得其质直，其辞多古语。"可见在颜之推生活的南北朝后期（公元 6 世纪），汉语的南北方言不仅语音有异，而且词汇也存在差别。可是迄今为止，我们对这种差别的具体情形并不清楚。南北朝时期南北方言的差异问题一直是汉语史学家们所关注的重大课题，但大家的注意力主要集中在语音上，对词汇和语法则几乎尚未触及。中古汉语在汉语发展史上的重要地位众所周知，它不仅是上承上古汉语、下启近代汉语的枢纽，而且部分现代方言直接导源于此。随着中古汉语和汉语方言史研究的逐步深入，我们有必要探究北朝通语和南朝通语、吴语在语音、词汇和语法诸方面的具体差异。[①] 不言而喻，这种研究的难度是相当大的，特别是

---

① 　关于北朝通语、南朝通语、吴语及其相互关系，可参看鲁国尧先生的《"颜之推谜题"及其半解》一文。

词汇,因为一般认为,词汇的借用和传播没有明显的规律性,因而词的使用地域很难论定。① 我们试图在这方面作一些探索。

我们的研究方法是:通过《要术》和《周氏冥通记》(以下简称《周氏》)两书的比较,结合同时期其他语料和现代方言,挖掘出一批具有方言色彩的词语,为全面揭示南北朝时期南北方言的词汇差异提供一些样本。之所以选择这两部书,是因为它们具有较好的代表性和可比性。《要术》十卷,成书于 6 世纪三四十年代,作者贾思勰是山东益都(今山东省寿光市南)人,一生未到过南方;《周氏》四卷②,所记之事发生在梁天监十四年(515),作者陶弘景③(456—536),丹阳秣陵(今江苏省南京市)人,一生未到过北方。这两部书成书时间相近,上距东晋立国、南北分裂二百余年,下距《颜氏家训》不远。两书的内容都与日常生活有关,篇幅较大,语言相当通俗,包含了较多的口语和方言成分,两位作者的方言背景也比较单纯、清楚。两书的语言性质大致可以这样认定:《要术》是"北朝通语+山东方言",《周氏》则是"南朝通语+吴语"。不过,就词汇比较而言,这两部书也有明显的不足,即所记内容差别甚大。《要术》是农书,《周氏》则是道士的日记,所以两书各有一批特有的词语,它们缺乏可比性。但是,南北朝时期缺乏"优质语料"(这是中古汉语研究的主要困难之一),也只能先这样"矮中取长"了。

下面从两个方面展开讨论:(1)特用词语。这两部书都有一批为各自所特用的词语,其中有些应该属于方言词。我们利用六朝时期的南北文献和现有的研究成果对它们一一查考,筛选出一批方言词。(2)同义异词。表达同一个概念,南北使用不同的词。这是词汇地域差异的重要表现。总起来看,南方较多地使用新词,北方则相对保守。

---

① 试举一例。人们通常认为当"可"讲的助动词"中"是中古时期的北方方言词,《齐民要术》中十分常用。但是早在《史记·外戚世家》中就有"武帝择宫人不中用者,斥而出之"的用例,东汉张仲景《伤寒论·太阳病上》:"此为坏病,桂枝不中与也。"也出现这个"中"字。《齐民要术》引西汉的《氾胜之书》也常用此字。可见此词来源甚古,恐难以遽定其为"北方俗语"。东晋佛陀跋陀罗共法显翻译的《摩诃僧祇律》中也有不少用例。有人推测"中"为中古时期北方方言中新兴的助动词,更难信从。鲁国尧先生认为"不中用"这个词语"自古及今当为通语中词语"(见《鲁国尧语言学论文集》248 页),这个看法也许更可取。

② 本文所据为《丛书集成初编》影印《秘册汇函》本(明沈士龙、胡震亨同校),中华书局1985 年版,核对了毛晋《津逮秘书》本(明胡震亨、毛晋同校);并校以明《正统道藏》本,台湾新文丰出版公司 1977 年版,第 9 册;又元陶宗仪《说郛》录有此书两条,亦曾参校。

③ 关于此书的作者及相关情况,请参看汪维辉(2000a)的开头部分。

这与颜之推所说的南方"多鄙俗"、北方"多古语"大致相符。有些方言词可以与现代方言相印证,比如眠床、艳(南方)、伤(北方)等。当然,这里所得的结论还是初步的,有待于进一步检验,因为词汇的地域性问题十分复杂,论定非易。

1. 特用词语

下面我们分别从两书中挑选出一批特用词语,并利用电子语料库在尽可能大的范围内检索同时期及前期的相关文献,以便大致考定其使用地域。

以下是《要术》的特用词语。所论各条按音序排列,先列词目、次释义、次引例,例句中凡遇所论词语均用"~"代替。(下同)经初步检索,下列词语未见于同时期的南方文献。

不用 不能,不要:春锄起地,夏为除草,故春锄~触湿。六月以后,虽湿亦无嫌。(卷三"种谷",67页)叶~剪。剪则损白。(卷三"种蘘",197页)昼日箔盖,夜即去之。昼日~见日,夜须受露气。(卷三"种兰香",213页)凡栽树讫,皆~手捉,及六畜觚突。(卷四"栽树",256页)既生,数年~掌近。凡新栽之树,皆~掌近,果性尤甚也。(卷四"种栗",293页)凡耕桑田,~近树。伤桑、破犁,所谓两失。(卷五"种桑、柘",318页)鹅鸭皆一月雏出。量雏欲出之时,四五日内,~闻打鼓、纺车、大叫、猪、犬及春声;又~器淋灰,~见新产妇。触忌者,雏多厌杀,不能自出;假令出,亦寻死也。(卷六"养鹅、鸭",455页)按,此为《要术》中常义,很容易误解为"不必;无须",值得注意。《大词典》未收此义。

断手 结束,完毕:夏至后十日种者为上时,初伏~为中时,中伏~为下时,中伏以后则晚矣。(卷二"小豆",115页)《大词典》首引此例(6·1086)。

对半 两边各一半:深掘,以熟粪~和土覆其上,令厚一寸。(卷三"种葵",176页)《大词典》首引此例(2·1297)。

浑脱 整个儿地剥脱:急手数转,缓则坏。既熟,~,去两头,六寸断之。(卷九"炙法",623页)《大词典》未收此义(5·1522)。[①]

---

① 参看张永言先生《"浑脱"考》。

伤 副词。失于;太①:收待霜降。～早黄烂,～晚黑涩。(卷三"种葵",177页)架北墙为厂。为屋则～热,热则生疥癣。(卷六"养羊",423页)其卧酪待冷暖之节,温温小暖于人体为合宜适。热卧则酪醋,～冷则难成。(卷六"养羊",433页)若等不调,宁～冷,不～热:冷则穰覆还暖,热则臭败矣。(卷八"作豉法",560页)按,此义《要术》中常见。②《大字典》无相应义项。《大词典》"嫌,失之于"义下首引《北史》,"太,过度"义下首引唐诗(1·1635)。

岁道 时令;时运:～宜晚者,五月、六月初亦得。(卷一"种谷",66页)凡田欲早晚相杂。防～有所宜。(同上)余初谓家自不宜,又疑～病瘦,乃饥饿所致,无他故也。(卷六"养羊",427页)《大词典》首引《要术》(5·358)。

外许 外面:雏出则著～,以罩笼之。(卷六"养鸡",449页)五日后,出著～悬之。(卷七"造神麹并酒",491页)《大词典》未收此词(3·1161)。

寻手 随手,随即;随时:春耕～劳,秋耕待白背劳。春既多风,若不寻劳,地必虚燥。(卷一"耕田",38页)其碎者,割讫,即地中～纠之。待萎而纠者必烂。(卷三"种葵",177页)割讫则～择治而辫之,勿待萎,萎而后辫则烂。(卷三"蔓菁",185页)葱中亦种胡荽,～供食。乃至孟冬为菹,亦无妨。(卷三"种葱",199页)上引第一例正文用"寻手",小注用"寻",二者同义。最后一例引申有"随时"义。《大词典》仅引《要术》二例(2·1288)。除《要术》外,我们仅在佛经中检索到这样一例:若以刀杖欲杀人故,或杖打刀刺,不～死,十日应死。后更异人打,即寻杖死。打死比丘得波罗夷,先打比丘得重偷兰。(失译附秦录《萨婆多毗尼毗婆沙》卷三"杀戒因缘第三",23/518c)"寻手"与"寻杖"

---

① 黄季刚先生早就指出"伤"有"太"义:"杜工部《曲江对酒诗》有云:'且看欲尽花经眼,莫厌伤多酒入唇。'伤字若依本义,固可强为说解,惟与欲字轻重不对,是知伤字在唐时作太字解。李义山诗'柳讶眉伤浅,桃猜粉太新',亦其证也。由此知各代皆有其熟语,而不能规之常解也。"(见黄侃述、黄焯编《文字声韵训诂笔记》第11页,上海古籍出版社,1983年。)这条资料承真大成君提示,谨致谢忱。

② 阚绪良认为"伤"表"太;过分"义是北方方言。参看阚绪良《南北朝时期的副词"伤"》,〔日本〕《中国语研究》第40号,1998年。又《〈齐民要术〉词语札记》"伤"条,《语言研究》2003年第4期。

对言,"寻"都是"随;随着"的意思。此例也属北方文献。

预前 事先,预先:～事麦三种,合和细磨之。(卷七"造神麴并酒",486页)～数日刘艾,择去杂草,曝之令萎,勿使有水露气。(同上,505页)槌箔上敷席,置麦于上,摊令厚二寸许,～一日刘蒇叶薄覆。(卷八"黄衣、黄蒸及糵",532页)～一月,事麦折令精,细簸拣。(卷九"醴酪",645页)按,此词《要术》中常见。隋阇那崛多译《佛本行集经》卷三十七:"我今～,当作何事? 当作何计? 我今唯有舍家出家。"亦其例。《北齐书》(《北史》同)、《法苑珠林》亦各见一例。《大词典》仅引《要术》二例(12・276)。

在外 除外,不计在内:以蚕樀为率,一根五钱,一亩岁收二万一千六百文。柴及栋梁、橡柱～。(卷五"种榆、白杨",344页)十年后,一树千钱,柴～。(卷五"种槐、柳、楸、梓、梧、柞",354页)二百石米,已当谷田;三百匹绢,超然～。(卷五"种红蓝花、栀子",364页)《大词典》未收此词。

下面是《周氏》的特用词语,经初步检索,这些词语未见于同时期的北方文献。

不展 不及:寻初降数旬中已得闲静,后既混糅,恒亲纷务,～避人,题之纸墨,直止录条领耳。(卷一"周传")按,"展"有"及"义,限用于否定式,"不展"就是"不及","未展"就是"未及",南朝文献中有如下用例:《世说新语・德行45》:"吴郡陈遗,家至孝,母好食铛底焦饭,遗作郡主簿,恒装一囊,每煮食,辄贮录焦饭,归以遗母。后值孙恩贼出吴郡,袁府君即日便征。遗已聚敛得数斗焦饭,未展归家,遂带以从军。"徐震堮《校笺》:"案《南齐书・王俭传》:'吏部尚书王晏启及俭丧,上答曰:"俭年德富盛,志用方隆,岂意暴疾,不展救护,为异世,奄忽如此,痛酷弥深!"'此言'未展归家',句法正同,疑'未展''不展'与'未及''不及'同义。"按,徐说是。任昉《奏弹刘整》:"寅第二庶息师利去岁十月往整田上,经十二日,整便责范米六斗哺食。米未展送,忽至户前,隔箔攘拳大骂。突进房中,屏风上取车帷准米去。"《玉台新咏》卷七〔梁〕邵陵王纶《代旧姬有怨》:"宁为万里别,乍此(一作'作')生死离。那堪眼前见,故爱逐新移。未展春光(《艺文类聚》卷三十二引作'花',可从)落,遽被秋风吹。"《法苑珠林》卷十八"晋周闵"条引南朝齐王琰《冥祥记》:"既当避难,单行不能得尽持去;尤惜《大品》①,不知在何囊中。仓卒应去,不展寻搜,裴回叹吒。不觉《大品》忽自出外。"②迄今尚未发现北朝的用例。

承案/承按 依据,根据:又经记所论,人命终复,不问仙之与鬼,必皆由三官开过,皆须有所承按根本。(卷一)又如:又五千文虽出老子,然皆泛论较略耳,其中了不肯首尾全举其事,有可承按者也。(抱朴子·内篇·释滞)字亦作"承案",如:江陵陷没,此音被于关中,不知二者何所承案。以吾浅学,未之前闻也。(颜氏家训·音辞篇)史官今所用何承天历,稍与天乖,纬绪参差,不可承案。(隋书·律历志)③

戴(屋) 盖(屋):其正月欲～,而所顾师永不来。(卷四)明是戊寅上玄治建,可～。(同上)其本欲取此日～,而师不来,又小雨,遂不果。此丁亥日方得戴耳。(同上)黄生《义府》卷下"冥通记·戴屋"条云:"戴屋,盖屋也。"解释正确,惜未释其得义之由。"戴(屋)"这一说法很特别,目前尚未见于其他文献资料,很可能是一个方言词。"戴屋"的得名途径应当和"盖屋"相同,都是就建造房屋时铺上屋顶这道工序而言,"戴上屋顶"和"盖上屋顶"是一回事④。

道义 犹道友,指同信一种神道的同伴:周家本事俗神,姨舅及～咸恐是俗神所假,或谓欲染邪气,亟相瘿问。(卷一"周传")亲属～赍其上果,要往看之。(同上)至年三十五,公制所逼,诸～劝令其作方便,出适上虞朱家,而遂陷世法。(卷三)虽复王威加逼,金帛满堂,亦当杜口,～等故自息求。(同上)这一用法暂未见到其他文献的例子。

恶 身体有病,不舒服:我体亦小～,即时欲服药,竟当还。(卷一"周传")此种用法《世说新语》中多见,如:谢太傅语王右军曰:"中年伤

---

① 承方一新先生指教:此《大品》系指后秦鸠摩罗什译《摩诃般若波罗蜜经》。谨致谢忱。

② 参看:汪维辉《〈汉语大词典〉摘瑕(再续)》"展"字条,《宁波师院学报》1991 年第 4 期,41 页;方一新、王云路《中古汉语读本》(修订本)387 页注 22,上海教育出版社,2006 年。

③ 参看:汪维辉《〈汉语大词典〉一、二、三卷读后》,《中国语文》1991 年第 4 期,307 页;王小莘《魏晋南北朝词汇研究与词书的编纂》,《中国语文》1997 年第 4 期,306 页。

④ 参看汪维辉(2000a)"戴屋"条,169 页。方一新先生检示一例"戴屋":南宋曹彦约《连雨中买归舟》诗:"泛菊囊黄事已休,光阴无脚驶如流。更无出入消磨雨,只有悲凉断送秋。戴屋未停持伞手,买舟先办打篷头。悬知明镜重飞处,昵昵灯前问问鄂州。"维辉按,此例的"戴屋"可能是用稼轩词《沁园春·期思卜筑》"长笑蜗牛戴屋行"的典,意谓"出行",而非指"盖屋"。

于哀乐,与亲友别,辄作数日～。"(言语62)中朝时有怀道之流,有诣王夷甫咨疑者。值王昨已语多,小极,不复相酬答,乃谓客曰:"身今少～,裴逸民亦近在此,君可往问。"(文学11)裴令公有俊容姿,一旦有疾,至困,惠帝使王夷甫往看。裴方向壁卧,闻王使至,强回视之。王出,语人曰:"双眸闪闪若岩下电,精神挺动,体中故小～。"(容止10)郗愔信道甚精勤,常患腹内～,诸医不可疗,闻于法开有名,往迎之。(术解10)蔡镜浩《魏晋南北朝词语例释》"恶"条引二王杂帖、葛洪《肘后备急方》《世说新语》《宋书》《南齐书》及《周氏》本例,而无北朝用例(91—92页)。

里屋　位于里面的屋子:～人自称木道士者,是北星鬼官所使,勿信之。(卷四)未见其他用例。

眠床　指睡觉的床:住屋东向,北边安户,五尺～约西壁,即所昼寝者。(卷一)以今日午时埋,至明日午时出之,持之南行,取已所住户十二步,乃置～头桉上。(卷四)《南齐书·良政传·虞愿》:"褚渊常诣愿,不在,见其～上积尘埃,有书数帙。渊叹曰:'虞君之清,一至于此!'令人扫地拂床而去。"此外《南史》卷六、卷五三、卷五五及《徐孝穆集》卷五等均有例。可见"眠床"是当时南方人对寝具的通称。清雍正《广东通志》卷十三有地名"眠床岭":"平冈如床,故名。"但先唐佛经中未见此词。"眠床"之称,开始也许是为了区别于坐床(当时称"胡床"或"床")。不过久而久之,"眠"字的语素义就慢慢地磨损掉了。吴方言至今仍称床为"眠床"。

眠衣/眠衣服　犹今言"睡衣":先已装束内衣,上止著眠衣,加以法服。(卷一"周传")凡道士应恒著眠衣服,状如小单衣。(卷一)"著眠衣服"与"著眠衣"结构相同,"眠衣服"作"著"的宾语,恐怕只能分析为偏正结构(眠|衣服),"服"属下读无法讲通。《冥》中"眠衣"和"眠衣服"并用,可能当时都还带有临时组合的性质,"眠衣服"应该还是短语。两者均未见其他用例。[①]

侬　用作第一人称代词,相当于"我",仅一见:陶曰:"夜已深,宜去。"便欲去。诸女曰:"待～。"因相随而灭。(卷三)按,"侬"的这种用

---

① 　承龙国富先生见告:湘方言至今仍说"眠衣"。

法在东晋南朝的乐府民歌中十分常见,如:天不夺人愿,故使～见郎。(《吴声歌曲·子夜歌》四十二首之二)华山畿。君既为～死,独活为谁施! 欢若见怜时,棺木为～开! (宋《华山畿》)夜来冒霜雪,晨去履风波。虽得叙微情,奈～身苦何! (陈《夜度娘》)《洛阳伽蓝记》卷二"景宁寺"条:"〔杨〕元慎即口含水噀〔陈〕庆之曰:'吴人之鬼,住居建康。小作冠帽,短制衣裳。自呼阿侬,语则阿傍。菰稗为饭,茗饮作浆。呷啜莼羹,唼嘬蟹黄。手把豆蔻,口嚼槟榔。乍至中土,思忆本乡。急手速去,还尔丹阳①。……'"可见自呼为"侬"是当时的吴语词。②

　　畔等　指同伴、伙伴:前一人唤言:"在御仗中,蒙假还东,～数人,乏资粮,故来就先生乞。"(卷三)"畔"当是"伴"的同音借字。黄生《义府》卷下"冥通记·畔等"条云:"畔等犹同伴。'畔'字随手所书尔。"所释是。此词没有发现他书用例。元曲中"伴等"多见,如:夫人只一家,老兄无伴等,为嫌繁冗寻幽静。(《西厢记》二本三折)孤云野鹤为伴等。(曾瑞《叹世》)莺花新伴等,鹅鸭旧比邻,怕称呼陶令尹。(张可久《中吕·朱履曲·归兴》)是谁人这般信口胡答应,大古里是你个知心好伴等。(尚仲贤《气英布》二折)他把那旧伴等可便从头儿问。(无名氏《渔樵记》二折)"伴等"与"畔等"应是一词异写。可见到了元代,这个词的使用地域已经不限于南方了③。

　　声叫　叫喊,叫嚷:唯闭眼举手,三弹指云:"莫～,莫～! 误人事!"(卷一"周传")《太平广记》卷二八五"李慈德"引《朝野金载》:"羽林将军杨玄基闻内里～,领兵斩关而入,杀慈德阉竖数十人。"

　　五尺　指床,盖因床宽五尺而代称:住屋东向,北边安户,五尺眠床约西壁,即所昼寝者。头首西,故得见外。又一～安北壁,即子平住也。一方～安窗下,施书桉东向。(卷一)第一次用"五尺眠床",不省,

---

　　①　参看方一新、王云路《中古汉语读本》(修订本)328 页注 4。

　　②　参看:冯沅君《吴声歌中的几个字·一 侬》,原载《宇宙风》第十三期,1936 年 3 月出版;收入《吴歌·吴歌小史》,江苏古籍出版社,1999 年;柳士镇(1992:149—150);邵慧君《"侬"字称代演化轨迹探论》,《中国语文》2004 年第 1 期。又,潘悟云、陈忠敏《释侬》一文(*Journal of Chinese Linguistics*, Vol.23, No.2, 1995)对"侬"的方言分布和历时演变有详尽深入的讨论,认为"'侬'是古代广泛分布于江南的方言词,既有'人'义,也用来自称"(134页)。读者可参看。关于此文的信息承方一新先生惠示,谨致谢忱。

　　③　方一新先生惠告:近代又有"伴当"一词,似与"畔(伴)等"有联系。

后面两次均省称。《太平御览》卷五五五引《宋书》："遗令薄葬,不设辒旐鼓挽之属,施五尺床为灵,二宿便毁。"可见床宽五尺是南朝的通例。不过"五尺"可能并未独立成词,只是在特定语境中的临时省称而已。

寻觅　同义连文,寻找:凡白物率皆神奇,隐居闻此,欲表上之,更～,不复见。(卷一"周传")但不知三师的是何者,即谓当作籍师、度师、经师义,为直是师师相承之三世邪? 竟不问其～此。(卷一)又～周所易本,未见。(卷二)拙著《东汉—隋常用词演变研究》"求、索/寻、觅"条曾对自晋至隋间"觅"字的使用情况作了不完全的调查,共收集到用例 80 多个。这些例子绝大部分出现在南朝的民歌、小说、文人诗和史书中,而在北方文献中用得很少,仅占总数的约九分之一。这一情况表明:在南北朝时期,表示"寻找"这一义位,在南方口语中以说"觅"为主,也说"寻";在北方则基本说"寻",很少说"觅"。① "寻觅"连文,见于《搜神后记》和鲁迅辑《古小说钩沉》以及唐修《晋书》《梁书》《南史》《北史》(仅 1 例)等,此外《太平御览》引《后周书》和萧广济《孝子传》中也有例子。翻译佛经中见于东晋佛陀跋陀罗共法显、南朝齐僧伽跋陀罗、南朝陈真谛等的译作,都在南方。上述用例除个别例子可能属于北方文献(如《后周书》)外,基本上都出现在南方作品中。

艳　火焰延伸(延及):至明日午时,又以铜器盛煎之,令火齐器底,勿令火～出器边也。(卷四)"艳"当是一个借音字,查《广韵》《集韵》,未得本字。今天宁波话仍有此语,如"火艳出灶外了""火艳上屋檐了"。由此推测,这个"艳"在当时可能就是一个吴方言口语词。现有辞书"艳"字均未收此义。

伊　用作第三人称代词,相当于"他/她":～于时意色极不好。(卷二)既如此,～何由敢显? (卷三)～本顾即作三间堂、东西厢各二间,林竹至而道士心未善者,互兴言说,遂不成。(卷四)～蒙神真扶奖如此,不免三官所奏,况庸庸之徒邪! (同上)～云"不取",神证云"取",两不应妄,又云"别当埤之",思此答,所不解。(同上)显昭形服如此,便是可察,正恐～知人识,更复改容耳。(同上)上引第一例指周子良的姨母,最后一例指仙人彭先生,其余均指周子良。按,"伊"《世

---

① 参看拙著 130—139 页。

说新语》中常见。① 唐刘知幾《史通·外篇·杂说中·北齐诸史》云："渠们底个，江左彼此之辞；乃若君卿，中朝汝我②之义。"吕叔湘先生认为"渠们"可能是"渠伊"之误。③ 可见直至唐时，"渠(其)"和"伊"仍是"江左"方言词。④ 现代闽语第三人称代词仍用"伊"，应该就是南朝口语的流裔。

姨娘 指姨母：问子平："何以来？"答云："～气发，唤兄还，合药煮汤。"(卷一"周传")"姨娘"仅 1 见，其余都用"姨母"，共 21 见。两者的区别是："姨母"用于叙述语，"姨娘"用于口头称呼。吴方言某些地区至今仍有此称呼。

准拟 打算；准备：比者微有～，意欲追为起之。(卷四)蒋礼鸿先生《敦煌变文字义通释》"准拟"条有详释，但所引的例子都是唐以后的；《大词典》"準拟"和"准拟"条"准备；打算；安排"义下所举书证也没有唐以前的。据本例可知此词当"打算；准备"讲不会晚于南朝梁。但唐以前用例目前仅见到这一个。

2. 同义异词

表达同一个概念，南北使用不同的词。这是词汇地域差异的重要表现。比如(南—北)：

经—尝、曾 表示"曾经"义的副词，现代汉语用"曾/曾经"。文言通常用"尝"，《要术》即如此，如：用不津瓮，瓮津则坏酱。尝为菹、酢者，亦不中用之。(卷八"作酱等法"，535 页)而《周氏》中除"尝"外(未见"曾")，更多的是用"经"，两者的出现次数为 7∶9。7 例"尝"中，单用的只有 1 例，其余 6 例都是"未尝"连用，显然是沿用文言的成词。9

---

① 参看：郭锡良《汉语第三人称代词的起源和发展》第二部分，《语言学论丛》第六辑，商务印书馆，1980 年(又收入其《汉语史论集》[增补本]，商务印书馆，2005 年)；柳士镇(1992：156)。

② "汝我"，浦起龙《史通通释》谓"当作'尔汝'"。

③ 吕叔湘《释您，俺，咱，喒，附论们字》"补记一"(1941 年 2 月 15 日补记)，原载华西协合大学《中国文化研究所集刊》一卷二号，1940 年；又收入《吕叔湘文集》第二卷，商务印书馆，1990 年。

④ 参看：吕叔湘《近代汉语指代词》"渠""伊"两节，《吕叔湘文集》第三卷，商务印书馆，1992 年，14—19 页；游汝杰《吴语里的人称代词》"三 他"，文载《中国东南方言比较研究丛刊》第一辑，上海教育出版社，1993 年(又收入《游汝杰自选集》，广西师范大学出版社，1999 年)。

例"经"如下:

(1) 又师经一过因辞访移朱阳。(卷一"周传")

(2) 右此追记忆,见其经有此诸异事二条。(同上)

(3) 此中五人,三人已经来。(卷二)

(4) 前已经来者。(同上)

(5) 尔已经三过上仙籍。(同上)

(6) 我经以此事咨受录君,君见告如此。(同上)

(7) 我昔微游于世,数经诣之。(卷三)

(8) 已经诣之。(同上)

(9) 其前生经识陶某耳,非今生相识也。(卷四)

这里的几个"已经"理解成现代汉语"我已经去过三次"的"已经"似乎也无不可,但在当时人的语感中恐怕还是两个词,是"已曾经"的意思,如"三人已经来",不是说三人"已经"来了,而是说这三人"已曾经"来过。比较"数经诣之"和"已经诣之",也可以看出"已经"在当时未必已经凝固成一个双音词。看来在陶弘景的口语中"尝"已经淘汰,只说"经"而不说"曾",这在同时代文献中是很独特的,可能是方言的反映。① 与之形成对比的是,《要术》中有 2 例"曾",《周氏》则未见:

(10) 曾经破核后产者,不须复治。(卷六"养羊",431 页)按,"曾经"并非同义连文,"经"还是动词"经过"的意思。

(11) 若旧瓶已曾卧酪者,每卧酪时,辄须灰火中烧瓶,令津出,回转烧之,皆使周匝热彻,好干,待冷乃用。(同上,432 页)

《要术》中有 2 例"经",似乎有点像"曾经"的"经",但我认为不是,它们仍是动词"经过"的"经":

---

① 柳士镇(1992)把"经"列为魏晋南北朝新兴的单音节时间副词之一,仅举了《南齐书·王智深传》一例:"我昔经事宋明帝,卿可思讳恶之义。"(225 页)此例也出自南方文献。

(12) 已尝经试,直醋亦不美。(卷八"作酢法",558 页)

(13) 蒜:净剥,揞去强根,不去则苦。尝经渡水者,蒜味甜美,剥即用;未尝渡水者,宜以鱼眼汤煠半许半生用。(卷八"八和斋",568 页)①

许—此 "许"作近指代词,用同"此",相当于今天的"这(个)",只偶见于《周氏》,未见于《要术》:巫相蹙问,唯答云:"许终是娄罗梦,无所知究,自怀愁虑,为复断隔耳。"(卷一"周传")按,此类"许"字南朝文献中时见用例,如《宋书・文九王传・始安王休仁》:"休仁又说休祐云:'汝但作佞,此法自足安。我常秉许为家,从来颇得此力。但试用,看有验不?'休祐从之。"《乐府诗集・清商曲辞一・子夜歌三十》:"重帘持自鄣,谁知许厚薄?"《玉台新咏・桃叶〈答王团扇歌〉》:"团扇复团扇,持许自鄣面②。"这些用例出自口语化程度很高的诏书和民歌,可以证明这是当时的一个南方口语词。

唤—呼 《要术》不用"唤",而用"呼";《周氏》则"呼"4 见,"唤"3 见。3 例"唤"如下:

(1) 姨娘气发,唤兄还,合药煮汤。(卷一)

(2) 刘夫人因唤诸女曰。(卷三)

(3) 一人唤言:"在御仗中,……"(同上)

在南北朝文献中,"唤"主要也是见诸南方作品,北方很少用。参看拙著《东汉—隋常用词演变研究》"呼/唤、叫"条。

觅—求 表示"寻找"义,《周氏》用"寻"和"觅",其中"觅"有 4 例,除上文"寻觅"条所引的 3 例外,还有单用的 1 例:既云"无解术应栖质有所"者,则此尸骨不还,所以令觅好安冢地耳。(卷一)而《要术》不用

---

① 柳士镇(1992)把此例的"尝经"看作表示曾经的双音节时间副词(232—233 页)。结合例(10)(12)来看,这些"经"字恐怕还是看作动词"经过"义更合适。蔡镜浩《魏晋南北朝词语例释》"经[二]尝经"条也认为这个"尝经"是同义连文,犹曾经,理由是"'尝经'与'未尝'相对举,可知'尝经'犹'尝'"。(江苏古籍出版社,1990 年,185 页)笔者不认同这个看法。

② 按,这两例"许"字《大词典》和《大字典》分别用作"这样;这般;如此"义的例证,我认为释义欠妥。

"觅"字,除"卷首皆有目录,于文虽烦,寻览差易"(序,18页)一例用"寻"外,其余都用"求",如:入泉伐木,登山求鱼,手必虚;迎风散水,逆坂走丸,其势难。(卷一"种谷",65页)三尺大鲤,非近江湖,仓卒难求;若养小鱼,积年不大。(卷六"养鱼",461页)昔汉武帝逐夷至于海滨,闻有香气而不见物。令人推求,乃是渔父造鱼肠于坑中,以至土覆之,香气上达。(卷八"作酱等法",545页)昔介子推怨晋文公赏从亡之劳不及己,乃隐于介休县绵上山中。其门人怜之,愚书于公门。文公寤而求之,不获,乃以火焚山。推遂抱树而死。(卷九"醴酪",644页)据笔者调查,南北朝时期"觅"字的使用带有明显的地域性,北方罕用。[1]今天江淮官话区的扬州、吴语区的崇明等地和闽语区的厦门、雷州、海口等地都还保留着单音动词"觅"。[2]

进—入 表示"进入"义,文言用"入",现代口语用"进"。《要术》不用"进"而用"入",如:勿令六畜入园。(卷五"种竹",359页)羊性怯弱,不能御物,狼一入圈,或能绝群。(卷六"养羊",423页)先刻白木为卵形,窠别著一枚以诳之。不尔,不肯入窠,喜东西浪生。(卷六"养鹅、鸭",455页)《周氏》用"进"则多达7例:

(1)姨母惊怪,亟令走往,已正见偃卧,子平不敢便进。(卷一)

(2)其夕三更中,复闻一人扣户云:"范帅来。"未应已进。(同上)

(3)丞前进曰:"今夕有高真来,可起可起。"(卷二)

(4)十五日旦又入,因进往潘渊文间。(同上)

(5)梦一人,……侍者两人,皆绛衣,进坐。(同上)

(6)闻此便开户当对,呼进。(卷三)

(7)在外屋宿,当是欲进,诸木问事,故得此告。(卷四)

"进入"的对象虽然都还是单一的房屋,但用例之多在同时代文献中很值得注意,而且可以充当补语,如例(6)。"入"在本书中共见34例,除

---

① 参看上文"寻觅"条。

② 参看《现代汉语方言大词典》(六卷本)"觅"字条,江苏教育出版社,2002年,第四卷,第3900页。

"进入(房屋)"义(共 10 例)外,其他组合都是"进"所没有的。这说明"进"侵入"入"的义域是从"进入房屋"这一点上开始,然后再扩展到其他方面的。从本书这组词的使用情况来看,表达"进入房屋"这一概念在陶弘景的口语里应该已经是说"进"了。① 在梁初任昉(460—508)《奏弹刘整》所录的诉状供词部分,4 处讲到进屋,都用"进"而不用"入",这是当时南朝金陵一带口语在这种场合说"进"而不说"入"的铁证。

犹—仍 表示"依然,还是"义的副词,正统文言用"犹""尚"等,白话则用"仍""还"等。《要术》中"仍"的用例多见,而《周氏》则未见。如:

(1)桃,奈桃,欲种,法:熟时合肉全埋粪地中。直置凡地则不生,生亦不茂。桃性早实,三岁便结子,故不求栽也。至春既生,移栽实地。若仍处粪地中,则实小而味苦矣。(卷四"种桃奈",268 页)

(2)尝看之,气味足者乃罢。若犹少味者,更酘三四斗。数日复尝,仍未足者,更酘三二斗。(卷七"笨麴并酒",506 页)

(3)酘,常令寒食前得再酘乃佳,过此便稍晚。若邂逅不得早酿者,春水虽臭,仍自中用。(同上)

《大词典》首引现代例(1·1104),太晚;《大字典》首引《魏书·高祖纪上》:"诏遣使者十人循行州郡,检括户口,其有仍隐不出者,州、郡、县、户主并论如律。"(47)时代与《要术》相近,地域相同。《魏书》中此类"仍"字多见,而且常出现在诏书中,下面仅刺举《帝纪》部分数例:

(4)[八月]壬申,诏曰:"前以民遭饥寒,不自存济,有卖鬻男

---

① 关于这组词的讨论,请参看:李宗江《"进"对"入"的历时替换》,《中国语文》1997 年第 3 期,206—211 页;董志翘《再论"进"对"入"的历时替换——与李宗江先生商榷》,"首届汉语史研讨会"提交论文,1997 年 8 月,成都,又《中国语文》1998 年第 2 期;李宗江《关于〈"进"对"入"的历时替换〉的几个问题——答董志翘先生》,"首届汉语史研讨会"提交论文,又收入其所著《汉语常用词演变研究》,汉语大词典出版社,1999 年,262—268 页;汪维辉《汉魏六朝"进"字使用情况考察——对〈"进"对"入"的历时替换〉一文的几点补正》,《南京大学学报》2001 年第 2 期。

女者,尽仰还其家。或因缘势力,或私行请托,共相通容,不时检校,令良家子息仍为奴婢。今仰精究,不听取赎,有犯加罪。若仍不检还,听其父兄上诉,以掠人论。"(高宗文成帝纪)"仍为奴婢"即仍然做奴婢,"仍不检还"即依然不检还。

(5)五月,诏曰:"婚娉过礼,则嫁娶有失时之弊;厚葬送终,则生者有糜费之苦。圣王知其如此,故申之以礼数,约之以法禁。乃者,民渐奢尚,婚葬越轨,致贫富相高,贵贱无别。又皇族贵戚及士民之家,不惟氏族高下,与非类婚偶。先帝亲发明诏,为之科禁;而百姓习常,仍不肃改。朕今宪章旧典,祗案先制,著之律令,永为定准。犯者以违制论。"(高祖孝文帝纪上)这个"仍"看作动词"沿袭;因仍"和副词"仍然,依旧"似乎都可通,这正说明当时这种"仍"尚处于虚化的初期阶段。从"仍"直接修饰"不"来看,看作副词也许更合适一些;如果是"仍而不改",则肯定是动词。

(6)乙卯,诏曰:"北京根旧,帝业所基,南迁二纪,犹有留住。怀本乐故,未能自遣,若未迁者,悉可听其仍停,安堵永业。门才术艺,应于时求者,自别征引,不在斯例。……"(肃宗孝明帝纪)"仍停"即上文的"犹有留住","仍"与"犹"同义。

(7)七月癸丑,诏曰:"时泽弗降,禾稼形损。在予之责,夙宵震惧,虽克躬撤降,仍无招感。有司可修案旧典,祗行六事:……庶革止惩违,有弭灾沴。"(同上)"仍无招感"即依然没有招感。

由此可以看出,《要术》和《魏书》在"仍"的这一新义上具有很高的一致性,这应该是当时北方口语的真实反映。[①]

《周氏》中"仍"字虽多见,但大多作"即"讲,无一例可解作"仍然"者。表示"依然,还是"义,《周氏》主要用"犹",如:巫折两枝见示,以插户帘上。十余日犹在。(卷一"周传")前失火处大屋基今犹有吏兵防护,莫轻泠慢。(卷一)复见前丞来,乃著进贤冠,犹如前。(卷二)此其犹欲留世意,所以发此请。(卷四)

---

① 柳士镇(1992:227)谈到表示持续的"仍",举的一例也出自《魏书》:"南来息耗,壅塞不达,虽至穷迫,仍不肯降。"(尉元传)

帅志嵩先生《"仍"当"仍然"讲时代管窥》(载《汉语史研究集刊》第八辑)一文认为"仍"表"仍然"义的出现时代可以上推至三国时期,他举了下面4例:

(8)初,权信任校事吕壹,壹性苛惨,用法深刻。太子登数谏,权不纳,大臣由是莫敢言。后壹奸罪发露伏诛,权引咎责躬,乃使中书郎袁礼告谢诸大将,因问时事所当损益。礼还①,复有诏责数诸葛瑾、步骘、朱然、吕岱等曰:"……今孤自省无桓公之德,而诸君谏诤未出于口,仍执嫌难。以此言之,孤于齐桓良优,未知诸君于管子何如耳?"(三国志·吴书·吴主传)

(9)寻观三代之有天下也,圣贤相承,历载数百,尺土莫非其有,一民莫非其臣,万国咸宁,九有有截;鹿台之金,巨桥之粟,无所用之,仍旧南面,夫何为哉!(三国志·魏书·高堂隆传)

(10)于是如来,将诸比丘,来入室中,语饿鬼言:"咄无惭愧,汝于前身,出家入道,贪著利养,不肯惠施,今堕饿鬼,受此丑形,汝今云何,不生惭愧,故复还来,仍守衣钵?"(三国吴支谦译《撰集百缘经》卷五,4/226b)

(11)尔时尊者大目捷连即作是念:"今日世尊为在何所?"以天眼净过于人眼,遥见世尊在梵天上。见已即入三昧,如其正受,于舍卫国没,住梵天上,在于北方,南面向佛,结跏趺坐,端身系念,在佛座下,梵天座上。……还舍卫国,唯尊者大目捷连仍于彼住。(三国失译《杂阿含经》卷四十五,2/325a)

帅文认为:例(8)中"仍"既可以解释为"乃",也可以解释为"仍然"。例(9)中"仍旧"似乎可以看作词汇成分,而非词组。但是联系到汉语史上"仍"的历时演变,把"仍旧"看作词汇化的中间阶段更为合理。因此,"仍旧"还应当解释为"乃依旧"。(288 页)维辉按,帅先生对《三国志》中这两例"仍"的理解恐不确。例(8)的"仍"仍是"因;乃"的意思,似乎还不能解释成"仍然"。"仍执嫌难"当是套用《诗·大雅·

_____
① 帅文误倒作"还礼"。

常武》的"仍执丑虏",毛传云:"仍,就。"孔颖达疏:"《[尔雅·]释诂》云:'仍,因也。'因是就之义也。"例(9)的"仍旧"是动宾词组,"仍"是动词"依照;沿袭"的意思,就是"仍旧贯"的"仍","仍旧南面"是说承袭先人的地位而南面称王,而非"依然南面"。这种"仍旧"在中古文献中有用例,如:允以高宗纂承平之业,而风俗仍旧,婚娶丧葬,不依古式,允乃谏曰:……(魏书·高允传)臣愚谓:今既徙县崧瀍,皇居伊洛,宫阙府寺,佥复故趾,至于国学,岂可舛替? 校量旧事,应在宫门之左。至如太学,基所炳在,仍旧营构。(魏书·刘芳传载芳上表)如依帅文将"仍旧"释作"乃依旧","仍"对应"乃",那么"旧"就是"依旧",可是单单一个"旧"字是无法当副词"依旧"用的。

　　帅文所引的(10)(11)两例确实可以当"仍然"讲,但它们的时代都有问题。《撰集百缘经》旧题吴支谦译,最近山东泰山学院的陈祥明博士撰有《从语言角度看〈撰集百缘经〉的译者及翻译年代》一文(未刊稿),从语法与词汇两个方面将《撰集百缘经》与十八部支谦译经的语言作了对比,指出《撰集百缘经》不是支谦所译,该经的翻译年代不早于西晋,很可能是两晋之际或东晋以降的译作。笔者有幸拜读此未刊稿,认为陈文的论证是可信的。[①] 所以不能据《撰集百缘经》的用例把"仍"的始见时代上推到三国。例(11)实际上是出自南朝宋求那跋陀罗译的《杂阿含经》(《大正藏》编号为0099)卷四十四,而不是失译附魏吴录的一卷本《杂阿含经》(《大正藏》编号为0101),帅先生张冠李戴了。不过帅文所引的这两个例子对于确定"仍"的始见时代和地域性还是很有参考价值的:第一,从《要术》和《魏书》中这种"仍"的常用性及成熟度来看,它的产生年代可上推到晋宋时期是完全可能的;第二,例(11)出自南朝宋求那跋陀罗的译经,这是我们目前所见的唯一的南

　　① 季琴《三国支谦译经词汇研究》(浙江大学2004年博士论文)对《撰集百缘经》作过详细考辨(第五章《撰集百缘经》的作者及成书年代考辨,78—104页),认为《撰集百缘经》的作者确实不是支谦,至于它的成书年代可能晚于三国"(103页);日本的出本充代博士亦有考证,主要是从内容上,将其与《贤愚经》作比较,认为《撰集百缘经》应该晚于《贤愚经》,大概出现在六世纪中叶,参看辛岛静志《〈撰集百缘经〉的译者问题》一文,载《汉语史学报》第六辑,上海教育出版社,2006年;许理和亦未将其列入支谦译经,参看《佛教征服中国》68页及123页注[137]。以上信息承方一新先生和真大成君惠示,谨致谢意。

方用例(当然我们的调查还不够全面深入),对本条来说是一个反例,①
所以"仍"的这一用法在南北朝时期是否具有地域差异尚需进一步调
查和论证,这里我们只能说是提出了一个假设,希望能把讨论引向
深入。

此外帅文还引有《高僧传》中的两个例子,认为其中的"仍"也属于
释为"乃"和"仍然"两可的:

(12) 度本竺婆勒子,勒久停广州,往来求利,中途于南康生
男,仍名南康。(50/329c)

(13) 耶舍北背雪山,南穷师子,历览圣迹,仍旋旧壤。(50/
432b)

按,例(12)的"仍"还是"于是,就"的意思,"仍名南康"即"因/乃名
南康",恐怕难以作"仍然"讲。例(13)出处有误,该例实出唐道宣的
《续高僧传》卷二"隋西京大兴善寺北天竺沙门那连耶舍传",而非南朝
梁慧皎的《高僧传》。

别处—馀处 传统文言用"馀处",白话用"别处"。《周氏》用"别
处"和"馀处"各1例:

(1) 已历问同住人,大小咸云:不觉见垣内埋药,亦不闻木白
捣声。恐或别处作,不论耳。(卷四)

(2) 卿姨屡有睆请,二君乃无异,但恐馀处不必允耳。(卷三)

《要术》则只有"馀处"1例:

(3) 然柏沥、芥子,并是躁药,其遍体患疥者,宜历落斑驳,以
渐涂之,待差,更涂馀处。(卷六"养牛、马、驴、骡",410 页)

上述各条中,除"犹—仍"一条外,都是北方用旧词,南方用新词,

---

① 当然,此例的"仍"还是不够典型,未尝不可以理解成"乃"。

正如颜之推所说:南方"其辞多鄙俗",北方"其辞多古语",反映出南北朝时期语言演变的大势。"别处—馀处"二书都只有各一例,对比性要弱一些,可以看作辅助证据,故列于最末。

从上面的初步比较中不难看出,《要术》的词汇具有明显的地域性。

第三章 《齐民要术》语法研究

第一节 《齐民要术》所见的
中古汉语新兴虚词

《要术》中出现了一批中古汉语的新兴虚词，对汉语语法史研究具有重要价值。其中尤以副词居多。下面分代词、副词、介词、连词和助词五类①，逐一举例说明。

1. 代词

别 其他的；另外的：明日，汲水净洗，出～器中，以盐、酢浸之，香美不苦。（卷三"种胡荽"，210页）少时，摝出，净振去滓。晒极干。以～绢滤白淳汁，和热抒出，更就盆染之，急舒展令匀。（卷三"杂说"，240页）接取白汁，绢袋滤著～瓮中。（卷五"种红蓝花、栀子"，371—372页）凡丝莚，陂池种者，色黄肥好，直净洗则用；野取，色青，须～铛中热汤暂煤之，然后用，不煤则苦涩。（卷八"羹臛法"，589页）"二典""另；另外；另外的"义下所引的例子都是用作状语的（2·624，138），与《要术》中用作定语的有别，应分为二义。

此等 这种；这些：～岂好为烦扰而轻费损哉？（序，9页）～名目，皆是叶生形容之所象似，以此时栽种者，叶皆即生。（卷四"栽树"，256页）《大词典》引《二刻拍案惊奇》（5·331），太晚。

自馀 犹其馀；以外；此外：～杂香菜不列者，种法悉与此同。（卷三"种兰香"，214页）然枣——鸡口，槐——兔目，桑——虾蟆眼，榆——负瘤散，～杂木——鼠耳、虻翅，各其时。（卷四"栽树"，256页）～粉悉

---

① 本节所说的"虚词"界定从宽，比如代词，通常归入实词；副词，有看作实词的，也有看作虚词的；但是研究古汉语虚词的著作或虚词词典一般也都会把它们收入，所以本节也把代词和副词列入讨论范围。

于甑中干蒸,令气好馏,下之,摊令冷,以麹末和之,极令调均。(卷七"笨麹并酒",512 页)～法用,一与前同。(同上,514 页)《大词典》引《晋书·孝友传序》:"～群士,咸标懿德。"《水经注·阴沟水》:"碑字所存惟此,～殆不可寻。"(8·1335)①

2. 副词

白 纯;不加任何调料:《食经》曰:"白菹:鹅、鸭、鸡～煮者,鹿骨,斫为准:长三寸,广一寸。"(卷八"菹绿",610 页)～瀹瀹,煮也。豚法:用乳下肥豚。……(同上)斫取臆肉,去骨,莫如～煮之者。(卷九"炙法",623 页)《食次》曰:"苞脿法:用牛、鹿头,肫蹄,～煮。"(卷九"作䐫、奥、糟、苞",630 页)②"二典"均未收此义。

倍 加倍;更加:凡五谷,唯小锄为良。小锄者,非直省功,谷亦～胜。(卷一"种谷",66 页)大、小麦,皆须五月、六月暵地。不暵地而种者,其收～薄。(卷二"大小麦",126 页)正月、二月,劳而锄之。三月、四月,锋而更锄。锄麦～收,皮薄面多;而锋、劳、锄各得再遍良也。(同上,127 页)栟生肥嫩,比至收时,高与人膝等,茎叶皆美,科虽不高,菜实～多。其不剪早生者,虽高数尺,柯叶坚硬,全不中食;所可用者,唯有菜心。附叶黄涩,至恶,煮亦不美。看虽似多,其实～少。(卷三"种葵",177 页)《大词典》首引《北齐书·神武纪上》:"于是士众感悦,～愿附从。"(1,·1515)《大字典》首引唐王维诗(77)。

併 都,皆:十日许,得多少,～内铛中,燃牛羊矢缓火煎,如香泽法。(卷六"养羊",437 页)初煎乳时,上有皮膜,以手随即掠取,著别器中;泻熟乳著盆中,未滤之前,乳皮凝厚,亦悉掠取;明日酪成,若有黄皮,亦悉掠取:～著瓮中,以物痛熟研良久,下汤又研,亦下冷水,纯是好酥。(同上)"二典"均首引北周庾信《春赋》:"河阳一县～是花,金谷从来满园树。"(1·1356,65)

不必 无须;没有必要:但依此法,则～别种早、晚及中三辈之瓜。(卷二"种瓜",157 页)以七月中旬以前作麹为上时,亦～要须寅日;二十日以后作者,麹渐弱。凡屋皆得作,亦～要须东向开户草屋也。(卷七

---

① 参看骆晓平(1989)。
② 参看邱冰(2004)。

"造神麴并酒",490页)丈夫妇人皆团之,～须童男。(同上,491页)然麦粥自可御暑,～要在寒食。(卷九"醴酪",644页)《大词典》首引《文心雕龙·神思》:"是以秉心养术,无务苦虑;含章司契,～劳情也。"(1·405)

不烦 无须;不必:锄得五遍以上,～耩。……足迹相接者,亦可～挞也。(卷一"种谷",67页)凡栽一切树木,欲记其阴阳,不令转易。阴阳易位则难生。小小栽者,～记也。……先为深坑,内树讫,以水沃之,著土令如薄泥,东西南北摇之良久,摇则泥入根间,无不活者;不摇,根虚多死。其小树,则～尔。(卷四"栽树",256页)母猪取短喙无柔毛者良。喙长则牙多;一厢三牙以上则～畜,为难肥故。(卷六"养猪",443页)《大词典》释作"无须烦劳",首引《荀子·强国》:"佚而治,约而详,～而功,治之至也。"次引《南史·宋武帝纪》:"后世若有幼主,朝事一委任宰相,母后～临朝。"(1·461)按,《荀子》例作谓语,与作状语的"不烦"有别,不宜混为一谈。

不妨 表示可以、无妨碍之意:若无莁处,竖干柴亦得。凡干柴草,～滋茂。(卷二"种瓜",157页)凡插梨,园中者,用旁枝;庭前者,中心。旁枝,树下易收;中心,上耸～。(卷四"插梨",288页)《大词典》首引《颜氏家训·风操》:"世人或端坐奥室,～言笑,盛营甘美,厚供斋食。"(1·417)按,《家训》例应为"不影响,照旧"义,《大词典》引例不当。

不用 不必;无须:此物性不耐寒,阳中之树,冬须草裹。不裹即死。其生小阴中者,少禀寒气,则～裹。所谓"习以性成"。(卷四"种椒",309页)鲤鱼、鲭鱼第一好;鳢鱼亦中。鲚鱼、鲇鱼即全作,～切。(卷八"作酱等法",541页)六七日,净淘粟米五升——米亦～过细——炊作再馏饭。(卷八"作酢法",551页)《大词典》此义首引唐王昌龄诗(1·404)。

大都 大多;通常:七月种者,雨多亦得,雨少则生不尽,但根细科小,不同六月种者,便十倍失矣。～不用触地湿入中。(卷三"种胡荽",210页)～种椹长迟,不如压枝之速。(卷五"种桑、柘",317页)驴,～类马,不复别起条端。(卷六"养牛、马、驴、骡",406页)剉胡叶,煮三沸汤。待冷,接取清者,溲麴。以相著为限,～欲小刚,勿令太泽。(卷七"造神麴并酒",490—491页)《大词典》首引《要术》(2·1361)。

大判 大抵;大致:凡五谷,～上旬种者全收,中旬中收,下旬下收。(卷一"种谷",67 页)《大词典》仅引本例(2·1344)。

第一 形容程度最深;最重要:蘸葅者,后年正月始作耳,须留～好菜拟之。(卷三"蔓菁",184 页)常以正月、二月预收干牛羊矢煎乳,～好:草既灰汁,柴又喜焦;干粪火软,无此二患。(卷六"养羊",432 页)牛羊脂为～好,猪脂亦得。(卷七"涂瓮",477 页)脍鱼肉,里长一尺者～好;大则皮厚肉硬,不任食,止可作鲊鱼耳。(卷八"八和齑",569 页)此义《大词典》首引《要术》(8·1129)。

顿① 同时;一下子:必候天晴时,少摘叶,干之;复更摘。慎勿～收:若遇阴雨则浥,浥不堪染绛也。(卷五"种棠",346 页)一日之中,～涂遍体,则无不死。(卷六"养牛、马、驴、骡",410 页)如朱公收利,未可～求。(卷六"养鱼",461 页)以渐下生蒜,蒜～难熟,故宜以渐。(卷八"八和齑",568 页)《大词典》引《博物志》卷十:"人以冷水自渍至膝,可～啖数十枚瓜。"《百喻经·愚人集牛乳喻》:"愚人亦尔,欲修布施,方言待我大有之时,然后～施。"(12·260)《大字典》引《列子·天瑞》:"凡一气不～进,一形不～亏,亦不觉其成,不觉其亏。"江淹《铜雀妓》:"雄剑～无光,杂佩亦销烁。"(1814)

各自 指事物的各个自身:稻、麦糠粪之。二糠～堪粪,不令和杂。(卷五"种竹",359 页)～纯作,莫杂馀种。其杂米——糯米、小麦、黍米、穄米作者,不得好也。(卷五"种红蓝花、栀子",371 页)多有父马者,别作一坊,多置槽厩;剉刍及谷豆,～别安。(卷六"养牛、马、驴、骡",406 页)～别捶牛羊骨令碎,熟煮取汁,掠去浮沫,停之使清。(卷八"脯腊",579 页)《大词典》首引南朝宋鲍照《拟行路难》诗之四:"泻水置平地,～东西南北流。"(3·179)

更益 犹更加:水浸之木,～柔韧。(卷五"伐木",379 页)《大词典》未收此词(1·529)。

还 ①表示现象继续存在或动作继续进行。相当于"仍旧""依然":先治而别埋,先治,场净不杂;窖埋,又胜器盛。～以所治蘘草蔽窖。不尔必有为杂之患。(卷一"收种",54—55 页)候口开,乘车诣田斗薮;倒

---

① 参看柳士镇(1992:226)"顿"字条。

竖,以小杖微打之。～丛之。三日一打。四五遍乃尽耳。(卷二"胡麻",150页)种法:使行阵整直,两行微相近,两行外相远,中间通步道,道外～两行相近。如是作次第,经四小道,通一车道。(卷二"种瓜",156页)一升葵,～得一升米。(卷三"种葵",181页)二月初,山中取栽,阳中者～种阳地,阴中者～种阴地。(卷四"种桃柰",272页)《大词典》首引晋陶潜《读〈山海经〉诗》:"既耕亦已种,且～读我书。"(10·1248)《大字典》首引杜甫诗(1619)。②表示重复,相当于"再""又":比及剪遍,初者～复,周而复始,日日无穷。(卷三"种葵",181页)今并州无大蒜,朝歌取种,一岁之后,～成百子蒜矣,其瓣粗细,正与条中子同。(卷三"种蒜",191页)此物繁息,一种永生。蔓延滋漫,年年稍广。间区劚取,随手～合。但种数亩,用之无穷。(卷三"种蒜",192页)《大词典》首引南朝宋鲍照《东门行》:"涕零心断绝,将去复～诀。"(10·1249)按,此例的"还"也许是个动词,指"回还"。《大字典》首引白居易诗(1619)。

好 用在形容词、动词前,表示程度深。充分;完全;彻底:秋种者,五月子熟,拔去,急耕,十馀日又一转,入六月又一转,令～调熟,调熟如麻地。(卷三"种胡荽",210页)若旧瓶已曾卧酪者,每卧酪时,辄须灰火中烧瓶,令津出,回转烧之,皆使周匝热彻,～干,待冷乃用。(卷六"养羊",432页)夏一宿,春秋再宿,冬三宿,看米～消,更炊酘之,还泥封。(卷七"笨麴并酒",511页)自馀粉悉于甑中干蒸,令气～馏,下之,摊令冷,以麴末和之,极令调均。(同上,512页)三日～净,漉,洗去鳞,全作勿切。(卷八"作酱等法",541页)《大词典》首引宋词(4·281),《大字典》首引金董解元《西厢记诸宫调》(432)。

浑 完整地;整个儿地:种瞿麦法:……亩收十石。～蒸,曝干,春去皮,米全不碎。(卷二"大小麦",127页)《食经》云:"中破鳢鱼,邪截令薄,准广二寸,横尽也,鱼半体。煮三沸,～下筄。"(卷八"羹臛法",590页)桑淡:作肥鹅鸭肉,～煮。(同上,593页)《食次》曰:"熊蒸:大,剥,大烂。小者去头脚。开腹,～覆蒸。熟,擘之,片大如手……"(卷八"蒸焦法",602页)《大字典》"全;满;整个"义下首引唐陈裕《咏浑家乐》:"天明任你～家乐,雨下还须满含愁。"(709)此系作定语,义有别。《大词典》"全,整个"义下首引汉扬雄《法言·问道》:"合则～,散则离,一人而兼统四体者,其身全乎?"(5·1518)义亦不同。按,张永言师

《"浑脱"考》谓"意义为'完整,整个儿'的'浑'晋代以降已有用例",参看其《语文学论集》(增补本)266页以下。

急手 急速:率十石瓮,著石灰一斗五升,～抨之,一食顷止。(卷五"种蓝",374页)若初煮豆伤熟者,～抨净即漉出。(卷八"作豉法",561页)～数转,缓则坏。(卷九"炙法",623页)《大词典》首引北魏杨衒之《洛阳伽蓝记·景宁寺》:"乍至中土,思忆本乡。～速去,还尔丹阳。"次引《要术》(7·455)。

奇① 极;甚;特别:荷叶别有一种香,～相发起香气,又胜凡鲊。(卷八"作鱼鲊",574页)裴渊《广州记》曰:"枸橼,树似橘,实如柚大而倍长,味～酢。皮以蜜煮为糁。"(卷十"五谷、果蓏、菜茹非中国物产者·枸橼",743)《词诠》卷四:"奇,表态副词。极也,甚也。"《大字典》引《世说新语·品藻》:"刘尹亦～自知,然不言胜长史。"《水经注·沁水》:"(沁水)又南五十馀里,沿流上下,步径裁通,小竹细笋,被于山渚,蒙笼茂密,～为翳荟也。"(224),《大词典》引《水经注》(2·1520)。

仍 依然,还是:桃、柰桃,欲种,法:熟时合肉全埋粪地中。直置凡地则不生,生亦不茂。桃性早实,三岁便结子,故不求栽也。至春既生,移栽实地。若～处粪地中,则实小而味苦矣。(卷四"种桃柰",268页)尝看之,气味足者乃罢。若犹少味者,更酘三四斗。数日复尝,～未足者,更酘三二斗。(卷七"笨麹并酒",506页)酘,常令寒食前得再酘乃佳,过此便稍晚。若邂逅不得早酿者,春水虽臭,～自中用。(同上)《大词典》首引现代例(1·1104),《大字典》首引《魏书·高祖纪上》:"诏遣使者十人循行州郡,检括户口,其有～隐不出者,州、郡、县、户主并论如律。"(47)

仍即 就。同义连文:随逐隈曲而田者,二月,冰解地干,烧而耕之,～下水;十日,块既散液,持木斫平之。(卷二"水稻",138页)主者令二人并闭目,倏忽,二人脚已各易矣。～遣之,豁然复生。(《太平广记》卷三七六"士人甲"引《幽明录》)《大词典》未收此词。

随即② 立刻;马上:初煎乳时,上有皮膜,以手～掠取,著别器

---

① 参看柳士镇(1992:222)"奇"字条。
② 参看柳士镇(1992:233)"随即"条。

中。(卷六"养羊",437页)《大词典》首引《北史·元敏传》:"其婿柱国乙费贵,大将军大利稽佑家赀皆千万,每营给之。敏～散尽,而帝不之责。"(11·1105)

无问 不论:凡瓮,～大小,皆须涂治;瓮津则造百物皆恶,悉不成。所以特宜留意。(卷七"涂瓮",477页)破皮履、鞋底、格椎皮、靴底、破鞍、靷,但是生皮,～年岁久远,不腐烂者,悉皆中煮。(卷九"煮胶",679页)《大词典》首引《要术》(7·134)。

悉皆[①] 全都:摘蒲萄法:逐熟者一一零叠一作"条"摘取,从本至末,～无遗。(卷四"种桃柰",273页)又至明年正月,剥去恶者,其一株上有七八根生者,～斫去,唯留一根粗直好者。(卷五"种榆、白杨",341页)凡乘秋刈草,非直为羊,然大凡～倍胜。(卷六"养羊",426页)治麹必使表里、四畔、孔内,～净削,然后细剉,令如枣、栗。(卷七"造神麹并酒",496页)《大词典》首引《百喻经·以梨打头破喻》:"时有一人,以梨打头,乃至二三,～伤破。"(7·535)

寻手 随手;随即:春耕～劳,古曰"耰",今曰"劳"。秋耕待白背劳。(卷一"耕田",38页)其碎者,割讫,即地中～纠之。待萎而纠者必烂。(卷三"种葵",177页)割讫则～择治而辫之,勿待萎。萎而后辫则烂。(卷三"蔓菁",184页)葱中亦种胡荽,～供食。乃至孟冬为菹,亦无妨。(卷三"种葱",199页)《大词典》仅引《要术》二例(2·1288)。

预前 事先;预先:～事麦三种,合和细磨之。(卷七"造神麹并酒",486页)～数日刈艾,择去杂草,曝之令萎,勿使有水露气。(同上,505页)槌箔上敷席,置麦于上,摊令厚二寸许,～一日刈蒿叶薄覆。(卷八"黄衣、黄蒸及糱",532页)～一月,事麦折令精,细簸拣。(卷九"醴酪",645页)《大词典》仅引《要术》二例(12·276)。

正 仅;只:若无菱而种瓜者,地虽美好,～得长苗直引,无多盘歧,故瓜少子。(卷二"种瓜",157页)凡栽桑不得者,无他故,～为犁拨耳。(卷五"种桑、柘",317页)但驾车地头,每旦当有小儿僮女十百为群,自来分摘,～须平量,中半分取。(卷五"种红蓝花、栀子",364页)水多则难净,是以～须半瓮尔。(卷八"作豉法",561页)《大词典》首引《世说

---

① 参看柳士镇(1992:232)"悉皆"条。

新语·自新》："乃自吴寻二陆,平原不在,正见清河。"(5·304)《大字典》将"相当于'恰'、'只'、'仅'"作为一个义项(604),不妥。

直是　只是:顾微《广州记》曰:"甘蕉,与吴花、实、根、叶不异,～南土暖,不经霜冻,四时花叶展。其熟,甘;未熟时,亦苦涩。"(卷十"五谷、果蓏、菜茹非中国物产者·芭蕉",761页)庾公造周伯仁,伯仁曰:"君何所欣说而忽肥?"庾曰:"君复何所忧惨而忽瘦?"伯仁曰:"吾无所忧,～清虚日来,滓秽日去耳。"(《世说新语·言语30》)《大词典》未收此词(1·859)。

3. 介词

共　与;同;跟:如其栽榆,与柳斜植,高～人等,然后编之。(卷四"园篱",254页)榆生,～草俱长,未须料理。(卷五"种榆、白杨",341页)愁其不肥——～母同圈,粟豆难足——宜埋车轮为食场,散粟豆于内,小豚足食,出入自由,则肥速。(卷六"养猪",443—444页)《大词典》首引《洛阳伽蓝记·永宁寺》:"荣即～穆结异姓兄弟。穆年大,荣兄事之。"(2·83)《大字典》首引唐王勃《滕王阁序》(102),嫌晚。[1]

和　连带;连同:收根依畴法,一顷收二百载。二十载得一婢。细剉,～茎饲牛羊,全掷乞猪,并得充肥,亚于大豆耳。(卷三"蔓菁",187页)以别绢滤白淳汁,～热抒出,更就盆染之,急舒展令匀。(卷三"杂说",240页)《大词典》首引唐元稹诗(3·264),《大字典》首引南唐李煜词(253)。[2]

合[3]　连同;连带:著四五叶,雨时,～泥移栽之。(卷二"种瓜",164页)桃、柰桃,欲种,法:熟时～肉全埋粪地中。(卷四"种桃柰",268页)盐入汁出,然后～盐晒令萎,手捻之令褊。(卷四"种李",277页)此酒～醅饮之可也。(卷七"造神麹并酒",489页)缪启愉《校释》:"合醅饮之:即连糟吃喝。"《大词典》仅引《要术》二例(4·143),《大字典》未收此义。

---

[1]　参看:刘坚《试论"和"字的发展,附论"共"字和"连"字》,《中国语文》1989年第6期;柳士镇(1992:245)论"共"字;于江《近代汉语"和"类虚词的历史考察》"共"字条,《中国语文》1996年第6期。

[2]　参看钟兆华(2002)。

[3]　参看柳士镇(1992:246)论"合"字。

投 犹待,到。表示时间:又课民无牛者,令蓄猪,～贵时卖,以买牛。(序,9 页)《大词典》首引《后汉书·独行传·范式》:"式便服朋友之服,～其葬日,驰往赴之。"(6·398)

望 依;随:谷,稷也,名粟。谷者,五谷之总名,非止谓粟也。然今人专以稷为谷,～俗名之耳。(卷一"种谷",60 页)缪启愉《校释》:"'望',各本同,金抄作'故'。'望俗'犹言'随俗'。"(62 页)按,"二典"均未收此义(6·1283,872)。

著 用;拿:经三日,压取清汁两石许,～热粟米饭四斗投之,盆覆,密泥。(卷八"作酢法",555 页)《大词典》仅引唐白居易诗一例(9·430),《大字典》未收此义(1345)。

4. 连词

而且 表示并列和互相补充:《广志》云:"此三稻,大～长,米半寸,出益州。"(卷二"水稻",136 页)又收瓜子法:食瓜时,美者收取,即以细糠拌之,日曝向燥,按而簸之,净～速也。(卷二"种瓜",155 页)非时者,虫～脆也。(卷五"伐木",379 页)皮如玉色,滑～美。(卷八"菹绿",611 页)按,"而且"《大词典》列二义,第一义为"表示进一层",首引《荀子》;第二义为"表示并列和互相补充",首引元代例(8·775)。实际上第二义在《要术》中已经常见。王云路、方一新(1992:138)"而且"条已论及。

所以① 表示因果关系。用在下半句,由因及果:过燥则坚,过雨则泥,～宜速耕也。(卷二"旱稻",147 页)此菜旱种,非连雨不生,～不同春月要求湿下。(卷三"种胡荽",210 页)春夏早放,秋冬晚出。春夏气软,～宜早;秋冬霜露,～宜晚。(卷六"养羊",423 页)《食经》藏越瓜法:"……豫章郡人晚种越瓜,～味亦异。"(卷九"作菹、藏生菜法",662 页)《大词典》首引《荀子·哀公》:"君不此问,而问舜冠,～不对。"(7·350)按,此例恐非典型的结果连词。

脱② 假如;万一。表示假设:其在外簇者,～遇天寒,则全不作茧。(卷五"种桑、柘",333 页)"二典"均首引《吴子·励士》:"君试发无

---

① 参看:柳士镇(1992:258—259)论"所以";拙文《"所以"完全变成连词的时代》,《古汉语研究》2002 年第 2 期。

② 参看柳士镇(1992:254)论"脱"字。

功者五万人,臣请率以当之。～其不胜,取笑于诸侯,失权于天下矣。"
(6・1294,873)

5. 助词

许 用在数词或量词后面,表示约略估计的数量:将种前二十～日,开出水洮,浮秕去则无芳。(卷一"收种",55 页)《食经》曰:"蜀中藏梅法:取梅极大者,剥皮阴干,勿令得风。经二宿,去盐汁,内蜜中。月～更易蜜。经年如新也。"(卷四"种梅杏",281 页)大如臂～,正月中移之,亦不须㧘。(卷五"种桑、柘",317 页)四扼为一头,当日即斩齐,颠倒十重～为长行,置坚平之地,以板石镇之令扁。(卷五"种紫草",377 页)治马中水方:取盐著两鼻中,各如鸡子黄～大,捉鼻,令马眼中泪出,乃止,良矣。(卷六"养牛、马、驴、骡",410 页)种一斗馀～,足以供用也。(卷六"养鱼",463 页)用胡叶汤令沸,笼子中盛麹五六饼～,著汤中。(卷七"白醪麹",501 页)漉出,著筐中,令半筐～,一人捉筐,一人更汲水于瓮上就筐中淋之,急抖擞筐,令极净,水清乃止。(卷八"作豉法",561 页)《食次》云:"……经一日～方得。"(卷九"作酢、奥、糟、苞",630 页)馎饦:接如大指～,二寸一断,著水盆中浸,宜以手向盆旁接使极薄,皆急火逐沸熟煮。(卷九"饼法",635 页)《异物志》曰:"益智,类薏苡。实长寸～,如枳棋子。味辛辣,饮酒食之佳。"(卷十"五谷、果蓏、菜茹非中国物产者・益智",752—753 页)顾微《广州记》曰:"……藤类有十～种:续断,草藤也,一曰'诺藤',一曰'水藤'。"(卷十"五谷、果蓏、菜茹非中国物产者・藤",813 页)"二典"均首引《后汉书》(11・68,1642)。

已还 用在数词或量词后面,表示约略估计的数量。左右;上下:《食次》曰:"毛蒸鱼菜:白鱼、鳡鱼最上。净治,不去鳞。一尺～,浑。盐、豉、胡芹、小蒜,细切,著鱼中,与菜,并蒸。"(卷八"蒸焦法",603 页)缪启愉《校释》:"已还:犹'已来',左右、上下之意。"(605 页)按,此义《大词典》未收;"已还"条释作"以后;以来",首引唐白居易文(4・72)。

得 《要术》中有几例"得",虽然还不是典型的助词,但已经表现出从动词向助词虚化的迹象。一是表结果,仅见一例:《魏略》曰:"杨沛为新郑长。兴平末,人多饥穷,沛课民益畜干椹,收橐豆,阅其有馀,以补不足,积聚得千馀斛。"(卷五"种桑、柘",318 页)"积聚得"可以理解为"积聚而得",是连动式;也可以把"得千馀斛"重新分析(reanalysis)为补语,"得"是表结果的助词。二是表可能,有数例:锄者非止除草,乃地熟而实多,糠薄,米息。锄得十遍,便得"八米"也。(卷一"种谷",67 页)锄得五遍以上,不烦耩。(同上)九月中始刈得花子。(卷三"种蒜",191 页)大率三升地黄,染得一匹御黄。(卷三"杂说",240 页)虽治十,收得一二也。(卷四"插梨",287 页)六月中,唯得作一石米。酒停得三五日。(卷七"笨麹并酒",509 页)先能饮好酒一斗者,唯禁得升半;饮三升,大醉。(同上,512 页)作饼炙法:取好白鱼,净治,除骨取肉,琢得三升。(卷九"炙法",619 页)这几个"得"都是表示"能够;可以",但它的动词性还比较明显,分析为处在向助词的转变过程中比较合适。[①] 杨平《"动词+得+宾语"结构的产生和发展》一文(《中国语文》1989 年第 2 期)统计了《要术》中"动词+得"的出现情况,谓"得"前的动词有"课、选[2]、禁、琢、树、锄"6 个(128 页)。其实"课得"一例出自《要术》引《汉书》,"选得"仅一例(杨文多计一例),系在卷前"杂说"中,这两例应予剔除;"树得"一例的原文是:李性耐久,树得三十年;老虽枝枯,子亦不细。(卷四"种李",277 页)"树"恐非动词,"得三十年"意谓可以存活三十年;"锄得"有 2 例,杨文漏计一例;而"积聚得""刈得""染得""收得""停得"均漏计。129 页统计表中《齐民要术》一栏的数据也有问题。可见杨文对《要术》中"动词+得"格式的调查很不准确。杨文总结说:"总的来看,唐以前多数的'V 得(O)'还是'得'用在取义动词后面的,'得'用在非取义动词后面的还很少。这个时期可以看作'V 得(O)'结构的产生阶段。"(129 页)这个结论与《要术》的语言实际也不甚相符。

第二节 《齐民要术》的量词[②]

多用量词是《要术》语言的一大特色,这既是时代的烙印[③],也是由此书的内容和性质决定的。刘世儒先生《魏晋南北朝量词研究》一书

---

① 关于此类"得"字的性质,请参看柳士镇(1992:122)。
② 参看柳士镇(1992:207—220)第十六章"量词"。
③ 参看刘世儒(1965)第一章第一节,4—9 页。

(以下简称"刘书")论及的量词约 241 个,《要术》中出现了其中的 92 个①,占 1/3 强,可以说,比较常用的量词大都用到了。有些量词的用法超出刘书所论,还有一些量词则是刘书没有提及的,如洪、叶、团、节、撮、步、坺、臼、釜、箔、载、虎口、番(以上名量词)、顿(动量词)、步(借用作动量词)等。这些都可以丰富我们对南北朝量词的认识。看来刘世儒先生在写作《魏晋南北朝量词研究》时并未充分利用《要术》的材料,虽然偶尔举到《要术》用例,但漏略尚多,所以很有必要对《要术》的量词再作系统的整理。下面即依照刘书的分类和排列顺序,对《要术》中的量词作一个穷尽式的列举,并就相关问题进行讨论。前加＊号者为刘书所未收。

1. 名量词

《要术》名量词的用法大都比较简单,通常都是跟数词组合构成"数・量"格式,名词一般在前;"数・量・名"格式相对还比较少见②。名量词又可以分为"陪伴词""陪伴・称量词"和"称量词"三个小类③。下面依次论列。

---

① 刘书论及而《要术》没有出现的有以下这些(计 149 个):介、腔、茎、领、轴、柄、端、绪、床、座、名、幢、滴、缕、丸、子、点、块、股、件、裁、面、幅、腰、铺、拂、叠、牒、层、级、阶、转、类、品、曹、流、门、所、物、事、顿、番、通、阵、位、员、房、味、剂、扇、管、编、册、简、章、首、曲、句、帙、函、封、钮、孔、璞、艘、舶、幡、朵、竿、刻、尊、躯、身、奁、会、缘、契、偈、揵度、恒沙、双、发、悬、架、樏、副、合、脔、袭、称、部、落、帐、列、端、铢、钱、燧、坩、甄、钵、抄、螺、笼、薄、罂、瓶、盆、瓯、盘、樽、壶、榼、筋、卮、箱、篋、笥、厨、匣、炉、囊、船、舫、库、握、包、裹、缯、䌷、夹、担、积(以上名量词)、番、回、通、阵、下、次、周、返、合、壮、转、拜、出、声、拳、槌(以上动量词)。上列未出现的量词,有一些跟本书的内容有关,如下画线的那些,有的则是当时还用得很少的,如斜体的那些。也有一些是两种原因兼而有之。当然也有少量当时常用的量词在《要术》中没有出现。

② 贝罗贝(1998:113)认为在公元 3—6 世纪(他称为"早期中古汉语")阶段"数・量・名"格式不是没有例子,他举了两例:斋前种一株松(世说新语・言语)、有二百五十头牛(百喻经),但"这些例子很罕见",要到公元七世纪以后"数・量・名"格式才普及起来。按,这个说法不符合事实,至少在《要术》中,"数・量・名"格式已绝非"罕见",而是很常见。详下文。柳士镇(1992)则认为:"数词＋量词＋名词"形式"是两汉时期才开始增多起来的,此期已成为最为常见的一种类型",而"名词＋数词＋量词"形式"是先秦时期固有的,两汉时期已经逐渐减少,此期除继续少用外,采用此种形式的用例,又往往有其需要后附的原因"。(106—107 页)言下之意似乎是说:在魏晋南北朝时期,"数词＋量词＋名词"形式已经成为常式,而"名词＋数词＋量词"形式成了非常式。这个看法与《要术》的事实也不符。

③ "陪伴词"就是作用只在陪伴名物,不是核算分量的,这是虚量;"陪伴・称量词"就是既具有陪伴性质又具有称量性质的量词;"称量词"就是实际称量名物的,这是实量。参看刘世儒(1965:5—6)。

1.1　陪伴词

1.1.1　泛用的陪伴词

枚　52 例。其中出自引书的有:《陶朱公养鱼经》9,《杂五行书》3,《氾胜之书》《博物志》《异物志》《食经》《食次》各 2,《永嘉记》《淮南万毕术》注、《汉书》《东方朔传》《神仙传》《汉武内传》《广州记》各 1,计 29 例。称量的对象有附子、大豆、小豆、瓜、瓜子、枣、枣仁、桃、桃仁、椒、胡椒、椒实(椒的种子)、马鞭、狸脑、巴豆、卵、鲤鱼、楸、木器、"麴奴"、安石榴、荜拨、鸡子(鸡蛋)、白梅、栗、益智、芭蕉等。在用法上,除 1 例为"数·量·名"格式[①]外,其余都是"(名)·数·量"格式。量词"枚"产生于西汉,《史记》中已见多例[②]。发展到魏晋南北朝,它成为最常用和适用范围最广的泛用量词[③]。《要术》的使用情况跟当时的语言实际一致。

个　8 例。其中 1 例系引《汉书》(竹竿万个[④])。称量的对象有大豆、锥、刀靶、独乐、盏、醋石榴、牛胆、竹竿、蟹、鱼,包括动物、植物和一般的物件。用法都是"(名)·数·量"格式。"个"作为量词先秦已经出现[⑤],经过漫长的发展过程,成为现代汉语最重要的量词。刘世儒(1965:84—85)曾指出,"个"在南北朝的重要发展有两点:一是可用于"人",二是可以放在名词前(如"百个钱""一个河神")。这两点在《要术》中均未见。

1.1.2　次泛用的陪伴词

口　10 例。除 1 例系暗引他书外,全部出自贾思勰自著部分。用于羊(5)、人(2)和井、缸、瓮(各 1)。其中用于羊最多,刘世儒(1965:88)曾指出:"但南北朝习惯,'口'量动物却只以量'羊'的居多,其它并不多见。"这个观察是符合实际的。"口"作为量词,最初是用于人,后来扩展到动物,再扩展到有口的器物,最后扩展到无口的器物。最后

---

① 　五升裔,用十枚栗。(卷八"八和裔",568 页)
② 　参看刘世儒(1965:76—77),张万起(1998)"一 量词'枚'产生的时代"。
③ 　刘世儒(1965:77)曾指出:"这是适应力最强的量词,除了抽象名词及个别事物它还不习惯陪伴外,几乎是无所不可适应的。"张万起(1998:210)也认为"(枚)成为魏晋南北朝时代最活跃的量词之一"。
④ 　按,《汉书》此句系用《史记·货殖传》语。参看刘世儒(1965:82)。
⑤ 　参看刘世儒(1965:83)。

一类《要术》未见用例。用法上,只有 1 例是"数·量·名"格式①,另有 1 例是指"每个(人)"②。

头 17 例。其中引《食经》3 例,《陶朱公养鱼经》2 例,暗引他书 2 例。称量的对象有鸡、鸭、鹅、兔、豚(肫、犵)、熊、鲤鱼、木奴③、(四扼)紫草。除"千头木奴"1 例外,都是"(名)·数·量"格式。比较特殊的用法是称量成捆的紫草:收草宜并手力,速竟为良,遭雨则损草也。一扼随以茅结之,擘葛弥善。四扼为一头,当日即斩齐,颠倒十重许为长行,置坚平之地,以板石镇之令扁。……五十头作一"洪","洪",十字,大头向外,以葛缠络。(卷五"种紫草",377 页)缪启愉《校释》:"一扼:犹言'一把',《四时纂要·三月》'紫草'采《要术》'扼'即作'把'。一头:四把集合在一起,大端在上,小端在下,扎好,是为'一头'。'一把'、'一头',现今还是群众扎束收获物的通语。"(378 页)

*洪 用于成捆的紫草的专用量词,仅 1 例,见上条。缪启愉《校释》:"一洪:作为一大捆的特用俗语。四把作一头,五十头捆成一洪。捆法是大头向外,小头向内,一头一头十字交叉地排叠起来,再用葛缠扎牢固。"(378 页)刘书未收。

根 30 例。其中引《要术》3 例,《杂五行书》2 例,"氾胜之区种瓜" 1 例。称量的对象均为植物,可以是草本,也可以是木本,通常都是指成活的,如麻(苗)、瓜(苗)、薤、椒、酸枣、桃、李、白杨、茱萸、桑、榆、槐、柳、杨柳、楸、梓、柞,另有杖、橡各 1 例。除最常见的"(名)·数·量"格式外(名词通常都不出现),还有 4 例"数·量·'者'字结构"的用法,如"只留一根强者""留一根茂者""其一株上有七八根生者""唯留一根粗直好者"。另有 2 例是"每根"的意思:槐既细长,不能自立,根别竖木,以绳拦之。(卷五"种槐、柳、楸、梓、梧、柞",350 页)一亩二千一百六十根,三十亩六万四千八百根。根直八钱,合收钱五十一万八

---

① 若不作栅,假有千车荄,掷与十口羊,亦不得饱。(卷六"养羊",427 页)
② 龚遂为渤海,劝民务农桑,令口种一树榆,百本薤,五十本葱,一畦韭,家二母彘,五鸡。(序,9 页)
③ 李衡于武陵龙阳泛洲上作宅,种甘橘千树。临死敕儿曰:"吾州里有千头木奴,不责汝衣食,岁上一匹绢,亦可用矣。"吴末,甘橘成,岁得绢数千匹。恒称太史公所谓"江陵千树橘,与千户侯等"者也。(序,10 页)"木奴"指柑橘树,是拟人的说法。参看刘世儒(1965:93)。

千四百文。(同上,352 页)

本 8 例。其中引《氾胜之书》2 例,暗引《汉书》2 例。称量的对象均为草本植物①,有薤、葱、冬瓜、瓠、芋。暗引《汉书》的 2 例为"数·量·名"格式(百本薤/五十本葱),其余均为"数·量"格式。

株 21 例。其中引《氾胜之书》6,《神仙传》3,《西京杂记》《杂五行书》《寻阳记》各 1。称量的对象均为植物,有禾、黍、麦、大豆、蒜、芋、枣、杏、榆、白杨。刘世儒(1965:98)说:"(株)始终没有超出'植物'这个范围而向外扩展一步。"甚是。

挺 1 例:作一挺,用物如上;若多作,倍之。(卷九"炙法",619页)缪启愉《校释》:"挺,某些长形物的量名;一挺:即一长条,也就是一管,字也写作从肉作'脡'。"(622 页)

条 4 例。3 例用于树枝,1 例用于灌肠:灌肠法:……以灌肠。两条夹而炙之。(卷九"炙法",617 页)

枝 4 例。用于树枝,意思都比较实在,可以看作介于名词和量词之间。如:栽石榴法:三月初,取枝大如手大指者,斩令长一尺半,八九枝共为一窠,烧下头二寸。(卷四"安石榴",304 页)《诗义疏》曰:"蕨,山菜也……三月中,其端散为三枝,枝有数叶。"(卷九"作菹、藏生菜法",671 页)

支 3 例。用于薤和葱。如:谚曰:"葱三薤四。"移葱者,三支为一本;种薤者,四支为一科。(卷三"种薤",196 页)

只 3 例。用于鸡、鸭,属于刘世儒(1965:113)所说的"'鸟'的系统"。都是"名·数·量"格式。其中 2 例系引《家政法》。

颗 9 例。其中引《杂五行书》《汉武内传》各 2,《氾胜之书》《三秦记》各 1。用于小豆、麻子、瓠子、橘核、茱萸、栗、桃、鸡子白。刘世儒(1965:117)曾批评王力先生的"颗"作量词产生于宋代说,但所引魏晋南北朝例证仅 4 条。《要术》的例子可补其不足。

粒 5 例。用于禾、粟、豆、椒②。其中有 4 例系引《氾胜之书》,如

---

① 刘世儒(1965:96)在分析"本"和"根"的差异时指出:"'本'偏于草本,木本少见。"甚是。

② 和大豆酢五合,瓜菹三合,姜、橘皮各半合,切小蒜一合,鱼酱汁二合,椒数十粒作屑。(卷九"炙法",619 页)当是指椒的籽实。

果《要术》所引《氾胜之书》符合原貌,那么"粒"作量词早在西汉就已经产生了。

　　片　5例。其中引《食次》2,《食经》《异物志》各1。用于鱼鲊、紫菜、瓜菹、梨菹、莓。语义都很实。

　　*叶　8例。专用于橘皮,大部分是引《食经》和《食次》。如:生姜五合,橘皮两叶,鸡子十五枚,生羊肉一斤,豆酱清五合。(卷八"作酱等法",543页)《食经》曰:"作跳丸炙法:羊肉十斤,猪肉十斤,缕切之;生姜三升,橘皮五叶,藏瓜二升,葱白五升,合捣,令如弹丸。"(卷九"炙法",619页)此词刘书未论及。

　　*团　2例。用于干酪:作粥作浆时,细削,著水中煮沸,便有酪味。亦有全掷一团著汤中,尝有酪味,还漉取曝干。一团则得五遍煮,不破。(卷六"养羊",433页)刘书未论及。

　　间　1例:三间屋,得作百石豆。(卷八"作豉法",560页)

　　段　4例。均出自贾思勰自著部分。用于种子、猪肉、绸。都是"(名)·数·量"格式。其中量"绸"的还是实指一截,而非度制[①]:取新帛细绸两段,各方尺半,依角大小,凿去中央,缀角著绸。(卷九"饼法",635—636页)

　　*节　4例。均出自引书。用于竹、禾、甘蔗。如:取禾种,择高大者,斩一节下,把悬高燥处,苗则不败。(卷一"收种"引《氾胜之书》,57页)雩都县土壤肥沃,偏宜甘蔗,味及采色,馀县所无,一节数寸长。郡以献御。(卷十"甘蔗",722页)有一女浣于水滨,有三节大竹,流入女足间,推之不去。(卷十"竹"引《华阳国志》,775页)

　　分　30例。用于蜜、胡麻油、猪脂、白米英粉、胡粉、乳、麦、桑叶、苍耳、艾、茱萸、米、麹、干姜、鸡舌香、饭、鱼(近骨上肉)、木兰、粲(一名"乱积")等。除1例引《食次》(三分之一铛)外,均出自贾思勰自著部分,可见其使用之频繁。刘世儒(1965:126)仅引2例而未及《要术》,其实《要术》的用例可以大大补充其不足。如:用胡麻油两分,猪脂一分。(卷五"种红蓝花、栀子",367页)将乳之时,须人斟酌;三分之中,当留一分,以与羔、犊。若取乳太早,及不留一分乳者,羔、犊瘦死。

---

　　①　参看刘世儒(1965:124)。

（卷六"养羊"，432 页）看麦多少，分为三分：蒸、炒二分正等；其生者一分，一石上加一斗半。（卷七"造神麹并酒"，489 页）须斫去四缘、四角、上下两面，皆三分去一，孔中亦剜去。（卷七"笨麹并酒"，518 页）其饭分为三分：七日初作时下一分，当夜即沸；又三七日，更炊一分投之；又三日，复投一分。（卷八"作酢法"，547 页）近骨上，生腥不堪食：常三分收一耳。（卷八"作鱼鲊"，573 页）

道　2 例。均出贾氏笔下：至冬，竖草于树间令满，外复以草围之，以葴十道束置。（卷五"种槐、柳、楸、梓、梧、柞"，356 页）取生布割两头，各作三道急裹之。（卷六"养牛、马、驴、骡"，411 页）这种用法的"道"刘世儒（1965：129—130）未论及。

张　3 例。2 例用于纸，1 例用于弓：以书带上下络首纸者，无不裂坏；卷一两张后，乃以书带上下络之者，稳而不坏。（卷三"杂说"，227 页）细切长缕，束为把，大如十张纸卷。（卷九"作菹、藏生菜法"引《食次》，665 页）十五年，任为弓材，一张三百。（卷五"种桑、柘"，324 页）

乘　3 例。均用于车。其中 2 例出自贾氏笔下，而且都是"数·量·名"格式，可见"乘"仍是当时用来称量"车"的常用量词。

屈　1 例：解大肠，淘汰，复以白酒一过洗肠中，屈申以和灌肠。屈长五寸，煮之，视血不出，便熟。（卷八"羹臛法"，585 页）"屈长五寸"即"每（一）屈长五寸"。

重　22 例。除 3 例引《食次》外，均出自贾氏自著部分。用于土、骨、石、薪、布、板、（捆好的）紫草、竹箅、鱼、饭、肉、熟煮鸡子白、箔楠等。其中"数·量·名"格式 10 例。《要术》未见"层"，而一律用"重"。如：以三重布帖粉上。（卷五"种红蓝花、栀子"，372 页）以绛帛再重为袋。（卷七"法酒"，526 页）先于庭中竖楂，施三重箔楠，令免狗鼠。（卷九"煮胶"，680 页）可以重叠（2 见）：肉亦先煮熟，薄切，重重布之如"焦瓜瓠法"，唯不著菜也。（卷九"素食"，655 页）重重如此，以满瓮为限。（卷九"作菹、藏生菜法"，657 页）刘世儒（1965：138）认为"'重'作为量词在南北朝已经发展得完全成熟了"，信然。

种　61 例。其中引《诗义疏》9，《广志》7，《南方异物志》4，杨泉《物理论》2，《汉书》、《交州记》、顾微《广州记》、《尔雅》郭璞注各 1，计 26 例。大部分用于指植物的种类，也用来指鱼、肉、牛羊、豆黄、盐、麹、酢、色、味、香、折(一种加工米的方法)、(小麦)生/炒/蒸等。如:梜榆、刺榆、凡榆:三种色,别种之,勿令和杂。(卷五"种榆、白杨",341 页)先下水、盐、浑豉、擘葱,次下猪、羊、牛三种肉,腤两沸,下鲊。(卷八"脏、腤、煎、消法",605 页)如酿、芥菹法,亦有一种味。(卷三"种胡荽",210 页)荷叶别有一种香,奇相发起香气,又胜凡鲊。(卷八"作鱼鲊",574 页)捣细,磨,粗细作两种折。(卷九"飧、饭",650 页)其麦蒸、炒、生三种齐等,与前同。(卷七"造神麹并酒",486 页)刘世儒(1965:142)论"种"说:"在汉代它的量词用法就已经逐渐出现。……到了南北朝就更得到了发展,可以说,现代语中量词'种'的用法差不多在这个时代就已经渐次形成了。"

　　科　8 例。其中引"氾胜之区种瓜"2 例(土地单位)。用于植物和土地单位,与刘世儒(1965:146)所论"专门表示分科分品的量词"不同。如:良田率一尺留一科。(卷一"种谷",66 页)氾胜之区种瓜:"一亩为二十四科。区方圆三尺,深五寸。一科用一石粪。"(卷二"种瓜",161 页)移葱者,三支为一本;种薤者,四支为一科。(卷三"种薤",196 页)先重楼构,寻垅下姜,一尺一科,令上土厚三寸。(卷三"种姜",218 页)三茎作一科,相去八寸。(卷五"种蓝",374 页)若东西横地,取南倒北倒者,一垅取七科,三垅凡取二十一科,净洗,釜中煮取汁,色黑乃止。(卷六"养牛、马、驴、骡",412 页)

　　辈　10 例。其中引《永嘉记》3 例。用于动植物的批次,与刘世儒(1965:146—148)所论有异,可补。如:用中辈瓜子者,蔓长二三尺,然后结子。用后辈子者,蔓长足,然后结子;子亦晚熟。(卷二"种瓜",155 页)但依此法,则不必别种早、晚及中三辈之瓜。(同上,157 页)三掐更种,一岁之中,凡得三辈。(卷三"种葵",176 页)春葵子熟不均,故须留中辈。(同上,177 页)剪讫更种,从春至秋得三辈,常供好菹。(卷三"蔓菁",184 页)《永嘉记》曰:"永嘉有八辈蚕:……凡蚕再熟者,前辈皆谓之'珍'。"(卷五"种桑、柘",327 页)大率鹅三雌一雄,鸭五雌一雄。鹅初辈生子十馀,鸭生数十;后辈皆渐少矣。(卷六"养鹅、鸭",455 页)

　　等　5 例。其中引《广志》1 例。有两种用法:一是表示类别,如"此等"(2 见)、"十四等"(引《广志》)、"三等";二是表示批次:预前一月,事麦折令精,细簸拣。作五六等,必使别均调,勿令粗细相杂,其大如胡豆者,粗细正得所。(卷九"醴酪",645 页)后一种用法刘世儒(1965:150—151)没有提到。

处　5 例。指处所。其中 1 例系暗引《汉书》,1 例引《食次》①。有 1 例重叠,作状语:买肥猪肉脂合皮大如手者三四段,以脂处处遍揩拭釜,察作声。(卷九"醴酪",645 页)

区　13 例。均指"区种法"的土地单位。大部分是引《氾胜之书》。刘世儒(1965:156)指出:"在汉代它已常用为量词。"甚是。

人　32 例。有 1 例重叠:《嵩高山记》曰:"东北有牛山,其山多杏。至五月,烂然黄茂。自中国丧乱,百姓饥饿,皆资此为命,人人充饱。"(卷四"种梅杏",282 页)刘世儒(1965:157)指出:"到了南北朝,由于量词得到空前的发展,这时的'人'才算向量词靠拢了一步……但也只限于靠拢而已(句法上当量词用),它并没有真的就变成量词,因为它就是发展到这样的时代也还是不能前附于中心词的。"这个结论是正确的,同样适用于《要术》。

树　33 例。其中出自引书者约占一半。均用于树木,而且是指已经长成的、比较大的树木,只有一处是用于"麻":《氾胜之书》曰:"种麻,豫调和田。二月下旬,三月上旬,傍雨种之。麻生布叶,锄之。率九尺一树。树高一尺,以蚕矢粪之,树三升。无蚕矢,以溷中熟粪粪之亦善,树一升。天旱,以流水浇之,树五升。无流水,曝井水,杀其寒气以浇之。雨泽时适,勿浇。浇不欲数。养麻如此,美田则亩五十石,及百石,薄田尚三十石。获麻之法,霜下实成,速斫之;其树大者,以锯锯之。"(卷二"种麻子",124 页)这种麻的外形像树,以致大者需要"以锯锯之",所以也可以用"树"来量。可单用表示"每一棵(树)",见上例。

纸　1 例:欲作"爱"者,取蚖珍之卵,藏内罌中,随器大小,亦可十纸,盖覆器口,安硙泉、冷水中,使冷气折其出势。(卷五"种桑、柘",327 页)这是指十张纸的"卵"。

1.1.3　专用的陪伴词

脔　3 例。用于肉块,其中 1 例指鱼的肉块:脔鱼,洗讫,则盐和

---

① 夏作,小者不连,用小板挟之:一处与板两重,都有四板。(卷九"作脾、奥、糟、苞",630 页)

糁。十裹为裹,以荷叶裹之,唯厚为佳,穿破则虫入。(卷八"作鱼鲊",574 页)

方 2 例。都是"割地一方种之"。刘世儒(1965:167)指出:"这是另有来头的量词:指四方形,和'方法'义无关。"

堵 1 例:按,谚曰:"家贫无所有,秋墙三五堵。"(卷一"种谷",74 页)可见这是当时的口语词。刘世儒(1965:168)仅引《颜氏家训·终制》一例:"若惧拜扫不知兆域,当筑一堵低墙于左右前后随为私记耳。"《要术》例可补。

卷 1 例:号曰《齐民要术》。凡九十二篇,束为十卷。(序,18 页)

篇 1 例。见上条。

文 19 例。均用于钱。除 2 例引《氾胜之书》外,都出自贾氏自著部分。格式均为"(钱)·数·量",刘世儒(1965:179)已指出这一特点。

饼 4 例。3 例用于麴,1 例用于麦豉。如:主人某甲,谨以七月上辰,造作麦麴数千百饼。(卷七"造神麴并酒",479 页)三七日,以麻绳穿之,五十饼为一贯,悬著户内。(同上,491 页)(麦豉)一饼得数遍煮用。(卷八"作豉法",566 页)刘世儒(1965:179)认为"饼"是量金块(包括银)的专用量词,取其形似"饼"状。在所引的例子中,只有一例是"蜡如干饼"(《北户录》引),说:"这又扩及蜡,例仅见,列此备研。"(180 页)按,从《要术》用例看,"饼"在南北朝早已不是"金块"的专用量词,一般的饼状物也可用"饼"量。

指 2 例。用于朱砂、蒿子:朱砂三指撮,油脂二合,清酒六合,暖,灌,即差。(卷六"养牛、马、驴、骡",420 页)大率豆黄三斗,麴末一斗,黄蒸末一斗,白盐五升,蒿子三指一撮。(卷八"作酱等法",536 页)刘世儒(1965:181)指出:这"是用来量多少,就是有'三指''一撮'之多","所以它总是'三指',不比量长短的用法,还可以说'一指''两指'等"。

*撮 1 例。见上条。刘书未及。

两 1 例。用于车:牛车千两(引《汉书》)。

匹 2 例。用于马。其中 1 例系引《搜神记》。

更 3 例。用于计时,都是"四更",其中 1 例系引《龙鱼河图》。

1.2 陪伴·称量词

群 1例:百群羊(谷名)。

丛 2例。用于植物。其中1例系引竺法真《登罗浮山疏》。

具 11例。除1例引《汉书》(旃席千具)外,均出自贾思勰笔下,可见其在当时口语中的常用性。用于胡床、浑成柘桥、车毂、猪脬、旃席、猪蹄、羊蹄、羊肠、羊肺。如:马鞭一枚直十文,胡床一具直百文。(卷五"种桑、柘",324页)十年之后,便是浑成柘桥。一具直绢一匹。(同上)车毂一具,直绢三匹。(卷五"种榆、白杨",342页)取猪脬一具,摘去其脂。(卷五"种红蓝花、栀子",367页)猪蹄三具,煮令烂,擘去大骨。(卷八"羹臛法",584页)羊蹄七具,羊肉十五斤。(同上)用羊肠二具,饧六斤,瓠叶六斤。(同上)羊肺一具,煮令熟,细切。(同上,585页)"具"的特点是"凡配备具足、成套可用的事物都可用它作量词",有时则只是取其"完整无缺"义(刘世儒1965:210—211)。《要术》的用法都符合这个特点,但像用于浑成柘桥、车毂和动物的蹄子、内脏这些个例刘书均未提到,可补。

家 7例。用于人家。其中重叠2见。

户 4例。用于人家,皆出于引述。

行 33例。有两种用法,一是指行列,可用于庄稼、树木和井等,共13例。如:凡区种麦,令相去二寸一行。一行容五十二株。(卷一"种谷"引《氾胜之书》"区种法",82页)种法:使行阵整直,两行微相近,两行外相远,中间通步道,道外还两行相近。(卷二"种瓜",156页)地形狭长者,井必作一行;地形正方者,作两三行亦不嫌也。(卷三"种葵",181页)二是相当于"层",共20例,其中引《氾胜之书》1例,引《食经》约10例。如:冬寒,取谷秽布地,一行蒜,一行秽。不尔则冻死。(卷三"种蒜",191页)干梅三升,使蘘荷一行。以盐酢浇上,绵覆罂口。(卷三"种蘘荷、芹、茈",220页)布鱼于瓮子中,一行鱼,一行糁,以满为限。(卷八"作鱼鲊",574页)一行肉,一行擘葱、浑豉、白盐、姜、椒。(卷八"蒸缹法",600页)后一种用法当为《要术》所特有,刘世儒(1965:221—222)未谈及,可补。参看王云路、方一新(1992)"一行"条。

1.3 称量词

分 22例。长度单位,可用于厚(最常见)、长、广、方及距离。

寸　约250例。长度单位，可用于厚、长、广、方等。

尺　160例。长度单位，可用于深、高、厚、方、圆、围、径、长、广及距离。

丈　53例。长度单位，可用于长、高、广、方、深、围、径及距离。

仞　1例。引《括地图》(其桑长千仞)。刘世儒(1965:226)认为"(仞)在南北朝除文人笔下仍多沿用外，一般已不通行"，其是。

*步　15例。指成人一步的长度。如：西兖州刺史刘仁之，老成懿德，谓余言曰："昔在洛阳，于宅田以七十步之地，试为区田，收粟三十六石。"(卷一"种谷"，83页)作区，方、深一尺。以杵筑之，令可居泽。相去一步。(卷二"种瓠"引《氾胜之书》种瓠法，166页)畦长两步，广一步。(卷三"种葵"，176页)桃、李，大率方两步一根。(卷四"种李"，277页)岁常绕树一步散芜菁子，收获之后，放猪啖之，其地柔软，有胜耕者。(卷五"种榆、白杨"，318页)二三月中，作一步圆畦种之。(卷五"种槐、柳、楸、梓、梧、柞"，356页)刘书未列。

匹　20例。长度单位，用于布、绢、帛。

合　60例。体积单位。十合为一升。

升　约323例。体积单位。

斗　约257例。体积单位。

斛　39例。体积单位。

石　180馀例。体积单位。

两　15例。重量单位。

斤　60例。重量单位。

亩　约120例。土地面积单位。

畦　3例。土地面积单位。

*垄　2例。用于土地：耕地中拾取禾茇东倒西倒者——若东西横地，取南倒北倒者——一垄取七科，三垄凡取二十一科。(卷六"养牛、马、驴、骡"，412页)

顷　21例。土地面积单位。

里　35例。计里程的专用量词。

器　2例(引《神仙传》)。

瓮　4例。用于酒和水。

＊臿 1例。用于稻：臿赤稻一臿，米里著蒿叶一把，白盐一把，合臿之，即绝白。（卷九"飧、饭"，649页）

＊釜 1例。用于粥：如上治釜讫，先煮一釜粗粥，然后净洗用之。（卷九"醴酪"，645页）"釜"和上条的"臿"都带有临时"活用"的性质，但均出自贾思勰笔下，即此也可看出当时量词的活跃。

碗 5例。4例用于水，1例用于饭，均出自贾思勰笔下。除1例省略数词作"碗水"外，都是"一碗"，其中1例为"一碗水"，其馀均为"（名）·数·量"格式。

杯 1例：石榴、悬钩，一杯可下十度。（卷九"作菹、藏生菜法"引《食次》"梅瓜法"，666页）

盏 2例：《术》曰："……乞人酱时，以新汲水一盏，和而与之，令酱不坏。"（卷八"作酱等法"，537页）香美淳严，一盏醋，和水一碗，乃可食之。（卷八"作酢法"，552页）

钟 1例：屠牛、羊、豕千皮，谷籴千钟，薪稿千车。（引《汉书》）

匙 2例：大率熟乳一升，用酪半匙。（卷六"养羊"，433页）大率一斗乳，下一匙飧。（同上）

匕 1例：以一铜匕水添之，可三十人食。（卷八"作酢法"，558页）

筐 1例：漉出，著筐中，令半筐许。（卷八"作豉法"，561页）

＊箔 1例。用于蚕箔：桑至春生。一亩食三箔蚕。（卷五"种桑、柘"引《氾胜之书》，326—327页）

奁 2例：魏明帝时，诸王朝，夜赐冬成柰一奁。（卷四"柰、林檎"，297页）《神仙传》曰："〔介〕象言病，帝以美梨一奁赐象。"（卷十"梨"，711页）

车 5例。除1例引《汉书》（薪稿千车）外，均出自贾氏笔下，用于米、蔓菁、荵。

＊载 12例。指一车所载的量。除1例引《陶朱公术》（髡一树，得一载）外，都出自贾氏笔下。如：一亩得葵三载，合收米九十车。（卷三"种葵"，181页）一顷收叶三十载。正月、二月，卖作齑菹，三载得一奴。（卷三"蔓菁"，187页）作菹者，十月足霜乃收之。一亩两载，载直绢三匹。（卷三"种胡荽"，210页）百树得柴一载，合柴六百四十八载。

载直钱一百文,柴合收钱六万四千八百文。(卷五"种槐、柳、楸、梓、梧、柞",352 页)欲令生大鱼法:要须取薮泽陂湖饶大鱼之处,近水际土十数载,以布池底,二年之内,即生大鱼。(卷六"养鱼",461 页)刘书失收。

屋 1 例:《义疏》曰:"其木令酒薄;若以为柱,则一屋酒皆薄。"(卷十"枳柜",860 页)

把 3 例。用于艾、蒿叶、白盐。其中 1 例系引《氾胜之书》。

扼 2 例:收草宜并手力,速竟为良,遭雨则损草也。一扼随以茅结之,擘葛弥善。四扼为一头,当日即斩齐,颠倒十重许为长行,置坚平之地,以板石镇之令扁。(卷五"种紫草",377 页)

掬 2 例:先燥晒,欲种时,布子于坚地,一升子与一掬湿土和之,以脚蹉令破作两段。(卷三"种胡荽",207 页)为妊娠妇人所坏者,车辙中干土末一掬著瓮中,即还好。(卷八"作酢法",547 页)

*虎口 3 例。用于成人一虎口大小的量:羊肚一枚,以水杂生米三升,葱一虎口,煮之,令半熟。(卷八"羹臛法",585 页)下葱白,长二寸一虎口,细琢姜及橘皮各半合,椒少许。(同上)猪肉一斤,香豉一升,盐五合,葱白半虎口,苏叶一寸围,豉汁三升,著盐。(卷八"蒸缹法",598 页)刘书未及。

束 5 例。用于胡麻、柴。均出自贾氏笔下。

围 13 例。引申为度制[①],指周长,主要用于树木,也用于竹子、笋、果实、禾等。均出自引书。

贯 相当于"串",4 例。用于钱和成串的东西各 2 例。后一种用法刘世儒(1965:245—246)未论及:三七日,以麻绳穿之,五十饼为一贯,悬著户内,开户,勿令见日。(卷七"造神麴并酒",491 页)多下姜、椒末,灌鱼口,以满为度。竹杖穿眼,十个一贯,口向上,于屋北檐下悬之,经冬令瘃。(卷八"脯腊",580 页)

聚 4 例。犹"堆",用于豆、麦麴。均出自贾氏笔下。如:若止三石麦麴者,但作一聚,多则分为两三聚;泥闭如初。(卷七"造神麴并酒",491 页)

---

① 刘世儒(1965:245)引《韵会》:"一围五寸。"又云:"一围三寸。"

*番 1 例。就是"翻两番"的"番":一岁之中,牛马驴得两番,羊得四倍。(卷六"养羊",440 页)缪启愉《校释》:"各本作'两番',谓更番两次;金抄作'两倍','倍'作增益讲,谓有两次增益,非实指'倍数'。"(441 页)按,缪说似迂。"番"就是"倍","得两番"和"得四倍"是一样的结构。"得两番"就是比原来多一倍,假如原来是 2,现在就是 4。《大词典》此义仅引当代例(7·1359),《大字典》则未收此义(1063)。此词刘书未及,姑补附于此。

2. 动量词

2.1 专用的动量词

过 6 例。相当于次、回。除引《汉武故事》和《食经》各 1 例外,均出自贾氏自著部分。用于刷治、酘、洗、偷及成组的动作。如:全饼麴,晒经五日许,日三过以炊帚刷治之,绝令使净。(卷七"造神麴并酒",479 页)若作糯米酒,一斗麴,杀米一石八斗。唯三过酘米毕。(同上,480 页)解大肠,淘汰,复以白酒一过洗肠中,屈申以和灌肠。(卷八"羹臛法",585 页)治马中谷方:手捉甲上长鬃,向上提之,令皮离肉,如此数过。(卷六"养牛、马、驴、骡",410 页)《食经》作芥酱法:"熟捣芥子,细筛取屑,著瓯里,蟹眼汤洗之。澄去上清,后洗之。如此三过,而去其苦。"(卷八"八和齑",572 页)"过"的词义着重于"经过",但与"度"的区别不甚明显。

遍 51 例。这是《要术》中最常用的动量词,可搭配的动词面很广,用于杷、劳、锄、锋、耕、曳(陆轴)、打、斫①、揉(花)、(脚)踏、蹴②、煮③、拭④、读(文)、祝、淘(米)、搅、蒸(熟)—曝、洗、梳洗—揩、疏洗—拭、淘—踏—泻去渖等。既有"动·数·量"式,如:祝三遍,各再拜。(卷七"造神麴并酒",479 页)也有"数·量·动"式,如:主人三遍读文,各再拜。(同上,478 页)"遍"强调的是动作的周遍性,而且可以是由几个动作结合起来的一个完整的过程,如:又蒸熟,又曝。如此三遍,成

---

① 种三十亩者,岁斫十亩,三年一遍,岁收绢百匹。(卷五"种榖楮",348 页)
② 以脚二七遍蹴乳房。(卷六"养羊",431 页)
③ 一团则得五遍煮,不破。(卷六"养羊",433 页)一饼得数遍煮用。(卷八"作豉法",566 页)
④ 若脂不浊流,直一遍拭之,亦不免津。(卷七"涂瓮",477 页)

矣。(卷八"作豉法",565页)复著水痛疏洗,视汁黑如墨,抒却。更脂拭,疏洗。如是十遍许,汁清无复黑,乃止。(卷九"醴酪",645页)于木槽内,以汤淘,脚踏;泻去沈,更踏;如此十遍,隐约有七斗米在,便止。(卷九"飧、饭",648页)

匝　2例。用于圆周性的动作,从起点经一圆周回到起点就是一"匝",相当于现代汉语的"圈":先作麻纫,缠十许匝;以锯截杜,令去地五六寸。(卷四"插梨",287页)接去清水,贮出淳汁,著大盆中,以杖一向搅——勿左右回转——三百馀匝,停置。(卷五"种红蓝花、栀子",372页)

度　23例。相当于次、回。除引《食经》《食次》各1例外,均在贾氏自著部分。这是《要术》中次常用的动量词。用于沃、浇、澡、淋、洗、渍、涂、搅、翻、酘、下、著(水)、易(水)、啖(马)、回转、舒而展之、(以杌)聚而复散之。也可以指一组动作,如:又方:以汤净洗,燥拭之。嚼麻子涂之,以布帛裹。三度愈。(卷六"养牛、马、驴、骡",411页)既有"动·数·量"式,也有"数·量·动"式,如:柿熟时取之,以灰汁澡再三度。(卷四"种柿",301页)煮乌豆汁,热洗五度,即差耳。(卷六"养牛、马、驴、骡",421页)每日再度搅之。(卷八"作酢法",552页)凡四五度翻,内外均暖。(卷八"作豉法",561页)还见1例"第×度":以汤淋取清汁……取第三度淋者,以用揲花,和,使好色也。(卷五"种红蓝花、栀子",366页)

《要术》中的上述4个动量词,"遍"和"匝"词义重点比较显著,分工明确,不能混用;"过"和"度"则有"泛化"的倾向,可以用于一般的动作。

＊顿　2例。均出自贾思勰笔下。指一次、一次性地:先以粳米为粥糜,一顿饱食之,名曰"填嗉"。(卷六"养鹅、鸭",455页)然后净淘米,炊为再馏,摊令冷,细擘饭破,勿令有块子,一顿下酿,更不重投。(卷八"作豉法",548页)刘世儒(1965:160—161)认为南北朝时期"顿"只作名量词,动量词的用法还没有产生。他举了隋炀帝《敕责窦威崔祖濬》"各赐杖一顿"一例,认为:"'赐杖一顿',就隐含了'打'意在内,动量用法已经呼之欲出,但它当然也还不是动量,因为'杖'在这里是名词用法,并非动词用法。"按,"赐杖一顿"中"一顿"是用来称量"赐

杖"这个动宾短语的,而不是量"杖"的,所以这个"顿"其实已可以看作是一个"准动量词"。至于《要术》中的上引2例,"顿"跟动词"食(sì)"和"下"搭配,就只能是动量词了,否则这个"顿"的词性就无法确定。不过语义上与后来常用的动量词(如"打一顿""骂一顿")还有区别,强调的是"一次性地",这是跟"顿"的本义紧密相关的。

2.2　借用的动量词

口　1例:牵马令就谷堆食数口。(卷一"收种"引《氾胜之书》,56页)

杵　7例。都与动词"捣"配合使用。除引《淮南万毕术》2例外,均出自贾氏笔下。如:《淮南万毕术》曰:"取麻子三升,捣千馀杵,煮为羹。"(卷六"养猪",444页)下铁臼中,宁刚不宜泽,捣三万杵,杵多益善。(卷九"笔墨",683页)

*步　3例。用于马走、跑:筋劳者,两绊却行三十步而已。(卷六"养牛、马、驴、骡",405页)每饮食,令行骤则消水,小骤数百步亦佳。(同上,406页)令人溺上,又以盐涂,使人立乘数十步,即愈耳。(同上,410页)刘书未及。

*沸　15例。表示煮沸的次数,搭配的动词大部分是"煮",也可以是"煎"和"腤"。这是《要术》中一个十分独特的动量词,柳士镇先生(1992:213)指出:"借用动词作动量词用,则极为罕见。"所举的两条例证即《要术》的"煮三四沸"和"煮一沸",他加了一条注释说:"动词'沸'字在《齐民要术》中常常受到数词的修饰,例如卷九'令一沸'、'煮之令三沸',卷八'得两沸便熟',所以当'数沸'处于动词'煮'字后面补语的位置时,就很容易萌发出动量词的用法,不过这还只是极不稳定的语法现象。附列于此,仅供参考。"(220页)柳先生的论述稳妥而谨慎。为便于讨论,先把全部例句列在下面:

(1)〔《氾胜之书》曰:〕又取马骨剉一石,以水三石,煮之三沸;漉去滓,以汁渍附子五枚。(卷一"种谷",81页)①

(2)蜜两分,脂一分,和内蒲萄中,煮四五沸,漉出,阴干便成

---

① "煮之三沸"在《要术》所引的《氾胜之书》中共两见。

矣。（卷四"种桃柰",273 页）

（3）用胡麻油两分,猪脂一分,内铜铛中,即以浸香酒和之,煎数沸后,便缓火微煎,然后下所浸香煎。（卷五"种红蓝花、栀子",367 页）

（4）作颐酒法：八月、九月中作者,水未定,难调适,宜煎汤三四沸,待冷然后浸麹,酒无不佳。（卷七"笨麹并酒",508 页）

（5）六七日,悉使乌熟,曝之,煮三四沸,去滓,内瓮中,下麹。（同上,520 页）

（6）蓴四升,洗令极净；盐净,别水煮数沸,出之,更洗。（卷八"羹臛法",585 页）

（7）豉汁于别铛中汤煮一沸,漉出滓,澄而用之。（同上,589 页）

（8）〔《食经》〕又云："蓴细择,以汤沙之。中破鳢鱼,邪截令薄,准广二寸,横尽也,鱼半体。煮三沸,浑下蓴。与豉汁、渍盐。"（同上,590 页）

（9）取生猪头,去其骨,煮一沸,刀细切,水中治之。（卷八"蒸缹法",600 页）

（10）先下水、盐、浑豉、擘葱,次下猪、羊、牛三种肉,腤两沸,①下鲊。（卷八"脏、腤、煎、消法",605 页）

（11）用干牛粪燃火,先煮杏人汁,数沸,上作豚脑皱,然后下穬麦米。（卷九"醴酪",645 页）

（12）"梅瓜法：……与蜜三升,杭汁三升,生橘二十枚——去皮核取汁——复和之,合煮两沸,去上沫,清澄令冷。"（卷九"作菹、藏生菜法",666 页）

（13）木耳菹：取枣、桑、榆、柳树边生犹软湿者,干即不中用。柞木耳亦得。煮五沸,去腥汁,出置冷水中,净淘。（同上,670 页）

（14）《南方记》曰："乙树,生山中。取叶,捣之讫,和糯叶汁煮之,再沸,止。……"（卷十"五谷、果蓏、菜茹非中国物产者·乙

---

① 缪启愉《校释》云："脏、腤同类,都是用水液烩煮。"（608 页）"腤：也可叫'缹'。"（609 页）

树",871—872 页）

正如柳士镇先生所说,《要术》中动词"沸"常常受到数词的修饰,这时的"沸"无疑还是动词。问题是,上引 14 例中的"数词＋沸"是否已经用作补语? "沸"是否就是动量词? 它还能不能再看作动词? 比如例(11)和(14),缪先生《校释》本都在"数沸""再沸"前加了逗号,也就是把它们看作一个由"数词＋动词"构成的独立句子。从《要术》"沸"字的全部用例来看,我觉得把"沸"看作动量词是能成立的。因为《要术》中还有"三沸汤"[①]"五沸汤"[②]这样的用法,说明在贾思勰的语言习惯中,确实已经把这类"沸"字看作了一个用来计量沸的次数的量词。其实上引(11)和(14)两例"数沸""再沸"前的逗号也可以去掉,意思基本不变,尤其是例(11),去掉逗号可能更符合原意。如果说像例(1)(4)(11)(14)那样动词后出现宾语的例子中动词和"数词＋沸"还不是结合得很紧密、宾语后可以逗开的话,那么剩下的 10 个没有出现宾语的例子动词和"数词＋沸"的结合就相当紧密了,中间逗开反而会破坏原意。处于这样的位置上的"沸"只能分析为动量词。借用动词作动量词虽然"极为罕见",但并不奇怪,因为专用的动量词如"过""度""回"等其实都是从动词发展而来的。这个例子说明,临时借用动量词在当时的口语中有着很强的语用需求,只要有表达需要,就有可能借用一个合适的词来充任动量词。

第三节　《齐民要术》的动补结构[③]

"动补结构"又称"述补结构"。蒋绍愚先生(2005:178)指出:"述补结构的产生与发展,是汉语语法史上的一件大事,它使汉语的表达更加精密了。"动补结构是语法史学界讨论很多的一个热点问题。

---

①　到胡叶,煮三沸汤。待冷,接取清者,溲麴。(卷七"造神麴并酒",490 页)
②　其春酒及馀月,皆须煮水为五沸汤,待冷浸麴,不然则动。(卷七"造神麴并酒",496 页)
③　参看柳士镇(1992)第二十五章"述补式"。刘承慧有《汉语动补结构历史发展》(台北翰庐图书出版有限公司,2002 年),笔者未能寓目。

　　动补结构的起源问题,学术界讨论已久,意见分歧①。概括起来,大致有以下几种说法:殷或周代说(余健萍 1953,周迟明 1958,潘允中 1980、1982),春秋、战国、秦说(傅子东,杨建国 1959,何乐士 1982,程湘清 1982,王锳 1982),汉代说(王力 1958/1980),六朝说(志村良治 1984/1995,梅祖麟 1991,蒋绍愚 1999、2003、2005),唐代说(太田辰夫 1958/2003)。唐以前的各个时期都有人提到了。各家的看法之所以如此歧异,关键是对动补结构的认定标准不一致,具体说,就是如何区分连动式和动补式的问题②。新近的研究大都对产生于先秦说和唐代说持否定态度,而相对集中于汉代说和魏晋南北朝说③。关于动补结构的起源问题,这里不打算多加讨论。不管哪一家的说法,魏晋南北朝对于动补结构的产生和发展都是一个十分重要的阶段,这一点大家的看法基本一致,因此有必要对这一时期的语料作进一步的挖掘和分析。我们高兴地看到,已有数篇文章专门对魏晋南北朝时期的几种重要语料中的动补结构作了较为详尽的探讨,得出了一些有意义的结论④(讨论魏晋南北朝断代语法的专著也作了较多的讨论);但是要全面准确地认识魏晋南北朝时期动补结构的面貌,这样的个案研究还显得远远不够。这里我们不妨再来解剖一只麻雀,这就是能够在很大程度上代表南北朝后期北方口语的《要术》。对研究动补结构来说,《要术》比其他几种著作更有价值,一是因为它篇幅大(全书有近 14 万字),二是由于内容的需要,动补结构的出现频率相当高。下面先对书中的动补结构进行详细的描写,然后依据描写结果对汉语动补结构的起源和发展问题谈一些个人看法。

　　朱德熙先生《语法讲义》把动补结构的补语分为四类:(1)结果补语(看见,长大),(2)趋向补语(进来,出去),(3)状态补语(写得好,写得不好),(4)可能补语(写得好,写不好)。《要术》中只有前两类,后两类尚未出现。⑤ 前两类中,每类下又可分若干小类。下面逐类进行描

---

① 　参看刘丽川(1984)、蒋绍愚(2005)178—194 页。
② 　参看蒋绍愚(2005)179—187 页。
③ 　参看王力(1958/1980)、志村良治(1984)、梅祖麟(1991)、蒋绍愚(1999、2003)等。
④ 　如刘丽川(1984)、李平(1987)、蒋绍愚(1999)等。
⑤ 　第四类已有萌芽,参看上文"得"字条。

写和讨论。[1]

1. 结果补语

《要术》中的结果补语很丰富,可以大别为两类:一是动词＋动词,二是动词＋形容词。下面分别讨论。

1.1 动＋动

—作[2]:炊作(15),捣作(4)[3],煮作(4)[4],掘作(3)[5],刺作(3),破作(2),割作,裹作,裂作,留作,卖作,磨作,捻作,酿作,切作,烧作,踏作,团作,抟作,镟作,削作,研作,刈作,用作,治作,筑作,钻作;

—为:分为(9),煮为(7),炊为(5),化为(3),束为(3),蒸为(2),瀹为(2),编为,变为,穿为,舂为,捣为,割为,合为,截为,劚为,留为,磨为,搦为,破为,散为,削为,研为,中断为,斫为;

—成:变成,合成,化成,绩成,煎成,搅成,剖成,削成;

—去:漉去(13),削去(12),掐去(9),斫去(8),泻去(7),接去(7),洗去(7),绞去(6),拔去(4),扫去(4),择去(4),簸去(4),剪去(3),锄去(3),搦去(3),劚去(3),掸去(3),刮去(3),扬去(2),挼去(2),剥去(2),切去(2),剥去(2),摘去(2),淘去(2),筛去(2),解去(2),飏去(2),澄去(2),引去(2),连去(2),煤去(2),拔引去,拨去,擘去,裁去,舂去,断去,简去,拣去,截去,卷去,绝去,决去,刭去,掀去,楼去,漏去,滤去,掠去,破去,倾去,弃去,挼去,芟去,烧去,搜去,摊去,剔去,脱去,剜去,写去,刈去,凿去,渫去,斩去,振去,治去;

—却:拔却(3),泻却(3),剪却(2),抒却(2),割却(2),截却,楼却,切却,倾却,洗却;

—取:接取(14),收取(12),摘取(10),挹取(8),掠取(6),煮取(5),漉取(5),绞取(4),刈取(3),采取(3),斫取(3),择取(3),接取(3),压取(3),折取(3),澄取(3),淋取(3),打取(3),劚取(2),断取(2),拾取(2),拔取(2),擘取(2),买取(2),煎取(2),押取(2),割取

---

② 为省篇幅,例句从略。出现 2 次以上的用括号注明次数。下同。

③ 可比较:至正月十五日,捣麴作末,即浸之。(卷七"笨麴并酒",513 页)

④ 可比较:用米一斗,捣,搅取汁三升;煮淳作三升粥。(卷九"作菹、藏生菜法",659 页)

⑤ 可比较:掘地作坎,令足容瓮器。(卷八"作豉法",565 页)

(2),舂取(2),连取(2),把取,炒取,锄取,捣取,发取,刮取,济取,简取,拣取,铰取,搅取,截取,掘取,刳取,劚取,量取,裂取,耧取,略取,罗取,搦取,掐取,切取,淘取,脱取,选取,研取,载取,治取;

—动:移动(2),翻动,挠动,倾动;

—死:冻死(11),瘦死(3),饿死(2),枯死,笼死,脓死,淹死,醉死;

—杀:芟杀(3),穑杀(2),掩杀(2),射杀,蹋杀,厌杀,药杀,刈杀,劄杀,折杀;

—破:擘破(9)①,搦破(6)②,打破(5),坼破,穿破,椎破,捶破,捣破,决破,啮破,披破,踏破;

—碎:打碎(3),研碎;

—坏:裂坏,炙坏;

—讫:散讫(4),压讫(3),治讫(3),和讫(3),布讫(2),择讫(2),刈讫(2),削讫(2),脔讫(2),奠讫(2),簸讫(2),翻讫(2),耕讫(2),割讫(2),铰讫(2),洗讫(2),插讫,剥讫,捣讫,盷讫,覆讫,薅讫,潢讫,获讫,剪讫,践讫,绞讫,劳讫,量讫,捋讫,磨讫,取讫,茹讫,杀讫,收讫,饲讫,溲讫,淘讫,下讫,悬讫,爓讫,押讫,饮讫,用讫,煠讫,种讫,准讫,作讫;

—罢:食罢;③

—尽:落尽(4),消尽(4),销尽,研尽,用尽;④

其他:剥落(2),扑灭,耕反,吹倒,打伤,截断,翻竟,煮沸⑤。

上述动补结构中,出现在补语位置上的动词已达20多个,它们和前面的动词已经结合得十分紧密,中间插入宾语的用例为数很少。其中有的使用十分频繁,如作、为、去、取、讫等,应该说,它们作为补语成分已经发育成熟。

---

① 可比较:然后净淘米,炊为再馏,摊令冷,细擘麴破,勿令有块子。(卷八"作酢法",548页)

② 可比较:明日,出,蒸之,手捻其皮破则可。(卷八"作豉法",565页)

③ 比较:著蜡罢,以药傅骨上。(卷六"养牛、马、驴、骡",411页)

④ 关于"动词+尽",参考蒋绍愚(2005)186—187页。

⑤ 先煮笋,令煮沸。(卷八"羹臛法",592页)比较:以水二升,煮令沸,去沫。(卷九"素食",653页)

这一考察结果可以修正一些成说。如曹广顺先生《近代汉语助词》在讨论"却"字时认为:"却"是由动词发展演变成助词的,在汉代"却"由"退""使退"义引申泛表一般的"离去"义,用作趋向补语(举了《史记·韩长孺列传》"将兵击却吴楚"和《世说新语·规箴》"举却阿堵物"两例)。"再以后的文献中,'却'由趋向补语转变为作结果补语,例子也慢慢增多。"他引了四个例子:锋以手击却数人,皆应时倒地。(《南齐书·高祖十二王传》)狗汉大不可耐,唯须杀却。(《北齐书·恩幸传》)若破城邑,净杀却,使天下知我威名。(《南史·贼臣传》)此妪须了却。(《北史·崔挺传》)认为:"以上'却'字的词义类似'掉',表示动作的对象被消灭、去除,是'杀、击、了'这类动作的结果,是'去'义'却'的进一步引申。这种'却'字虽然词义比表'去'的'却'虚化了,但仍带有实义,所以,这个时期出现的带'却'的动词,只有以上列举的几个。'却'出现的格式,也多为'动+却',像《南齐书》的'动+却+宾'极为少见。"①其实从上文列举的"—却"条可以看到,《要术》中可带"却"的动词已多达10个(拔、泻、剪、抒、割、倾、截、洗、切、搂),这些"却"都相当于"掉",是结果补语;而且"动+却+宾"格式也极为常见,如:先卧锄搂却燥土。(卷二"种瓜",156页)附地剪却春葵。(卷三"种葵",177页)剪却毛。(卷六"养牛、马、驴、骡",412页)切却强根。(卷三"种蓣",196页)割却碗半上。(卷六"养羊",437页)不中用者,割却少许。(卷九"煮胶",680页)截却头尾。(卷八"作鱼鲊",577页)食时洗却盐。(卷八"脯腊",580页)抒却水。(卷九"醴酪",645页)可见"却"用作结果补语在北魏时期应该已经成熟。

1.2 动+形

—干:曝干(32),阴干(14),拭干,廮干;

—满:浇满,填满;

—彻:热彻(2),冻彻,冷彻,润彻;

—熟:蒸熟(7),煮熟(6),炊熟(2),粪熟,耕熟,柔熟,研熟,作熟;

其他:澄清(4),洗净(2),变大(2),变小,晒燥,下饱。

---

① 曹广顺《近代汉语助词》10—11页,语文出版社,1995年。

相对于"动词＋动词"而言,"动词＋形容词"的动补结构要少得多,能充当补语成分的形容词也有限。这说明动补结构的产生和发展是不平衡的。(详下)

1.3 否定形式(V 不 C)

饮不尽:《博物志》胡椒酒法:"欲多作者,当以此为率。若饮不尽,可停数日。"(卷七"笨麴并酒",519 页)

捣不著:斋白欲重,不则倾动起尘,蒜复跳出也。底欲平宽而圆。底尖捣不著,则蒜有粗成。(卷八"八和齑",567 页)

过不清:勿以杓抳,抳则羹浊——过不清。(卷八"羹臛法",589 页)

挹不得:挹时勿停火。火停沸定,则皮膏汁下,挹不得也。(卷九"煮胶",680 页)

蒋绍愚先生(1999)曾列举《贤愚经》(1 例)和《玉台新咏》(3 例)中动结式的否定形式例,指出:"可见动结式的否定式是出现得比较晚的,大约齐梁时才开始形成。"(261 页)《要术》中至少见到 4 例否定式,说明《要术》一书是能够比较忠实地反映新兴语言现象,它在同时代著作中确实具有很高的语料价值。

2. 趋向补语

一来:负来,赍来,买来;

一去:飞去(5),还去;

一出:漉出(30)①,贮出(7),押出(6),浮出(5),抒出(3),耕出(2),掘出(2),开出(2),捩出(2),溢出(2),飞出(2),引出(2),打出,多出,济出,接出,酳出,搦出,拍出,驱出,跳出,挺出,洗出,渫出,压出,涌出,迸出,煤出;

一入:流入,泻入,装入;

一过:践过,跳过,突过,行过,斩过;

一上:耸上,缘上;

一下:持下,漉下,倾下,投下,摘下;

一起:发起,高起,楼起,突起,肿起;

---

① 可比较:折箕漉糗出。(卷九"煮糗",642 页)

现代汉语中常用的单音节趋向动词,除"回"外《要术》中都出现了,[①]特别是"出",使用频率很高。[②]《要术》全书趋向补语出现的总数超过 100 次,应该说已经不算太低。根据这些事实,我们可以说,在《要术》时代,趋向补语已经得到了相当的发展,决不可能还是处于初生阶段。

从上面的描述可以看出,《要术》的动补结构已经很发达,而且出现了否定形式。在这些材料面前,动补结构产生于唐代的说法可以不攻自破了。比较合理的说法应该是:汉语动补结构的产生至迟不会晚于汉代,到南北朝时期已经得到了相当的发展。

《要术》的动补结构给我们展示的是南北朝后期北方汉语的一个横断面。共时平面是历时演变的结果。解剖这个麻雀给我们最大的一点启示是:动补结构的产生和发展存在着明显的不平衡性。这种不平衡性表现在几个方面:

首先,动补结构的各个小类产生时间是有先后的,[③]依次应为动结式、动趋式,然后是可能补语、状态补语。

其次,各类内部又是不平衡的。拿结果补语(即通常所说的"动结式")来说,产生最早、发展最快的是应该动词+动词这种格式,其次是动词+形容词。

最后,每个次类中,各个词语的产生和发展又是不平衡的,有的词早,有的词晚。据此推论,动补结构最初应该是在某一个或几个具体的词语上先发生的,后来这种格式逐渐扩散开来,成为汉语的一个新的语法格式。事实正是如此。学者们找到的最早的动补结构的例子是《尚书·盘庚上》中的"若火之燎于原,不可向迩,其犹可扑灭"(周迟明 1958),虽然对这个例子应该如何分析学术界存在不同意见,许多学者把它看作是连动结构(扑而灭之),但我们认为,这个例子看作动结式的萌芽未始不可:"扑"是动作,"灭"是结果(或者说包含结果的动

---

① "一回"《要术》未见,但中古已有用例,见拙著(2000)"还、返(反)、归/回(迴、廻)"条。

② 在《要术》时代,跟现代汉语"进"相对的趋向补语是"入",因为那时候"进"还没有取代"入"。

③ 蒋绍愚先生(2005)就指出:"述补结构还可以分为几类,各类产生的时代并不相同。"(178 页)

作),两者并不是完全等立的,因此不能倒作"灭扑"。如果我们采取从宽的标准,把从上古到南北朝文献中的"动补结构"作一个系统的梳理,应该可以按时间排出一个先后充当述语和补语成分的词的序列表。要之,我认为汉语动补结构的起源可能很早,①经过漫长的发展过程,到了南北朝后期,"动结式"和"动趋式"都已经渐趋成熟。

第四节　《齐民要术》的判断句②

根据笔者(1998)的考察,汉语系词"是"的普遍使用不会晚于汉末。"是"字判断句在《要术》时代应该早已发展成熟。事实正是如此。

《要术》中带"是"字的判断句一共出现 39 次,多数在贾思勰自撰的部分,也有出自引书的。下面是全部例子:

(1)《陶隐居本草》云:"穬麦,此是今马食者。"(卷二"大小麦",126 页)

(2)其瓜会是歧头而生;无歧而花者,皆是浪花,终无瓜矣。(卷二"种瓜",156 页)

(3)若市上买韭子,宜试之:以铜铛盛水,于火上微煮韭子,须臾芽生者好;芽不生者,是裛郁矣。(卷三"种韭",203 页)

(4)……一同春法,但既是旱种,不须耧润。(卷三"种胡荽",210 页)

(5)数回转使匀,举看有盛水袋子,便是绢熟。(卷三"杂说",239—240 页)

(6)此等名目,皆是叶生形容之所象似。(卷四"栽树",256 页)

(7)生阴地,既入园圃,便是阳中,故多难得生。(卷四"种桃柰",272 页)

(8)《西京杂记》曰:"蓬莱杏,东海都尉于台献,一株花杂五色,云是仙人所食杏也。"(卷四"种梅杏",280 页)

---

① 柳士镇(1992:317)说:"关于结果补语的起源,历来有种种不同说法。……我们倾向于先秦萌芽,汉代运用较多。"

② 参看柳士镇(1992)第二十三章"判断句"。

（9）置枯骨、礓石于枝间，骨、石，此是树性所宜。（卷四"安石榴"，304 页）

（10）十年之后，便是浑成柘桥。（卷五"种桑、柘"，324 页）

（11）白梧无子，冬结似子者，乃是明年之花房。（卷五"种槐、柳、楸、梓、梧、柞"，356 页）

（12）近山阜，尤是所宜。（卷五"种竹"，359 页）

（13）一顷收子二百斛，与麻子同价，既任车脂，亦堪为烛，即是直头成米。（卷五"种红蓝花、栀子"，364 页）

（14）刬草粗，虽是豆谷，亦不肥充。（卷六"养牛、马、驴、骡"，405 页）

（15）然柏沥、芥子，并是躁药，其遍体患疥者，宜历落斑驳，以渐涂之，待差，更涂馀处。（同上，410 页）

（16）以手当刺孔，则有如风吹人手，则是谷气耳。（同上）

（17）后脚曲及直，并是好相，直尤胜。（同上，416 页）

（18）所以然者，是逢寒遇热故也。（卷六"养羊"，422 页）

（19）……高丽豆萁，尤是所便；芦、藋二种则不中。（同上，426 页）

（20）并著瓮中，以物痛熟研良久，下汤又研，亦下冷水，纯是好酥。（同上，437 页）

（21）水稗实成时，尤是所便，啖此足得肥充。（卷六"养鹅、鸭"，456 页）

（22）团麴之人，皆是童子小儿。（卷七"造神麴并酒"，478 页）

（23）酒冷沸止，米有不消者，便是麴势尽。（同上，492 页）

（24）好日无风尘时，日中曝令成盐，浮即接取，便是花盐，厚薄光泽似钟乳。（卷八"常满盐、花盐"，534 页）

（25）令人推求，乃是渔父造鱼肠于坑中，以至土覆之，香气上达。（卷八"作酱等法"，545 页）

（26）有薄饼缘诸面饼，但是烧熻者，皆得投之。（卷八"作酢法"，552 页）

（27）夏七日，冬二七日，尝酢极甜美，无糟糠气，便熟矣。犹小苦者，是未熟，更浇如初。（同上，554 页）

(28)布豆尺寸之数,盖是大率中平之言矣。(卷八"作豉法",561页)

(29)白如珂雪,味又绝伦,过饭下酒,极是珍美也。(卷八"脯腊",580页)

(30)其渝黑难燃者,皆是铁滓钝浊所致。(卷九"醴酪",644页)

(31)令夏月饭瓮、井口边无虫法:……甚是神验。(卷九"飧、饭",649页)

(32)但是生皮,无问年岁久远,不腐烂者,悉皆中煮。(卷九"煮胶",679页)

(33)近盆末上,即是"胶清",可以杂用。(同上,680页)

(34)裴渊《广州记》曰:"……又有'壶橘',形色都是甘,但皮厚气臭,味亦不劣。"(卷十"五谷、果蓏、菜茹非中国物产者·橘",714页)

(35)《湘州记》曰:"州故大城,内有陶侃庙,地是贾谊故宅。"(卷十"五谷、果蓏、菜茹非中国物产者·甘",717页)

(36)顾微《广州记》曰:"甘蕉,与吴花、实、根、叶不异,直是南土暖,不经霜冻,四时花叶展。"(卷十"五谷、果蓏、菜茹非中国物产者·芭蕉",761页)

(37)《游名山志》曰:"步廊山有一树,如椒,而气是罗勒,土人谓为'山罗勒'也。"(卷十"五谷、果蓏、菜茹非中国物产者·菜茹",767页)

(38)《神仙传》曰:"壶公欲与费长房俱去,长房畏家人觉。公乃书一青竹,戒曰:'卿可归家称病,以此竹置卿卧处,默然便来还。'房如言。家人见此竹,是房尸,哭泣行丧。"(卷十"五谷、果蓏、菜茹非中国物产者·竹",776页)

从上述例子来看,《要术》的"是"字判断句有这样几个明显的特点:

一是使用频繁,说明当时人用"是"字判断句已经习以为常。

二是用法灵活。"是"字后面的宾语可以是谓词性成分,如例(2)

"其瓜会是歧头而生"、(4)"既是旱种";或者是主谓结构,如例(23)"便是麴势尽";或结构复杂,如例(6)"皆是叶生形容之所象似"、(13)"即是直头成米";有些"是"字已经不是用来表示判断,而是表示一种强调,如例(12)的"尤是所宜"、(21)的"尤是所便"、(29)的"极是珍美"、(31)的"甚是神验";或者是用判断句来解释原因(即所谓的"判断句活用"),如例(18)(25)(30)(36)。

三是除例(8)(18)(29)三例外,"是"字判断句都没有句尾语气词"也",说明它已完全独立,无需再用"也"字煞句来帮助判断语气。

四是"是"字前可以用副词修饰,而且用来修饰的副词很多,有便(5)[1]、皆(4)、尤(3)、乃(2)、即(2)、并(2)、但(2)、会、既、虽、则、纯、盖、极、甚、都、直等 17 个。

后面两点是王力先生所说的判断句成熟的三大标志中的两个。只有第三个标志——否定形式"不是"没有见到,但这并不影响我们对《要术》判断句的整体认定。事实上,"不是"早在东汉佛经里就已经出现。[2]

下　编
《齐民要术》新词新义词典

凡　　例

1. 本词典收释见于《齐民要术》的新词和新义。鉴于语言的渐变性和继承性，凡是晚汉①魏晋南北朝时期新产生的词语和义项，均视为新词新义，而不限于始见于《要术》者。《要术》引用它书，如能说明新词新义的，亦在收释之列②。唯《要术》卷前"杂说"已为学界公认非贾氏所作，反映的应为唐以后的语言面貌，故本词典把此篇"杂说"排除在外。

2. 本词典收列复音词标准从宽，有些介于词组和词之间的单位也收入，以便尽可能充分地反映《要术》中的新兴词语。

3. 本词典确定新词新义以《汉语大词典》和《汉语大字典》（简称《大词典》《大字典》，有时也合称"二典"）为主要参照，每义下均引述"二典"相应条目的有关资料，并注明页码，以便复核（《大词典》为12卷本，卷次和页码之间用"·"隔开；《大字典》为缩印本）；同时广参前修时贤的有关论著。必要时用"参看"引出参考文献。凡有辨正，均于相关条目下加按语说明之。

4. 词条按音序排列，并加注汉语拼音。声调只注本调，不注变调和轻声。如为多音词，则在同一词条下分别注音，不再另外出条。为保持原貌或表意明确，必要时保留异体字，如"麤""併"等。

5. 释义只针对《要术》的用法，不见于《要术》者不列。

6. 每个义项下酌引《要术》用例一至四条（必要时可多于四条），释义和引例之间用"｜"隔开。例句后加括号分别注明卷次、篇名和《齐民要术校释》（第二版）的页码。第十卷只有总篇名，故只注细目，篇名从

---

① 大体以安世高、支娄迦谶等人译经为上限。
② 《要术》引《氾胜之书》则不在收释范围，因为氾胜之是西汉时人。其他准此。

略。引例中凡属原书小注的用小一号字。必要时也适当引用时代相近的其他书证以为补充。

7. 引例中凡遇被释词,一律用"～"代替。

A

【爱】ài 喜欢;容易。|竹性～向西南引,故于园东北角种之。(一,种竹,359)姑获鸟夜飞昼藏,盖鬼神类。衣毛为飞鸟,脱毛为女人。一名天帝少女,一名夜行游女,一名钩星,一名隐飞。鸟无子,喜取人子养之,以为子。今时小儿之衣不欲夜露者,为此物～以血点其衣为志,即取小儿也。(《北户录》卷一引《玄中记》)按,"爱"的"容易"义《大字典》未举例(972),《大词典》举现代例(7•631)。

【安】ān 安放;放置。|书厨中欲得～麝香、木瓜,令蠹虫不生。(三,杂说,227)十月中,去根一步许,掘作坑,收卷蒲萄悉埋之。近枝茎薄～黍穰弥佳。无穰,直～土亦得。(四,种桃柰,273)《永嘉记》曰:"……欲作'爱'者,取蚯珍之卵,藏内罂中,随器大小,亦可十纸,盖覆器口,～硎泉、冷水中,使冷气折其出势。"(五,种桑、柘,327)比至再眠,常须三箔:中箔上～蚕,上下空置。……一槌得～十箔。(同上,333)按,此义《要术》中常见。《大词典》首引《搜神记》卷十二:"秦时,南方有落头民,其头能飞……吴时,将军朱桓得一婢,每夜卧后,头辄飞去……至晓头还,碍被,不得～,两三度堕地,噫咤甚愁,体气甚急,状若将死。乃去被,头复起,傅颈。"次引《要术》(3•1312),《大字典》首引《要术》(384)。

【安稳】ān wěn 平安;安好。|鸡栖,宜据地为笼,笼内著栈。虽鸣声不朗,而～易肥,又免狐狸之患。(六,养鸡,449)《大词典》首引《世说新语•排调》:"地名破冢,真破冢而出。行人～,布帆无恙。"(3•1331)"安隐(wěn)"条"平安"义下首引晋王凝之《与庾氏女书》:"得郗中书书,说汝免难安隐,深慰悬心。"(3•1330)。

【按】àn 放入;掺和。|《食经》曰:"淡竹笋法:取笋肉五六寸者,～盐中一宿,出,拭盐令尽。"(五,种竹,361)水尽,炙一片,尝咸淡。淡则更以盐和糁;咸则空下糁,不复以盐～之。(八,作鱼鲊,573)"二典"无相应

义项(6·588,788)。

【案】àn 以菜肴佐酒、食。｜《诗义疏》曰："楸……以苦酒、豉汁、蜜度之,可~酒食。"(四,种木瓜,307)《诗义疏》曰："接余,其茎白;叶紫赤,正圆,径寸馀,浮在水上;根在水底。茎与水深浅等,大如钗股,上青下白,以苦酒浸之为菹,脆美,可~酒。其华为蒲黄色。"(九,作菹、藏生菜法,671)《大字典》未收此义(508),《大词典》此义下云"通'按'。以菜肴佐食。参见'案酒'"。"案酒"条释作"佐酒,下酒",首引三国吴陆玑《毛诗草木鸟兽虫鱼疏·参差荇菜》:"荇,一名接余……鬻其白茎,以苦酒浸之,脆美可案酒。"(4·1010)按,《大词典》"按"字下并未收此义,失照。参看王云路、方一新(1992:442—443)"饮酒(下酒　案酒　酒唻)"条。

【爊】āo 埋在灰火中煨熟。｜其鱼,草裹泥封,爊灰中~之。(八,脯腊,580)缪启愉《校释》:"爊,就是在热灰中煨。玄应《一切经音义》卷十三'糖煨'注:'《通俗文》:"热灰谓之糖煨。"煨,亦爊也。'"(582)食时洗却盐,煮、蒸、炮任意,美于常鱼。作鲊、酱、~、煎悉得。(同上)《大字典》首引《要术》(940),《大词典》仅引《要术》一例(7·311)。

【拗】ǎo 转折;弯转。｜绢从格上下以装之,按令均平,手捉绢,倒饼膏油中煎之。出铛,及热置桦上,碗子底按之令~。(九,炙法,623)《大词典》首引清何绍基《滩行》诗:"山转滩正~,滩吼风又作。"(6·531)

B

【巴篱】bā lí 篱笆。｜剟讫,即编为~,随宜夹缚,务使舒缓。(四,园篱,254)《大词典》首引唐诗(4·76)。

【杷】①bà 耙。碎土、平地的农具,用牛等牵引。｜深掘,以熟粪对半和土覆其上,令厚一寸,铁齿~楼之,令熟,足踏使坚平;下水,令彻泽。(三,种葵,176)每耕即劳,以铁齿~楼去陈根,使地极熟,令如麻地。(同上,181)冻解,以铁~楼起,下水,加熟粪。(三,种韭,203)"二典"均首引南朝梁宗懔《荆楚岁时记》:"四月(也),有鸟名获谷,其名自呼,农人候此鸟,则犁~上岸。"(4·885,494)②bà 用杷碎土、平地。｜

耕荒毕,以铁齿镉楱再遍～之,漫掷黍穄,劳亦再遍。(一,耕田,37)苗既出垅,每一经雨,白背时,辄以铁齿镉楱纵横～而劳之。～法:令人坐上,数以手断去草;草塞齿,则伤苗。(一,种谷,67)苗生垅平,即宜～劳。(二,黍穄,102)凡种下田,不问秋夏,候水尽,地白背时,速耕,～、劳频烦令熟。(二,旱稻,147)《大词典》引元代例,《大字典》引《农桑辑要》。按,"杷"的①②两义也写作"爬",前者如《太平御览》卷三三九引《金匮》:"守战之具,皆在民间。耒耜者,是其弓弩也;锄爬①者,是其矛戟也;簦笠者,是其兜鍪也。"后者如唐陆龟蒙《耒耜经》:"耕而后有爬,渠疏之义也,散墢去芟者焉。"参看《大词典》"爬₂"条。② ③pá 即"爬"。飞上。|养鸡令速肥,不～屋,不暴园,不畏乌、鸱、狐狸法:别筑墙匡,开小门;作小厂,令鸡避雨日。雌雄皆斩去六翮,无令得飞出。(六,养鸡,449)缪启愉《校释》:"扒拢、杷搂、爬飞,《要术》都写作'杷'。这里就是'爬'字,《辑要》引作'爬',渐西本据改,不必。"(450)此义"二典"均未收。

　　【鈀】bà 器物的把儿。|裁截碎木,中作锥、刀～。(五,种桑、柘,324)《大词典》首引《北齐书·徐之才传》:"之才为剖得蛤子二,大如榆荚。又有以骨为刀子～者,五色班斓。"(12·189)《大字典》首引《要术》此例(1800)。

　　【白】bái ①白色的东西。(1)指蛋白。|其中心圆如钵形,酷似鸭子～光润者,名曰"粉英"。(五,种红蓝花、栀子,372)破鸡子十枚,别取～,先摩之令调,复以鸡子黄涂之。(九,炙法,619)欲熟,——小干,不著手——竖堀中,以鸡鸭子～手灌之。若不均,可再上～。犹不平者,刀削之。更炙,～燥,与鸭子黄;若无,用鸡子黄,加少朱,助赤色。(同上,623)(2)指眼白。|目小而多～,畏惊。……睛却转后～不见者,喜旋而不前。(六,养牛、马、驴、骡,396)《大词典》"白色的东西"义下未举例(8·163),《大字典》则未收此义。(1104)②纯;不加任何调料。|《食经》曰:"白菹:鹅、鸭、鸡～煮者,鹿骨,斫为准:长三寸,广一寸。下杯中,以成清紫菜三四片加上,盐、醋和肉汁沃之。"(八,菹绿,

---

① 《御览》卷三三六引《太公金匮》作"锄杷"。
② 此承真大成君惠告,谨致谢意。

610)～瀹瀹,煮也。豚法:用乳下肥豚。(同上)范炙:用鹅、鸭臆肉。……斫取臆肉,去骨,莫如～煮之者。(九,炙法,623)《食次》曰:"苞脿法:用牛、鹿头、肫蹄,～煮。"(九,作脟、奥、糟、苞,630)"二典"均未收此义。参看王云路、方一新(1992)"白汤"条,董志翘、蔡镜浩(1994)"白　白地　白空"条。

【白背】bái bèi 土壤稍干时表面呈现白色的状态。|谚曰:"湿耕泽锄,不如归去。"言无益而有损。湿耕者,～速镉楱之,亦无伤;否则大恶也。(一,耕田,38)小雨不接湿,无以坐禾苗;大雨不待～,湿辗则令苗瘦。(一,种谷,66)未生,～劳之极佳。(二,小豆,115)水若滂沛,十日亦不生。待地～,楼耩,漫掷子,空曳劳。(二,种麻,118)《大词典》引《要术》二例,并引石声汉注:"土壤表面干后,不再发黑,所以'地皮'(背)表面成'白'色。"(8·184)

【白醭】bái bú 白霉。|挼令小暖如人体,下酿,以杷搅之,绵幕瓮口。三日便发。发时数搅,不搅则生～;生～则不好。(八,作酢法,551)其上有～浮,接去之。(同上,554)《大词典》首引《要术》(8·215)。

【白日】bái rì 白昼;白天。|若旱无雨,浇水令彻泽,夜栽之。～以席盖,勿令见日。(二,种瓜,164)此酒要须用夜,不得～。(七,笨麹并酒,513)《大词典》首引《后汉书·吴祐传》:"今若背亲逞怒,～杀人,赦若非义,刑若不忍,将如之何?"(8·166)

【白饮】bái yǐn 米汁。|《食次》曰:"勃,别出一器中。折米白煮,取汁为～,以饮二升投糫汁中。"(九,煮糫,642)〔《食次》〕又云:"以勃少许投～中;勃若散坏,不得和～,但单用糫汁焉。"(同上)《大词典》仅引《要术》一例(8·200)。按,参看江蓝生(1988)"白饮"条、蔡镜浩(1990)"白饮"条。

【柏沥】bǎi lì 熬过的柏脂。|然～,芥子,并是躁药,其遍体患疥者,宜历落斑驳,以渐涂之;待差,更涂馀处。(六,养牛、马、驴、骡,410)《大词典》仅引此例(4·919)。

【败坏】bài huài 腐败变质。|非直滋味倍胜,又得夏暑不～也。(四,种桃柰,273)尊者阿难作是念:如来法身不～,永存于世不断绝。(东晋僧伽提婆译《增壹阿含经·序品第一》)按,《大词典》"败坏"条释

作"损害;破坏"(5·465),与本书义别。

【斑驳】bān bó 错杂;不规则地。│正月一日日出时,反斧〜椎之,名曰"嫁枣"。(四,种枣,263)林檎树以正月、二月中,翻斧〜椎之,则饶子。(四,奈、林檎,297)然柏沥、芥子,并是躁药,其遍体患疥者,宜历落〜,以渐涂之,待差,更涂馀处。一日之中,顿涂遍体,则无不死。(六,养牛、马、驴、骡,410)《大词典》释作"色彩错杂貌",首引南朝梁江淹《青苔赋》:"遂能崎屈上生,〜下布。"(4·596)按,《要术》中所用为引申义,《大词典》失收。参看王云路、方一新(1992)"斑驳"条,王小莘《魏晋南北朝词汇研究与词书的编纂》(《中国语文》1997 年第 4 期,307 页)。

【瘢疮】bān chuāng 瘢痕;疮疤。│书有毁裂,劚方纸而补者,率皆挛拳,〜硬厚。(三,杂说,227)《大词典》未收此词。

【瘢痕】bān hén 创口或疮口留下的痕迹。│书有毁裂,劚方纸而补者,率皆挛拳,瘢疮硬厚。〜于书有损。(三,杂说,227)蓬蒿疏凉,无郁浥之忧;死蚕旋坠,无污茧之患;沙、叶不作,无〜之疵。郁浥则难缫,茧污则丝散,〜则绪断。(五,种桑、柘,333)剶者长而细,又多〜;不剶虽短,粗而无病。(五,种榆、白杨,339)《大词典》首引《北史·崔瞻传》:"瞻经热病,面多〜。"(8·347)

【拌】bàn 搅和;调匀。│又收瓜子法:食瓜时,美者收取,即以细糠〜之,日曝向燥,挼而簸之,净而且速也。(二,种瓜,155)炒谷〜种之。葱子性涩,不以谷和,下不均调;不炒谷,则草秽生。(三,种葱,199)用石碨子辣谷令破,以水〜而蒸之。熟便下,掸去热气,与糟相〜,必令其均调;大率糟常居多。(八,作酢法,554—555)食时,水煮令熟,而调和之如常肉法。尤宜新韭"烂〜"。(九,作脾、奥、糟、苞,628)《大词典》首引唐诗(6·502),《大字典》首引宋代例(780)。

【瓣】bàn 植物的果实、球茎中依其隔膜或自然纹理可以分开的小块。│收条中子种者,一年为独〜;种二年者,则成大蒜,科皆如拳,又逾于凡蒜矣。……今并州无大蒜,朝歌取种,一岁之后,还成百子蒜矣,其〜粗细,正与条中子同。芜菁根,其大如碗口,虽种他州子,一年亦变大。蒜〜变小,芜菁根变大,二事相反,其理难推。(三,种蒜,191)《大词典》首引《要术》(11·509),《大字典》首引唐诗(1683)。

【榜簇】bǎng cù 成小把地挂在支架上晾晒。｜于此时,附地剪却春葵,令根上蘖生者,柔软至好,仍供常食,美于秋菜。留之,亦中为～。(三,种葵,177)缪启愉《校释》:"结合下文:'榜簇皆须阴中',指一种晾晒的方法。榜:一种晾晒的支架;簇:成小把地挂在支架上。这句是说新生的葵菜留着不掐掉,以后也可以榜簇起来阴干贮藏,作为冬菜,即上文说的'宜干'。"(180)收待霜降。伤早黄烂,伤晚黑涩。～皆须阴中。见日亦涩。(同上)《大词典》仅引《要术》一例(4·1225)。

【棒】bàng 棍;杖。｜浥浥时,以木～轻打,令坚实。(八,脯腊,579)太祖初入尉廨,缮治四门。造五色～,县门左右各十馀枚,有犯禁,不避豪强,皆棒杀之。(《三国志·魏书·武帝纪》裴注引《曹瞒传》)"二典"均首引晋崔豹《古今注·舆服》:"汉朝执金吾,金吾亦～也,以铜为之,黄金涂两末,谓为金吾。"(4·1071,514)

【报】bào 副词。复;再。｜其炊饭法,直下馈,不须～蒸。(七,造神麹并酒,480)缪启愉《校释》:"报:《广雅·释言》:'报,复也。'报蒸,即再蒸,复蒸。即(既)是沃馈,自毋庸再蒸。"(486)参看蔡镜浩(1990)"报"条,董志翘、蔡镜浩(1994)"报"条。

【暴】bào 速成,快熟。｜作裹鲊法:脔鱼,洗讫,则盐和糁。十脔为裹,以荷叶裹之,唯厚为佳,穿破则虫入。不复须水浸、镇迮之事。只三二日便熟,名曰"～鲊"。(八,作鱼鲊,574)缪启愉《校释》:"暴:速成,快熟。"(576)"二典"均无相应义项。按,今天吴方言还管短时间地腌一下叫"暴盐",意思与此相近。

【倍】bèi 加倍;更加。｜凡五谷,唯小锄为良。小锄者,非直省功,谷亦～胜。(一,种谷,66)大、小麦,皆须五月、六月暵地。不暵地而种者,其收～薄。(二,大小麦,126)正月、二月,劳而锄之。三月、四月,锋而更锄。锄麦～收,皮薄面多;而锋、劳、锄各得再遍良也。(同上,127)栟生肥嫩,比至收时,高与人膝等,茎叶皆美,科虽不高,菜实～多。其不剪早生者,虽高数尺,柯叶坚硬,全不中食;所可用者,唯有菜心。附叶黄涩,至恶,煮亦不美。看虽似多,其实～少。(三,种葵,177)《大词典》首引《北齐书·神武纪上》:"于是士众感悦,～愿附从。"(1·1515)《大字典》首引唐王维诗(77)。

【焙】bèi 微火烘烤。｜柿有树干者,亦有火～令干者。(四,种柿,

301)麻黄三两(去节,汤泡去黄汁,～干称)。(伤寒论·辨太阳病脉证并治中)"二典"均首引唐诗(925,7·95)。

【背脊骨】bèi jǐ gǔ 脊梁骨。|髀骨欲得出俊骨上。出～上也。(六,养牛、马、驴、骡,417)《大词典》未收此词。

【坌】bèn 尘埃等粉状物黏着于他物。|缓驱行,勿停息。息则不食而羊瘦,急行则～尘而蚰颡也。(六,养羊,423)布菜一行,以麨末薄～之,即下热粥清。(九,作菹、藏生菜法,657)《大词典》首引《要术》(2·1055),《大字典》首引《左传·昭公二十五年》"季郈之鸡斗,季氏介其鸡"孔颖达疏引贾逵曰:"捣芥子为末,～其鸡翼,可以～郈氏鸡目。"(179)参看王云路、方一新(1992)"坌"条。

【秕子】bǐ zǐ 空的或不饱满的籽粒。|凡种麻,用白麻子。白麻子为雄麻。颜色虽白,啮破枯燥无膏润者,～也,亦不中种。(二,种麻,117)《大词典》未引书证(8·32)。

【煏】bì 用火烘干。|凡非时之木,水沤一月,或火～取干,虫皆不生。水浸之木,更益柔肕。(五,伐木,379)"二典"均首引《要术》此例。(7·173,927)

【必须】bì xū 务须;一定要。|凡耕高下田,不问春秋,～燥湿得所为佳。(一,耕田,37)谷田～岁易。飙子则莠多而收薄矣。(一,种谷,65)瓜生,比至初花,～三四遍熟锄,勿令有草生。(二,种瓜,156)《大词典》首引《东观汉记·冯衍传》:"将军所仗,～良材。"次引《要术》(7·396)。

【遍】biàn 量词。从头到尾经历一次,相当于"次""回"。|耕荒毕,以铁齿镉榛再～杷之,漫掷黍穄,劳亦再～。(一,耕田,37)藏若盛者,先锄一～,然后纳种乃佳也。(一,种谷,66)先放火,十日后,曳陆轴十～。(二,水稻,138)瓜生,比至初花,必须三四～熟锄,勿令有草生。(二,种瓜,156)《大字典》首引《三国志·魏志·贾逵传》"然太祖心善逵,以为丞相主簿"裴注引鱼豢《魏略》:"(贾逵)最好《春秋左传》,及为牧守,常自课读之,月常一～。"(1610)《大词典》首引晋葛洪《抱朴子·祛惑》:"又教之但读千～,自得其意。"(10·1101)

【遍数】biàn shù 犹言次数。|先放火,十日后,曳陆轴十遍。～唯多为良。(二,水稻,138)日满,更汲新水,就瓮中沃之,以酒杷搅,淘去

醋气——多与～，气尽乃止。（五，种红蓝花、栀子，371）有草，锄，不限～。（五，伐木，381）《大词典》未收此词。

【辬】biàn 交织；编结。│割讫则寻手择治而～之，勿待萎。萎而后～则烂。（三，蔓菁，184）叶黄，锋出，则～，于屋下风凉之处桁之。（三，种蒜，191）"二典"均首引《文选·张衡〈思玄赋〉》："～贞亮以为鞶兮，杂伎艺以为珩。"旧注："辬，交织也。"（11·509，1683）

【别】bié 其他的；另外的。│明日，汲水净洗，出～器中，以盐、酢浸之，香美不苦。（三，种胡荽，210）少时，捩出，净振去滓。晒极干。以～绢滤白淳汁，和热抒出，更就盆染之，急舒展令匀。（三，杂说，240）接取白汁，绢袋滤著～瓮中。（五，种红蓝花、栀子，371—372）凡丝纩，陂池种者，色黄肥好，直净洗则用；野取，色青，须～铛中热汤暂煠之，然后用，不煠则苦涩。（八，羹臛法，589）"二典""另；另外；另外的"义下所引的例子都是用作状语的（2·624，138），与《要术》中用作定语的有别，应分为二义。

【饼】bǐng ①做饼；使成饼。│使童男小儿～之，广三寸，厚二寸。（七，造神曲并酒，489）日中捣三千六百杵，讫，～之。（七，法酒，528）即散收，令干，勿使～；饼成则不复任用。（八，黄衣、黄蒸及糱，532）《食次》曰："女曲：秫稻米三斗，净淅，炊为饭——软炊。停令极冷，以曲范中用手～之。"（九，作菹、藏生菜法，664）"二典"均首引《周礼·天官·笾人》"糗饵粉餈"郑玄注："合蒸曰饵，～之曰餈。"《大词典》次引《要术》。（12·538，1851）②量词。用于饼状物。│主人某甲，谨以七月上辰，造作麦曲数千百～。（七，造神曲并酒，479）三七日，以麻绳穿之，五十～为一贯，悬著户内。（同上，491）用胡叶汤令沸，笼子中盛曲五六～许，著汤中。（七，白醪曲，501）用时，全饼著汤中煮之，色足漉出。削去皮粕，还举。一～得数遍煮用。（八，作豉法，566）"二典"均首引《后汉书·列女传·乐羊子妻》："羊子尝行路，得遗金一～，还以与妻。"（12·538，1851）

【饼子】bǐng zǐ 饼。│看附骨尽，取冷水净洗疮上，刮取车轴头脂作～，著疮上，还以净布急裹之。（六，养牛、马、驴、骡，411）捋用丸，大如李，或～，任在人意也。（八，八和齑，572）《大词典》首引《要术》（12·538）。

【併】bìng 副词。都,皆。|十日许,得多少,～内铛中,燃牛羊矢缓火煎,如香泽法。(六,养羊,437)初煎乳时,上有皮膜,以手随即掠取,著别器中;泻熟乳著盆中,未滤之前,乳皮凝厚,亦悉掠取;明日酪成,若有黄皮,亦悉掠取:～著瓮中,以物痛熟研良久,下汤又研,亦下冷水,纯是好酥。(同上)"二典"均首引北周庾信《春赋》:"河阳一县～是花,金谷从来满园树。"(1·1356,65)

【剥皮】bō pí 剥去外皮。|《食经》曰:"蜀中藏梅法:取梅极大者,～阴干,勿令得风。"(四,种梅杏,281)裴渊《广州记》曰:"罗浮山有橘,夏熟,实大如李;～啖则酢,合食极甘。"(十,橘,714)《大词典》首引《西游补》(2·714)。

【博】bó 换取;贸易。|良地十石,多种～谷则倍收,与诸田不同。(三,苴,蓼,215)缪启愉《校释》:"博:有取于人曰博,如说'博欢'、'以博一笑',以机巧博取,今谓'赌博'。多种博谷:指多种苴子以换取谷子,由于苴子价高,因而比种谷子博得加倍的收获。"(217—218)《宋书·索虏传》载拓跋焘与刘裕书:"若厌其区宇者,可来平城居,我往扬州住,且可～其土地。"注:"伧人谓换易为博。"按,据此注,则"博"当为北方方言词。《大词典》只有"获取;得到"义,未收此义(1·907),《大字典》此义下首引唐诗(28)。参看王云路、方一新(1992)"博贸"条。

【勃】bó ①粉末;粉状物。|～如灰便收。刘,拔,各随乡法。未勃者收,皮不成;放～不收而即骊。(二,种麻,118)既放～,拔去雄。若未放～去雄者,则不成子实。(二,种麻子,123)干剂于腕上手挼作,勿著～。(九,饼法,635)石声汉注:"勃,干粉末。"《大词典》仅引此例(2·787),《大字典》首引《周礼·地官·草人》:"凡粪种……勃壤用狐,埴垆用豕。"郑玄注:"勃壤,粉解者。"次引《要术》(156)。参看王云路、方一新(1992)"勃"条。②动词。放出花粉。|勃如灰便收。刘,拔,各随乡法。未～者收,皮不成;放勃不收而即骊。(二,种麻,118)此义"二典"未收。

【菩】bó 通"勃"。指开花。|二月上旬及麻～、音倍,音勃杨生种者为上时,三月上旬及清明节、桃始花为中时,四月上旬及枣叶生、桑花落为下时。(一,种谷,66)缪启愉《校释》:"菩:借作'勃'字,萌发的意思;麻菩:大麻子发芽(采游修龄教授说)。"《大词典》引石声汉注:"'菩':麻开花称为'麻勃'。勃是轻而易分散的粉末。麻是风媒花,白

昼气温高时,花粉成勃散出的情状,很惹人注意,所以称为'麻勃'。本书卷二'种麻第八'、'种麻子第九'中,都用'麻勃'的名称,这里用'菩'字,是同音假借。"(9·449)《大字典》则谓"麻菩杨"为草名,引《集韵·没韵》:"菩,麻菩杨,草名。"(1349)

【箔】bó 覆盖用的竹席之类。|昼用～盖,夜则去之。(三,种胡荽,210)旦起至食时,卷去上～,令胶见日;凌旦气寒,不畏消释;霜露之润,见日即干。食后还复舒～为荫。雨则内敞屋之下,则不须重～。(九,煮胶,680)按,"二典"均未收此义,而《要术》中常见。

【薄】bó 敷贴。|捣炙:……竹筒六寸围,长三尺,削去青皮,节悉净去。以肉～之,空下头,令手捉,炙之。(九,炙法,622)参看江蓝生(1988)"薄"条,蔡镜浩(1990)"薄"条,王云路、方一新(1992)"薄"条。

【帛煎油】bó jiān yóu 指煎成涂油布用的油。|收子压取油,可以煮饼。为～弥佳。荏油性淳,涂帛胜麻油。(三,荏、蓼,215)缪启愉《校释》:"帛煎油:指煎成涂油布用的油。"(218)《大词典》未收此词(3·703)。

【簸箕】bò jī 扬去米糠的工具。|至秋,任为～。(五,种槐、柳、楸、梓、梧、柞,352)以粟饭馈,水浸,即漉著面中,以手向～痛挼,令均如胡豆。(九,饼法,635)《大词典》首引《要术》(8·1261)。

【不必】bù bì 无须;没有必要。|但依此法,则～别种早、晚及中三辈之瓜。(二,种瓜,157)以七月中旬以前作麹为上时,亦～要须寅日;二十日以后作者,麹渐弱。凡屋皆得作,亦～要须东向开户草屋也。(七,造神麹并酒,490)丈夫妇人皆团之,～须童男。(同上,491)然麦粥自可御暑,～要在寒食。(九,醴酪,644)《大词典》首引《文心雕龙·神思》:"是以秉心养术,无务苦虑;含章司契,～劳情也。"(1·405)

【不大】bù dà 表示程度不深。|〔《食次》曰:〕"梅瓜法:……尝看,若～涩,杬子汁至一升。"(九,作菹、藏生菜法,666)诸神皆怀惧而言,本素不知此人来,恐～精实。(《太平经》卷一一四)《大词典》首引《南史·王敬则传》:"敬则虽～识书,而性甚警黠。"(1·396)参看王云路、方一新(1992)"不大"条。

【不烦】bù fán 无须;不必。|锄得五遍以上,～耩。……足迹相接者,亦可～挞也。(一,种谷,67)凡栽一切树木,欲记其阴阳,不令转易。

阴阳易位则难生。小小栽者,～记也。……先为深坑,内树讫,以水沃之,著土令如薄泥,东西南北摇之良久,摇则泥入根间,无不活者;不摇,根虚多死。其小树,则～尔。(四,栽树,256)母猪取短喙无柔毛者良。喙长则牙多;一厢三牙以上则～畜,为难肥故。(六,养猪,443)《大词典》释作"无须烦劳",首引《荀子·强国》:"佚而治,约而详,～而功,治之至也。"次引《南史·宋武帝纪》:"后世若有幼主,朝事一委任宰相,母后～临朝。"(1·461)按,《荀子》例作谓语,与作状语的"不烦"有别,不宜混为一谈。参看蔡镜浩(1990)"不烦"条。

【不妨】bù fáng 表示可以、无妨碍之意。|若无芨处,竖干柴亦得。凡干柴草,～滋茂。(二,种瓜,157)凡插梨,园中者,用旁枝;庭前者,中心。旁枝,树下易收;中心,上耸～。(四,插梨,288)《大词典》首引《颜氏家训·风操》:"世人或端坐奥室,～言笑,盛营甘美,厚供斋食。"(1·417)按,《家训》例应为"不影响,照旧"义,《大词典》引例不当。

【不任】bù rèn 不中;不堪。|故墟亦良,有点(丁破反)叶夭折之患,～作布也。(二,种麻,118)浊水则麻黑,水少则麻脆。生则难剥,大烂则～。(同上)种糯枣法:阴地种之,阳中则少实。足霜,色殷,然后乃收之。早收者涩,～食之也。(四,种枣,264)肉长尺半以上,皮骨坚硬,～为脍者,皆堪为鲊也。(八,作鱼鲊,573)《大词典》未收此义。参看王云路、方一新(1992)"不任"条。

【不调】bù tiáo 不协调;不和。|若水旱～,宁燥不湿。(一,耕田,37)《博物志》胡椒酒法:"……若病酒,若觉体中～,饮之,能者四五升,不能者可二三升从意。"(七,笨麹并酒,519)大率常欲令温如人腋下为佳。若等～,宁伤冷,不伤热:冷则穰覆还暖,热则臭败矣。(八,作豉法,560)《大词典》引二例:《汉书·元帝纪》:"阴阳～,黎民饥寒。"《后汉书·章帝纪》:"比年阴阳～,饥馑屡臻。"(1·468)

【不问】bù wèn 不论;不管。|凡耕高下田,～春秋,必须燥湿得所为佳。(一,耕田,37)凡种下田,～秋夏,候水尽,地白背时,速耕,杷、劳频烦令熟。(二,旱稻,147)凡漆器,～真伪,过客之后,皆须以水净洗,置床箔上,于日中半日许曝之使干,下晡乃收,则坚牢耐久。(五,漆,348—349)羊曼拜丹阳尹,客来蚤者,并得佳设,日晏渐馨,不复及精,随客早晚,～贵贱。(《世说新语·雅量 20》)侨宿本俗民,性气虚

疏,不能隐秘,告其一法,回而加增,逢人～愚贤,辄敢便说之。(《周氏冥通记》卷三)《大词典》首引《要术》(1·445)。参看王云路、方一新(1992)"不问"条。按,秦李斯《谏逐客书》:"今取人则不然。～可否,不论曲直,非秦者去,为客者逐。""不问"与"不论"对文,已可看出虚化的迹象。

【不要】bù yào 不必;不需要。|如此,得四年～种之,皆馀根自生矣。(五,伐木,381)按,此例在"种地黄法"条内。缪启愉《校释》云:"地黄种法似宜附在种染料作物某篇之后,现在附于《伐木》篇,可能是全卷写成之后再补上的。"(381)维辉按,此条材料颇可疑,从语言特点看,似不类贾思勰所作。《大词典》"不要"条释作"表示禁止和劝阻",首引杜甫诗(1·427)。

【不用】bù yòng ①不必;无须。|此物性不耐寒,阳中之树,冬须草裹。不裹即死。其生小阴中者,少禀寒气,则～裹。所谓"习以性成"。(四,种椒,309)鲤鱼、鲭鱼第一好;鳢鱼亦中。鲚鱼、鲐鱼即全作,～切。(八,作酱等法,541)六七日,净淘粟米五升——米亦～过细——炊作再馏饭。(八,作酢法,551)《大词典》此义首引唐王昌龄诗(1·404)。②不使;不应;不能;不要。|春锄起地,夏为除草,故春锄～触湿。六月以后,虽湿亦无嫌。(三,种谷,67)叶～剪。剪则损白。(三,种蘘,197)昼日箔盖,夜即去之。昼日～见日,夜须受露气。(三,种兰香,213)凡栽树讫,皆～手捉,及六畜觚突。(四,栽树,256)既生,数年～掌近。凡新栽之树,皆～掌近,栗性尤甚也。(四,种栗,293)凡耕桑田,～近树。伤桑,破犁,所谓两失。(五,种桑、柘,318)鹅鸭皆一月雏出。量雏欲出之时,四五日内,～闻打鼓、纺车、大叫、猪、犬及春声;又～器淋灰,～见新产妇。触忌者,雏多厌杀,不能自出;假令出,亦寻死也。(六,养鹅、鸭,455)按,此为《要术》中常义,很容易误解为"不必;无须",值得注意。《大词典》未收此义。参看蔡镜浩(1990)"不用"条,董志翘、蔡镜浩(1994)"不用"条。

【布置】bù zhì 分布陈列;分布安置。|作颐麹法:断理麦、艾、～法,悉与春酒麹同;然以九月中作之。(七,笨麹并酒,508)以水溲而蒸之,气馏好熟,便下之,摊令冷。～,覆盖,成就,一如麦䴬法。(八,黄衣、黄蒸及䴬,532)于盘中和令均调,～瓮子,泥封,勿令漏气。(八,作

酱等法,541)先于庭中竖槌,施三重箔楠,令免狗鼠,于最下箔上,～胶饼,其上两重,为作荫凉,并扞霜露。(九,煮胶,680)《大词典》首引《北史·宇文深传》:"年数岁,便累石为营,折草作旌旗,～行伍,皆有军阵之势。"(3·681)

【步道】bù dào　只可步行不能通车的小路。|种法:使行阵整直,两行微相近,两行外相远,中间通～,道外还两行相近。如是作次第,经四小道,通一车道。(二,种瓜,156)摘瓜法:在～上引手而取,勿听浪人踏瓜蔓,及翻覆之。(同上,157)《大词典》引《说文·彳部》:"径,步道也。"段玉裁注:"此云步道,谓人及牛马可步行而不容车也。"晋无名氏《安东平》诗:"凄凄烈烈,北风为雪。船道不通,～断绝。"北魏郦道元《水经注·涪水》:"邓艾自阴平景谷～悬兵束马,入蜀迳江油广汉者也。"(5·335)

C

【裁量】cái liàng　减少分量。|与人此酒,先问饮多少,～与之。若不语其法,口美不能自节,无不死矣。(七,笨麹并酒,512)《大词典》仅引《要术》此例(9·66)。

【采捃】cǎi jùn　采择;收集。|今～经传,爰及歌谣,询之老成,验之行事,起自耕农,终于醯、醢,资生之业,靡不毕书,号曰《齐民要术》。(序,18)《大词典》共引二例,即此例及《拾遗记·夏禹》附南朝梁萧绮《录》:"详其朽蠹之馀,～传闻之说。"(6·689)

【菜心】cài xīn　菜的中心部分。|其不剪早生者,虽高数尺,柯叶坚硬,全不中食;所可用者,唯有～。(三,种葵,177)《大词典》未收此词。

【槽】cáo　泛指四边高起中间凹下的器物。|于木～中下水,脚踏十遍,净淘,水清乃止。(五,种红蓝花、栀子,371)于木～内,以汤淘,脚踏;泻去渖,更踏。(九,飧、饭,648)《大词典》首引《要术》(4·1257),《大字典》此义归入其他义中(536)。

【草】cǎo　雌性的。多指家畜或家禽。|杜畿为河东,课民畜牸牛,～马,下逮鸡、豚,皆有章程,家家丰实。(序,9)然必选七八岁～驴,骨目正大者:母长则受驹,父大则子壮。～骡不产,产无不死。

养～骡，常须防，勿令杂群也。(六，养牛、马、驴、骡，406)《大字典》首引《三国志·魏志·杜畿传》(即《要术》首例)(1334)，《大词典》"草马"条(9·370)同《大字典》，"草骡"(9·377)"草驴"(9·378)条均首引《要术》。

【插】chā 栽植。｜其种柳作之者，一尺一树，初即斜～，～时即编。(四，园篱，254)～者弥疾。～法：用棠、杜。棠，梨大而细理；杜次之；桑，梨大恶；枣、石榴上～得者，为上梨，虽治十，收得一二也。杜如臂以上，皆任～。当先种杜，经年后～之。……杜树大者，～五枝；小者，或三或二。(四，插梨，287)柿，有小者，栽之；无者，取枝于㮕枣根上～之，如～梨法。(四，种柿，301)《大字典》首引《要术》(806)，《大词典》首引南朝梁简文帝《中书令临汝灵侯墓志铭》："草茂故辙，松～新枚。"(6·762)

【缠络】chán luò 缠绕。｜五十头作一"洪"，"洪"，十字，大头向外，以葛～。(五，种紫草，377)《大词典》首引《水经注·汝水》："其水迳流昆、醴之间，～四县之中。"(9·1052)

【弄】chǎn ①指串物烧烤的签状器具。｜以竹～弄之，相去二寸下～。(九，炙法，619)捣炙法：取肥子鹅肉二斤，剉之，不须细剉。好醋三合，瓜菹一合，葱白一合，姜、橘皮各半合，椒二十枚作屑，合和之，更剉令调。裹著充竹～上。(同上)取好白鱼肉细琢，裹作～，炙之。(同上)"二典"都释作"铁签"或"铁签状器具"，不确。据《要术》，"弄"也可以用竹制。又，"二典"此义均首引唐代例(1·626，13)，嫌晚。②以签子串物(烧烤)。｜以竹弄～之，相去二寸下弄。(九，炙法，619)合取从背入著腹中，～之，如常炙鱼法，微火炙半熟，复以少苦酒杂鱼酱、豉汁，更刷鱼上，便成。(同上，620)《大词典》仅引《要术》一例，释义作"以铁签串物烧烤"，亦不确；《大字典》未收此义。

【廠】chǎng 犹棚舍。｜置槽于迥地，虽复雪寒，勿令安～下。(六，养牛、马、驴、骡，406)架北墙为～。为屋即伤热，热则生疥癣。且屋处惯暖，冬月入田，尤不耐寒。(六，养羊，423)亦须小～，以避雨雪。(六，养猪，443)别筑墙匡，开小门；作小～，令鸡避雨日。(六，养鸡，449)"二典"均首引《要术》(3·1277，379)。

【炒(爤)】chǎo ①烹调方法之一。把食物等放在锅里加热并随时翻搅使熟或使干。｜耧耩者，～沙令燥，中半和之。(二，胡麻，149)子于

叶上生,多者五六,少者二三也。～食甚美。味似菱、芡,多啖亦无妨也。(五,
种槐、柳、楸、梓、梧、柞,356)猪肪～取脂。(九,作脾、奥、糟、苞,628)
《食经》曰:"作和法:以三升赤小豆,三升秫米,并～之,令黄,合舂,以
三斗好酒解之。"(九,作菹、藏生菜法,662)"二典"均首引《要术》(7·
36,917)。②干燥,需水多。|大豆性～,秋不耕则无泽也。(二,大豆,
109)缪启愉《校释》:"'炒'是'燥'的转音(现在苏北方言仍有叫'干燥'
为'干炒',泰州市叶爱国同志函告)。'性炒',指大豆的生理特性需水
量较多,后期开花结荚时更需要水,容易使土壤缺水干燥,加上到叶落
尽然后收割,地面暴露较久,水分蒸发快。"(111)其阜劳之地,不任耕
稼者,历落种枣则任矣。枣性～故。(四,种枣,263)缪启愉《校释》:"金
抄、明抄作'炒',王祯《农书》引改作'燥',明清刻本从之。'性炒',大
概指耐得住干燥,这样,是说枣树比较耐热、耐旱,所以不妨种在高阜
地方。"(265)《大词典》"熦"字条释作"同'炒'",首引《要术》(7·215),
《大字典》则首引《尔雅·释草》"菿蕳,豕首"郭璞注:"今江东呼豨首,
可以熦蚕蛹。"(931)按,缪启愉《校释》本均已改作"炒"。

【麨】chǎo 米、麦等炒熟后磨粉制成的干粮。|作酸枣～法:多收
红软者,箔上日曝令干。(四,种枣,264)作杏李～法:杏李熟时,多收
烂者,盆中研之,生布绞取浓汁,涂盘中,日曝干,以手摩刮取之。可和
水为浆,及和米～,所在入意也。(四,种梅杏,281)作林檎～法:林檎
赤熟时,擘破,去子、心、蒂,日晒令干。或磨或捣,下细绢筛;粗者更磨
捣,以细尽为限。以方寸匕投于碗水中,即成美浆。……若干啖者,以
林檎～一升,和米～二升,味正调适。(四,奈、林檎,298)"二典"均首
引晋干宝《搜神记》卷十九:"先将数石米餈,用蜜～灌之,以置穴口。"
(12·1023,1912)

【彻】chè 透;遍。作补语。|栗初熟出壳,即于屋里埋著湿土中。
埋必须深,勿令冻～。(四,种栗,292)柘叶饲蚕,丝好。作琴瑟等弦,清鸣
响～,胜于凡丝远矣。(五,种桑、柘,325)凡木画、服玩、箱、枕之属,入
五月、尽七月、九月中,每经雨,以布缠指,揩令热～,胶不动作,光净耐
久。(五,漆,349)搅令均调,以手痛揉,皆令润～。(八,作酱等法,
536)《大词典》首引汉蔡邕《团扇赋》:"裁帛制扇,陈象应矩,轻～妙好,
其辂如羽。"(3·1090)《大字典》首引《十六国春秋·后秦录·姚襄》:

"温至伊水,襄～围拒之,战于伊水北,为温所败。"(355)按,"二典"所引的例子与《要术》的用法并不全同。

【彻底】chè dǐ 通彻到底。｜常以杓扬乳,勿令溢出;时复～纵横直匀,慎勿圆搅,圆搅喜断。(六,养羊,432)当纵横裂,周回离瓮,～生衣。(八,作酱等法,536)以棘子～搅之:恐有人发落中,则坏醋。(八,作酢法,551)长作木匕,匕头施铁刃,时时～搅之,勿令著底。匕头不施铁刃,虽搅不～,不～则焦,焦则胶恶,是以尤须数数搅之。(九,煮胶,679)《大词典》首引《要术》(3·1091)。

【彻泽】chè zé 湿透。｜若旱无雨,浇水令～,夜栽之。(二,种瓜,164)深掘,以熟粪对半和土覆其上,令厚一寸,铁齿杷耧之,令熟,足踏使坚平;下水,令～。(三,种葵,176)若竟冬无雪,腊月中汲井水普浇,悉令～。(同上,181)《大词典》未收此词。

【尘秽】chén huì 尘垢;污秽。｜取香美豉,别以冷水淘去～。(八,脯腊,579)盛弘之《荆州记》曰:"……下有盘石,径四五丈,极高,方正青滑,如弹棋局。两竹屈垂,拂扫其上,初无～。"(十,竹,775—776)《大词典》首引《后汉书·列女传·班昭》:"盥浣～,服饰鲜絜,沐浴以时,身不垢辱,是为妇容。"次引《要术》(2·1198)。

【铛】chēng 锅。《要术》中的铛有好几种,大小、形制、用途各异。｜若市上买韭子,宜试之:以铜～盛水,于火上微煮韭子,须臾芽生者好;芽不生者,是裛郁矣。(三,种韭,203)用胡麻油两分,猪脂一分,内铜～中,即以浸香酒和之,煎数沸后,便缓火微煎,然后下所浸香煎。……以绵幕～觜、瓶口,泻著瓶中。(五,种红蓝花、栀子,367)捋讫,于～釜中缓火煎之——火急则著底焦。(卷六,养羊,432)《食次》曰:"粲:一名'乱积'。……竹杓中下沥五升～里,膏脂煮之。熟,三分之一～,中也。"(九,饼法,632—633)《大词典》:"①古代的锅。有耳和足。用于烧煮饭食等。以金属或陶瓷制成。《太平御览》卷七五七引汉服虔《通俗文》:'䯸有足曰铛。'南朝宋刘义庆《世说新语·德行》:'母好食铛底焦饭。'"(11·1418)《大字典》释作"温器,似锅,三足"(1774),释义不确。

【掁】chéng 通"撑"。碰触;触动。｜梨枝甚脆,培土时宜慎之,勿使～拨,～拨则折。(四,插梨,288)缪启愉《校释》:"掁:'㩐'字的别体,即'掁'字,今写作'撑'。此字有多种写法和借字,唐玄应《一切经音义》

卷十五《僧祇经》'敲触':'又作敲、桄、橙、橙四形,同。丈衡反。敲亦触也。'《周礼·考工记·弓人》:'维角堂之。'孙诒让《周礼正义》:'段玉裁云:"堂,古本音堂,其字变掌、变橙、变橙。"……以角堂距之,以辅其力也。''掌'亦变'掌',原义是支撑,引申为碰动、抵触,就是培土时不能碰动接穗,否则难得成活,不是指'手掌'(绝无'掌拨'之理)。卷五《种榆白杨》院刻、金抄作'棠',也是堂的别体,湖湘本作'长',则是'桄'字脱木旁。"(291)既生,数年不用～近。凡新栽之树,皆不用～近,栗性尤甚也。(四,种栗,293)缪启愉《校释》:"不用掌近:不能让人畜临近碰撞它。"(295)参看蔡镜浩(1990)"掌"条。

【成长】chéng zhǎng 长大;长成。|数年～,共相蹙迫,交柯错叶,特似房笼。(四,园篱,254)《大词典》引北齐颜之推《颜氏家训·教子》:"骄慢已习,方复制之,捶挞至死而无威,忿怒日隆而增怨,逮于～,终为败德。"(5·197)

【吃(喫)】chī 把食物放入口中经咀嚼咽下。|十五日后,方～草,乃放之。(六,养羊,427)勿～熟食。(肘后备急方·治心疝发作有时激痛难忍方)《大字典》"吃"字条首引《红楼梦》(244),"喫"字条首引《世说新语·任诞》:"友闻白羊肉美,一生未曾得喫,故冒求前耳,无事可咨。"(272)。《大词典》"吃"字条首引贾谊《新书》卷七"耳痹":"越王之穷,至乎吃山草,饮腑水,易子而食。""吃"一本作"喫"。(3·127)按,此例有不同解释,有人认为"吃"是"龁"的借字,是啃、嚼的意思。(参看王凤阳(1993)750页)

【迟缓】chí huǎn 缓慢。|凡种,欲牛～行,种人令促步以足蹑垅底。牛迟则子匀,足蹑则苗茂。(一,种谷,67)且天性多曲,条直者少;长又～,积年方得。(五,种榆、白杨,344)《大词典》首引《后汉书·孔融传》:"性既～,与人无伤。"(10·1237)

【齿】chǐ 咬啮。|剩法:生十馀日,布裹～脉碎之。(六,养羊,423)缪启愉《校释》:"齿:作动词用,就是咬。脉:指睾丸。这句就是'布裹着,咬睾丸碎之'。"(426)《大词典》仅引清代一例(12·1445),《大字典》"衔;啮"义下首引宋代例(1987)。

【充饱】chōng bǎo 饱,吃饱。|《嵩高山记》曰:"东北有牛山,其山多杏。至五月,烂然黄茂。自中国丧乱,百姓饥饿,皆资此为命,人

人～。"(四,种梅杏,282)务在～调适而已。(六,养牛、马、驴、骡,383)《大词典》仅引《要术》此例,释义作"犹言喂饱"(2·258),不甚确。"充饱"乃同义连文。

【充肥】chōng féi 肥胖;壮实。|细剉,和茎饲牛羊,全掷乞猪,并得～,亚于大豆耳。(三,蔓菁,187)《大词典》首引《后汉书·董卓传》:"卓素～,脂流于地。"次引《要术》(2·256)。

【充给】chōng jǐ 犹充足。|任延、王景,乃令铸作田器,教之垦辟,岁岁开广,百姓～。(序,8)《大词典》引《后汉书·任延传》:"田畴岁岁开广,百姓～。"(2·258)即《要术》所引。

【充满】chōng mǎn 充实饱满。|收法:日日撼而落之为上。半赤而收者,肉未～,干则色黄而皮皱;将赤味亦不佳;全赤久不收,则皮硬,复有乌鸟之患。(四,种枣,263)其十一月及二月生者,母既含重,肤躯～,草虽枯,亦不羸瘦;母乳适尽,即得春草,是以极佳也。(六,养羊,423)《大词典》未收此义(2·258)。

【充事】chōng shì 顶事。|儿女子七岁以上,皆得～也。(三,种葵,181)其叶及青摘取,可以为菹;干而末之,亦足～。(四,种椒,310)一树三具,一具直绢三匹,成绢一百八十匹:娉财资遣,粗得～。(五,种榆、白杨,342)稻米佳,无者,旱稻米亦得～。(七,法酒,525—526)《大词典》首引《北史·邢邵传》:"〔邵〕虽望实兼重,不以才位傲物,脱略简易,不修威仪,车服器用,～而已。"(2·256)

【臭烂】chòu làn 臭秽腐烂。|不须易水,～乃佳。(五,种红蓝花、栀子,371)失节伤热,～如泥,猪狗亦不食。(八,作豉法,562)《大词典》未收此词(8·1339)。

【臭气】chòu qì 难闻的气味。|良久,清澄,泻去汁,更下水,复抨如初,嗅看无～乃止。(四,柰、林檎,298)若日日烧瓶,酪犹有断者,作酪屋中有蛇、虾蟆故也。宜烧人发、羊牛角以辟之,闻～则去矣。(六,养羊,432)《〔诗〕义疏》曰:"河东、关内谓之'蕫',幽、兖谓之'燕蕫',一名'爵弁',一名'蔓'。……其华有两种:一种茎叶细而香,一种茎赤有～。"(十,蕫,800)《大词典》未收此词(8·1339)。

【初】chū 副词。完全;丝毫;一点儿也。后接否定词。|盛弘之《荆州记》曰:"……下有盘石,径四五丈,极高,方正青滑,如弹棋局。

两竹屈垂,拂扫其上,～无尘秽。"(十,竹,775—776)《大字典》首引《诗·豳风·东山》"勿士行枚"汉郑玄笺:"亦～无行陈衔枚之事。"(138)《大词典》首引《后汉书·独行传·彭修》:"受教三日,～不奉行,废命不忠,岂非过邪?"(2·617)参看蔡镜浩(1990)"初"条。

【处分】chǔ fèn 处理;处置。|能种一顷,岁收千匹。唯须一人守护、指挥、～,既无牛、犁、种子、人功之费,不虑水、旱、风、虫之灾,比之谷田,劳逸万倍。(五,种榆、白杨,342)吾子属当重任,曾不能明道～,以义辅时,而负恃弱众以图力争,师曲为老,将何获济?(《三国志·吴书·鲁肃传》裴注引《吴书》)《大词典》首引《玉台新咏·古诗〈为焦仲卿妻作〉》:"～适兄意,那得自任专。"(8·837)参看蔡镜浩(1990)"处分"条。

【触】chù 冒;趁。|春锄起地,夏为除草,故春锄不用～湿。六月以后,虽湿亦无嫌。(一,种谷,67)谚曰:"～露不掐葵,日中不剪韭。"(三,种葵,177)秋斫欲苦,而避日中;～热树焦枯,苦斫春条茂。(五,种桑、柘,318)从五月初,尽七月末,每天雨时,即～雨折取春生少枝,长一尺以上者,插著垅中。(五,种槐、柳、楸、梓、梧、柞,352)"二典"均未单列此义。参看蔡镜浩(1990)"触"条。

【穿穴】chuān xué 穿孔;破败。|若不数换者,非直垢污,～之后,便无所直,虚成糜费。(六,养羊,428)观察四方,见大石山,不断不坏,亦不～,即登而上。(南朝宋求那跋陀罗译《杂阿含经》卷四十三)善男子,如故堤塘,～有孔,水则淋漏。何以故?无人治故。(北凉昙无谶译《大般涅槃经》卷六)《大词典》未收此义(8·433)。

【剶】chuān 修剪(树枝)。|崔寔曰:"正月尽二月,可～树枝。二月尽三月,可掩树枝。"(四,栽树,257)～桑,十二月为上时,正月次之,二月为下。白汁出则损叶。大率桑多者宜苦斫,桑少者宜省～。秋斫欲苦,而避日中;触热树焦枯,苦斫春条茂。冬春省～,竟日得作。(五,种桑、柘,318)不用～沐。～者长而细,又多瘢痕;不～虽短,麤而无病。谚曰:"不～不沐,十年成毂。"言易麤也。必欲～者,宜留二寸。(五,种榆、白杨,339)"二典"均首引第一例(2·724,147)。

【椽柱】chuán zhù 屋椽;椽子。|又法:以大科蓬蒿为薪,散蚕令遍,悬之于栋梁、～,或垂绳钩弋、鹗爪、龙牙,上下数重,所在皆得。

（五，种桑、柘，333）缪启愉《校释》："柱通'拄'，支承之意，椽柱即指屋椽，不是椽和柱子。下篇《种榆白杨》有'柴及栋梁、椽柱在外'，亦指屋椽。"（337）以蚕楠为率，一根五钱，一亩岁收二万一千六百文。柴及栋梁、～在外。（五，种榆、白杨，344）《大词典》未收此词。

【床】chuáng 安放器物的支架、几案等。｜凡漆器，不问真伪，过客之后，皆须以水净洗，置～箔上，于日中半日许曝之使干，下晡乃收，则坚牢耐久。（五，漆，348—349）若以～小，不得多著麴者，可四角头竖槌，重置椽箔如养蚕法。（七，白醪麴，501）安置暖屋～上：先布麦秸厚二寸，然后置麴，上亦与秸二寸覆之。（七，法酒，528）取净干盆，置灶埛上，以漉米～加盆，布蓬草于～上，以大杓挹取胶汁，泻著蓬草上，滤去滓秽。（九，煮胶，680）"二典"均首引南朝陈徐陵《〈玉台新咏〉序》："翡翠笔～，无时离手。"（7·803,993）

【炊帚】chuī zhǒu 刷洗锅碗等的用具。｜造酒法：全饼麴，晒经五日许，日三过以～刷治之，绝令使净。（七，造神麴并酒，479）《大词典》首引《要术》（7·38）。

【唇脂】chún zhī 化妆品，用以涂唇。｜若作～者，以熟朱和之，青油裹之。（五，种红蓝花、栀子，367）《大词典》仅引此例（3·356）。

【淳浓】chún nóng 浓度高。｜候好熟，乃挹取簦中～者，别器盛。更汲冷水浇淋，味薄乃止。……其初挹～者，夏得二十日，冬得六十日；后淋浇者，止得三五日供食也。（八，作酢法，554）《风土记》注云："俗先以二节一日，用菰叶裹黍米，以～灰汁煮之，令烂熟，于五月五日、夏至啖之。"（九，粽糭法，640）煮醴法：与煮黑饧同。然须调其色泽，令汁味～，赤色足者良。（九，醴酪，645）打取杏人，以汤脱去黄皮，熟研，以水和之，绢滤取汁。汁唯～便美，水多则味薄。（同上）《大词典》仅引《要术》一例（5·1411）。

【镯】chuò 一种小型锄。亦指一种锄法。｜苗生如马耳则～锄。谚曰："欲得谷，马耳～。"（一，种谷，66）"二典"均仅引《要术》此例及石声汉注或缪启愉《校释》（11·1387,1769）。

【雌黄】cí huáng 用矿物雌黄制成的颜料。古人写字用黄纸，有误，则用雌黄涂抹后改写。｜～治书法：先于青硬石上，水磨～令熟；曝干，更于瓷碗中研令极熟；……凡～治书，待潢讫治者佳；先治入潢则动。(三,杂说,227)《大词典》首引《要术》(11·839)。

【此等】cǐ děng 这种;这些。│～岂好为烦扰而轻费损哉?(序,10)～名目,皆是叶生形容之所象似,以此时栽种者,叶皆即生。(四,栽树,256)《大词典》引《二刻拍案惊奇》(5·331)。

【次第】cì dì 次序;顺序。│种法:使行阵整直,两行微相近,两行外相远,中间通步道,道外还两行相近。如是作～,经四小道,通一车道。(二,种瓜,156)若看上齿,依下齿～看。(六,养牛、马、驴、骡,398)《大词典》首引《诗·大雅·行苇》"序宾以贤"郑玄笺:"谓以射中多少为～。"(6·1437)

【葱白】cōng bái 葱的近根处。色白,故称。│细擘～,下盐米、浑豉、麻油炒之,甚香美。(六,养鸡,450)临食,细切～,著麻油炒葱令熟,以和肉酱,甜美异常也。(八,作酱等法,541)小蒜白及～,豉汁等下之,令沸便熟也。(八,羹臛法,585)《食经》曰:"蒸熊法:……以～长三寸一升,细切姜、橘皮各二升,盐三合,合和之。著甑中蒸之,取熟。"(八,蒸缹法,598)《大词典》仅引《要术》二例(9·478)。

【从容】cóng róng 宽缓。│若急须者,麹干则得;～者,经二十日许受霜露,弥令酒香。(七,造神麹并酒,491)有所感触,恻怆心眼。若在～平常之地,幸须申其情耳;必不可避,亦当忍之。(颜氏家训·风操)《大词典》首引《要术》此例(3·1011)。参看李维琦(2004)"从容"条。

【麤】cū 物体周长大。│不用剶沐。剶者长而细,又多瘢痕;不剶虽短,～而无病。谚曰:"不剶不沐,十年成毂。"言易～也。(五,种榆、白杨,339)形大,毛羽悦泽,脚～长者是,游荡饶声,产、乳易厌,既不守窠,则无缘蕃息也。(六,养鸡,449)重萦于干面中,更援如～箸大。(九,饼法,635)割取牛角,似匙面大,钻作六七小孔,仅容～麻线。(同上)《大词典》首引晋张华《博物志》卷五:"左元放《荒年法》:则大豆～细调匀,必生熟按之,令有光,烟气彻豆心内。"(12·1305)《大字典》引《广雅·释诂一》:"麤,大也。"(1967)

【麤大】cū dà 人体、物体等麤而大。│《广志》曰:"重小豆,一岁三熟,槃甘。白豆,～可食……"(二,大豆,109)六月种者,根虽～,叶复虫食;七月末种者,叶虽膏润,根复细小;七月初种,根叶俱得。拟卖者,纯种"九英"。

"九英"叶根～,虽堪举卖,气味不美;欲自食者,须种细根。(三,蔓菁,187)尻欲多肉。茎欲得～。(六,养牛、马、驴、骡,399)《尔雅》云:"蘸,虎杖。"郭璞注云:"似红草,～,有细节,可以染赤。"(六,养鹅、鸭,456)《大词典》首引《后汉书·东夷传·夫馀》:"其人～强勇而谨厚。"(12·1306)

【麤细】cū xì 物体周长大小的程度。|蒸干芜菁根法:作汤净洗芜菁根,漉著一斛瓮子中,以苇荻塞瓮里以蔽口,合著釜上,系甑带,以干牛粪燃火,竟夜蒸之,～均熟。(三,蔓菁,188)今并州无大蒜,朝歌取种,一岁之后,还成百子蒜矣,其瓣～,正与条中子同。(三,种蒜,191)融羊、牛脂,灌于蒲台中,宛转于板上,接令圆平。更灌,更展,～足,便止。(三,杂说,233)刚溲面,揉令熟,大作剂,接饼～如小指大。(九,饼法,635)《大词典》首引《要术》(12·1309)。

【促步】cù bù 急步;快走。|凡种,欲牛迟缓行,种人令～以足蹑垄底。牛迟则子匀,足蹑则苗茂。足迹相接者,亦可不烦挞也。(一,种谷,67)《大词典》首引《要术》此例(1·1398)。参看江蓝生(1988)"促"条。

【醋】cù ①一种酸味的液体调料。多以粮食经发酵酿制而成。|若不即洗者,盐～浸润,气彻则皱,器便坏矣。(五,漆,349)若无石榴者,以好～和饭浆亦得用。若复无～者,清饭浆极酸者,亦得空用之。(五,种红蓝花、栀子,367)削驴蹄,令出漏孔,以蹄顿著砖孔中,倾盐、酒、～,令沸,浸之。(六,养牛、马、驴、骡,412)回酒酢法:凡酿酒失所味醋者,或初好后动未压者,皆宜回作～。(八,作酢法,552)《食经》曰:"白菹:鹅、鸭、鸡白煮者,鹿骨,斫为准:长三寸,广一寸。下杯中,以成清紫菜三四片加上,盐、～和肉汁沃之。"(八,菹绿,610)《大词典》首引《要术》(9·1416),《大字典》则首引宋代例(1493)。②味酸。|《广志》曰:"……有杏李,味小～,似杏。"(四,种李,275)《尔雅》曰:"梅,楠也。"……郭璞注曰:"梅,似杏,实～。"(四,种梅杏,279)杀花法:摘取,即碓捣使熟,以水淘,布袋绞去黄汁;更捣,以粟饭浆清而～者淘之,又以布袋绞去汁,即收取染红勿弃也。(五,种红蓝花、栀子,366)酥酪甜～皆得所,数日陈酪极大～者,亦无嫌。(六,养羊,437)《大词典》首引《要术》(9·1416),《大字典》首引唐诗(1493)。按,《说文解字·酉部》:"醋,客酌主人也。从酉,昔声。"(徐铉据《唐韵》音在各切)"酢,醶也。从酉,乍声。"(徐音仓故切)据此,则今语米醋的"醋"本应写作

"酢","酬酢"的"酢"本应作"醋"。但在魏晋南北朝时期两字已开始互易。《要术》中表示"米醋"和"味酸"二义"醋""酢"两字都用,反映的正是这种情况。参看李新魁《论"醋、酢"互易》,《中国语文》1990 年第2 期。

【酢】cù 同"醋"。①一种酸味的液体调料。多以粮食经发酵酿制而成。|明日,汲水净洗,出别器中,以盐、～浸之,香美不苦。(三,种胡荽,210)桃～法:桃烂自零者,收取,内之于瓮中,以物盖口。七日之后,既烂,漉去皮核,密封闭之。三七日～成,香美可食。(四,种桃柰,268)作大～法:七月七日取水作之。……常置一瓠瓢于瓮,以挹～;若用湿器、咸器内瓮中,则坏～味也。(八,作酢法,547)崔寔曰:"四月四日可作。五月五日亦可作～。"(同上,558)《食经》作芥酱法:"……一宿即成。以薄～解,厚薄任意。"(八,八和齑,572)②味酸。|《尔雅》曰:"樲,酸枣。"郭璞注曰:"樲,树小实～。"(四,种枣,259)《诗》曰:"蔽芾甘棠。"《诗义疏》云:"今棠梨,一名杜梨,如梨而小,甜～可食也。"(五,种棠,346)其～酪为酵者,酪亦醋;甜酵伤多,酪亦醋。(六,养羊,433)一发之后,重酘时,还摊黍使冷——酒发极暖,重酿暖黍,亦～矣。(七,造神麹并酒,493)参看"醋"条按语。

【蹙迫】cù pò 逼近。|数年成长,共相～,交柯错叶,特似房笼。(四,园篱,254)《大词典》首引三国魏曹丕《艳歌何尝行》:"～日暮,殊不久留。"次引《要术》此例(10•539)。

【皴】cūn 植物表皮和人的皮肤因受冻等而开裂。|早出者,皮赤科坚,可以远行;晚则皮～而喜碎。(三,种蒜,191)小儿面患～者,夜烧梨令熟,以糠汤洗面讫,以暖梨汁涂之,令不～。赤蓬染布,嚼以涂面,亦不～也。(五,种红蓝花、栀子,367)夜煮细糠汤净洗面,拭干,以药涂之,令手软滑,冬不～。(同上)"二典"均首引《要术》(8•524,1151)。

【存活】cún huó 生存;活在世上。|"中国"土不宜姜,仅可～,势不滋息。种者,聊拟药物小小耳。(三,种姜,218)《大词典》此义下首引晋葛洪《抱朴子•释滞》:"或复齐死生,谓无异,以～为徭役,以徂殁为休息。"(4•188)

【存意】cún yì 留意;在意。|所以特宜～,不可徒然。(一,收种,54)世事略皆如此,安可不～哉?(六,养羊,427)加减之间,必须～。(七,

笨麹并酒,506)凡酒米,皆欲极净,水清乃止,法酒尤宜～,淘米不得净,则酒黑。(七,法酒,525)《大词典》仅引《要术》二例(4·190)。

【蹉】cuō ①用脚等踩搓;践踏。｜先燥晒,欲种时,布子于坚地,一升子与一掬湿土和之,以脚～令破作两段。多种者,以砖瓦～之亦得,以木砻砻之亦得。(三,种胡荽,207)即于六月中旱时,耧耩作垄,～子令破,手散,还劳令平,一同春法,但既是旱种,不须耧润。(同上,210)"二典"均首引《文选·马融〈长笛赋〉》:"～纤根,跋篾缕。"李善注:"言以足蹉蹋纤根,又跋蹋细缕也。蹉,七何切,一作搓。"次引《要术》(10·523,1550)。②交错;事物的上下相对应的位置发生错动。｜齿,左右～不相当,难御。(六,养牛、马、驴、骡,397)毫厘～于机,则寻常达于的;与夺失于此,则善否乱于彼。(抱朴子·外篇·博喻)"二典"均首引《要术》(10·523,1550)。

【蹉跎】cuō tuó 光阴白白地过去。｜春雨难期,必须藉泽,～失机,则不得矣。(三,种胡荽,208)《大词典》引三国魏阮籍《咏怀》之五:"娱乐未终极,白日忽～。"晋曹摅《赠韩德真》诗:"玄景～,忽沦桑榆。"又引《要术》(10·523)。

D

【打】dǎ 敲击;撞击。｜刈束欲小。束大则难燥;～,手复不胜。……候口开,乘车诣田斗藪;倒竖,以小杖微～之。还丛之。三日一～。(二,胡麻,150)以绵裹丁香、藿香、甘松香、橘核十颗,～碎。(五,种红蓝花、栀子,367)若使急性人及小儿者,拦约不得,必有～伤之灾。(六,养羊,423)当日内乳涌出,如雨～水声;水乳既尽,声止沸定,酥便成矣。(同上,437)炒鸡子法:～破,著铜铛中,搅令黄白相杂。(六,养鸡,450)量雏欲出之时,四五日内,不用闻～鼓、纺车、大叫、猪、犬及春声。(六,养鹅、鸭,455)《食次》曰:"苞朘法:……夏作,小者不连,用小板挟之:一处与板两重,都有四板,以绳通体缠之,两头与楔楔之两板之间,楔宜长薄,令中交度,如楔车轴法,强～不容则止。"(九,作脲、奥、糟、苞,630)《大词典》首引汉王延寿《梦赋》:"捎魍魉,拂诸渠,撞纵目,～三颅。"(6·309)《大字典》首引《魏书》(766)。

【大都】dà dū 大多;通常。|七月种者,雨多亦得,雨少则生不尽,但根细科小,不同六月种者,便十倍失矣。～不用触地湿入中。(三,种胡荽,210)～种椹长迟,不如压枝之速。(五,种桑、柘,317)驴,～类马,不复别起条端。(六,养牛、马、驴、骡,406)剉胡叶,煮三沸汤。待冷,接取清者,溲麴。以相著为限,～欲小刚,勿令太泽。(七,造神麴并酒,490—491)《大词典》首引《要术》(2·1361)。参看董志翘、蔡镜浩(1994)"大都"条。

【大恶】dà è 很不好;非常差。|湿耕者,白背速镉榛之,亦无伤;否则～也。(一,耕田,38)插法:用棠、杜。棠,梨大而细理;杜次之;桑、梨～;枣、石榴上插得者,为上梨,虽治十,收得一二也。(四,插梨,287)老更弃捐,饮食～,希得肥美,衣履空穿,无有补者。(《太平经·不孝不可久生诫》第一百九十四)矩到数月,悁悒,乃开视,书云:"令召王矩为左司命主簿。"矩意～,因疾卒。(《太平广记》卷三二二引《幽明录》)《大词典》未收此义(2·1374)。

【大老子】dà lǎo zǐ 谨厚老人。|牧羊必须～、心性宛顺者,起居以时,调其宜适。(六,养羊,423)《大词典》引二例,首例为《宋书·沈昙庆传》:"昙庆谨实清正,所莅有称绩。常谓子弟曰:'吾处世无才能,政图作～耳。'世以长者称之。"次例即《要术》此例(2·1334)。参看吴金华《〈三国志〉解诂》"老子"条,《南京师范学院学报》1981 年第 3 期,又收入《中古汉语研究》,商务印书馆,2000 年。

【大母指】dà mǔ zhǐ 手的第一个指头。|〔《食经》〕种名果法:三月上旬,斫取好直枝,如～,长五尺,内著芋魁中种之。(四,栽树,256)屈大拇指著四小指内抱之,积习不止,眠时亦不复开,令人不魇魅。(隋巢元方《诸病源候论》卷二十三"卒魇候")[1]《大词典》引《水浒传》(2·1346)。

【大判】dà pàn 大抵;大致。|凡五谷,～上旬种者全收,中旬中收,下旬下收。(一,种谷,67)但先儒后学,解释不同,凡通此"论"字,～有三途。(南朝梁皇侃《论语义疏叙》)[2]《大词典》仅引本例(2·

---

① 此例承真大成君惠示,谨致谢忱。
② 此例承真大成君惠示,谨致谢忱。

1344）。

【大指】dà zhǐ 拇指。∣栽石榴法：三月初，取枝大如手～者，斩令长一尺半，八九枝共为一窠，烧下头二寸。（四，安石榴，304）馎饦：挼如～许，二寸一断，著水盆中浸，宜以手向盆旁挼使极薄，皆急火逐沸熟煮。（九，饼法，635）《大词典》首引《左传·定公十四年》"阖庐伤将指"晋杜预注："其足～见斩。"次引《要术》(2·1353)。

【袋】dài 囊。用软薄材料制成的有口盛器。∣蓼作菹者，长二寸则剪，绢～盛，沉于酱瓮中。（三，荏、蓼，215）杀花法：摘取即碓捣使熟，以水淘，布～绞去黄汁；更捣，以粟饭浆清而醋者淘之，又以布～绞去汁，即收取染红勿弃也。（五，种红蓝花、栀子，366）水和酒糟，毛～盛，渍蹄没疮处。（六，养牛、马、驴、骡，412）纸～盛笼，以防青蝇、尘垢之污。（八，作豉法，566）《大词典》首引《隋书·食货志》："以布～贮之。"(9·46)《大字典》首引《南史·杨鸦仁传》："作五～盛之。"(1283)都嫌晚。

【袋子】dài zǐ 口袋。∣盖冒至夜，泻去上清汁，至淳处止，倾著帛练角～中悬之。（五，种红蓝花、栀子，367）屈木为椭，以张生绢～，滤熟乳著瓦瓶子中卧之。（六，养羊，432）治羹臛伤咸法：取车辙中干土末，绵筛，以两重帛作～盛之，绳紧令坚坚，沉著铛中。须臾则淡，便引出。（八，羹臛法，593）《大词典》仅引《要术》一例(9·46)。

【单用】dān yòng 独用；只用。∣〔《食次》〕又云："以勃少许投白饮中；勃若散坏，不得和白饮，但～糁汁焉。"（九，煮糗，642）《大词典》未收此义(3·419)。

【撣】①dǎn 扇。∣下，～去热气，令如人体，于盆中和之，擘破饭块，以曲拌之，必令均调。（八，作酢法，548—549）粟米饭两石，～令冷如人体，投之，杷搅，绵幕瓮口。（同上，552）漉著净地～之，冬宜小暖，夏须极冷，乃内荫屋中聚置。（八，作豉法，561）气馏好熟，乃下，～之令冷，手接令碎。（同上，565）"二典"均首引《要术》(6·871,822)。②tān 同"摊"。∣复～豆令厚三寸，便闭户三日。（八，作豉法，561）缪启愉《校释》："撣：此处即'摊'字。后文引《食经》：'又薄撣之。'义同。"(564)《食经》作豉法："去茅，又薄～之，以手指画之，作耕垄。……"（同上，564—565）"二典"均未收此义。

【但】dàn 不过；只是。表示转折。|《尔雅》曰："秬，黑黍。秠，一稃二米。"郭璞注曰："秠亦黑黍，～中米异耳。"（二，黍穄，101）凡种穬麦，高、下田皆得用，～必须良熟耳。（二，大小麦，126）即于六月中旱时，耧耩作垅，蹉子令破，手散，还劳令平，一同春法，～既是旱种，不须耧润。（三，种胡荽，210）其胶势力，虽复相似，～驴、马皮薄毛多，胶少，倍费樵薪。（九，煮胶，679）《大词典》首引三国魏曹丕《与吴质书》："已成老翁，～未白头耳。"（1·1239）。《大字典》首引《后汉书·袁安传》："安与任隗举奏诸二千石，又它所连及贬秩免官者四十余人，窦氏大恨。～安、隗素行高，亦未有以害之。"次引《三国志·魏志·阮瑀传》："公幹有逸气，～未遒耳。"（56）参看董志翘、蔡镜浩（1994）"但　但是"条。

【但是】dàn shì 只要是；凡是。|有薄饼缘诸面饼，～烧燸者，皆得投之。（八，作酢法，552）破皮履、鞋底、格椎皮、靴底、破鞍、鞦，～生皮，无问年岁久远，不腐烂者，悉皆中煮。（九，煮胶，679）《大词典》首引《要术》（1·1240）。参看董志翘、蔡镜浩（1994）"但　但是"条。

【淡泊】dàn bó 清淡寡味。|《南方草物状》曰："甘藷……掘食，蒸食，其味甘甜。经久得风，乃～。"（十，藷，728）《南方草物状》曰："蒳子藤，生缘树木。……实如梨，赤如雄鸡冠，核如鱼鳞。取，生食之，～尤甘苦。"（十，藤，812）《大词典》首引《要术》（5·1415）。

【弹子】dàn zǐ 弹丸。|《临海异物志》曰："其子大如～，正赤，五月熟。似梅，味甜酸。"（十，杨梅，730）……上二十一味，末之，炼蜜和丸，如～大，空腹酒服一丸，一百丸为剂。（金匮要略·血痹虚劳病脉证并治）《大词典》首引宋代例（4·152）。

【儋】dàn 担子，挑子。|《神仙传》曰："有人少谷往，而取杏多，即有五虎逐之。此人怖遽，～倾覆，所馀在器中，如向所持谷多少。虎乃还去。"（四，种梅杏，282）到于彼岸，出在陆地无畏之处，已离重～，除诸尘垢。（后秦鸠摩罗什译《诸法无行经》卷上）《大词典》未收此义（4·1345），《大字典》仅引宋王安石诗一例：《戏赠叶致远直讲》："樵父弛远～，牧奴停晏饁。"（548）

【当中】dāng zhōng 中间。|以锯子割所患蹄头前正～，斜割之，令上狭下阔，如锯齿形；去之，如剪箭括。（六，养牛、马、驴、骡，411）布麹饼于地上，作行伍，勿令相逼，～十字通阡陌，使容人行。（七，造神

麹并酒,491)《大词典》首引唐李贺诗(7·1388)。

【当日】dàng rì 就在本天;同一天。|四扼为一头,～即斩齐。(五,种紫草,377)春夏草生,随时放牧。糟糠之属,～别与。(六,养猪,443)秋以九月九日或十九日收水,春以正月十五日,或以晦日,及二月二日收水,～即浸麹。(七,造神麹并酒,491—492)水及黄衣,～顿下之。(八,作酢法,547)《大词典》首引《要术》(7·1388)。

【当岁】dàng suì 本年;同一年。|生后数浇令润泽。此木宜湿故也。～即高一丈。(五,种槐、柳、楸、梓、梧、柞,356)《大词典》仅引《要术》一例(7·1399)。

【当夜】dàng yè 当天晚上。|其饭分为三分:七日初作时下一分,～即沸,又三七日,更炊一分投之;又三日,复投一分。(八,作酢法,547)皓以痛急,即具香汤,手自洗像,置之殿上,叩头谢过,一心求哀。～痛止,肿即随消。(《辩正论》卷八注引《宣验记》)《大词典》首引元王实甫《西厢记》(7·1393)。

【荡】dàng 洗涤;涤荡。|常预煎汤停之;酘毕,以五升洗手,～瓮。(七,法酒,526)瓦盆中已被水汤无气,都不见药踪迹。(《周氏冥通记》卷一)按,《正统道藏》本《周氏冥通记》"汤"作"盪"。"盪(汤)"即"荡"。《大词典》首引《西游记》(9·556),《大字典》释义作"洗涤;清除",云"也作'盪'",引《释名·释言语》:"荡,盪也,排盪去秽垢也。"《礼记·昏义》:"是故日食则天子素食而修六官之职,荡天下之阳事。"郑玄注:"荡,荡涤,去秽恶也。"《文选·曹植〈朔风诗〉》:"弦歌荡思,谁与消忧。"李善注:"言弦歌可以荡涤悲思,谁与共奏以消忧也。"(1373)按,《礼记》与曹植诗例词义已抽象化。

【盪汰】dàng tài 冲刷。|夏若仰垅,非直～不生,兼与草薉俱出。(一,种谷,66)缪启愉《校释》:"盪:同'荡';盪汰:指种子被雨水冲走或拍没在泥土下面。"(71)陶冶庶类,匠成翘秀,荡汰积埃,革邪反正。(抱朴子·外篇·勖学)《大词典》仅引此一例(7·1474)。参看蔡镜浩(1990)"荡(盪)"条。

【刀子】dāo zǐ 小刀。|作干蒲萄法:极熟者一一零叠摘取,～切去蒂,勿令汁出。(四,种桃奈,273)移法:先作小坑,圆深三寸;以～圆劙椒栽,合土移之于坑中,万不失一。(四,种椒,309)治马患喉痹欲死

方:缠～露锋刃一寸,刺咽喉,令溃破即愈。(六,养牛、马、驴、骡,409)
〔《食次》曰:〕"瓜菹法:采越瓜,～割;摘取,勿令伤皮。"(九,作菹、藏生
菜法,664)僧静于都载锦出,为欧阳成所得,系兖州狱,太祖遣薛渊饷
僧静酒食,以～置鱼腹中。(南齐书·戴僧静传)①《大词典》首引《要
术》(2·547)。

　　【道】dào 量词。用于条形物。｜至冬,竖草于树间令满,外复以草
围之,以葛十～束置。(五,种槐、柳、楸、梓、梧、柞,356)取生布割两
头,各作三～急裹之。(六,养牛、马、驴、骡,411)宝瓶下有承露金盘三
十重,周匝皆垂金铎,复有铁锁四～,引刹向浮图。(《洛阳伽蓝记》卷
一"永宁寺")"二典"均首引唐诗(10·1064,1609)。

　　【倒】dào 倾出;倒出。｜〔《食次》〕饼炙:"……绢从格上下以装之,
按令均平,手提绢,～饼膏油中煎之。"(九,炙法,623)良久,呼左右:～
百斛盐著江中。谓温曰:"明吾不惜,惜所与耳!"(《太平广记》卷一六
五"沈峻"引《笑林》)既还,婢擎金澡盘盛水,琉璃碗盛澡豆,因～著水
中而饮之,谓是干饭。(世说新语·纰漏 1)《大字典》首引《文心雕龙·
夸饰》:"--海探珠,倾昆取璞。"(74)《大词典》首引唐韩愈诗(3·
1464)。

　　【倒竖】dào shù 颠倒过来竖放着。｜豆角三青两黄,拔而～笼丛
之,生者均熟,不畏严霜,从本至末,全无秕减,乃胜刈者。(二,小豆,
115)候口开,乘车诣田斗薮;～,以小杖微打之。(二,胡麻,150)刈蓝,～
于坑中,下水,以木石镇压令没。(五,种蓝,374)《大词典》未收此词。

　　【得】dé ①犹行;可以。｜岁道宜晚者,五月、六月初亦～。(一,种
谷,66)三月初,叶大如钱,逐概处拔大者卖之。十手拔,乃禁取。儿女子
七岁以上,皆～充事也。(三,种葵,181)七月初种之。一亩用子三升。从
处暑至八月白露节皆～。(三,蔓菁,184)著屋下阴地。饮酒食饭,皆炙啖
之。暑月～十日不臭。(九,作脺、奥、糟、苞,628)《大词典》首引唐李
肇《唐国史补》(3·988),《大字典》无相应义项(348)。②合适;恰
当。｜瀹鸡子法:打破,泻沸汤中,浮出,即掠取,生熟正～,即加盐醋
也。(六,养鸡,450)参看王云路、方一新(1992)"得"条。

---

① 　此例承真大成君惠示,谨致谢意。

【得所】dé suǒ 适当；适宜。|凡耕高下田，不问春秋，必须燥湿～为佳。（一，耕田，37）气味虽正，沸未息者，麴势未尽，宜更酘之；不酘则酒味苦、薄矣。～者，酒味轻香，实胜凡麴。（七，造神麴并酒，487）大都每四时交会之际，节气未定，亦难～。（八，作豉法，560）作五六等，必使别均调，勿令麤细相杂，其大如胡豆者，麤细正～。（九，醴酪，645）《大词典》首引北魏高湛《养生论》："寻常饮食，每令～，多湌令人彭亨短气，或致暴疾。"（3·994）参看蔡镜浩（1990）"得所"条。

【登】dēng 当下；当时；当即。|《广州记》曰："庐山有山桃，大如槟榔形，色黑而味甘酢。入时～采拾，只得于上饱啖，不得持下，──迷不得返。"（十，桃，708）"二典"均首引《三国志·吴志·钟离牧传》"迁南海太守"裴松之注引晋虞预《会稽典录》："牧遣使慰譬，〔曾夏等〕～皆首服，自改为良民。"《玉台新咏·古诗〈为焦仲卿妻作〉》："～即相许和，便可作婚姻。"按，钱锺书《管锥编》谓此词"实则《六经》注、疏已有之"，把始见年代上推至东汉后期：如《诗·周颂·小毖》"肇允彼桃虫，拚飞维鸟"郑玄《笺》："如鷦鸟之小，不～诛之，后反叛而作乱，犹鷦之翻飞为大鸟也。"孔颖达《正义》："恨不登时诛之。……今悔不登时诛之。"（《管锥编》第二册，651─652页）参看清黄生《义府》卷下"冥通记·登"条，清翟灏《通俗编》卷三"登"条，江蓝生（1988）"登　登时　登即"条，蔡镜浩（1990）"登"条，董志翘、蔡镜浩（1994）"登时　登即"条。

【樀】dí 搭蚕箔架的小横木。|三年，中为蚕～。……以蚕～为率，一根五钱，一亩岁收二万一千六百文。（五，种榆、白杨，344）先于庭中竖槌，施三重箔～，令免狗鼠。（九，煮胶，680）"二典"均仅引《要术》一例（4·1353，553）。《大字典》：" zhé 同'梮'。蚕箔阁架上的横木。《集韵·麦韵》：'梮，《说文》："槌也。"或作樀。'"

【觝突】dǐ tū 抵触冲撞。|凡栽树讫，皆不用手捉，及六畜～。（四，栽树，256）《大词典》仅引《要术》此例（10·1358）。

【地窖】dì jiào 保藏物品或住人的地洞或地下室。|～著酒，令酒土气，唯连檐草屋中居之为佳。（七，造神麴并酒，497）《大词典》首引《要术》（2·1031）。

【地皮】dì pí 地的表面。|正月地释，驱羊踏破～。不踏即枯涸，皮

破即膏润。（三，种葵，181）《大词典》首引唐诗（2·1021）。

【地头】dì tóu　泛指田地旁边。｜但驾车～，每旦当有小儿僮女十百为群，自来分摘，正须平量，中半分取。（五，种红蓝花、栀子，364）《大词典》首引此例，但释义作"田地的两头"（2·1035），恐不确。这个"头"已是虚化了的后缀。参看柳士镇（1992）103—104 页。

【第一】dì yī　形容程度最深；最重要。｜蘸菹者，后年正月始作耳，须留～好菜拟之。（三，蔓菁，184）常以正月、二月预收干牛羊矢煎乳，～好：草既灰汁，柴又喜焦；干粪火软，无此二患。（六，养羊，432）牛羊脂为～好，猪脂亦得。（七，涂瓮，477）脍鱼肉，里长一尺者～好；大则皮厚肉硬，不任食，止可作于鲊鱼耳。（八，八和齑，569）此义《大词典》首引《要术》（8·1129）。参看董志翘、蔡镜浩（1994）"第一"条。

【点书】diǎn shū　圈点书籍。｜凡～、记事，多用绯缝，缯体硬强，费人齿力，俞污染书，又多零落。（三，杂说，227）《大词典》仅引唐李匡乂《资暇集》卷上一例："稷下有谚曰：'学识何如观～。'～之难，不惟句度义理，兼在知字之正音借音。"（12·1353）

【奠】diàn（又 dìng）　（以碗盘）盛置（食物）。｜醋菹鹅鸭羹：方寸准，熬之。与豉汁米汁。细切醋菹与之，卜盐。半～。（八，羹臛法，591—592）缪启愉《校释》："奠：原义是'置'，《仪礼》《礼记》中凡置着都叫'奠'。《礼记·玉藻》'奠茧'孔颖达疏：'凡献物必先奠于地。'说明奠就是放置。碗放在桌上是置，菜放进碗里也是置，今浙东方言犹称盛饭、盛菜为'置饭'、'置菜'。浙东用奠的原义字'置'，《食经》《食次》即用'奠'的本字。盛置是要用器具装的，因亦称其容器为'奠'。……奠既是容器，因亦称其装盛方法和供上席为'奠'。所以《食经》《食次》的所谓'奠'，尽管有很多奠法，如'半奠'、'满奠'、'仰奠'、'浑奠'、'累奠'、'铜拌（柈）奠'、'盌子奠'等等有二十来种，无非是各种不同的盛供方法而已。"（595—596）漉取汁，盘满～。又用肾，切长二寸，广寸，厚五分，作如上。～，亦用八。姜、薤，别～随之也。（同上，593）膏油熬之，令赤。浑～焉。（八，脏、腤、煎、消法，607）出铛，及热置柈上，碗子底按之令拗。将～，翻仰之。若碗子～，仰与碗子相应。（九，炙法，623）《大字典》："同'飣'。积存食物。《广韵·径韵》：'奠'，同'飣'。"未举书证（230）。《大词典》："同'飣1'。存放食物。"仅引《要术》一例(上引第一例)及石声汉注:"半奠,是容器中盛到半满;满奠,是盛满。"(2·1557)按,《玉篇·食部》:"钉,贮食也。"韩愈《赠刘师服》诗:"妻儿恐我生怅望,盘中不钉栗与梨。"参看蔡镜浩(1990)"奠"条。

【丁车】dīng chē 坚实的车子。|始者民以为烦,一二年间,家有～、大牛,整顿丰足。(序,9)苟晞为兖州镇,去京师五百里。有贡晞珍异食者,欲贻都邑亲贵,虑经信宿之间,不复鲜美;募有牛能日行数百里者,当厚赏之。有人进一牛云:"此日行千里。"晞乃命具～善驭,书疏发遣。旦发,日中到京师;取答书还,至一更始进便达。(《太平御览》卷九百引《祖台之志怪》)按,《要术》所述语出《三国志·魏书·仓慈传》裴注引《魏略》,"丁车"一词即始见于此,而文献用例殊不多见。

【丁子】dīng zǐ 钉子。|鸡舌香,俗人以其似～,故为"丁子香"也。(五,种红蓝花、栀子,367)《大词典》此义首引唐顾况诗(1·142)。

【钉】①dīng 钉子。|以一铁锈铁～子,背"岁杀"钉著瓮底石下,后虽有妊娠妇人食之,酱亦不坏烂也。(八,作酱等法,535)《大词典》引《三国志·魏志·牵招传》:"贼欲斫棺取～,招垂泪请赦。"南朝宋刘义庆《世说新语·政事》:"官用竹,皆令录厚头,积之如山。后桓宣武伐蜀,装船悉以作～。"(11·1201)《大字典》引《三国志·魏志·王凌传》"凌至项,饮药死"裴松之注引鱼豢《魏略》云:"凌自知罪重,试索棺～,以观太傅意,太傅给之。"《晋书·五行志下》:"铁～钉四脚。"(1734)②dìng 用钉钉物。|欲作鞍桥者,生枝长三尺许,以绳系旁枝,木橛～著地中,令曲如桥。(五,种桑、柘,324)炒法:～大橛,以绳缓缚长柄匕匙著橛上,缓火微炒。(七,笨麹并酒,505)以一铁锈铁钉子,背"岁杀"～著瓮底石下,后虽有妊娠妇人食之,酱亦不坏烂也。(八,作酱等法,535)《大词典》首引《三国志·魏志·武帝纪》"引用荆州名士韩嵩、邓义等"裴松之注引晋卫恒《四体书势序》:"〔梁鹄〕以(勤)〔勒〕书自效。公尝县著帐中,及以～壁玩之。"《大字典》首引《晋书·文苑传·顾恺之》:"以棘针～其心。"

【定方】dìng fāng 固定的方法。|用米亦无～,准量麹势强弱。(七,笨麹并酒,518)盐水多少,亦无～,酱如薄粥便止:豆干饮水故也。(八,作酱等法,537)《大词典》未收此词(3·1360)。

【定数】dìng shù 一定的数量;规定的数量。|次酘八斗,次酘七

斗,皆须候麹糵强弱增减耳,亦无～。(七,造神麹并酒,497)世尊,如佛所说从三方便得解脱分。是三方便有～不?(北凉昙无谶译《优婆塞戒经·解脱品》)《大词典》未收此义(3·1369)。

【定准】dìng zhǔn 一定的标准、程式。|或再宿一酘,三宿一酘,无～,惟须消化乃酘之。(七,造神麹并酒,492)《大词典》引《易·系辞下》"不可为典要"晋韩康伯注:"不可立～也。"《文心雕龙·章句》:"夫裁文匠笔,篇有大小;离合章句,调有缓急;随变适会,莫见～。"《南史·王俭传》:"时朝仪草创,衣服制则,未有～。"(3·1369)

【冬天】dōng tiān 冬季。|～以瓜子数枚,内热牛粪中,冻即拾聚,置之阴地。(二,种瓜,161)芸薹～草覆,亦得取子,又得生茹供食。(三,种蜀芥、芸薹、芥子,205)～多风雨,绳拦宜以茅裹;不则伤皮,皮痕瘢也。(五,种槐、柳、楸、梓、梧、柞,350)～一作得十日。(九,饼法,635)《大词典》首引《晋书·天文志上》:"～阴气多,阳气少,阴气暗冥,掩日之光,虽出犹隐不见,故冬日短也。"(3·1195)

【冻瘃】dòng zhú 因天寒而开裂。|热则不凝,无作饼。寒则～,令胶不黏。(九,煮胶,679)《大词典》仅引《要术》一例(2·423)。

【动】dòng ①指食物变质,多用于酒、醋等酿造品。|至五月中,瓮别碗盛,于日中炙之,好者不～,恶者色变。(七,造神麹并酒,497)常洗手剔甲,勿令手有咸气;则令酒～,不得过夏。(七,笨麹并酒,506)～酒酢法:春酒压讫而～不中饮者,皆可作醋。(八,作酢法,552)粥色白如凝脂,米粒有类青玉。停至四月八日亦不～。(九,醴酪,645)《大字典》无相应义项(158);《大词典》"变化"义下首引《易·系辞上》:"六爻之动,三极之道也。"次引《要术》及缪启愉《校释》(2·799)。按,此义《要术》中很常用,宜单立一个义项。②变样;发生变化。|凡木画、服玩、箱、枕之属,入五月,尽七月、九月中,每经雨,以布缠指,揩令热彻,胶不动作,光净耐久。若不揩拭者,地气蒸热,遍上生衣,厚润彻胶便皱,～处起发,飒然破矣。(五,漆,349)以上两义参看王云路、方一新(1992)"动"条。③往往;常常。|用功盖不足言,利益～能百倍。(一,种谷,66)《大词典》首引《三国志·吴志·周瑜传》:"曹公,豺虎也,然托名汉相,挟天子以征四方,～以朝廷为辞。"(2·799)《大字典》首引《史记·律书》:"且兵凶器,虽克所愿,～亦耗病。"(158)按,此例

似可商,此"动"应指"使用"。①③两义参看蔡镜浩(1990)"动〔二〕"条,③义参看董志翘、蔡镜浩(1994)"动　动即　动便"条。

【动作】dòng zuò 变动,发生变化。|凡木画、服玩、箱、枕之属,入五月、尽七月、九月中,每经雨,以布缠指,揩令热彻,胶不~,光净耐久。若不揩拭者,地气蒸热,遍上生衣,厚润彻胶便皱,动处起发,飒然破矣。(五,漆,349)《大词典》仅引《要术》此例(2・801)。

【抖擞】dǒu sǒu 抖动。|漉出,著筐中,令半筐许,一人捉筐,一人更汲水于瓮上就筐中淋之,急~筐,令极净,水清乃止。(八,作豉法,561)《大词典》首引《要术》(6・417)。参看李维琦(2004)"抖擞"条。

【斗薮】dǒu sǒu 同"抖擞"。|候口开,乘车诣田~;倒竖,以小杖微打之。(二,胡麻,150)

【豆黄】dòu huáng ①指蒸过的黄豆。用来酿酒或制酱。|喭看:~色黑极熟,乃下,日曝取干。(八,作酱等法,536)缪启愉《校释》:"豆黄:《要术》指蒸过的大豆。王祯《农书・百谷谱十一・备荒论》'辟谷方'亦称蒸过的大豆为'豆黄'。元鲁明善《农桑衣食撮要》《本草纲目》等则称罨过长着黄色菌丛的大豆黄子为'豆黄'。"(538)作热汤,于大盆中浸~。(同上)大率~三斗,麹末一斗,黄蒸末一斗,白盐五升,蒿子三指一撮。(同上)《大词典》仅引《要术》一例(9・1342),并引缪启愉《校释》旧版,释义作"指豆瓣",宜据新版改正。②指晒干磨成豆粉作为调和黏糊的材料。|~特不宜裹,裹则全不入黄矣。(三,杂说,227)缪启愉《校释》:"豆黄:据卷八《作酱等法》指蒸熟的黄豆。但这里是晒干磨成豆粉作为调和黏糊的材料,用来粘连书纸。元末陶宗仪《辍耕录》卷二九'黏接纸缝法'记载:'古法用楮树叶、飞面、白芨三物调和如糊,以之黏纸缝,永不脱解,过如(于)胶漆之坚。'明佚名《墨娥小录》'黏合糊法':'糊内入白芨末、豆粉少许,永不脱落,甚佳。'"(231)

【豆酱清】dòu jiàng qīng 指酱油一类的调味品。|生姜五合,橘皮两叶,鸡子十五枚,生羊肉一斤,~五合。先取熟肉著甑上蒸令热,和生肉;酱清、姜、橘和之。(八,作酱等法,543)生脠法:羊肉一斤,猪肉白四两,~渍之,缕切。(同上)细切羊胳肪二升,切生姜一斤,橘皮三叶,椒末一合,~一升,豉汁五合,麹一升五合和米一升作糁,都合

和,更以水三升浇之。(八,羹臛法,585)《大词典》仅引《要术》一例及缪启愉《校释》(9·1344)。

【豆角】dòu jiǎo 豆荚,豆类的果实。多指鲜嫩可做菜的。|《广志》曰:"大豆:有黄落豆;有御豆,其～长;有杨豆,叶可食。"(二,大豆,109)～三青两黄,拔而倒竖笼丛之,生者均熟,不畏严霜,从本至末,全无秕减,乃胜刈者。(二,小豆,115)大小如弹丸,中生食,味如小～。(二,种瓜,164)《大词典》首引宋诗(9·1341)。《广雅·释草》:"～谓之荚。"王念孙疏证:"豆荚长而尚锐如角然,故又名豆角。豆角,今通语耳。"

【豆黏】dòu nián 同"豆黄②"。|上犊车蓬(篷)牵及糊屏风、书帙令不生虫法:水浸石灰,经一宿,挹取汁以和～及作面糊则无虫。(三,杂说,233)《大词典》未收此词。

【酘】dòu 投放。|若作秋、黍米酒,一斗麹,杀米二石一斗:第一～,米三斗;停一宿,～米五斗;又停再宿,～米一石;又停三宿,～米三斗。……唯三过～米毕。(七,造神麹并酒,479—480)石声汉注:"酘,将煮熟或蒸熟的饭颗,投入麹液中,作为发酵材料,称为酘。"初下用米一石,次～五斗,又四斗,又三斗,以渐待米消即～,无令势不相及。味足沸定为熟。气味虽正,沸未息者,麹势未尽,宜更～之;不一则酒味苦、薄矣。(七,造神麹并酒,487)以毛袋漉去麹滓,又以绢滤麹汁于瓮中,即～饭。候米消,又～八斗;消尽,又～八斗。凡三～,毕。若犹苦者,更以二斗～之。(七,造神麹并酒,489)《大词典》仅引《要术》二例(9·1395),《大字典》未列此义,而把《要术》例作为"酒再酿"义的书证(1489),恐不确。

【独乐】dú lè 玩具名。即陀螺。|不楱者,即可斫卖。一根十文。楱者镟作～及盏。一个三文。(五,种榆、白杨,341—342)缪启愉《校释》:"独乐:即陀螺,小孩玩具。"(343)《大词典》仅引此例及缪启愉《校释》(5·125)。

【毒气】dú qì 指瘴疠之类有毒的气体。|七月以后,霜露气降,必须日出霜露晞解,然后放之;不尔则逢～,令羊口疮、腹胀也。(六,养羊,423)《大词典》引《汉书·王莽传中》:"棘道以南,山险高深,茂多驱众远居,费以亿计,吏士离～死者什七。"《后汉书·城阳恭王祉传》:"仁以舂陵地势

下湿,山林～,上书求减邑内徙。"晋干宝《搜神记》卷十二:"汉永昌郡不违县有禁水,水有～,唯十一月、十二月差可渡涉。"(7·825)

【肚】dǔ 动物的胃。｜治牛～反及嗽方:取榆白皮,水煮极熟,令甚滑,以二升灌之,即差也。(六,养牛、马、驴、骡,421)治牛中热方:取兔肠～,勿去屎,以草裹,吞之。不过再三,即愈。(同上)取石首鱼、鲛鱼、鲻鱼三种肠、～、胞,齐净洗,空著白盐,令小倚咸,内器中,密封,置日中。(八,作酱等法,545)净洗羊～,翻之。以切肉脂内于～中,以向满为限,缝合。(八,蒸缹法,600)牛～细切,以水一斗,煮取一升,暖饮之,大汗出,愈。(金匮要略·禽兽鱼虫禁忌并治第二十四)①《大词典》首引《西游记》(6·1170),《大字典》未引书证(857)。按,"肚"字出现较晚,《说文解字》和《说文解字新附》均未收。据目前所知,最早记载"肚"字的是《广雅·释亲》:"胃谓之肚。"王念孙《疏证》说:"肚之言都也,食所都聚也。"

【度】dù 量词。次;回。｜漱生衣绢法:以水浸绢令没,一日数～回转之。(三,杂说,233)《食经》藏柿法:"柿熟时取之,以灰汁澡再三～。干,令汁绝,著器中。经十日可食。"(四,种柿,301—302)以汤淋取清汁,初汁纯厚太酽,即杀花,不中用,唯可洗衣;取第三～淋者,以用揉花,和,使好色也。(五,种红蓝花、栀子,366)〔《食次》曰:〕"梅瓜法:……石榴、悬钩,一杯可下十～。"(九,作菹、藏生菜法,666)《大词典》首引唐诗(3·1224),《大字典》首引《北史·李彪传》:"彪前后六～衔命。"(370)

【短】duǎn 弱;劣;差。｜炒虽味～,不及生酪,然不炒生虫,不得过夏。(六,养羊,433)"二典"均未收此义(7·1538,1080)。

【段】duàn 量词。表示布帛或条形物的一截。｜先燥晒,欲种时,布子于坚地,一升子与一掬湿土和之,以脚蹉令破作两～。(三,种胡荽,207)取新帛细绸两～,各方尺半,依角大小,凿去中央,缀角著绸。(九,饼法,635—636)买肥猪肉脂合皮大如手者三四～,以脂处处遍揩拭釜,察作声。(九,醴酪,645)"二典"均首引《晋书·邓遐传》:"遐挥剑截蛟数～而去。"(6·1480,903)。参看李维琦(2004)"段"条。

【断手】duàn shǒu 完毕;完成。｜夏至后十日种者为上时,一亩用

---

① 此例承真大成君惠示,谨致谢意。

子八升。初伏～为中时,一亩用子一斗。中伏～为下时,一亩用子一斗二升。中伏以后则晚矣。(二,小豆,115)《大词典》首引此例(6·1086)。

【对半】duì bàn 两边或两种成分各一半。｜深掘,以熟粪～和土覆其上,令厚一寸。(三,种葵,176)《大词典》首引此例(2·1297)。

【顿】dùn ①同时;一下子。｜必候天晴时,少摘叶,干之;复更摘。慎勿～收:若遇阴雨则渍,渍不堪染绛也。(五,种棠,346)一日之中,～涂遍体,则无不死。(六,养牛、马、驴、骡,410)如朱公收利,未可～求。(六,养鱼,461)以渐下生蒜,蒜～难熟,故宜以渐。(八,八和齑,568)《大词典》引《博物志》卷十:"人以冷水自渍至膝,可～啖数十枚瓜。"《百喻经·愚人集牛乳喻》:"愚人亦尔,欲修布施,方言待我大有之时,然后～施。"(12·260)《大字典》引《列子·天瑞》:"凡一气不～进,一形不～亏,亦不觉其成,不觉其亏。"江淹《铜雀妓》:"雄剑～无光,杂佩亦销烁。"(1814)按,张永言师《从词汇史看〈列子〉的撰写时代》(修订稿)"顿"条云:"副词'顿'义为'一下子',这是魏晋六朝通行的新词新义。"(见《汉语史学报》第六辑,8页)又参看蔡镜浩(1990)"顿"条,董志翘、蔡镜浩(1994)"顿"条。②动量词。用于次数。一次性地。｜先以粳米为粥糜,一～饱食之,名曰"填嗉"。(六,养鹅、鸭,455)然后净淘米,炊为再馏,摊令冷,细擘饭破,勿令有块子,一～下酿,更不重投。(八,作酢法,548)"二典"均首引唐代例(12·260,1814)。

【多饶】duō ráo 多。同义连文。｜既至冬寒,～风霜,或春初雨落,青草未生时,则须饲,不宜出放。(六,养羊,427)寺西有园,～奇果。(《洛阳伽蓝记》卷一"景林寺")按《洛阳伽蓝记》中屡见。《大词典》未收此词。

【多少】duō shǎo ①用于询问事物的数量。几何,若干。｜与人此酒,先问饮～,裁量与之。若不语其法,口美不能自节,无不死矣。(七,笨麹并酒,512)《大词典》首引《南史·蔡撙传》:"武帝尝谓曰:'卿门旧尚有堪事者～?'"(3·1176)②犹少、少许。｜蕺菹法:蕺去土、毛、黑恶者,不洗,暂经沸汤即出。～与盐。(九,作菹、藏生菜法,665)《大词典》仅引一例:《三国志·魏志·夏侯玄传》"徙乐浪,道死"裴松之注引晋孙盛《魏氏春秋》:"汝等虽佳,才具不多,率胸怀与〔钟〕会语,便自无忧,不须极哀,会止便止。又可～问朝事。"(3·1176)参看江蓝生

(1988)"多少"条,蔡镜浩(1990)"多少"条,董志翘、蔡镜浩(1994)"多少　少多"条,柳士镇(1992)189—190页。

【堕夫】duò fū 犹懒汉。｜谚曰:"桃李不言,下自成蹊。"非直妨耕种,损禾苗,抑亦～之所休息,竖子之所嬉游。(一,种谷,92)《大词典》仅引一例:唐孟郊《济源春》诗:"治生鲜～,积学多深材。"(2·1206)

E

【扼】è 量词。犹"束""把""捆"。｜一～随以茅结之,擘葛弥善。四～为一头。(五,种紫草,377)"二典"均仅引《要术》一例(6·360,770)。

【鹗爪】è zhǎo 状如鹗爪的枝条。｜以大科蓬蒿为薪,散蚕令遍,悬之于栋梁、椽柱,或垂绳钩弋、～、龙牙,上下数重,所在皆得。(五,种桑、柘,333)石声汉注:"鹗爪是一个柄上某一处集中有几个弯曲的枝条。"《大词典》仅引此例(12·1132)。

【儿女子】ér nǚ zǐ 孩童。｜三月初,叶大如钱,逐概处拔大者卖之。十手拔,乃禁取。～七岁以上,皆得充事也。(三,种葵,181)《大词典》仅引此例(2·271)。按,此义与常见的当"妇人"讲的"儿女子"①不同。

【而且】ér qiě 表示并列和互相补充。｜《广志》云:"……此三稻,大～长,米半寸。出益州。"(二,水稻,136)又收瓜子法:食瓜时,美者收取,即以细糠拌之,日曝向燥,挼而簸之,净～速也。(二,种瓜,155)非时者,虫～脆也。(五,伐木,379)皮如玉色,滑～美。(八,菹绿,611)按,"而且"《大词典》列二义,第一义为"表示进一层",首引《荀子》;第二义为"表示并列和互相补充",首引元代例(8·775)。实际上第二义在《要术》中已经常见。参看王云路、方一新(1992)"而且"条。

F

【发】fā 发酵;膨胀。｜凡冬月酿酒,中冷不～者,以瓦瓶盛热汤,

---

　　①　参看:郭松柏、刘有志《"儿女子"并非"妇人之子"》,《中国语文》1997年第6期;王云路《说"儿"》,《杭州大学学报》1998年第3期,又收入其《词汇训诂论稿》,北京语言文化大学出版社,2002年,298—306页。

坚塞口,又于釜汤中煮瓶,令极热,引出,著酒瓮中,须臾即～。(七,造神曲并酒,498)曲～便下酿,不限日数,米足便休为异耳。(七,笨曲并酒,514)三日极酢,合三斗酿米炊之,气刺人鼻,便为大～,搅成。(同上,519)撣令小暖如人体,下酿,以杷搅之,绵幕瓮口。三日便～。～时数搅,不搅则生白醭;生白醭则不好。(八,作酢法,551)《大词典》首引《要术》(8·542),《大字典》未举书证(1153)。

【发色】fā sè 使色泽鲜亮。|泽欲熟时,下少许青蒿以～。(五,种红蓝花、栀子,367)煎法一同合泽,亦著青蒿以～。(同上)清酒数涂以～。色足便止。(九,炙法,616)《大词典》仅列"呈现色彩。指花苞开放"一义,首引汉班固《西都赋》(8·547)。

【乏力】fá lì 疲惫无力。|早放者,非直～致困,又有寒冷,兼乌鸱灾也。(六,养鹅、鸭,456)《大词典》首引鲁迅文(1·644)。

【法用】fǎ yòng 犹言方法。|曲发便下酿,不限日数,米足便休为异耳。自馀～,一与前同。(七,笨曲并酒,514)《大词典》未收此词(5·1036)。

【番】fān 量词。倍。|一岁之中,牛马驴得两～,羊得四倍。(六,养羊,440)缪启愉《校释》:"各本作'两番',谓更番两次;金抄作'两倍','倍'作增益讲,谓有两次增益,非实指'倍数'。"(441)《大词典》引当代例(7·1359),《大字典》未收此义(1063)。

【番次】fān cì 依次。|常作者,～相续,恒有热气,春秋冬夏,皆不须穰覆。(八,作豉法,560)《大词典》首引《要术》(7·1360)。

【翻动】fān dòng 改变原来的位置或样子。|凡瓜所以早烂者,皆由脚蹋及摘时不慎,～其蔓故也。(二,种瓜,157)《大词典》未收此义(9·689)。

【翻覆】fān fù 反转;倾覆。|摘瓜法:在步道上引手而取,勿听浪人踏瓜蔓,及～之。踏则茎破,翻则成细,皆令瓜不茂而蔓早死。(二,种瓜,157)汤淋处即冷,不过数斛汤,回转～,通头面痛淋,须臾起坐。(七,笨曲并酒,512)《大词典》首引《要术》(9·691)。

【凡常】fán cháng 普通;一般。|色同琥珀,又类真金。入口则消,状若凌雪,含浆膏润,特异～也。(九,炙法,616)《大词典》仅引《要术》一例(2·287)。

【繁茂】fán mào 繁密茂盛。｜凡五谷,唯小锄为良。小锄者,非直省功,谷亦倍胜。大锄者,草根～,用功多而收益少。(一,种谷,66)芹、苣,并收根畦种之。……性并易～,而甜脆胜野生者。(三,种襄荷、芹、苣,221)留杜高者,梨枝～,遇大风则披。(四,插梨,287)《大词典》首引晋潘岳《射雉赋》:"绿柏参差,文翩鳞次,萧森～,婉转轻利。"(9·984)

【放火】fàng huǒ 引火焚烧。｜凡开荒山泽田,皆七月芟艾之,草干即～,至春而开垦。(一,耕田,37)多种久居供食者,宜作劁麦;倒刈,薄布,顺风～;火既著,即以扫帚扑灭,仍打之。(二,大小麦,127)先～,十日后,曳陆轴十遍。(二,水稻,138)天雨新晴,北风寒切,是夜必霜,此时～作煴,少得烟气,则免于霜矣。(四,栽树,257)《大词典》引《周礼·夏官·罗氏》"蜡则作罗襦"汉郑玄注:"《王制》曰:'昆虫已蛰,可以火田。'今俗～张罗,其遗教。"《世说新语·规箴》:"将至吴,密敕左右,令入闾门～以示威。"(5·408)

【肥】féi ①指油脂。｜作干酪法:七月、八月中作之。日中炙酪,酪上皮成,掠取。更炙之,又掠。～尽无皮,乃止。(六,养羊,433)《大词典》首引《水经注·河水三》引晋张华《博物志》:"酒泉延寿县南山出泉水,大如筥,注地为沟。水有～如肉汁,取著器中,始黄后黑,如凝膏。"次引《要术》此例及石声汉注:"肥尽,即乳脂完全分出之后。"(6·1189)《大字典》首引汉蔡邕《为陈太守上孝子状》:"臣为设食,但用麦饭寒水,不食～腻。"末例引《齐民要术·石南》引《南方记》:"干其皮,中作肥。"(862)按,《大字典》引此例误甚。原文当作"人采之,取核,干其皮,中作肥鱼羹,和之尤美"。"肥"有"指油脂"义,参看蔡镜浩(1990)"肥"条。②指黏液或黏滑的涎。｜《诗义疏》云:"茆,与葵相似。叶大如手,赤圆,有～,断著手中,滑不得停也。"(六,养鱼,463)缪启愉《校释》:"肥:指莼的茎和叶的背面分泌有一种胶状透明黏液。"(465)《大词典》仅引此例及石声汉注:"肥,即'腻'或'黏滑'的涎。"(6·1189)

【肥饱】féi bǎo 饱食肥壮。｜纯取雌鸭,无令杂雄,足其粟豆,常令～,一鸭便生百卵。(六,养鹅、鸭,456)《大词典》未收此词。

【肥充】féi chōng 肥硕;肥壮。｜服牛乘马,量其力能;寒温饮饲,适其天性:如不～繁息者,未之有也。(六,养牛、马、驴、骡,383)刬草粗,虽是豆谷,亦不~;细锉无节,筛去土而食之者,令马肥。(同上,405)若使急性人及小儿者,拦约不得,必有打伤之灾;或劳戏不看,则有狼犬之害;懒不驱行,无~之理;将息失所,有羔死之患也。(六,养羊,423)水稗实成时,尤是所便,唼此足得~。(六,养鹅、鸭,456)《大词典》首引《诗·小雅·鱼藻》"鱼在在藻,有颁其首"汉郑玄笺:"〔鱼〕处于藻,既得其性则~,其首颁然。"次引《要术》(6·1191)。参看蔡镜浩(1990)"肥充(充肥)"条,方一新(1997)"充壮"条。

【肥茂】féi mào 肥壮茂盛。|至春草生,瓜亦生,茎叶~,异于常者。(二,种瓜,160—161)率方一步,下一斗粪,耕土覆之。~早熟,虽不及区种,亦胜凡瓜远矣。(同上,161)去浮根,不妨耧犁,令树~也。(五,种桑、柘,318)《大词典》仅引《要术》一例(6·1192)。

【肥嫩】féi nèn 肥而且嫩。|枿生~,比至收时,高与人膝等,茎叶皆美,科虽不高,菜实倍多。(三,种葵,177)《大词典》首引《要术》(6·1195)。

【肥盛】féi shèng 肥壮。|唯多与谷,令竟冬~,自然谷产矣。(六,养鸡,450)《大词典》首引《诗·大雅·灵台》"麀鹿濯濯,白鸟翯翯"汉郑玄笺:"鸟兽~喜乐。"(6·1194)按,《大词典》释作"谓肥壮盛多",不确。"盛"也是"肥壮"义,非指多。详见本书"疑难词语考释"部分。

【䏖】fèi 舂米使其精白。|作米粉法:粱米第一,粟米第二。必用一色纯米,勿使有杂。~使甚细,简去碎者。(五,种红蓝花、栀子,371)大率小麦生、炒、蒸三种等分,曝蒸者令干,三种合和,硙~。(七,造神麴并酒,490)米必须~,净淘,水清乃止,即经宿浸置。(七,笨麴并酒,512)作粟飧法:~米欲细而不碎。碎则浊而不美。~讫即炊。(九,飧、饭,648)"二典"均首引《要术》(8·1288,1267)。

【芬馥】fēn fù 香气浓郁。|作香粉法:唯多著丁香于粉合中,自然~。(五,种红蓝花、栀子,372)昔者西施痛而卧于道侧,姿颜妖丽,兰麝~,见者咸美其容而念其疾,莫不踌躇焉。(抱朴子·外篇·刺骄)《大词典》首引晋左思《吴都赋》:"光色炫晃,~肸蠁。"(9·309)

【馈】fēn 指蒸熟的饭。|其炊饭法,直下~,不须报蒸。其下~法:出~瓮中,取釜下沸汤浇之,仅没饭便止。(七,造神麴并酒,480)

淘米须极净,水清乃止。炊为～,下著空瓮中,以釜中炊汤,及热沃之,令～上水深一寸馀便止。以盆合头。良久水尽,～极熟软,便于席上摊之使冷。(同上,497)大率中分米:半前作沃～,半后作再馏黍。纯作沃～,酒便钝;再馏黍,酒便轻香;是以须中半耳。(同上)以正月晦日,多收河水;井水若咸,不堪淘米,下～亦不得。(七,笨麹并酒,505)《大词典》首引《要术》(12·579),《大字典》此义未独立,"馈"字仅列"蒸饭,煮米半熟用箕漉出再蒸熟"一义(1859)。

【粉】fěn 研成细末;粉碎。|牛产日,即～谷如米屑,多著水煮,则作薄粥,待冷饮牛。(六,养羊,431)～黍米,作粥清;捣麦䴷作末,绢筛。(九,作菹、藏生菜法,657)《大词典》引《周礼·天官·笾人》"糗饵,粉餈"汉郑玄注:"此二物皆～稻米黍米所为也。"《南史·梁纪下·敬帝》:"衣冠毙锋镝之下,老幼～戎马之足。"(9·199)

【粉解】fěn jiě 像粉一样地解散。|若水旱不调,宁燥不湿。燥耕虽块,一经得雨,地则～。(一,耕田,37—38)郑玄注曰:"凡所以粪种者,皆谓煮取汁也。赤缇,縓色也;渴泽,故水处也;潟,卤也;貆,貒也;勃壤,～者;埴垆,黏疏者;……"(一,收种,57)《大词典》未收此词。

【粪秽】fèn huì 指秽物。|鲀性易生,一种永得。宜净洁,不耐污,～入池即死矣。(六,养鱼,463)有邪见国王言:"汝能如是者,我当多将兵众住此,益积～,汝复能除不?"鬼神即起大风,吹之令净。(法显传·僧伽施国)《大词典》首引《隋书》(9·238)。

【丰足】fēng zú 犹言丰裕富足。|始者民以为烦,一二年间,家有丁车、大牛,整顿～。(序,9)然依法为池养鱼,必大～,终天靡穷,斯亦无赀之利也。(六,养鱼,461)《大词典》首引《要术》(9·1352)。

【风凉】fēng liáng 有风而凉爽。|挂著屋下阴中～处,勿令烟熏。(三,蔓菁,184)叶黄,锋出,则辟,于屋下～之处桁之。(三,种蒜,191)须要晴时,于大屋下～处,不见日处。(三,杂说,228)《大词典》首引《要术》(12·611)。

【缝隙】fèng xì 裂开的狭长的空处。|净扫东向开户屋,布麹饼于地;闭塞窗户,密泥～,勿令通风。(七,造神麹并酒,486)《大词典》首引唐诗(9·970)。

【稃】fū 泛指草本植物子实外面包着的硬壳。|九月中子熟,刘

之。候～燥载聚，打取子。（五，种紫草，377）石声汉释："稃，果实外面的包被，包括宿存萼和苞等。"《玉篇·禾部》："稃，甲也。""二典"均仅引《要术》一例（8·92，1090）。

【麸䴷】 fū suǒ 麦麸。｜至后粜～，曝干，置罂中，密封，至冬可养马。（三，杂说，引崔寔《四民月令》，234）缪启愉《校释》："'䴷'，各本及《宝典》引并同，应是'䴢'字之误。此二字意义相同，都是麦屑的意思，但读音不同，前者读 xiè ，后者读 suǒ 。崔寔（？—170 年）是东汉后期人，问题在'䴷'字始见于成书于公元 543 年的《玉篇》，前此无'䴷'字，只有'䴢'字，《说文》：'䴢，小麦屑之覈。从麦，肖声。'清徐灏《说文解字注笺》引桂馥《说文解字义证》引《四民月令》正作'䴢'，可作参证。"（236）《大词典》仅引此例及石声汉注："麸䴷，即麦麸、麦糠。"（8·92）

【扶老杖】 fú lǎo zhàng 手杖。｜三年，间斸去，堪为浑心～。一根三文。（五，种桑、柘，324）《大词典》未收。

【脯】 fǔ 干制的果仁和果肉。｜《释名》曰："瓠畜，皮瓠以为～，蓄积以待冬月用也。"（二，种瓠，165）枣～法：切枣曝之，干如～也。（四，种枣，264）《广志》曰："西方例多柰，家以为～，数十百斛以为蓄积，如收藏枣栗。"（四，柰、林檎，297）《大词典》首引《要术》（6·1279），《大字典》首引《晋书·祖逖传》："玄酒忘劳甘瓠～，何以咏恩歌且舞。"（870）

【附地】 fù dì 迫近地面。｜于此时，～剪却春葵，令根上蘖生者，柔软至好，仍供常食，美于秋菜。（三，种葵，177）至冬叶落，～刈杀之，以炭火烧头。（四，插梨，287）明年正月初，～芟杀，以草覆上，放火烧之。（五，种榆、白杨，338）明年正月，～芟杀，放火烧之。（同上，341）《大词典》未收此词（11·949）。

【腹腴】 fù yú 鱼肚下的肥肉。｜布鱼于瓮子中，一行鱼，一行糁，以满为限。～居上。肥则不能久，熟须先食故也。（八，作鱼鲊，574）《大词典》首引《要术》（6·1351）。

【覆】 fù 指家畜雄性架在雌性上交配。｜骡：驴～马生骡，则准常。以马～驴，所生骡者，形容壮大，弥复胜马。（六，养牛、马、驴、骡，406）"二典"均未收此义（8·765，1172）。

【覆护】 fù hù 覆盖保护。｜腊月中作者良，经夏无虫；馀月作者，必须～，不密则虫生。（九，作脾、奥、糟、苞，627—628）《大词典》释作"保

护;庇佑",首引《后汉书·东平宪王苍传》:"臣苍疲驽,特为陛下慈恩～,在家备教导之仁,升朝蒙爵命之首。"(8·772)

G

【盖冒】gài mào 覆盖。|～至夜,泻去上清汁,至淳处止,倾著帛练角袋子中悬之。(五,种红蓝花、栀子,367)《大词典》仅引清戴名世《答伍张两生书》一例(9·497)。

【干】gān 加工制成的干的食品。|从处暑至八月白露节皆得。早者作菹,晚者作～。(三,蔓菁,184)作菹及～者,九月收。晚即～恶。作～者,大晴时,薄地刈取,布地曝之。(三,种兰香,214)《大字典》首引《儒林外史》(24),《大词典》引现代作品(1·784)。按,"二典"此义下所举的例子都是作中心成分者,如饼干、葡萄干、豆腐干、萝卜干等,实际上也可单用。

【干菜】gān cài 蔬菜的干制品。|拟作～及酿菹者,割讫则寻手择治而辫之,勿待萎。萎而后辫则烂。(三,蔓菁,184)十月收芜菁讫时,收蜀芥。中为咸淡二菹,亦任为～。(三,种蜀芥、芸薹、芥子,205)《大词典》首引《要术》(1·791)。

【干涸】gān hé 水量枯尽。|时时溉灌,常令润泽。每浇水尽,即以燥土覆之,覆则保泽,不然则～。(四,栽树,256)《大词典》首引《晋书·范汪传》:"玄冬之月,沔汉～,皆当鱼贯而行,排推而进。"(1·792)

【干熇】gān kǎo 干燥。|《食经》曰:"乐安令徐肃藏瓜法:……十日许,出,拭之,小阴～之,乃内著盆中。……"(九,作菹、藏生菜法,662)《食经》藏杨梅法:"盐入肉中,仍出,曝令～。"(十,杨梅,730)《大词典》未收此词(1·794),《大字典》"熇"字条kǎo音下云:"《集韵·皓韵》:'熇,燥也。或省。'"(931)

【干腊】gān xī ①食物风干成干制品。|凡此诸芋,皆可～,又可藏至夏食之。(二,种芋,169)《大词典》未收此义(1·793)。②干肉。|羔有死者,皮好作裘褥,肉好作～,及作肉酱,味又甚美。(六,养羊,440)《大词典》首引《金史》(1·793)。

【坩】gān 盛物的陶器。|作浪中坑,火烧令赤,去灰,水浇,以草厚

蔽之，令～中才容酱瓶。(八，作酱等法，540)缪启愉《校释》："'坩'是陶制的容器。现在称耐高热的熔炼容器为'坩埚'。这里似是以封闭式的容纳烧瓶的炉膛为'坩'。本卷《作豉法》引《食经》有'内瓮著垎中'，处理方法相同，'垎'即'坎'字，这里'坩'，也可能是'浪中坑'的'坑'字之误。"(541)出之，举蟹脐，著姜末，还复脐如初。内著～瓮中，百个各一器，以前盐蓼汁浇之，令没。(同上，545)《大词典》首引晋谢玄《与姊书》："昨日疏成后出钓，所获鱼以为鲊二～，今奉送。"次引《世说新语·贤媛》："陶公少时作鱼梁吏，尝以～鲊饷母。"(2·1071)《大字典》首引《世说新语》(181)。

【刚】gāng 水分少；干；稠。与"泽""淖"相对。｜各细磨，和之。溲时微令～，足手熟揉为佳。(七，造神麹并酒，489)刌胡叶，煮三沸汤。待冷，接取清者，溲麹。以相著为限，大都欲小～，勿令太泽。(同上，490)磨不求细；细者酒不断粗，～强难押。(七，笨麹并酒，505)炊粳米饭为糁，饭欲～，不宜弱；弱则烂鲊。(八，作鱼鲊，573)粉饼法：以成调肉臛汁，接沸溲英粉，如环饼面，先～溲，以手痛揉，令极软熟；更以臛汁溲，令极泽铄铄然。(九，饼法，635)唯须缓火，以匕徐徐搅之，勿令住。煮令极熟，～淖得所，然后出之。(九，醴酪，645)下铁臼中，宁～不宜泽，捣三万杵，杵多益善。(九，笔墨，683)按，"二典"均未收此义。参看王小莘《魏晋南北朝词汇研究与词书的编纂》(《中国语文》1997年第4期，307页)。

【堈】gāng 瓮；缸。｜作小麦苦酒法：小麦三斗，炊令熟，著～中，以布密封其口。(八，作酢法，557—558)合墨法：好醇烟，捣讫，以细绢筛——于～内筛去草莽若细沙、尘埃。(九，笔墨，683)"二典"均首引《要术》(2·1126，191)。

【膏润】gāo rùn ①含水分多，不干燥。｜按，今世有十月、十一月耕者，非直逆天道，害蛰虫，地亦无～，收必薄少也。(一，耕田，45)不踏即枯涸，皮破即～。(三，种葵，181)七月末种者，叶虽～，根复细小；七月初种，根叶俱得。(三，蔓菁，187)按，此义的"膏润"《要术》中常见。《大词典》首引明谢肇淛《五杂俎》(6·1365)。②指油脂。｜颜色虽白，啮破枯燥无～者，秕子也，亦不中种。(二，种麻，117)

【割地】gē dì 划分土地。｜又种榆法：其于地畔种者，致雀损谷；

既非丛林,率多曲戾。不如～一方种之。(五,种榆、白杨,341)宜于园中～种之。(五,种槐、柳、楸、梓、梧、柞,350)亦宜～一方种之。(同上,354)《大词典》仅引《要术》一例(2·732)。

【格柯】gé kē 一种脱粒的农具。｜又五月子熟,拔取曝干,勿使令湿,湿则裛郁。～打出,作蒿篅盛之。(三,种胡荽,209)缪启愉《校释》:"格:杖;柯:柄。格柯:该是一种脱粒农具的土俗名称,就是在长柄的顶端加上一根杖或一块厚板的耞。《释名·释器用》有一种'加杖于柄头'的'耞',又《马首农言·种植》说:'打谷耞板,俗名"拉戈"。'正是一根杖或一块板作成的耞。而'拉戈'跟'格柯'的音相近,格柯可能是单板的耞。说详拙著《思适磋言》(《中国农史》1983 年第 2 期)。"(212)《大词典》未收此词。

【阁置】gé zhì 放置;放在一边。｜入五月中,罗灰遍著毡上,厚五寸许,卷束,于风凉之处～,虫亦不生。(六,养羊,428)《大词典》首引《要术》此例(12·115)。

【隔宿】gé xiǔ 相隔一夜。｜团麴,当日使讫,不得～。(七,造神麴并酒,478)治食郁肉漏脯中毒方:郁肉,密器盖之,～者是也。漏脯,茅屋漏下,沾着者是也。(金匮要略·禽兽鱼虫禁忌并治)《大词典》首引《要术》(11·1089)。

【各自】gè zì 指事物的各个自身。｜稻、麦糠粪之。二糠～堪粪,不令和杂。(五,种竹,359)～纯作,莫杂馀种。其杂米——糯米、小麦、黍米、穄米作者,不得好也。(五,种红蓝花、栀子,371)多有父马者,别作一坊,多置槽厩;剉刍及谷豆,～别安。(六,养牛、马、驴、骡,406)～别捶牛羊骨令碎,熟煮取汁,掠去浮沫,停之使清。(八,脯腊,579)《大词典》首引南朝宋鲍照《拟行路难》诗之四:"泻水置平地,～东西南北流。"(3·179)

【根】gēn 量词。用于条状物。本书中多用于植物。｜大率二尺留一～。概则不科。(二,种麻子,123)若瓜子尽生则太概,宜掐去之,一区四～即足矣。(二,种瓜,161)至明年秋,生高三尺许,间剧去恶者,相去一尺留一～,必须稀概均调,行伍条直相当。(四,园篱,254)《术》曰:"东方种桃九～,宜子孙,除凶祸。胡桃、奈桃种,亦同。"(四,种桃奈,269)《大词典》首引《要术》(4·1012),《大字典》首引《水经注·沁水》:"庙

侧有攒柏数百～。"(508)

【根须】gēn xū 犹须根。│栽法欲浅，令其～四散，则滋茂；深而直下者，聚而不科。(二，旱稻，147)《大词典》首引《南史·齐晋安王子懋传》："七日斋毕，华更鲜红，视罂中稍有～，当世称其孝感。"(4·1019)

【耕牛】gēng niú 耕田用的牛。│崔寔《四民月令》曰："遂合耦田器，养～，选任田者，以俟农事之起。"(三，杂说，241)出其金、银、丹、漆、～、战马，给军国之用，都督常用重人。(华阳国志·南中志·三)《大词典》首引三国魏曹操《军谯令》："其举义兵已来，将士绝无后者，求其亲戚以后之，授土田，官给～，置学师以教之。"(8·589)

【更益】gèng yì 犹更加。│水浸之木，～柔韧。(五，伐木，379)《大词典》未收此词(1·529)。

【共】gòng 介词。与；同；跟。│如其栽榆，与柳斜植，高～人等，然后编之。(四，园篱，254)榆生，～草俱长，未须料理。(五，种榆、白杨，341)愁其不肥——～母同圈，粟豆难足——宜埋车轮为食场，散粟豆于内，小豚足食，出入自由，则肥速。(六，养猪，443—444)《大词典》首引《洛阳伽蓝记·永宁寺》："荣即～穆结异姓兄弟。穆年大，荣兄事之。"(2·83)《大字典》首引唐王勃《滕王阁序》(102)。按，参看董志翘、蔡镜浩(1994)"共"条，于江《近代汉语"和"类虚词的历史考察》"共"条，《中国语文》1996年第6期。

【沟道】gōu dào 低凹如沟状的纹路。│《广志》曰："赤李。麦李，细小有～。……"(四，种李，275)《大词典》首引明李时珍《本草纲目》(6·3)。

【谷产】gǔ chǎn 指家禽未受精而产出的卵。谷，即俗所谓没有"雄"的蛋。│取～鸡子供常食法：别取雌鸡，勿令与雄相杂，其墙匡、斩翅、荆栖、土窠，一如前法。唯多与谷，令竟冬肥盛，自然～矣。一鸡生百馀卵，不雏，并食之无咎。(六，养鸡，450)《大词典》仅引此例(6·1506)。

【谷道】gǔ dào 后窍，即直肠到肛门的一部分。│治马大小便不通，眠起欲死，须急治之，不治，一日即死：以脂涂人手，探～中，去结屎。以盐内溺道中，须臾得溺，便当差也。(六，养牛、马、驴、骡，412)大猪胆一枚，泻汁，和醋少许，以灌～中，如一食顷，当大便出。(伤寒论·辨阳明病脉证并治法)《大词典》首引明李时珍《本草纲目》(6·1506)。

【故墟】gù xū 荒芜的田地;休闲地。|麻欲得良田,不用～。～亦良,有点(丁破反)叶夭折之患,不任作布也。(二,种麻,118)地不厌良,～弥善,薄即粪之,不宜妄种。(三,种葵,176)种不求多,唯须良地,～新粪坏墙垣乃佳。若无～粪者,以灰为粪,令厚一寸;灰多则燥不生也。(三,蔓菁,184)《大词典》仅引《要术》二例,并引石声汉注:"本书所谓'故墟',是指种植过而现在休闲的地。"(5·436)

【故纸】gù zhǐ 旧纸。|用～糊席,曝之。(七,造神麹并酒,491)吾每读圣人之书,未尝不肃敬对之;其～有五经词义,及贤达姓名,不敢秽用也。(颜氏家训·治家)《大词典》首引《要术》此例(5·434)。

【管】guǎn 保证;包管。|干、漉二酪,久停皆有喝气,不如年别新作,岁～用尽。(六,养羊,433—434)《大词典》首引元杂剧(8·1199),《大字典》首引宋词(1245)。

【光润】guāng rùn 光滑润泽。|然后削去四畔麤白无～者,别收之,以供麤用。麤粉,米皮所成,故无～。其中心圆如钵形,酷似鸭子白～者,名曰"粉英"。英粉,米心所成,是以～也。(五,种红蓝花、栀子,372)素颜敛～,白发一已繁。(陶潜《岁暮和张常侍》诗)《大词典》未收此词(2·232)。

【归去】guī qù 回去。|谚曰:"湿耕泽锄,不如～。"言无益而有损。(一,耕田,38)遵答:"违离姑姊,并历年载,欲往问讯,本明当发,夜见数人,急呼来此。即时可得～,而不知还路。"(《法苑珠林》卷九七引《冥祥记》)《大词典》首引晋陶潜《归去来兮辞》:"～来兮! 田园将芜,胡不归?"(5·369)

【过客】guò kè 招待客人。|凡漆器,不问真伪,～之后,皆须以水净洗,置床箔上,于日中半日许曝之使干,下晡乃收,则坚牢耐久。(五,漆,348—349)《大词典》未收此义(10·965)。

【过甚】guò shèn 过分。|且饥者有～之愿,渴者有兼量之情。既饱而后轻食,既暖而后轻衣。(序,17)《大词典》引《后汉书·陈蕃传》:"如加刑谪,已为～,况乃重刑,令伏欧刀乎!"《宋书·长沙景王道怜传》:"高祖虽遣将军佐辅之,而贪纵～,畜聚财货,常若不足。"(10·963)

H

【还】hái 副词。①表示现象继续存在或动作继续进行。相当于"仍旧""依然"。| 先治而别埋,先治,场净不杂;窖埋,又胜器盛。～以所治襄草蔽窖。(一,收种,54—55)候口开,乘车诣田斗薮;倒竖,以小杖微打之。～丛之。三日一打。四五遍乃尽耳。(二,胡麻,150)种法:使行阵整直,两行微相近,两行外相远,中间通步道,道外～两行相近。如是作次第,经四小道,通一车道。(二,种瓜,156)一升葵,～得一升米。(三,种葵,181)二月初,山中取栽,阳中者～种阳地,阴中者～种阴地。(四,种桃柰,272)《大词典》首引晋陶潜《读〈山海经〉诗》:"既耕亦已种,且～读我书。"(10·1248)《大字典》首引杜甫诗(1619)。②表示重复,相当于"再""又"。| 比及剪遍,初者～复,周而复始,日日无穷。(三,种葵,181)今并州无大蒜,朝歌取种,一岁之后,～成百子蒜矣,其瓣麤细,正与条中子同。(三,种蒜,191)此物繁息,一种永生。蔓延滋漫,年年稍广。间区剧取,随手～合。但种数亩,用之无穷。(同上,192)《大词典》首引南朝宋鲍照《东门行》:"涕零心断绝,将去复～诀。"(10·1249)按,此例的"还"也许是个动词,指"回还"。《大字典》首引白居易诗(1619)。参看江蓝生(1988)"还"条,董志翘、蔡镜浩(1994)"还〔二〕"条。

【含重】hán chóng 指家畜怀孕,即将生育。| 其十一月及二月生者,母既～,肤躯充满,草虽枯,亦不羸瘦;母乳适尽,即得春草,是以极佳也。(六,养羊,423)凡驴马牛羊收犊子、驹、羔法:常于市上伺候,见～垂欲生者,辄买取。(同上,440)《大词典》未收此词(3·226)。

【寒厉】hán lì 形容严寒。| 隆冬～,虽日茹瓮,麴汁犹冻,临下酿时,宜漉出冻凌,于釜中融之。(七,造神麴并酒,497)《大词典》首引明《徐霞客游记》(3·1558)。

【寒切】hán qiè 非常寒冷。| 天雨新晴,北风～,是夜必霜,此时放火作煴,少得烟气,则免于霜矣。(四,栽树,257)《大词典》未收此词(3·1544)。

【寒冷】hán lěng 温度低;感觉温度低。| 早放者,非直乏力致困,又

有～，兼乌鸱灾也。（六，养鹅、鸭，456）所以然者，胃中～故也。（伤寒论·辨厥阴病脉证并治）《大词典》首引唐诗（3·1547）。

【暵】hàn 曝晒。｜大、小麦，皆须五月、六月～地。不～地而种者，其收倍薄。（二，大小麦，126）凡下田停水处，燥则坚垎，湿则污泥，难治而易荒，硗埆而杀种——其春耕者，杀种尤甚——故宜五六月～之，以拟穬麦。（二，旱稻，147）《大词典》仅引《要术》一例，"暵地"条释作"翻晒土壤"，也仅引《要术》一例（5·821）；《大字典》亦仅引《要术》（644）。

【好】hǎo ①可以；能；便于。｜二十年，～作辖车材。（五，种桑、柘，324）羔有死者，皮～作裘褥，肉～作干腊，及作肉酱，味又甚美。（六，养羊，440）《大词典》首引《要术》，次引南朝梁刘缓《江南可采莲》诗："楫小宜回径，船轻～入丛。"（4·281）《大字典》"宜于；便于"义下首引《诗·郑风·缁衣》："缁衣之好兮，敝，予又改造兮。"毛传："好，犹宜也。"显误，次引白居易诗；"应该；可以"义下首引《要术》（432）。②完成，完毕。｜《食经》作白醪酒法："炊米三斗酘之，使和调，盖。满五日，乃～。酒甘如乳。"（七，笨曲并酒，519）炙时以杂香菜汁灌之。燥复与之，熟而止。色赤则～。（九，炙法，624）"二典"均首引《要术》。③用在形容词、动词前，表示程度深。充分；完全；彻底。｜秋种者，五月子熟，拔去，急耕，十馀日又一转，入六月又一转，令～调熟，调熟如麻地。（三，种胡荽，210）若旧瓶已曾卧酪者，每卧酪时，辄须灰火中烧瓶，令津出，回转烧之，皆使周匝热彻，～干，待冷乃用。（六，养羊，432）夏一宿，春秋再宿，冬三宿，看米～消，更炊酘之，还泥封。（七，笨曲并酒，511）自馀粉悉于甑中干蒸，令气～馏，下之，摊令冷，以曲末和之，极令调均。（同上，512）三日～净，漉，洗去鳞，全作勿切。（八，作酱等法，541）《大词典》首引宋词，《大字典》首引金董解元《西厢记诸宫调》。按，王云路、方一新（1992）"好熟"条释这类"好"字为"正好；正合适"，不取。参看董志翘、蔡镜浩（1994）"好"条。

【好美】hǎo měi 上好的。｜《博物志》胡椒酒法："以好春酒五升；干姜一两，胡椒七十枚，皆捣末；～安石榴五枚，押取汁。……"（七，笨曲并酒，519）然恶人与善人，反如人健时吃～食，大美乃得肥壮；若病人食饭苦，亦不肯食，久久因病而死。（《要修科仪戒律钞》卷十二引《太平经》）昔有一聚落，去王城五由旬。村中有～水，王敕村人，常使日日送其美水。(百喻经·送美水喻)《大词典》仅列"美貌"一义(4·288)。

【好日】hǎo rì 好天。指晴好无风的日子。|无风尘～时,舒布于床上,刀削粉英如梳,曝之,乃至粉干。(五,种红蓝花、栀子,372)若遇～,可三日晒。(七,造神麹并酒,479)～无风尘时,日中曝令成盐,浮即接取,便是花盐,厚薄光泽似钟乳。(八,常满盐、花盐,534)《大词典》首引唐王建词(4·283)。

【耗】hào 出饭率低,不能涨锅。|收少者美而～,收多者恶而息也。(一,种谷,65)此义"二典"均未收。

【和】hé 连带,连同;趁。|收根依畦法,一顷收二百载。二十载得一婢。细剉,～茎饲牛羊,全掷乞猪,并得充肥,亚于大豆耳。(三,蔓菁,187)以别绢滤白淳汁,～热抒出,更就盆染之,急舒展令匀。(三,杂说,240)《大词典》首引唐元稹诗(3·264),《大字典》首引南唐李煜词(253)。参看董志翘、蔡镜浩(1994)"和"条。

【合】hé ①调制;配制。|崔寔《四民月令》曰:"上除若十五日,～诸膏、小草续命丸、散、注药。"(三,杂说,226)～香泽法:好清酒以浸香;夏用冷酒,春秋温酒令暖,冬则小热。(五,种红蓝花、栀子,367)～面脂法:……(同上)～墨法:……～墨不得过二月、九月,温时败臭,寒则难干潼溶,见风自解碎。(九,笔墨,683—684)"二典"均首引晋葛洪《抱朴子》(3·143,245)。参看王云路、方一新(1992)"合"条。②覆盖;盖上。|作奈虀法:拾烂奈,内瓮中,盆～口,勿令蝇入。(四,奈、林檎,297)生炭火于坑中,～瓮口于坑上而熏之。(七,涂瓮,477)下馈著空瓮中,以釜内炊汤及热沃之,令馈上游水深一寸馀便止。以盆～头。(七,笨麹并酒,510)净淘,弱炊为再馏,摊令温温暖于人体,便下,以杷搅之。盆～,泥封。(同上,511)《大字典》首引《要术》(245)。③倒覆;倒扣。|蒸干芜菁根法:作汤净洗芜菁根,漉著一斛瓮子中,以苇荻塞瓮里以蔽口,～著釜上,系瓺带,以干牛粪燃火,竟夜蒸之,麤细均熟。(二,种麻,188)种法:以升盏～地为处,布子于围内。韭性内生,不向外长,围种令科成。(三,种韭,203)世人见漆器暂在日中,恐其炙坏,～著阴润之地,虽欲爱慎,朽败更速矣。(五,漆,349)胶盆向满,异著空静处屋中,仰头令凝。盖则气变成水,令胶解难。凌旦,～盆于席上,脱取凝

胶。(九,煮胶,680)《大字典》释作"覆盖;笼罩",首引《要术》(245)。
④盒子。后作"盒"。|十年后,一树千钱,柴在外。车、板、盘、～、乐
器,所在任用。(五,种槐、柳、楸、梓、梧、柞,354)青、白二材,并堪车、
板、盘、～、木屟等用。(同上,356)作香粉法:唯多著丁香于粉～中,自
然芬馥。亦有捣香末绢筛和粉者,亦有水浸香以香汁溲粉者,皆损色,又费香,不
如全著～中也。(五,种红蓝花、栀子,372)《大字典》首引《梁书·傅昭
传》:"(昭)器服率陋,身安粗粝,常插烛于板床。明帝闻之,赐漆～烛
盘等。"(245)⑤连同;连带。|著四五叶,雨时,～泥移栽之。(二,种
瓜,164)桃,奈桃,欲种,法:熟时～肉全埋粪地中。(四,种桃奈,268)
盐入汁出,然后～盐晒令萎,手捻之令褊。(四,种李,277)此酒～醅饮
之可也。(七,造神麹并酒,489)缪启愉《校释》:"合醅饮之:即连糟吃
喝。"《大词典》仅引《要术》二例(4·143),《大字典》未收此义。参看蔡
镜浩(1990)"合"条,董志翘、蔡镜浩(1994)"合"条。⑥全部;整个。|
裴渊《广州记》曰:"罗浮山有橘,夏熟,实大如李;剥皮啖则酢,～食极
甘。"(十,橘,714)《大字典》首引《要术》。以上②—⑥义《大词典》均首
引《要术》(3·143)。

【合柈】hé bàn 腹部向外凸出的圆形容器。|其内心如蒜鹄头生,
大如～。(十,芭蕉,760)缪启愉《校释》:"合柈:是腹部向外凸出的圆
形容器,这里即指自叶鞘中心长出的大花丛,这就成为结的'房'。"
(764)《大词典》未收此词(3·150)。

【合法】hé fǎ 犹得法,符合法式。|奠时,去米粒,半奠。若过米
奠,不～也。(八,羹臛法,592)《大词典》首引清代例(3·149)。

【合群】hé qún 犹成群。|羊有疥者,间别之;不别,相染污,或
能～致死。(六,养羊,439)《大词典》引当代例(3·157)。

【合宜】hé yí 合适;恰当。|沤欲清水,生熟～。(二,种麻,118)军
事尚权,期于～。(三国志·魏书·董昭传)《大词典》首引晋袁宏《后
汉纪·顺帝纪》:"礼制修,奢僭息,事～,则无凶咎。"(3·150)

【合宜适】hé yí shì 合宜;合适。|其卧酪待冷暖之节,温温小暖于
人体为～。热卧则酪醋,伤冷则难成。(六,养羊,433)《大词典》未收
此词。

【合用】hé yòng 合适;适用。|鳢鱼臛:用极大者,一尺已下不～。

(八,羹臛法,592)鳢鱼汤:禽,用大鳢,一尺已下不～。(同上)《大词典》首引《二十年目睹之怪现状》(3·147)。

【桁】héng 悬挂在横木上。｜叶黄,锋出,则辫,于屋下风凉之处～之。(三,种蒜,191)"二典"均仅引此例(4·977,505)。

【红】hóng 泛指各种红色。｜凡点书、记事,多用绯缜,缯体硬强,费人齿力,俞污染书,又多零落。若用～纸者,非直明净无染,又纸性相亲,久而不落。(三,杂说,227)晒枣法:……五六日后,别择取～软者,上高厨而曝之。(四,种枣,263)按梅花早而白,杏花晚而～。(四,种梅杏,279)周景式《庐山记》曰:"香炉峰头有大磐石,可坐数百人,垂生山石榴。三月中作花,色如石榴而小淡,～敷紫萼,烨烨可爱。"(四,安石榴,304)杀花法:……又以布袋绞去汁,即收取染～,勿弃也。(五,种红蓝花、栀子,366)口中色欲得～白如火光,为善材,多气,良且寿。(六,养牛、马、驴、骡,397)作淹鱼法:……肉～赤色便熟。(八,脯腊,580)《大词典》首引白居易《忆江南》词:"江南好,风景旧曾谙。日出江花～胜火,春来江水绿如蓝。"(9·702)《大字典》无相应义项(1401)。

【后年】hòu nián ①第二年。｜蘸菹者,～正月始作耳,须留第一好菜拟之。(三,蔓菁,184)凡羊经疥得差者,至后夏初肥时,宜卖易之。不尔,～春疥发,必死矣。(六,养羊,440)《大词典》释作"明年,后一年",仅引《晋书·杜预传》一例:"若当须～,天时人事不得如长,臣恐其更难也。"②明年的明年。｜《食经》藏干栗法:"取穰灰,淋取汁渍栗。出,日中晒,令栗肉焦燥,可不畏虫,得至～春夏。"(四,种栗,293)明年正月初,附地芟杀,以草覆上,放火烧之。一岁之中,长八九尺矣。～正月、二月,移栽之。初生即移者,喜曲,故须丛林长之三年,乃移植。(五,种榆、白杨,338)明年春,生。有草拔令去,勿使荒没。～正月间,劚移之,方两步一树。(五,种槐、柳、楸、梓、梧、柞,354)《大词典》仅引《要术》一例(3·959)。

【候】hòu ①测试;观察。｜数入～看,热则去火。(五,种桑、柘,333)虽言春秋二时杀米三石、四石,然要须善～麹势:麹势未穷,米犹消化者,便加米,唯多为良。(七,造神麹并酒,492)一日再入,以手刺豆堆中～看:如人腋下暖,便须翻之。……一日再～,中暖更翻,还如前法作尖堆。……复以手～,暖则还翻。(八,作豉法,561)"二典"均未单列此义。②准则;标志;时机。｜夏种黍、穄,与稙谷同时;非夏者,大率以椹赤为～。(二,黍穄,102)五日后,必饮。以眼鼻净为～,不差,更灌,一如前法。(六,养羊,440)以深浅为～,水深则茎肥而叶少,水浅则叶多而茎瘦。(六,养鱼,463)但候麹香沫起,便下酿。过久麹生衣,则为失～;失～则酒重钝,不复轻香。(七,造神麹并酒,492)《大字典》"在变化中呈现的某种情状或程度"义下首引《世说新语·赏誉》:"王大将军称其儿云:其神～似犹可。"次引《要术》(75);《大词典》"指随时变化着的情状"义下则首引宋司马光诗(1·1503)。以上两义参看蔡镜浩(1990)"候"条。

【胡床】hú chuáng 一种可以折叠的轻便坐具。又称交椅。｜十年,中四破为杖,任为马鞭、～。马鞭一枚直十文,～一具直百文。(五,种桑、柘,324)《大词典》引《三国志·魏志·武帝纪》"贼乱取牛马,公乃得渡"裴松之注引《曹瞒传》:"公将过河,前队适渡,超等奄至,公犹坐～不起。"《世说新语·自新》:"渊在岸上,据～指麾左右,皆得其宜。"(6·1211)

【胡粉】hú fěn 铅粉。用于傅面或绘画。｜用白米英粉三分,～一分,不著～,不著人面。(五,种红蓝花、栀子,371)《大词典》引《释名·释首饰》:"～:胡,餬也,脂合以涂面也。"《后汉书·李固传》:"固独～饰貌,搔首弄姿。"晋张华《博物志》卷四:"～、白石灰等,以水和之,涂鬓须不白。"晋葛洪《抱朴子·论仙》:"愚人乃不信黄丹及～乃化铅所作。"(6·1214)

【糊】hú 用黏性物把东西黏合在一起。｜上犊车蓬(篷)牵及～屏风、书帙令不生虫法:水浸石灰,经一宿,挹取汁以和豆黏及作面糊则无虫。(三,杂说,233)屋欲四面开窗,纸～,厚为篱。(五,种桑、柘,333)取黍米一升作稠粥,以故布广三四寸,长七八寸,以粥～布上,厚裹蹄上疮处,以散麻缠之。(六,养牛、马、驴、骡,411—412)用故纸～席,曝之。(七,造神麹并酒,491)《大词典》首引南朝宋鲍照《芜城赋》:"制磁石以御冲,～赪壤以飞文。"(9·232)《大字典》首引《太平御览》卷六百九十九引谢承《后汉书》:"羊续为庐江太守,卧一幅布帱。帱穿败,～纸补之。"(1314)《集韵·模韵》:"黏,《说文》:'黏也。'或作糊。"

【虎口】hǔ kǒu 指大拇指和食指相连的部分。｜羊节解法:羊肶一枚,以水杂生米三升,葱一～,煮之,令半熟。(八,羹臛法,585)下葱白,长二寸一～,细琢姜及橘皮各半合,椒少许;下苦酒、盐、豉适口。(同上)猪肉一斤,香豉一升,盐五合,葱白半～,苏叶一寸围,豉汁三升,著盐。(八,蒸缹法,598—599)《大词典》首引宋洪迈《夷坚三志》(8·801)。

【花】huā 开花。｜二月上旬及麻菩、杨生种者为上时,三月上旬及清明节、桃始～为中时,四月上旬及枣叶生、桑花落为下时。(一,种谷,66)《杂阴阳书》曰:"麻'生'于杨或荆。七十日～,后六十日熟。"(二,种麻子,124)瓜生,比至初～,必须三四遍熟锄,勿令有草生。(二,种瓜,156)《广志》曰:"有春季李,冬～春熟。"(四,种李,275)裴渊《广州记》曰:"橻多树,不～而结实。"(十,橻多,848)《大字典》首引《要术》(1325),《大词典》则首引杜甫诗(9·285)。按,《诗·小雅·出车》:"昔我往矣,黍稷方华。"这个"华"即"花"之古字,可见"花"用作动词上古已然,但字形写作"花"的似以《要术》为较早。

【花房】huā fáng 指花芽。｜白梧无子,冬结似子者,乃是明年之～。(五,种槐、柳、楸、梓、梧、柞,356)石声汉注:"这里所谓'花房',所指的应当是花芽。"《大词典》仅引《要术》此例(9·291)。

【坏】huài 变质;变得不好或有害。｜又曝使干。得经数年不～,以供远行。(六,养羊,433)竟夏直以单布覆瓮口,斩席盖布上,慎勿瓮泥;瓮泥封交即酢～。(七,造神麹并酒,492)《术》曰:"若为妊娠妇人坏酱者,取白叶棘子著瓮中,则还好。乞人酱时,以新汲水一盏,和而与之,令酱不～。"(八,作酱等法,537)《食经》曰:"藏姜法:蜜煮乌梅,去滓,以渍廉姜,再三宿,色黄赤如琥珀。多年不～。"(十,廉姜,743)又用作使动。｜用不津瓮,瓮津则～酱。(八,作酱等法,535)《术》曰:"若为妊娠妇人～酱者,取白叶棘子著瓮中,则还好。"(同上,537)《大词典》首引《要术》(2·1240),《大字典》未举书证(210)。

【缓火】huǎn huǒ 犹文火。｜煎数沸后,便～微煎,然后下所浸香煎。～至暮,水尽沸定,乃熟。(五,种红蓝花、栀子,367)炒法:钉大橛,以绳缚长柄匕匙著橛上,～微炒。(七,笨麹并酒,505)以茅茹腹令满,柞木穿,～遥炙,急转勿住。(九,炙法,616)尤宜～,火急则焦气。(九,飧饦,675)《大词典》首引《要术》(9·944)。

【荒没】huāng mò 荒芜。｜草生拔却,勿令～。(五,种桑、柘,324)有草拔令去,勿使～。(五,种槐、柳、楸、梓、梧、柞,354)《大词典》未收此词。

【黄】huáng ①卵黄。｜治马中水方:取盐著两鼻中,各如鸡子～许大,捉鼻,令马眼中泪出,乃止,良矣。(六,养牛、马、驴、骡,410)更炙,白燥,与鸭子～;若无,用鸡子～,加少朱,助赤色。(九,炙法,623)可下鸡子白——去～——五颗。(九,笔墨,683)《大词典》首引《宋书·天文志一》:"前儒旧说,天地之体,状如鸟卵,天包地外,犹壳之裹～也。"次引《要术》(12·967)。②蟹黄。｜藏蟹法:九月内,取母蟹,得则著水中,勿令伤损及死者。一宿则腹中净。久则吐～,吐～则不好。(八,作酱等法,545)又法:直煮盐蓼汤,瓮盛,诣河所,得蟹则内盐汁里,满便泥封。虽不及前味,亦好。慎风如前法。食时下姜末调～,盏盛姜酢。(同上,546)《大词典》未收此义。《大字典》此二义均未列(1909)。③指牛黄。｜常有似鸣者,有～。(六,养牛、马、驴、骡,417)缪启愉《校释》:"黄:指牛黄:患胆汁凝结病的牛,胆汁凝结有粒状或块状物,名为牛黄,可治惊痫等病。"(420)"二典"均首引宋代例。

【黄塲】huáng shāng 指土壤湿润适度。｜燥湿候～。(二,黍穄,102)缪启愉《校释》:"塲:也写作'暘',即今'墒'字,指土壤中保有某种湿润程度和良好的结构而言。'黄墒'是北方至今还保留着的群众口语。清代山东淄博地区(与贾思勰家乡邻近)的农书蒲松龄(1640—1715)《农蚕经》转音称'黄壤'。黄墒的标准是:土壤湿润适度,捏之成团,扔之则散,手触之,微有湿印和凉爽之感。"(103)亦秋耕、杷、劳令熟,至春,～纳种。不宜湿下。(二,旱稻,147)种法:～时,以耧耩,逐垅手下之。(三,种蒜,191)《大词典》未收此词。

【黄衣】huáng yī 用以酿酒或制酱用的蒸熟的淀粉制品在发酵过程中表面所生的霉尘。｜作～法:……七日,看～色足,便出曝之,令干。去胡枲而已,慎勿飏簸。齐人喜当风飏去～,此大谬:凡有所造作用麦䴷者,皆仰其衣为势,今反飏去之,作物必不善矣。(八,黄衣、黄蒸及蘖,532)大率成鱼一斗,用～三升,一升全用,二升作末。(八,作酱等法,541)《食经》作麦酱法:"小麦一石,渍一宿,炊,卧之,令生～。"(同上,543)《食次》曰:"女麹:……三七二十一日,开看,遍有～则止。三七日无衣,乃停,要须衣遍乃止。"(九,作菹、藏生菜法,664)《大词典》首引《要术》(12•975)。

【黄蒸】huáng zhēng 发酵剂的一种。以米、麦制成。|作～法:六、七月中,师生小麦,细磨之。以水溲而蒸之,气馏好熟,便下之,摊令冷。布置,覆盖,成就,一如麦䴷法。亦勿飏之,虑其所损。(八,黄衣、黄蒸及蘖,532)预前,日曝白盐、～、草蒿、麦䴷,令极干燥。……䴷及～,各别捣末细筛——马尾罗弥好。大率豆黄三斗,䴷末一斗,～末一斗,白盐五升,蒿子三指一撮。(八,作酱等法,536)蒸干～一斛,熟蒸麩三斛:凡二物,温温暖,便和之。(八,作酢法,554)《大词典》首引《要术》(12•997)。

【潢】huáng 染纸。|凡～纸灭白便是,不宜太深,深则年久色暗也。……其新写者,须以熨斗缝缝熨而～之,不尔,入则零落矣。(三,杂说,226)凡雌黄治书,待～讫治者佳;先治入潢则动。(同上,227)"二典"均首引《要术》(6•55,720)。《玉篇•水部》:"潢,染潢也。"《广韵•宕韵》:"潢,《释名》曰'染书也'。"

【灰尘】huī chén 灰末和尘土。|取干牛屎,圆累,令中央空,燃之不烟,势类好炭。若能多收,常用作食,既无～,又不失火,胜于阜远矣。(八,作酱等法,536)流离困瘵,方资腐帛于颓墙之下,求余光于～之中,劘灭者多,故〔虽〕有所阙,犹愈于遗忘焉。(《华阳国志•序志•一》)《大词典》释作"尘埃、尘土",首引《水浒传》(7•28)。

【回】huí ①归;返。|非直奸人惭笑而返,狐狼亦自息望而～。(四,园篱,254)参看拙著(2000b:268—276)"还、返(反)、归/回(迴、廻)"条。②重复某种动作或重现某种现象。|《术》曰:"若为妊娠妇人坏酱者,取白叶棘子著瓮中,则还好。俗人用孝杖搅酱,及炙瓮,酱虽～而胎损。"(八,作酱等法,537)～酒酢法:凡酿酒失所味醋者,或初好后动未压者,皆宜～作醋。(八,作酢法,552)《大词典》首引《要术》(10•769),《大字典》未列此义(1593)。

【回易】huí yì 更改;变换。|初冷下者,酘亦冷;初暖下者,酘亦暖;不得～,冷热相杂。(七,造神曲并酒,497)《大词典》首引《晋书•周玘传》:"帝闻而秘之,召玘为镇东司马;未行,复改授建武将军,南郡太守。玘既南行,至芜湖,又下令曰:'玘奕世忠烈,义诚显著,孤所钦

喜。今以为军谘祭酒,将军如故,进爵为公,禄秩僚属一同开国之例.'玘忿于～,又知其谋泄,遂忧愤发背而卒。"次引《要术》(10・772)。

【回转】huí zhuǎn 回旋;旋转。|崔寔《政论》曰:"今辽东耕犁,辕长四尺,～相妨,既用两牛,两人牵之,一人将耕,一人下种,二人挽耧:凡用两牛六人,一日才种二十五亩。"(一,耕田,50)漱生衣绢法:以水浸绢令没,一日数度～之。(三,杂说,233)数～使匀,举看有盛水袋子,便是绢熟。(同上,239—240)接去清水,贮出淳汁,著大盆中,以杖一向搅——勿左右～——三百馀匝,停置。(五,种红蓝花、栀子,372)《大词典》引三国魏曹丕《善哉行》:"汤汤川流,中有行舟,随波～,有似客游。"南朝宋谢灵运《从斤竹涧越岭溪行》:"川渚屡迳复,乘流玩～。"(10・779)

【蚘虫】huí chóng 即蛔虫。|《养生论》曰:"鸡肉不可食小儿,食令生～,又令体消瘦。"(六,养鸡,450)《大词典》首引《南史・张邵传》:"石蚘者,久蚘也。医疗既僻,～转坚,世间药不能遣。"(8・890)

【毁裂】huǐ liè 破裂;裂开。|书有～,剟方纸而补者,率皆挛拳,瘢疮硬厚。(三,杂说,227)《大词典》未收此义(6・1498)。

【会】huì 副词。要当;该当。|荄多则蔓广,蔓广则歧多,歧多则饶子。其瓜～是歧头而生;无歧而花者,皆是浪花,终无瓜矣。(二,种瓜,156—157)虽名秋种,～在六月。(三,种胡荽,210)于后无若,或八日、六日一酘,～以偶日酘之,不得只日。(七,法酒,526)《大词典》引汉宋子侯《董娇娆》诗:"终年～飘堕,安得久馨香?"《玉台新咏・古诗〈为焦仲卿妻作〉》:"吾已失恩义,～不相从许。"(5・783)《大字典》则首引《古诗为焦仲卿妻作》(641)。参看董志翘、蔡镜浩(1994)"会"条。

【秽恶】huì è 污浊。|地须净扫,不得～;勿令湿。(七,造神麹并酒,478)《大词典》释作"邪恶;污浊",引晋袁宏《后汉纪・灵帝纪上》:"夏侯氏便于座中攘臂大呼,数元艾隐匿～十五事,曰:'吾早欲弃卿去,而情所未忍耳,今反黜我!'遂越席而去。"晋干宝《搜神记》卷十二:"若有～及其所止者,则有虎通夕来守,人不去,便伤害人。"(8・154)

【秽污】huì wū 弄脏。|然后细剉,布㞏盛,高屋厨上晒经一日,莫使风土～。(七,造神麹并酒,479)《大词典》未收此义(8・154)。

【浑】hún ①全;整个。作定语。|三年,间剧去,堪为～心扶老杖。

(五,种桑、柘,324)炒鸡子法:打破,著铜铛中,搅令黄白相杂。细擘葱白,下盐米、～豉、麻油炒之,甚香美。(六,养鸡,450)《食经》云:"鲊沸,汤中与豉汁、～葱白,破鸡子写中。"(八,脏、腤、煎、消法,605)〔《食经》曰:〕"盐,豉,葱白中截,干苏微火炙——生苏不炙——与成治～鸡,俱下水中,熟煮。"(同上)②副词。完整地;整个儿地。│种瞿麦法:……亩收十石。～蒸,曝干,舂去皮,米全不碎。(二,大小麦,127)《食经》云:"中破鳢鱼,邪截令薄,准广二寸,横尽也,鱼半体。煮三沸,～下莼。"(八,羹臛法,590)桨淡:作肥鹅鸭肉,～煮。(同上,593)《食次》曰:"熊蒸:大,剥,大烂。小者去头脚。开腹,～覆蒸。熟,擘之,片大如手……"(八,蒸缹法,602)《大字典》"全;满;整个"义下首引唐陈裕《咏浑家乐》:"天明任你～家乐,雨下还须满含愁。"(709)此系作定语,义有别;《大词典》"全,整个"义下首引汉扬雄《法言·问道》:"合则～,散则离,一人而兼统四体者,其身全乎?"(5·1518),义亦不同。按,张永言师《"浑脱"考》谓"意义为'完整,整个儿'的'浑'晋代以降已有用例",参看其《语文学论集》(增补本)266页以下。又参看蔡镜浩(1990)"浑"条,王云路、方一新(1992)"浑"条,董志翘、蔡镜浩(1994)"浑"条。

【浑成】hún chéng 天然生成。│欲作鞍桥者,生枝长三尺许,以绳系旁枝,木橛钉著地中,令曲如桥。十年之后,便是～柘桥。(五,种桑、柘,324)《大词典》首引晋葛洪《抱朴子·畅玄》:"恢恢荡荡,与～等其自然;浩浩茫茫,与造化均其符契。"次引本例(5·1519)。

【浑脱】hún tuō 整个儿地剥脱。│急手数转,缓则坏。既熟,～,去两头,六寸断之。(九,炙法,623)《大词典》未收此义(5·1522)。参看张永言师《语文学论集·"浑脱"考》。

【腪】hùn 圆长貌。│〔马〕颈欲得～而长,颈欲得重。(六,养牛、马、驴、骡,398)"二典"均仅引《要术》此例(6·1331,875)。《集韵·混韵》:"腪,圆长皃。"

【和解】huó jiě 犹溶解。│又炊一斗米酘酒中,搅令～,封。(七,笨麹并酒,519)《大词典》仅引《要术》一例(3·275)。

【火棪】huǒ tiàn 拨火棒。│以煮寒食醴酪～著树枝间,亦良。(四,种李,277)《大词典》未收此词(7·12)。

【火头】huǒ tóu 正在燃烧的炭火。|以～内泽中作声者,水未尽;有烟出,无声者,水尽也。(五,种红蓝花、栀子,367)《大词典》仅引此例(7·21)。

【和杂】huò zá 混杂;掺杂。|梜榆、刺榆、凡榆:三种色,别种之,勿令～。(五,种榆、白杨,341)梓、楸各别,无令～。(五,种槐、柳、楸、梓、梧、柞,354)稻、麦糠粪之。二糠各自堪粪,不令～。(五,种竹,359)《大词典》首引《要术》,次引《魏书·食货志》:"铜必精练,无所～。"(3·278)

【货】huò 卖。|《陶朱公养鱼经》曰:"所馀皆～,得钱五百一十五万钱。"(六,养鱼,461)《大词典》首引《后汉书·延笃传》:"时皇子有疾,下郡县出珍药,而大将军梁冀遣客赍书诣京兆,并～牛黄。笃发书收客,曰:'大将军椒房外家,而皇子有疾,必应陈进方药,岂当使客千里求利乎?'"(10·96)《大字典》首引《南史·高爽传》:"守羊无食,何不～羊粂米?"(1510)

J

【积日】jī rì 累日;连日。|春稻必须冬时～燥曝,一夜置霜露中,即春。(二,水稻,139)《大词典》引《后汉书·蔡茂传》:"近湖阳公主奴杀人西市,而与主共舆,出入宫省,遁罪～,冤魂不报。"三国魏嵇康《声无哀乐论》:"斯皆神妙独见,不待留闻～,而已综其吉凶矣。"(8·130)

【肌肉】jī ròu 植物块茎可吃的部分。|《异物志》曰:"甘藷似芋,亦有巨魁。剥去皮,～正白如脂肪。南人专食,以当米谷。蒸、炙皆香美。宾客酒食亦施设,有如果实也。"(十,藷,728)《大词典》首引《要术》(6·1166)。

【急】jí 紧。|凡开卷读书,卷头首纸,不宜～卷;～则破折,折则裂。……书带勿太～,～则令书腰折。(三,杂说,227)桃性皮～,四年以上,宜以刀竖劙其皮。不劙者,皮～则死。(四,种桃柰,268)上唇欲得～,下唇欲得缓;上唇欲得方,下唇欲得厚而多理。(六,养牛、马、驴、骡,397)取生布割两头,各作三道～裹之。(同上,411)《大词典》首引《三国志·魏志·吕布传》:"遂生缚布。布曰:'缚太～,小缓之。'太

祖曰：'缚虎不得不～也。'"(7·454)《大字典》首引《素问·通评虚实论》："喘鸣肩息者，脉实大也，缓则生，～则死。"王冰注："急，谓如弦张之急。"次引《三国志》例(956)。参看江蓝生(1988)"急"条，王云路、方一新(1992)"急"条。

【急火】jí huǒ　猛火。相对于"文火"而言。|白汤熟煮，接去浮沫；欲出釜时，尤须～，～则易燥。(八，脯腊，580)唯～急炙之，使焦，汁出便熟。(九，炙法，619)馎饦：接如大指许，二寸一断，著水盆中浸，宜以手向盆旁接使极薄，皆～逐沸熟煮。(九，饼法，635)《大词典》未收此词(7·455)。

【急手】jí shǒu　急速。|栽时宜并功～，无令地燥也。(五，种蓝，374)率十石瓮，著石灰一斗五升，～㧒之，一食顷止。(同上)若初煮豆伤熟者，～㧒净即漉出。(八，作豉法，561)～数转，缓则坏。(九，炙法，623)《大词典》首引北魏杨衒之《洛阳伽蓝记·景宁寺》："乍至中土，思忆本乡。～速去，还尔丹阳。"次引《要术》(7·455)。参看蔡镜浩(1990)"急手"条，董志翘、蔡镜浩(1994)"急手"条。

【急性】jí xìng　性情急躁。|若使～人及小儿者，拦约不得，必有打伤之灾。(六，养羊，423)《大词典》首引此例(7·457)。

【即便】jí biàn　立即。|豆若著地，～烂矣。(八，作豉法，561)若与病相阻，～有所觉。(伤寒论·伤寒例)《大词典》首引《三国志·蜀志·谯周传》："亮卒于敌庭，周在家闻问，～奔赴。"(2·531)

【济】jǐ　同"泲"。漉；过滤。|〔《食经》〕作白醪酒法：……凡三酘。～令清。(七，笨麹并酒，519)缪启愉《校释》："济令清：谓漉出糟取得清酒。'济'，古文作'泲'，卷八《作酢法》引《食经》'水苦酒法'有'泲取汁'，字正作'泲'，'济令清'即'泲取汁'之意。……济、泲都是《食经》的特用词。"(523)"二典"均仅引《要术》一例及缪启愉《校释》(744，6·191)。不过所引缪氏《校释》系第一版，第二版已作了较多的修改。又，《大字典》"泲"字条"漉，过滤"义下引《周礼·天官·酒正》"辨四饮之物，一曰清"郑玄注："谓醴之泲者。"孙诒让正义："凡泲皆谓去汁滓。"(659)

【㿂角】jǐ jiǎo　偏斜；不正相对。|率十步一树，行欲小～，不用正相当。相当者则妨犁。(五，种桑、柘，317)《大词典》仅引此例(6·643)。

【际会】jì huì 缝隙。两物体相接的中缝。│书有毁裂,𩏉方纸而补者,率皆挛拳,瘢疮硬厚。瘢痕于书有损。裂薄纸如蕹叶以补织,微相入,殆无～,自非向明举而看之,略不觉补。(三,杂说,227)《大词典》仅引一例:《三国志·魏志·文帝纪》:"棺但漆～三过,饭含无以珠玉,无施珠襦玉匣,诸愚俗所为也。"(11·1098)

【家常】jiā cháng 平日家居。│因～炊次,三四日辄以新炊饭一碗酘之。(九,飧、饭,648)《大词典》首引《要术》(3·1472)。

【家具】jiā jù 家用器具。│凡为～者,前件木,皆所宜种。十岁之后,无求不给。(五,种槐、柳、楸、梓、梧、柞,358)《大词典》首引《晋书·王述传》:"初,述家贫,求试宛陵令,颇受赠遗,而修～,为州司所检,有一千三百条。"次引《要术》此例(3·1466)。

【家生】jiā shēng 生物由人工饲养或栽培,称为"家生"。对"野生"而言。│牝性游荡,若非～,则喜浪失。(六,养猪,443)《大词典》首引《要术》(3·1461)。

【尖锐】jiān ruì 尖而锋利。│取墐土作熟泥,封之,如三指大,长二寸,使蒂头平重,磨处～。(六,养鱼,465)《大词典》首引宋欧阳修《归田录》(2·1658)。

【尖头】jiān tóu 细小而锐利的一头。│杖～作樗蒱之形。(八,脯腊,580)《大词典》释作"犹滑头",引现代作品(2·1658)。

【坚厚】jiān hòu 又硬又厚。│染潢及治书法:凡打纸欲生,生则～,特宜入潢。(三,杂说,226)种莲子法:八月、九月中,收莲子坚黑者,于瓦上磨莲子头,令皮薄。……其不磨者,皮既～,仓卒不能生也。(六,养鱼,465)然后十字坼破之,又中断为段,较薄割为饼。唯极薄为佳,非直易干,又色似琥珀者好。～者既难燥,又见黯黑,皆为胶恶也。(九,煮胶,680)按,《大词典》未收此词。目前所见的最早例子是《鬼谷子·权篇》:"故介虫之捍也,必以～;螫虫之动也,必以毒螫。"《四库全书总目》卷一百十七"子部二十七·鬼谷子"条云:"胡应麟《笔丛》则谓《隋志》有《苏秦》三十一篇,《张仪》十篇,必东汉人本二书之言,荟粹为此,而托于鬼谷,若'子虚''亡是'之属。其言颇为近理,然亦终无确证。《隋志》称皇甫谧注,则为魏晋以来书,固无疑耳。"

【坚强】jiān jiàng 坚硬。│其土黑～之地,种未生前遇旱者,欲得令牛羊及人履践之;湿则不用一迹入地。(二,旱稻,147)《诗义疏》云:"苞叶,少时可以为羹,又可淹煮,极美,故云:'苞叶幡幡,采之亨之。'河东及扬州常食之。八月中,~不可食,故云'苦叶'。"(二,种瓠,165)夏月食水时,此二饼得水,即~难消,不幸便为宿食伤寒病矣。试以此二饼置水中即见验;唯酒引饼,入水即烂矣。(三,杂说,引崔寔《四民月令》原注,234)《异物志》曰:"有竹曰'篃',其大数围,节间相去局促,中实满~,以为柱榱。"(十,竹,776)参看王云路、方一新(1992)"坚强"条。

【坚确】 jiān què 坚硬。|白背即急锄。栽时既湿,白背不急锄则~也。(五,种蓝,374)《大词典》首引《要术》此例(2·1118)。

【坚实】 jiān shí 坚固;牢固;实在。|按谚曰:"家贫无所有,秋墙三五堵。"盖言秋墙~,土功之时,一劳永逸,亦贫家之宝也。(一,种谷,74)炭聚之下碎末,勿令弃之。捣、筛,煮淅米沿溲之,更捣令熟。丸如鸡子,曝干。以供笼炉种火之用,辄得通宵达曙,~耐久,逾炭十倍。(三,杂说,233)内豆于窖中,使一人在窖中以脚蹋豆,令~。内豆尽,掩席覆之,以谷蘸埋席上,厚二三尺许,复蹋令~。(八,作豉法,562)下馈时,于大盆中多著冷水,必令冷彻米心,以手接馈,良久停之。折米~,必须弱炊故也,不停则硬。(九,飧、饭,648)《大词典》首引《要术》(2·1118)。

【间】 jiān 量词。计算房屋的单位。|三~屋,得作百石豆。(八,作豉法,560)《大词典》首引《文选·王延寿〈鲁灵光殿赋〉》:"三~四表,八维九隅。"李善注:"室每三间,则有四表。"(12·74)《大字典》首引晋陶潜《归园田居》:"方宅十馀亩,草屋八九~。"(1784)参看刘世儒(1965)122—123页。

【犍】 jiān 阉割牲畜。|初产者,宜煮谷饲之。其子三日便掐尾,六十日后~。三日掐尾,则不畏风。凡~猪死者,皆尾风所致耳。~不截尾,则前大后小。~者,骨细肉多;不~者,骨麤肉少。如~牛法者,无风死之患。(六,养猪,443)"二典"均首引《要术》(6·281,762)。

【攕】 jiān 削。|斜~竹为签,刺皮木之际,令深一寸许。折取其美梨枝阳中者,阴中枝则实少。长五六寸,亦斜~之,令过心,大小长短与签等;以刀微劚梨枝斜~之际,剥去黑皮。(四,插梨,287)"二典"均首引《要术》此例(6·964,833)。

【俭岁】 jiǎn suì 荒年;歉收的年岁。|按:橡子~可食,以为饭;丰年放

猪食之,可以致肥也。(五,种槐、柳、楸、梓、梧、柞,358)多种,～资此,足度荒年。(六,养鱼,465)《大词典》首引北魏郦道元《水经注·溠水》:"陂在比阳县西五十里,盖地百顷,其所周溉田万顷,随年变种,境无～。"(1·1695)

【减】jiǎn 不到;不足。|五升庵,用生姜一两,干姜则～半两耳。(八,八和虀,568)碗子盛,合汁～半奠。(九,素食,653)缪启愉《校释》:"减半是不到一半,就是说连蜜汁不到半碗,供上席。"(654)《大词典》引《水经注》《世说新语》等(5·1452),《大字典》未收此义。参看蔡镜浩(1990)"减"条,董志翘、蔡镜浩(1994)"减"条。

【件】jiàn 指可——计算的事物。|凡为家具者,前～木,皆所宜种。十岁之后,无求不给。(五,种槐、柳、楸、梓、梧、柞,358)前～三种酢,例清少淀多。(八,作酢法,548)右～法,止为脍虀耳。馀即薄作,不求浓。(八,八和虀,569)"二典"均未举书证(1·1195,52)。

【间别】jiàn bié 隔开;隔离。|羊有疥者,～之;不别,相染污,或能合群致死。(六,养羊,439)《大词典》仅列"差别"和"离别"二义,所引均为宋元例,未收此义(12·78)。

【践蹑】jiàn niè 踩踏。|若不作栅,假有千车茭,掷与十口羊,亦不得饱:群羊～而已,不得一茎入口。(六,养羊,427)《大词典》释作"踩踏,行走",仅引一例:晋王嘉《拾遗记·吴》:"凡经～宴息之处,香气沾衣,历年弥盛,百浣不歇。"(10·495)

【践踏】jiàn tà 踩;踏。|人足～之乃佳。践者菜肥。(三,种葵,177)《大词典》引晋葛洪《抱朴子·畅玄》:"徘徊茫昧,翱翔希微,履略蜿虹,～璇玑。""踏"一本作"跚"。《宋书·王景文传》:"千仞之木,既摧于斧斤;一寸之草,亦悴于～。"然后引《要术》(10·493)。

【箭括】jiàn kuò 箭的末端。|以锯子割所患蹄头前正当中,斜割之,令上狭下阔,如锯齿形;去之,如剪～。(六,养牛、马、驴、骡,411)《大词典》"箭括"条仅引清刘献廷《广阳杂记》一例,"箭栝"条亦仅引清杜岕诗一例,"箭筈"条首引唐玄应《一切经音义》和《新五代史》(8·1215)。按,据《说文》,表"箭的末端"义的本字应作"栝",括是通假字,筈则是后出专字。《说文解字·木部》:"栝,隐也。从木,昏声。一曰矢栝,隐弦处。"段玉裁注:"《释名》曰:'矢末曰栝。栝,会也,与弦会

也。'……矢栝字经传多用括,他书亦用筈。"《说文》无"筈"字,《广韵·末韵》:"筈,箭筈,受弦处。"

【将】jiāng 持;取;拿。｜有蚁者,以牛羊骨带髓者,置瓜科左右,待蚁附,～弃之。(二,种瓜,161)三年春,或～荚、叶卖之。(五,种榆、白杨,341)《陶朱公养鱼经》曰:"所以内鳖者,鱼满三百六十,则蛟龙为之长,而～鱼飞去;内鳖,则鱼不复去,在池中,周绕九洲无穷,自谓江湖也。"(六,养鱼,460—461)《嵩山记》曰:"嵩寺中忽有思惟树,即'贝多'也。有人坐贝多树下思惟,因以名焉。汉道士从外国来,～子于山西脚下种,极高大。今有四树,一年三花。"(十,槃多,848)《大词典》首引北魏杨衒之《洛阳伽蓝记·平等寺》:"～笔来,朕自作之。"(7·805)《大字典》首引《荀子·成相》:"君教出,行有律,吏谨～之无铍、滑。"杨倞注:"将,持也。"次引《洛阳伽蓝记》(994)。按,《荀子》例似不典型。

【将息】jiāng xī 饲养;调理。｜若使急性人及小儿者,拦约不得,必有打伤之灾;或劳戏不看,则有狼犬之害;懒不驱行,无肥充之理;～失所,有羔死之患也。(六,养羊,423)《大词典》未收此义(7·810)。

【浆水】jiāng shuǐ 水或其他食物汤汁。｜取醋石榴两三个,擘取子,捣破,少著粟饭～极酸者和之,布绞取沥,以和花汁。(五,种红蓝花、栀子,366—367)绢袋盛豚,酢～煮之。(八,菹绿,611)又著酢～中洗,出,细缕切。(九,作菹、藏生菜法,670)《大词典》首引唐《谷神子补编·郑洁》(5·46)。

【礓石】jiāng shí 小石。｜竖枝于坑畔,环圆布枝,令匀调也。置枯骨、～于枝间,骨、石,此是树性所宜。(四,安石榴,304)《大词典》首引此例(7·1114)。

【讲好】jiǎng hǎo 修好;讲和。｜崔寔《四民月令》曰:"十二月。请召宗族、婚姻、宾、旅,～和礼,以笃恩纪。"(三,杂说,240—241)君子～,会宴以礼。(《三国志·吴书·吴主传》裴注引《吴录》)《大词典》首引《要术》(11·361)。

【耩】jiǎng 用耧车播种或用粪耧施肥;翻耙。｜耧～耩种,一斗可种一亩。(一,收种,54)～者,非不壅本苗深,杀草,益实,然令地坚硬,乏泽难耕。锄得五遍以上,不烦～。必欲～者,刈谷之后,即锋芟下令突起,则润泽易耕。(一,种谷,67)锋而不～。苗晚～,即多折也。(二,黍穄,102)

三日开户,复以杴东西作垅～豆,如谷垅形,令稀稠均调。杴划法,必令至地——豆若著地,即便烂矣。～遍,以杷～豆,常令厚三寸。间日～之。(八,作豉法,561)《大词典》首引《要术》二例(8·598),《大字典》亦首引《要术》(1159)。

【强】jiàng 水分少;干;稠。|澄清,泻去水,别作小坑,贮蓝淀著坑中。候如～粥,还出瓮中,蓝淀成矣。(五,种蓝,374)其和麴之时,面向杀地和之,令使绝～。(七,造神麴并酒,478)磨不求细;细者酒不断麤,刚～难押。(七,笨麴并酒,505)炊作饭,调～软。(同上,511)膏环:一名"粔籹"。用秫稻米屑,水、蜜溲之,～泽如汤饼面。(九,饼法,633)用秫稻米末,绢罗,水、蜜溲之,如～汤饼面。(九,粽䊢法,引《食次》,640)按,"二典"均未收此义。参看王小莘《魏晋南北朝词汇研究与词书的编纂》(《中国语文》1997 年第 4 期,307 页)。李丽《说说"强项"》(《语言科学》2006 年第 3 期)认为此义应读 jiàng,今河北方言中仍读 jiàng。据改。

【浇】jiāo 淋;洒。|《食经》藏襄荷法:"……以盐酢～上,绵覆罂口。二十日便可食矣。"(三,种襄荷、芹、莒,220)凡人大醉,酩酊无知,身体壮热如火者,作热汤,以冷水解——名曰"生熟汤",汤令均均小热,得通人手——以～醉人。汤淋处即冷,不过数斛汤,回转翻覆,通头面痛淋,须臾起坐。(七,笨麴并酒,512)更汲冷水～淋,味薄乃止。淋法,令当日即了。糟任饲猪。其初挹淳浓者,夏得二十日,冬得六十日;后淋～者,止得三五日供食也。(八,作酢法,554)须即汤煮,别作膗～,坚而不泥。(九,饼法,635)《大词典》首引《世说新语·任诞》:"阮籍胸中垒块,故须酒～之。"(6·118)《大字典》首引《楚辞·王逸〈九思·伤时〉》:"时混混兮～馈,哀当世兮莫知。"(729)《说文·水部》:"浇,渍也。"

【焦燥】jiāo zào 干枯;干燥。|《食经》藏干栗法:"取穰灰,淋取汁渍栗。出,日中晒,令栗肉～,可不畏虫,得至后年春夏。"(四,种栗,293)调火令冷热得所。热则～,冷则长迟。(五,种桑、柘,333)《大词典》共引二例:《南史·齐东昏侯纪》:"划取细草,来植阶庭,烈日之中,至使～。"接引《要术》(7·168)。

【胶清】jiāo qīng 一种流动性较大而没有杂质渣滓的胶。|乃融

好～,和于铁杵臼中,熟捣。丸如墨丸,阴干。以水研而治书,永不剥落。若于碗中和用之者,～虽多,久亦剥落。(三,杂说,227)近盆末上,即是"～",可以杂用。(九,煮胶,680)《大词典》仅引《要术》一例(6·1375)。

【角】jiǎo 角状的植物果实。｜蓬,莲～也,实成则恶。(三,莲、蓼,215)然则楸、梓二木,相类者也。白色有～者名为梓。以楸有～者名为"角楸",或名"子楸";黄色无子者为"柳楸",世人见其木黄,呼为"荆黄楸"也。(五,种槐、柳、楸、梓、梧、柞,354)秋,耕地令熟,秋末初冬,梓～熟时,摘取曝干,打取子。(同上)"二典"均首引宋庄季裕《鸡肋编》(10·1345,1631)。

【绞】jiǎo 拧;挤压。｜一沸即漉出,盆研之。生布～取浓汁,涂盘上或盆中。(四,种枣,264)杀花法:摘取,即碓捣使熟,以水淘,布袋～去黄汁;更捣,以粟饭浆清而醋者淘之,又以布袋～去汁,即收取染红,勿弃也。～讫,著瓮器中,以布盖上,鸡鸣更捣令均,于席上摊而曝干,胜作饼。(五,种红蓝花、栀子,366)取落葵子熟蒸,生布～汁,和粉,日曝令干。(同上,371)《食次》曰:"梅瓜法:用大冬瓜,去皮、瓤,笮子细切,长三寸,麤细如研饼。生布薄～去汁,即下杭汁,令小暖……"(九,作菹、藏生菜法,666)《大词典》首引《要术》(9·844),《大字典》引《关尹子·二柱》:"木之为物,钻之得火,～之得水。"《抱朴子·内篇·金丹》:"～柠木赤实,取汁和而服之。"(1415)

【铰】jiǎo 剪。｜白羊,三月得草力,毛床动,则～之。～讫于河水之中净洗羊,则生白净毛也。五月,毛床将落,又～取之。～讫,更洗如前。八月初,胡葈子未成时,又～之。～了亦洗如初。其八月半后～者,勿洗:白露已降,寒气侵人,洗即不益。胡葈子成然后～者,非直著毛难治,又岁稍晚,比至寒时,毛长不足,令羊瘦损。漠北寒乡之羊,则八月不～,～则不耐寒。中国必须～,不～则毛长相著,作毡难成也。(六,养羊,427—428)殺羊,四月末、五月初～之。性不耐寒,早～值寒则冻死。(同上,428)"二典"均首引《要术》(11·1274,1748)。

【搅】jiǎo 搅拌;搅动。｜三四日,去附子,以汁和蚕矢、羊矢各等分,挠呼毛反,～也令洞洞如稠粥。(一,种谷,81)著席上,布令厚三四寸,数～之,令均得地气。(二,种麻,118)以净竹箸不腻者,良久痛～。(五,种红蓝花、栀子,367)常以杓扬乳,勿令溢出;时复彻底纵横直勾,慎勿圆～,圆～喜断。(六,养羊,432)按,此词《要术》中常见。《大词典》首引晋张华《博物志》卷四:"煎麻油,水气尽,无烟不复沸,则还冷,可内手～之。"(6・990)《大字典》首引唐诗(836)。

【搅和】jiǎo huò 搅拌调和。┃其坎成,取美粪一升,合坎中土～,以内坎中。(二,大豆,113)冬米明酒法:九月,渍精稻米一斗,捣令碎末,沸汤一石浇之。麴一斤,末,～。(七,笨麴并酒,519)《食经》作饧法:"取黍米一石,炊作黍,著盆中。蘗末一斗～。一宿,则得一斛五斗。煎成饧。"(九,饧铺,676)《大词典》仅引唐诗一例(6・991)。

【脚】jiǎo ①器具的支撑;东西的下端。┃按三犁共一牛,若今三～楼矣,未知耕法如何? 今自济州以西,犹用长辕犁、两～楼。长辕耕平地尚可,于山涧之间则不任用,且回转至难,费力,未若齐人蔚犁之柔便也。两～楼,种垅概,亦不如一～楼之得中也。(一,耕田,50)太原人夜失火,出物,欲出铜鎗,误出熨斗,便大惊惋,语其儿曰:"异事! 火未至,鎗已被烧失～。"(《艺文类聚》卷七十三引《笑林》)宋武手答云:"床不须局～,直～自足。钉不烦银度,铁钉而已。"(《续谈助》卷四引《小说》)《大字典》引《南齐书・五行志》:"巴州城西古楼～柏柱数百年,忽生花。"《南史・宋武帝纪》:"宋台建,有司奏东西堂施局～床,金涂钉,上不许,使用直～床,钉用铁。"(870)《大词典》同(6・1271)。②指植物的微根。┃作蘗法:八月中作。盆中浸小麦,即倾去水,日曝之。一日一度著水,即去之。～生,布麦于席上,厚二寸许。(八,黄衣、黄蒸及蘗,532)《大词典》首引《要术》,《大字典》未列此义。③指物象的底部或尾部。┃截雨～即种者,地湿,麻生瘦,待白背者,麻生肥。(二,种麻,118)种欲截雨～。若不缘湿,融而不生。(二,胡麻,149)《嵩山记》曰:"嵩寺中忽有思惟树,即'贝多'也。有人坐贝多树下思惟,因以名焉。汉道士从外国来,将子于山西～下种,极高大。今有四树,一年三花。"(十,槃多,848)《大词典》首引唐杜甫《茅屋为秋风所破歌》:"床头屋漏无干处,雨～如麻未断绝。"《大字典》未单列一义。参看江蓝生(1988)"脚"条,拙著(2000b:40—58)"足/脚"条。

【酵】jiào 含有酵母的有机物,用作发面、制酱、酿酒等。┃若去城中远,无熟酪作～者,急揄醋飧,研熟以为～——大率一斗乳,下一匙飧——搅令均调,亦得成。其酢酪为～者,酪亦醋;甜～伤多,酪亦醋。(六,养羊,433)作马酪～法:用驴乳汁二三升,和马乳,不限多少。澄酪成,取下淀,团,曝干。后岁作酪,用此为～也。(同上,434)《食经》曰:"作饼～法:酸浆一斗,煎取七升;用粳米一升著浆,迟下火,如作粥。"(九,饼法,632)《大词典》首引《要术》(9·1407),《大字典》未举书证(1492)。

【接】jiē ①(用手)承受。|藏梨法:……摘时必令好～,勿令损伤。(四,插梨,288)按,《大词典》"承托;收受"义下首引《庄子·秋水》:"赴水则～腋持颐,蹶泥则没足灭跗。"王先谦集解引宣颖曰:"水承两腋而浮两颐。"次引《初刻拍案惊奇》卷六:"口里推托'不当',手中已自～了。"(6·704)《大字典》"托住;承受"义下首引《礼记·曲礼》:"由客之左,～下承弣。"郑玄注:"接下,接客手下也。"孔颖达疏:"接客左手之下而取弓。"次引《三国演义》第十七回:"(曹操)遂自下马～土填坑。"(800)按,"二典"所引始见书证均不典型,而且与第二例之间跨度太大。据目前所知,《要术》是"用手接住"的"接"最早出现的书。②承;趁着。|凡种谷,雨后为佳。遇小雨,宜～湿种;遇大雨,待薉生。小雨不～湿,无以坐禾苗;大雨不待白背,湿辗则令苗瘦。(一,种谷,66)开春冻解地起有润泽时,急～泽种之。(三,种胡荽,207)地若二月始解者,岁月稍晚,恐泽少,不时生,失岁计矣;便于暖处笼盛胡荽子,一日三度以水沃之,二三日则芽生,于旦暮时～润漫掷之,数日悉出矣。(同上,207—208)五月中新雨后,即～湿耧耩,拔栽之。(五,种蓝,374)按,"二典"均无此义项(6·704,800)。③从上面舀取。|稍稍出著一砂盆中熟研,以水沃,搅之。～取白汁,绢袋滤,著别瓮中。䴺沉者更研,水沃,～取如初。……～去清水,贮出淳汁,著大盆中。(五,种红蓝花、栀子,371—372)缪启愉《校释》:"接取:在上面舀,不是上倾下接,下文'以杓徐徐接去清'可证。"(373)大盆盛冷水著瓮边,以手～酥,沉手盆水中,酥自浮出。更掠如初,酥尽乃止。(六,养羊,437)正月作,至五月大雨后,夜暂开看,有清中饮,还泥封。至七月,好熟。～饮,不押。(七,笨麹并酒,512)缪启愉《校释》:"接,就瓮中挹取上面的清酒,《要术》叫做'接',即'接取清',接到最后,就是俗语所说的'滗'。"(517)好日无风尘时,日中曝令成盐,浮即～取,便是花盐,厚薄光泽似钟乳。久不～

取,即成印盐,大如豆,正四方,千百相似。(八,常满盐、花盐,534)白汤熟煮,～去浮沫;欲出釜时,尤须急火,急火则易燥。(八,脯腊,580)四破,于大釜煮之。以杓～取浮脂,别著瓮中;稍稍添水,数数～脂。(八,蒸缹法,599)按,《大词典》释作"通'扱1(chā)'。收取;挹取。"引《周礼·地官·廪人》:"大祭祀则共其～盛。"郑玄注:"接,读为壹扱再祭之扱。"北魏贾思勰《齐民要术·作酢法》:"〔神酢法〕其上有白醭浮,～去之。"(6·704)恐不确。《大字典》则无相应义项。参看蔡镜浩(1990)"接(接取)"条。

【结子】jiē zǐ 植物结实。|"本母子"者,瓜生数叶,便～;子复早熟。用中辈瓜子者,蔓长二三尺,然后～。用后辈子者,蔓长足,然后～;子亦晚熟。(二,种瓜,155)留强者,馀悉掐去,引蔓～。(二,种瓠,167)桃性早实,三岁便～,故不求栽也。(四,种桃柰,268)李欲栽。李性坚,实晚,五岁始子,是以藉栽。栽者三岁便～也。(四,种李,277)《大词典》首引《世说新语·德行》:"家有一李树,～殊好。"(9·804)

【节量】jié liàng 节制度量;限量。|酿此二酘,常宜谨慎:多,喜杀人;以饮少,不言醉死,正疑药杀。尤须～,勿轻饮之。(七,笨麹并酒,513)《大词典》引《后汉书·梁节王畅传》:"臣欲多还所受,恐天恩不听许,～所留,于臣畅饶足。"《世说新语·政事》:"何骠骑作会稽,虞存弟謇作郡主簿,以何见客劳损,欲白断常客,使家人～择可通者作白。"《颜氏家训·兄弟》:"娣姒之比兄弟则疏薄矣;今使疏薄之人而～亲厚之恩,犹方底而圆盖,必不合矣。"(8·1181)按,《世说》和《家训》例应为"斟酌;衡量"义,"节量"为近义连文,"量"当音 liáng。《大词典》引例欠妥。参看张永言主编《世说新语辞典》"节量"条,215 页。

【截】jié 趁着;在……刚结束的时候。|～雨脚即种者,地湿,麻生瘦;待白背者,麻生肥。(二,种麻,118)种欲～雨脚。若不缘湿,融而不生。(二,胡麻,149)"二典"均未收此义(5·233,592)。

【洁白】jié bái 纯净的白色。|捣小豆为末,下绢筛,投汤中以洗之。～而柔肕,胜皂荚矣。(三,杂说,233)六七日,水微臭,然后拍出,柔肕～,大胜用灰。(同上)饭色～,无异清流之米。(九,飧、饭,649)《大词典》首引《陈书》(6·116)。

【解】jiē 加入水液冲调。|每经雨后,辄须一搅。～后二十日堪

食;然要百日始熟耳。(八,作酱等法,537)缪启愉《校释》:"解:在某种物体中加入水液冲调《要术》叫做'解',包括降低温度,调稀浓度,增加鲜香味等。"(539)买新杀雉煮之,令极烂,肉销尽,去骨取汁,待冷～酱。鸡汁亦得。勿用陈肉,令酱苦腻。无鸡、雉,好酒～之。(同上,540)然后下白梅、姜、橘末复舂,令相得。下醋～之。(八,八和齑,568—569)《食经》作芥酱法:"……以薄酢～,厚薄任意。"(同上,572)以二升,得～水一升,水冷清隽,有殊于凡。(九,飧、饭,649)"二典"均无相应义项(10·1361,1633)。

【解放】jiě fàng 解开;放松。|十月中,以蒲、稿裹而缠之。不裹则冻死也。二月初乃～。(四,安石榴,304)向深一寸许,刀子摘令血出,色必黑,出五升许,～,即差。(六,养牛、马、驴、骡,411)牛产三日,以绳绞牛项、胫,令遍身脉胀,倒地即缚,以手痛接乳核令破,以脚二七遍蹴乳房,然后～。(六,养羊,431)《大词典》首引《要术》(10·1368)。参看王云路、方一新(1992)"解放"条。

【藉口】jiè kǒu 指充饥。|干而蒸食,既甜且美,自可～,何必饥馑? 若值凶年,一顷乃活百人耳。(三,蔓菁,187)《大词典》首引此例(9·586)。

【禁】jīn 禁受;受得住。|酒色似麻油,甚酽。先能饮好酒一斗者,唯～得升半。饮三升,大醉。三升不浇,必死。(七,笨麹并酒,512)《大词典》首引《要术》(7·920),《大字典》首引唐诗(1004)。

【劗】jīn 通"劗"。割;划。|炙鱼:用小鯶、白鱼最胜。浑用。鳞治,刀细～。无小用大,为方寸准,不～。(九,炙法,624)缪启愉《校释》:"劗:与下文'不劗',无法依本字解释。细循其义,应是指在浑用的鱼上细划出若干条裂纹,使佐料易于渗入。'方寸准'的已经切成小方块,所以不需要再划('不劗')。这样,这应是'劗'字,割划的意思。这又是《食经》《食次》借用同音字的一例。怀疑二书出自南朝(或较早的东晋)人的手笔,其市井俗别字之多,出乎意外,文笔也不怎么样,或出贵族大家庖人,决非写后魏史的达官文人崔浩之辈所敢冒'大不韪'怪字百出的。"(627)《玉篇·刀部》:"劗,割也。"

【尽】jìn 直至。用在时间词前,表示直到此时的全部时间。|崔寔曰:"三月,可种秔稻。稻,美田欲稀,薄田欲稠。五月,可别稻及蓝,～

夏至后二十日止。"(二,水稻,142)凡木画、服玩、箱、枕之属,入五月,～七月、九月中,每经雨,以布缠指,揩令热彻,胶不动作,光净耐久。(五,漆,349)《诗义疏》云:"笋皆四月生。唯巴竹笋,八月生,～九月,成都有之。"(五,种竹,361)初冻后,～年暮,水脉既定,收取则用。(七,造神麴并酒,496)"二典"均未专列此义(7·1453,1073)。

【劲直】jìn zhí 坚实挺直。|白杨,性甚～,堪为屋材;折则折矣,终不曲挠。(五,种榆、白杨,343)《大词典》引现代例(2·789)。

【经久】jīng jiǔ 长久。|叶不用剪。九月、十月出,卖。～不任也。(三,种薤,197)饼肥美,可～。(九,饼法,632)《南方草物状》曰:"甘藷,二月种,至十月乃成卵。大如鹅卵,小者如鸭卵。掘食,蒸食,其味甘甜。～得风,乃淡泊。"(十,藷,728)《大词典》首引《三国志·魏志·郑浑传》:"地势污下,宜溉灌,终有鱼稻～之利,此丰民之本也。"(9·860)

【经年】jīng nián 过一年;终年。|《食经》曰:"蜀中藏梅法:取梅极大者,剥皮阴干,勿令得风。经二宿,去盐汁,内蜜中。月许更易蜜。～如新也。"(四,种梅杏,281)当先种杜,～后插之。(四,插梨,287)凡于城上种莳者,先宜随长短掘堑,停之～,然后于堑中种莳,保泽沃壤,与平地无差。(四,种茱萸,312)其欲作器者,～乃堪杀。未～者,软未成也。(五,种竹,359)《大词典》未收此词(9·861)。

【精好】jīng hǎo 精良美好。|所留之种,率皆～,与世间绝殊,不可同日而语之。(六,养羊,440)生麦:择治甚令～。(七,造神麴并酒,478)《大词典》首引《三国志·吴志·贺齐传》:"齐性奢绮,尤好军事,兵甲器械极为～。"(9·217)

【精细】jīng xì ①犹言精纯,精美。|其米绝令～。(七,造神麴并酒,479)溲欲刚,捣欲～,作熟。(同上,486)其米令～,净淘,水清为度。(七,法酒,528)《大词典》引《三国志·吴志·是仪传》:"服不～,食不重膳,拯赡贫困,家无储蓄。"《南史·齐纪上·高帝》:"谷中～者,稻也。"(9·224)②细心;仔细。|冷暖之法,悉如常酿,要在～也。(七,造神麴并酒,489)《大词典》首引《要术》(9·224)。

【井花水】jǐng huā shuǐ 清晨初汲的水。|日未出前汲～,于盆中以燥盐和之,率一石水,用盐三斗,澄取清汁。(八,作酱等法,536)一

七日,旦,著～一碗。(八,作酢法,547)明旦作酢,今夜炊饭,薄摊使冷。日未出前,汲～,斗量著瓮中。(同上,548)《大词典》首引《要术》(1·337)。

【净尽】jìng jìn 一点不剩。|春采者,必须长梯高机,数人一树,还条复枝,务令～;要欲旦、暮,而避热时。……采不净,鸠脚多。(五,种桑、柘,318)司州刺史萧诞拒战,虏筑围堑栅三重,烧居民～。(《南齐书·魏虏传》)《大词典》首引唐诗(5·1181)。

【竟年】jìng nián 终岁;整年。|《龙鱼河图》曰:“岁暮夕,四更中,取二七豆子,二七麻子,家人头发少许,合麻、豆著井中,咒敕井,使其家～不遭伤寒,辟五方疫鬼。”(二,小豆,116)《杂五行书》曰:“正月七日,七月七日,男吞赤小豆七颗,女吞十四枚,～无病;令疫病不相染。”(同上)《永嘉记》曰:“……九月已有箭竹笋,迄后年四月。～常有笋不绝也。”(五,种竹,361)《大词典》未收此词(8·386)。按,《大词典》收有“竟日”“竟夜”“竟夕”“竟岁”诸条,依例也应收“竟年”。

【竟日】jìng rì 终日;整天。|冬春省剶,～得作。(五,种桑、柘,318)积苃著栅中,高一丈亦无嫌。任羊绕栅抽食,～通夜,口常不住。(六,养羊,427)粒似青玉,滑而且美。又甚坚实,～不饥。(九,飧、饭,648)以被覆盆瓮,令暖,冬则穰茹。冬须～,夏即半日许。(九,饧餔,675)《大词典》引《列子·说符》:“不笑者～。”《世说新语·言语》:“〔张天锡〕为孝武所器,每入言论,无不～。”(8·386)按,张永言师《从词汇史看〈列子〉的撰写时代》(修订稿)云:“‘竟日’相当于上古汉语的‘终日’,晚汉以降习用。”(见《语文学论集》〔增补本〕382页)

【竟岁】jìng suì 终岁;整年。|《博物志》曰:“樱桃者,或如弹丸,或如手指。春秋冬夏,花实～。”(四,种桃柰,272)《大词典》首引唐诗(8·386)。

【竟夜】jìng yè 整夜;通宵。|作汤净洗芜菁根,漉著一斛瓮子中,以苇获塞瓮里以蔽口,合著釜上,系甑带,以干牛粪燃火,～蒸之,麤细均熟。(三,蔓菁,188)《大词典》首引《南史·沈怀文传》:“孝武尝有事圆丘,未至期而雨晦～。”(8·386)

【鸠脚】jiū jiǎo 指树枝上的密丫叉。|用根蒂小枝,树形可喜,五年方结子;～老枝,三年即结子,而树丑。(四,插梨,288)梯不长,高枝

折；人不多，上下劳；条不还，枝仍曲；采不净，～多；旦暮采，令润泽；不避热，条叶干。（五，种桑、柘，318）《大词典》仅引《要术》此二例及石声汉注："鸠脚，密丫叉。"（12·1039）

【久】jiǔ 指时间长短。相当于"顷"。|《食经》作豉法："更蒸之时，煮矫桑叶汁洒溲之，乃蒸如炊熟～，可复排之。"（八，作豉法，565）白汤别煮榠，经半日～，漉出，渐箕中杓连去令尽。（八，羹臛法，593）苦酒、蜜中半，和盐，渍鱼，一炊～，漉出。（八，脡、腤、煎、消法，606）莫问冬夏，常以热汤浸米，一食～，然后以手接之。（九，飧、饭，649）"二典"自拟例句或引鲁迅作品（1·631，14）。

【酒啖】jiǔ dàn 下酒的食物。|《广志》云："三廉，似荆羽，长三四寸；皮肥细，缃色。以蜜藏之，味甜酸，可以为～。"（十，廉，819—820）缪启愉注："酒啖：作为下酒的食物。"《大词典》首引《三国志·魏志·董卓传》"从官食枣菜"裴松之注引晋王沈《魏书》："诸将或遣婢诣省阁，或自赍～，过天子饮，侍中不通，喧呼骂詈，遂不能止。"次引《要术》（9·1381）。参看王云路、方一新（1992）"饮酒（下酒　案酒　酒啖）"条。

【酒杷】jiǔ pá 酿酒工具。用于杷、抨等工序。|日满，更汲新水，就瓮中沃之，以～搅，淘去醋气——多与遍数，气尽乃止。（五，种红蓝花、栀子，371）作杷子法：割却碗半上，剜四厢各作一圆孔，大小径寸许，正底施长柄，如～形。（六，养羊，437）每酘即以～遍搅令均调，然后盖瓮。（七，造神曲并酒，492）《大词典》未收此词。

【掬】jū 量词。犹捧。指两手相合所能捧的量。|先燥晒，欲种时，布子于坚地，一升子与一～湿土和之，以脚蹉令破作两段。（三，种胡荽，207）凡醋瓮下，皆须安砖石，以离湿润。为妊娠妇人所坏者，车辙中干土末一～著瓮中，即还好。（八，作酢法，547）《大词典》引《小尔雅·广量》："一手之盛谓之溢，两手谓之～。"《南史·何点传》："点少时尝患渴利……梦一道人，形貌非常，授丸一～，梦中服之，自此而差。"（6·698）《大字典》首引宋代例（799）。

【局促】jú cù 狭窄；不宽敞。|《异物志》曰："有竹曰'笙'，其大数围，节间相去～，中实满，坚强，以为柱榱。"（十，竹，776）《大词典》首引三国魏阮籍《元父赋》："其城郭卑小～。"次引《要术》此例（4·17）。

【举】jǔ 悬挂；挂起。｜三七日出外，日中曝令燥，麹成矣。任意～、阁，亦不用瓮盛。瓮盛者则麹乌肠——乌肠者，绕孔黑烂。（七，造神麹并酒，486）缪启愉《校释》："举：挂起来。举有'藏'义，非此所指。此麹既怕湿不能盛入瓮中，也应忌藏，而麹中穿孔，应是悬挂通风避湿。《北山酒经》有'风麹'，……阁：放在高屋厨架上。"（488）抟作小饼，如神麹形，绳穿为贯，屋里悬之。……用时，全饼著汤中煮之，色足漉出。削去皮粕，还～。一饼得数遍煮用。（八，作豉法，565—566）缪启愉《校释》："还举：依旧挂起来，还，承上文'屋里悬之'而言。此'举'非收藏之意。"（567）袋盛，～置。须即汤煮，别作曛浇，坚而不泥。（九，饼法，635）用讫，洗，～，得二十年用。（同上，636）"二典"均未收此义。《饼法》例的"举置"，缪启愉《校释》云："举，此处作'藏'解释；举置：即收藏放好。下文牛角袋之'举'，亦收藏意。举有'藏'义，见蒋礼鸿《义府续貂》。"（639）按，此释恐非。这两个"举"仍是"悬挂，挂起"义。参看蔡镜浩（1990）"举〔二〕"条，王云路、方一新（1992）"举"条。

【聚】jù ①名词。事物聚集而成的堆。｜炭～之下碎末，勿令弃之。（三，杂说，233）王寻遣人，到募人舍，看其金宝。正欲税夺，化为毒蛇，变为火～。（北魏吉迦夜共昙曜译《杂宝藏经》卷九）按，此义翻译佛经中常见，"二典"均未收。②量词。犹堆。｜二七日，聚之：若止三石麦麹者，但作一～；多则分为两三～；泥闭如初。（七，造神麹并酒，491）三间屋，得作百石豆。二十石为一～。常作者，番次相续，恒有热气，春秋冬夏，皆不须穰覆。作少者，唯须冬月乃穰覆豆耳。极少者，犹须十石为一～；若三五石，不自暖，难得所，故须以十石为率。（八，作豉法，560）《大词典》首引晋葛洪《神仙传·老子》："丹书文字如新，甲成一～枯骨矣。"次引《要术》（8·680），《大字典》首引北周佚名《五苦诗·生苦》："终成一～土，强觅千年名。"（1165）参看李维琦（2004）"聚"条。

【锯子】jù zǐ 锯。｜《广志》曰："蜀汉既繁芋，民以为资。凡十四等：有君子芋，大如斗，魁如杵簁。有车毂芋，有～芋，有旁巨芋，有青边芋：此四芋多子。"（二，种芋，169）以～割所患蹄头前正当中，斜割之，令上狭下阔，如锯齿形；去之，如剪箭括。（六，养牛、马、驴、骡，411）《大词典》未收此词（11·1345）。

【卷头】juàn tóu 书的开端部分。｜凡开卷读书，～首纸，不宜急卷；急则破折，折则裂。(三，杂说，227)《大词典》首引鲁迅文(2·539)。

【绝殊】jué shū 极不同。｜所留之种，率皆精好，与世间～，不可同日而语之。(六，养羊，440)神人言："夫学者各为其身，不为他人也。故当各自爱而自亲，学道积久，成神真也，与众～，是其言也。"(《太平经》卷十八至三十四)《大词典》未收此义(9·837)。

【均均】jūn jūn 形容温热。｜名曰"生熟汤"，汤令～小热，得通人手。(七，笨麹并酒，512)《大词典》未收此词(2·1060)。

【均调】jūn tiáo 均匀和谐。｜葱子性涩，不以谷和，下不～；不炒谷，则草秽生。(三，种葱，199)至明年秋，生高三尺许，间劚去恶者，相去一尺留一根，必须稀概～，行伍条直相当。(四，园篱，254)用白米英粉三分，胡粉一分，和合～。(五，种红蓝花、栀子，371)凡作毡，不须厚大，唯紧薄～乃佳耳。(六，养羊，428)以匕痛搅令散，泻著熟乳中，仍以杓搅使～。(同上，433)《大词典》释作"均衡协调；均匀和谐"，首引《庄子·天道》："所以～天下，与人和者也。"次引《要术》(2·1061)。按，《庄子》例为动词用法，而《要术》则均为形容词，显然应该划分为两个义项。参看王云路、方一新(1992)"均调"条。

K

【开窗】kāi chuāng 破墙做成窗户。｜屋欲四面～，纸糊，厚为篱。(五，种桑、柘，333)圈不厌近，必须与人居相连，～向圈。所以然者，羊性怯弱，不能御物，狼一入圈，或能绝群。(六，养羊，423)《大词典》未收此词(12·59)。

【开广】kāi guǎng 开拓；扩展。｜任延、王景，乃令铸作田器，教之垦辟，岁岁～，百姓充给。(序，8)《大词典》首引《后汉书·樊宏传》："至乃～田土三百馀顷。"(12·62)"充给"条引《后汉书·任延传》："田畴岁岁～，百姓充给。"(2·258)即《要术》所引。

【开荒】kāi huāng 开垦荒地。｜凡黍、稷田，新～为上，大豆底为次，谷底为下。(二，黍稷，102)《大词典》首引晋陶潜《归园田居》诗之

一:"～南野际,守拙归园田。"(12•50)

【开卷】kāi juàn 打开书本。|凡～读书,卷头首纸,不宜急卷;急则破折,折则裂。(三,杂说,227)少学琴书,偶爱闲静,～有得,便欣然忘食。(晋陶潜《与子俨等疏》)庾子嵩读《庄子》,～一尺许便放去,曰:"了不异人意。"(《世说新语•文学15》)《大词典》首引南朝齐王融《天监三年策秀才文》:"闭户自精,～独得。"(12•48)

【开垦】kāi kěn 把荒地开辟成可以种植的土地。|凡开荒山泽田,皆七月芟艾之,草干即放火,至春而～。(一,耕田,37)《大词典》首引《晋书•食货志》:"〔魏武皇帝〕又于征伐之中,分带甲之士,随宜～。"(12•65)

【开口】kāi kǒu 指裂开口子。|渍种如法,裹令～。(二,旱稻,147)《大词典》未收此义(12•39)。

【揩】kāi 摩擦;拭抹。|凡木画、服玩、箱、枕之属,入五月,尽七月、九月中,每经雨,以布缠指,～令热彻,胶不动作,光净耐久。若不揩拭者,地气蒸热,遍上生衣,厚润彻胶便皱,动处起发,飒然破矣。(五,漆,349)其冒霜雪远行者,常啮蒜令破,以～唇,既不劈裂,又令辟恶。(五,种红蓝花、栀子,367)治马疥方:用雄黄、头发二物,以腊月猪脂煎之,令发消;以砖～疥令赤,及热涂之,即愈也。(六,养牛、马、驴、骡,410)羊不～土,毛常自净;不竖柴者,羊～墙壁,土、咸相得,毛皆成毡。(六,养羊,423)净燖猪讫,更以热汤遍洗之,毛孔中即有垢出,以草痛～,如此三遍,梳洗令净。(八,蒸缹法,599)《食次》曰:茅蒿叶～洗,刀刮削令极净。净～釜,勿令渝,釜渝则豚黑。(八,菹绿,611)瓜,盐～,日中曝令皱,盐和暴糟中停三宿,度内女麴酒中为佳。(九,作菹、藏生菜法,664)"二典"均首引《文选•张衡〈西京赋〉》:"～枳落,突棘藩。"李善注引《字林》:"揩,摩也。"(6•740,804)

【揩拭】kāi shì 擦抹;抹去。|凡木画、服玩、箱、枕之属,入五月、尽七月、九月中,每经雨,以布缠指,揩令热彻,胶不动作,光净耐久。若不～者,地气蒸热,遍上生衣,厚润彻胶便皱,动处起发,飒然破矣。(五,漆,349)买肥猪肉脂合皮大如手者三四段,以脂处处遍～釜,察作声。(九,醴酪,645)《大词典》首引《要术》(6•740)。

【看】①kān 守护;看守。|若使急性人及小儿者,拦约不得,必有打伤之

灾;或劳戏不～,则有狼犬之害;懒不驱行,无肥充之理;将息失所,有羔死之患也。(六,养羊,423)《大词典》首引《要术》(7·1180),《大字典》首引《隋书》(1034)。②kàn 观察;估量。｜日日常拔,～稀稠得所乃止。(三,种葵,181)若～上齿,依下齿次第～。(六,养牛、马、驴、骡,398)骨小者一宿便尽,大者不过再宿。然要须数～,恐骨尽便伤好处。～附骨尽,取冷水净洗疮上,刮取车轴头脂作饼子,著疮上,还以净布急裹之。(同上,411)一团则得五遍煮,不破。～势两渐薄,乃削研,用倍省矣。(六,养羊,433)～麦多少,分为三分:蒸、炒二分正等,其生者一分,一石上加一斗半。(七,造神麹并酒,489)《大词典》首引《晋书·刑法志》:"古人有言:善为政者,～人设教。"《大字典》"估量"义下同,"视,观察"义下则首引《三国志·吴志·周鲂传》:"今此郡民,虽外名降首,而故在山草,～伺孔隙,欲复为乱。"③kàn 用在动词后面,表示先试试之意。｜良久,清澄,泻去汁,更下水,复捽如初,嗅～无臭气乃止。(四,柰、林檎,298)得暖则作速,伤寒则作迟。数入候～,热则去火。(五,种桑、柘,333)《食次》曰:"尝～,若不大涩,杬子汁至一升。"(九,作菹、藏生菜法,666)《大词典》首引《要术》,《大字典》首引《水浒全传》。参看蔡镜浩(1990)"看〔一〕"条,董志翘、蔡镜浩(1994)"看"条,李维琦(2004)"看"条。

【熇】kǎo ①一种烹饪方法。用微火煮干。｜《食经》曰:"乐安令徐肃藏瓜法:取越瓜细者,勿操拭,勿使近水,盐之令咸。十日许,出,拭之,小阴干,～之,仍内著盆中。"(九,作菹、藏生菜法,662)《食经》曰:"藏蕨法:……出～,内糟中。可至蕨时。"(同上,671)按,《大词典》仅引《要术·八和齑》一例及缪启愉《校释》(见下,7·215),释义与例证不相吻合,该例应是"干燥"义;《大字典》则未收此义(931)。参看江蓝生(1988)"熇筋"条。②指干燥。｜《食经》作芥酱法:"……微火上搅之,少～,覆瓯瓦上,以灰围瓯边。一宿即成。"(八,八和齑,572)缪启愉《校释》:"熇:指火干;少熇:稍稍干燥时。此亦《食经》用词。"(573)《食经》藏杨梅法:"择佳完者一石,以盐一升淹之。盐入肉中,仍出,曝令干～。"(十,杨梅,730)"二典"均未收此义。

【栲栳】kǎo lǎo 用杞柳条编成的盛物器具。亦称笆斗。｜量饭著盆中,或～中,然后泻饭著瓮中。(八,作酢法,548)《大词典》首引《要术》此例(4·961)。

【科】kē ①用同"棵"。(1)植物的丛;植物大小的程度。｜胡麻,六畜不食;麻子啮头,则～大。(二,种麻子,124)大、小麦,先蚝,逐犁掩种者佳。再倍省种子而～大。(二,大小麦,126)耧耩掩种之,掩种者省种而生～,又胜掷者。(二,旱稻,147)有蚁者,以牛羊骨带髓者,置瓜～左右,待蚁附,将弃之。(二,种瓜,161)掐秋菜,必留五六叶。不掐则茎孤;留叶多则～大。(三,种葵,177)六月中无不霖,遇连雨生,则根强～大。七月种者,雨多亦得,雨少则生不尽,但根细～小,不同六月种者,便十倍失矣。(三,种胡荽,210)《大词典》未收此义(8·49),《大字典》首引《要术》(1085)。(2)量词。用于植物。｜良田率一尺留一～。(一,种谷,66)移葱者,三支为一本;种薤者,四支为一～。(三,种薤,196)先重耧耩,寻垅下姜,一尺一～,令上土厚三寸。(三,种姜,218)《大词典》首引《要术》(8·49),《大字典》首引宋人诗(1085)。②用同"颗"。(1)颗粒。｜种法:欲雨后速下;或漫散种,或耧下,一如种麻法。亦有锄掊而掩种者,子～大而易料理。(五,种红蓝花、栀子,364)(2)指圆形的果实。｜栽石榴法:……既生,又以骨、石布其根下,则～圆滋茂可爱。(四,安石榴,304)按《大词典》以此例为"植物的根茎"义的书证(8·49),显然不当。(3)指植物的鳞茎。｜《广志》曰:"蒜有胡蒜、小蒜。黄蒜,长苗无～,出哀牢。"(三,种蒜,191)蒜宜良软地。白软地,蒜甜美而一大;黑软次之;刚强之地,辛辣而瘦小也。(同上)早出者,皮赤～坚,可以远行;晚则皮皴而喜碎。(同上)瓦子垅底,置独瓣蒜于瓦上,以土覆之,蒜一横阔而大,形容殊别,亦足以为异。(同上)按,此义的三种用法"二典"均未收。③kè滋生;发棵。｜按疏黍虽～,而米黄,又多减及空;今概,虽不～而米白,且均熟不减,更胜疏者。(二,黍穄,105)缪启愉《校释》:"科:这里指分蘖多。"(106)大率二尺留一根。概则不～。(二,种麻子,123)栽法欲浅,令其根须四散,则滋茂;深而直下者,聚而不～。(二,旱稻,147)劚者地熟楮～,亦所以留润泽也。(五,种榖楮,347)《大字典》仅引《广韵·过韵》:"～,滋生也。"未举书证(1085),《大词典》仅引《要术》一例及缪启愉《校释》(8·49)。

【珂雪】kē xuě 犹白雪。喻洁白。｜花、印二盐,白如～,其味又美。(八,常满盐、花盐,534)白如～,味又绝伦,过饭下酒,极是珍美也。（八，脯腊，580）其盆中脂，练白如～，可以供馀用者焉。（八，蒸缹法，600）《大词典》首引南朝梁元帝《与萧咨议等书》："化为金案，夺丽水之珍；变同～，高玄霜之采。"次引《要术》(4·532)。

【窠】kē 量词。用于一穴同时生长的植物。│栽石榴法：三月初，取枝大如手大指者，斩令长一尺半，八九枝共为一～，烧下头二寸。（四，安石榴，304）《大词典》首引《要术》(8·449)，《大字典》未收此义(1142)。

【颗】kē 量词。用于计圆形的物体。│《杂五行书》曰："常以正月旦——亦用月半——以麻子二七～，赤小豆七枚，置井中，辟疫病，甚神验。"（二，小豆，116）候水尽，即下瓠子十～，复以前粪覆之。（二，种瓠，167）《三秦记》曰："汉武帝果园有大栗，十五～一升。"（四，种栗，292）以绵裹丁香、藿香、甘松香、橘核十～。（五，种红蓝花、栀子，367）可下鸡子白——去黄——五～。（九，笔墨，683）《汉武内传》曰："……须臾以玉盘盛仙桃七～，大如鸭子，形圆色青，以呈王母。王母以四～与帝，三枚自食。"（十，桃，707）"二典"均首引唐诗(12·323,1821)。

【克】kè 减少。│粥稠即酢～，稀则味薄。（八，作酢法，549）缪启愉《校释》："酢克：指醋量减少。"（551）"二典"均未收此义(2·687,143)。

【空】kōng 副词。单；只；仅。│若复无醋者，清饭浆极酸者，亦得～用之。（五，种红蓝花、栀子，367）若无髓，～用脂亦得也。（同上）取石首鱼、鲚鱼、鲻鱼三种肠、肚、胞，齐净洗，～著白盐，令小倚咸，内器中，密封，置日中。（八，作酱等法，545）淡则更以盐和糁；咸则～下糁，不复以盐按之。（八，作鱼鲊，573）"二典"均首引《要术》(8·409,1136)。参看江蓝生(1988)"空"条，蔡镜浩(1990)"空"条，王云路、方一新(1992)"空"条，董志翘、蔡镜浩(1994)"空"条。

【孔子】kǒng zǐ 孔儿，小洞。│经宿，酺～下之。（八，作酢法，555）《大词典》未收此义(4·177)。

【空阙】kòng quē 缺少│然其米要须均分为七分，一日一酘，莫令～，阙即折麹势力。（七，笨麹并酒，518—519）且宿卫～，兵甲寡弱，陛下何所资用，而一旦如此，无乃欲除疾而更深之邪！（《三国志·魏书·明帝纪》裴注引《汉晋春秋》）《大词典》首引《要术》(8·424)。

【口】kǒu 量词。(1)用于牲畜。|大率十～二羝。羝少则不孕,羝多则乱群。(六,养羊,423)羊一千～者,三四月中,种大豆一顷杂谷,并草留之,不须锄治,八九月中,刈作青茭。(同上,426)若不作栅,假有千车茭,掷与十～羊,亦不得饱:群羊践蹋而已,不得一茎入口。(同上,427)《大词典》首引北齐高昂《征行诗》:"垅种千～牛,泉连百壶酒。"(2)用于器物。|于中逐长穿井十～。(三,种葵,181)缸一～,直三百。车毂一具,直绢三匹。(五,种榆、白杨,342)造常满盐法:以不津瓮受十石者一～,置庭中石上,以白盐满之,以甘水沃之,令上恒有游水。(八,常满盐、花盐,534)《大词典》引南朝梁陶弘景《刀剑录》:"晋武帝司马炎以咸宁元年造八千～刀。"北魏杨衒之《洛阳伽蓝记·开善寺》:"金瓶银瓮百馀～。"(3·1—2)《大字典》未细分,"量词"义下首引《晋书·刘曜载记》:"管涔王使小臣奉谒赵皇帝,献剑一～。"(238)

【口舌】kǒu shé 指言语引起的误会或纠纷。|《杂五行书》曰:"舍西种梓楸各五根,令子孙孝顺,～消灭也。"(五,种槐、柳、楸、梓、梧、柞,354)《大词典》首引《要术》此例(3·4)。

【苦】kǔ 极力;反复。|大率桑多者宜～斫,桑少者宜省剟。秋斫欲～,而避日中;触热树焦枯,～斫春条茂。(五,种桑、柘,318)《大词典》释作"极力;竭力",首引《世说新语·识鉴》:"王大将军始下,杨朗～谏不从。"(9·317)《大字典》释作"多;多次",首引《要术》例(1327)。参看董志翘、蔡镜浩(1994)"苦"条。

【苦酒】kǔ jiǔ 醋的别名。|《食经》藏蘘荷法:"蘘荷一石,洗,渍。以～六斗,盛铜盆中,著火上,使小沸。以蘘荷稍稍投之,小萎便出,著席上令冷。下～三斗,以三升盐著中。"(三,种蘘荷、芹、葘,220)《诗义疏》曰:"欲啖者,截著热灰中,令萎蔫,净洗,以～、豉汁、蜜度之,可案酒食。"(四,种木瓜,307)《食经》作小豆千岁～法:用生小豆五斗,水汰,著瓮中。黍米作馈,覆豆上。酒三石灌之,绵幕瓮口。二十日,苦酢成。(八,作酢法,557)《大词典》首引《晋书·张华传》:"陆机尝饷华鲊……华发器,便曰:'此龙肉也。'众未之信。华曰:'试以～濯之,必有异。'"(9·321)

【苦涩】kǔ sè 既苦又涩。|丝葼既死,上有根芟,形似珊瑚,一寸许肥滑处任用;深取即～。(八,羹臛法,589)凡丝葼,陂池种者,色黄肥好,直净洗则用;野取,色青,须别铛中热汤暂煠之,然后用,不煠

则～。(同上)《异物志》曰：“馀甘，大小如弹丸，视之理如定陶瓜。初入口，～；咽之，口中乃更甜美足味。盐蒸之，尤美，可多食。”(十，馀甘，758)顾微《广州记》曰：“甘蕉，与吴花、实、根、叶不异，直是南土暖，不经霜冻，四时花叶展。其熟，甘；未熟时，亦～。”(十，芭蕉，761)《大词典》首引宋苏轼文(9·324)。

【酷似】kù sì 极似；非常像。｜其中心圆如钵形，～鸭子白光润者，名曰“粉英”。(五，种红蓝花、栀子，372)饼既成，仍把钵倾饼著汤中，煮熟。令漉出，著冷水中。～豚皮。(九，饼法，636)《大词典》首引《宋书·武帝纪上》：“何无忌，刘牢之甥，～其舅。”(9·1408)参看董志翘、蔡镜浩(1994)“酷”条。

【块】kuài 成疙瘩或成团的东西。｜于席上摊黍饭令极冷，贮出麹汁，于盆中调和，以手搦破之，无～，然后内瓮中。(七，造神麹并酒，492)假令瓮受十石米者，初下以炊米两石为再馏黍，黍熟，以净席薄摊令冷，～大者擘破，然后下之。(七，笨麹并酒，505)于黍饭初熟时浸麹，向晓昧旦日未出时，下酿，以手搦破～，仰置勿盖。(同上，509)擘破饭～，以麹拌之，必令均调。(八，作酢法，549)《大词典》首引《要术》(2·1151)，《大字典》未举书证(195)。

【块子】kuài zǐ 成块状的形体。｜然后净淘米，炊为再馏，摊令冷，细擘麹破，勿令有～，一顿下酿，更不重投。又以手就瓮里搦破小块，痛搅令和，如粥乃止，以绵幕口。(八，作酢法，548)《大词典》首引《要术》(2·1152)。

【快好】kuài hǎo 即“好”。同义连文。｜《南方草物状》曰：“亦可生食，最～。”(十，槟榔，737)尔时五仙，见佛坐已，而白佛言：“长老瞿昙，身色皮肤，～清净。”(隋阇那崛多译《佛本行集经·梵天劝请品下》)①《大词典》未收此词(7·436)。

【快日】kuài rì 晴好的日子。｜特打时稍难，唯～用碌碡碾。(二，大小麦，133)缪启愉《校释》：“‘快’是‘好’的口语，……‘快’之为‘好’，古词语中很多，参看张相《诗词曲语辞汇释》。‘快日’即‘好日’，亦即‘好天气’，指十分晴朗的日子。”(134)按，此条可能非出自贾思勰之手，缪启愉认为

---

　① 　此例承真大成君惠示，谨致谢意。

"(青稞麦)这条是后人的冒牌货"(136)。《大词典》未收此词(7・436)。

【宽】kuān 宽阔;广阔。|桃熟时,于墙南阳中暖处,深～为坑。(四,种桃柰,268)至正月、二月中,以犁作垄,一垄之中,以犁逆顺各一到,墒中～狭,正似葱垄。(五,种榆、白杨,344)底欲平～而圆。底尖捣不著,则蒜有瓤成。(八,八和虀,567)《大词典》所引始见书证有问题(3・1579),《大字典》首引《后汉书・刘般传》:"府寺宽敞。"(398)《说文・宀部》:"宽,屋宽大也。"按,此义的文献用例始见于东汉,参看拙著(2000b)376页。

【狂花】kuáng huā 俗言谎花儿。不会结实的花。|候大蚕入簇,以杖击其枝间,振去～。不打,花繁,不实不成。(四,种枣,263)《大词典》首引此例(5・15)。

【亏损】kuī sǔn 损害;缺损。|若乘湿横积,蒸热速干,虽曰郁裛,无风吹～之虑。(二,胡麻,150)《大词典》引《汉书・惠帝纪赞》:"闻叔孙通之谏则惧然,纳曹相国之对而心悦,可谓宽仁之主。遭吕太后～至德,悲夫!"《三国志・吴志・孙坚传》:"今明公垂意于卓,必即加诛,～威刑,于是在矣。"(8・853)

【魁】kuí 勺子,舀汤的用具。|《广志》曰:"有青登瓜,大如二升～。"(二,种瓜,152)十年之后,～、碗、瓶、榼、器皿,无所不任。一碗七文,一～二十,瓶、榼各直一百文也。(五,种榆、白杨,342)"二典"均首引《太平御览》卷七五八引晋郭璞《易洞林》:"太子洗马荀子骥家中以龙铜～作食欻鸣。"次引《要术》(12・462,1841)。《说文・斗部》:"魁,羹斗也。"段玉裁注:"斗,当作枓……枓,勺也,抒羹之勺也。"

【髡】kūn 整枝;剪去树枝。|大树～之,不～,风摇则死。小则不～。(四,栽树,256)大如臂许,正月中移之,亦不须～。(五,种桑、柘,317)《陶朱公术》曰:"种柳千树则足柴。十年之后,～一树,得一载,岁～二百树,五年一周。"(五,种槐、柳、楸、梓、梧、柞,352)"二典"均仅引《要术》末例(12・728,1877)。

L

【拦】lán 阻挡;遮住。|槐既细长,不能自立,根别竖木,以绳～

之。冬天多风雨，绳～宜以茅裹；不则伤皮，皮痕瘢也。(五，种槐、柳、楸、梓、梧、柞，350)别竖一柱以为依主，每一尺以长绳柱～之。若不～，必为风所摧，不能自立。(同上，351)若使急性人及小儿者，～约不得，必有打伤之灾。(六，养羊，423)"二典"均首引唐诗(6·969,834)，《大词典》"拦约"条仅引《要术》一例(6·969)。《玉篇·手部》："拦，遮拦也。"

【蓝淀】lán diàn　深蓝色的有机染料。｜澄清，泻去水；别作小坑，贮～著坑中。候如强粥，还出瓮中盛之，～成矣。(五，种蓝，374)《大词典》首引《要术》此例(9·590)。

【懒惰】lǎn duò　偷懒；不勤快。｜凡人之性，好～矣，率之又不笃。(序，17)《大词典》首引晋陶潜《责子》诗："阿野已二八，～故无匹。"

【懒人菜】lǎn rén cài　韭的别名。｜谚曰："韭者～。"以其不须岁种也。(三，种韭，203)《大词典》引明冯梦龙《古今谭概》(7·784)。

【烂】làn　破碎；破烂。｜作假蜡烛法：蒲熟时，多收蒲台。削肥松，大如指，以为心。～布缠之。……(三，杂说，233)广陵露白村人，每夜辄见鬼怪，或有异形丑恶。怯弱者莫敢过。村人怪如此，疑必有故，相率得十人，一时发掘，入地尺许，得一朽～方相头；访之故老，咸云："尝有人冒雨葬，至此遇劫，一时散走，方相头陷没泥中。"(《太平御览》卷五五二引《幽明录》)《大词典》首引五代诗(7·316)，《大字典》首引唐陆羽《茶经》(942)。

【烂败】làn bài　腐烂。｜藏稻必须用簟。此既水谷，窖埋得地气则～也。(二，水稻，139)《大词典》仅引一例：《太平御览》卷九六四引晋郭澄之《郭子》："帐下甘果盈溢不散，入春～。"(7·319)

【烂熟】làn shú　果实熟透或肉、菜等煮得极熟。｜若种苦瓜子，虽～气香，其味犹苦也。(二，种瓜，155)～：～肉，谐令胜刀，切长三寸，广半寸，厚三寸半。(八，羹臛法，593)《食次》曰："熊蒸：……更蒸：肉一重，间米，尽令～。"(八，蒸缹法，602—603)《风土记》注云："俗先以二节一日，用菰叶裹黍米，以淳浓灰汁煮之，令～，于五月五日、夏至啖之。"(九，粽𥣡法，640)经宿晬时，勿令绝火。候皮～，以匕沥汁，看末后一珠，微有黏势，胶便熟矣。(九，煮胶，679—680)《大词典》首引唐诗(7·321)。

【浪】làng　①随便；轻易。｜唯著靽头，～放不系。非直饮食遂性，

舒适自在;至于粪溺,自然一处,不须扫除。(六,养牛、马、驴、骡,406)牡性游荡,若非家生,则喜～失。(六,养猪,443)先刻白木为卵形,窠别著一枚以诳之。不尔,不肯入窠,喜东西～生;若独著一窠,后有争窠之患。(六,养鹅、鸭,455)《大词典》首引《要术》(5•1282),《大字典》首引《北史•艺术传下•徐謇附之才》:"及十月,帝又病动,语士开云:'～用之才外任,使我辛苦。'"(686)参看董志翘、蔡镜浩(1994)"浪"条。②通"烺"。|作～中坑,火烧令赤,去灰,水浇,以草厚蔽之,令坩中才容酱瓶。(八,作酱等法,540)缪启愉《校释》:"浪:借作'烺'字。《集韵》:'爣烺,火貌。'烺亦通作'阆',空虚之意。所谓'浪中坑',实际就是挖成一个中部下陷的烧火的坑穴。"(542)"二典"均未收此义。

【浪花】làng huā 不结果实的花。也叫"狂花"。|其瓜会是歧头而生;无歧而花者,皆是～,终无瓜矣。故令蔓生在茇上,瓜悬在下。(二,种瓜,156—157)《大词典》仅引此例(5•1283)。

【浪人】làng rén 游荡无赖之徒。|摘瓜法:在步道上引手而取,勿听～踏瓜蔓,及翻覆之。(二,种瓜,157)《大词典》首引此例(5•1282)。

【捞】lāo 从水或其他液体中取物。|宜少时住,勿使挠搅,待其自解散,然后～盛,飧便滑美。(九,飧、饭,648)"二典"均首引唐诗(6•890,824)。唐玄应《一切经音义》卷五引《通俗文》:"沉取曰捞。"

【牢肕】láo rèn 坚韧。|按:今世有刺榆,木甚～,可以为犊车材。(五,种榆、白杨,338)《大词典》仅引此例(6•241)。

【劳戏】láo xì 游戏;嬉戏。|若使急性人及小儿者,拦约不得,必有打伤之灾;或～不看,则有狼犬之害;懒不驱行,无肥充之理;将息失所,有羔死之患也。(六,养羊,423)《大词典》未收。参看王云路、方一新(1992)"劳戏"条。按,"劳戏"之"劳"的确诂及其得义之由尚待进一步研究。参看本书第一章第三节附录《齐民要术校释》存疑•劳戏条。

【劳】lào 用耢耢地。|春耕寻手～,古曰"耰",今曰"～"。《说文》曰:"耰,摩田器。"今人亦名～曰"摩",鄙语曰"耕田摩～"也。(一,耕田,38)苗生垄平,即宜杷～。锄三遍乃止。(二,黍稷,102)于旦暮润时,以耧耩作垄,以手散之,即～令平。(三,种胡荽,207)《大词典》首引《要术》二例(2•806)。

【类皆】lèi jiē 大都。｜茨充为桂阳令,俗不种桑,无蚕织丝麻之利,～以麻枲头贮衣。(序,8)天下百郡千县,市邑万数,～如此,本末何足相供?(《潜夫论·浮侈》)①从此西行,所经诸国～如是。(《法显传·鄯善国》)《大词典》未收此词。

【冷气】lěng qì 寒冷的气流。｜《永嘉记》曰:"……盖覆器口,安硎泉、冷水中,使～折其出势。"(五,种桑、柘,327)非～之有偏,盖人体有不耐者耳。(《抱朴子·内篇·极言》)《大词典》引宋苏轼诗(2·406)。

【冷水】lěng shuǐ 凉水。｜《永嘉记》曰:"……盖覆器口,安硎泉、～中,使冷气折其出势。"(五,种桑、柘,327)《大词典》首引《金光明经》卷四:"互以～,共相喷洒。"(2·402)按,此词至晚东汉已见,如:一切从～遍浇渍遍行。(东汉安世高译《长阿含十报法经》卷上)

【里】lǐ 方位词。内;中。｜栗初熟出壳,即于屋～埋著湿土中。(四,种栗,292)密封,勿令漏气,便成矣。特忌风～,风则坏而不美也。(八,作酱等法,545)直煮盐蓼汤,瓮盛,诣河所,得蟹则内盐汁～,满便泥封。(同上,546)又以手就瓮～搦破小块,痛搅令和,如粥乃止,以绵幕口。(八,作酢法,548)《食经》作芥酱法:"熟捣芥子,细筛取屑,著瓯～,蟹眼汤洗之。……"(八,八和齑,572)以向熟羊脏投罍～,更煮,得两沸便熟。(八,羹臛法,585)《食次》曰:"蒸藕法:水和稻穰、糠,揩令净,斫去节,与蜜灌孔～,使满,溲苏面,封下头,蒸。……"(八,蒸缹法,603)细切菜菹叶,细如小虫丝,长至五寸,下肉～。(八,菹绿,610)《食次》曰:"竹杓中下沥五升铛～,膏脂煮之。"(九,饼法,633)截断,切作方棋。簸去勃,甑～蒸之。(同上,635)师赤稻一白,米～著蒿叶一把,白盐一把,合师之,即绝白。(九,飧、饭,649)《东方朔传》曰:"武帝时,上林献枣。上以杖击未央殿槛,呼朔曰:'叱叱,先生来来,先生知此箧～何物?'朔曰:'上林献枣四十九枚。'……"(十,枣,705)《异物志》曰:"椰树……核～有肤,白如雪,厚半寸,如猪肤,食之美于胡桃味也。肤～有汁升馀,其清如水,其味美于蜜。"(十,椰,732—733)按,方位词"里"始见于东汉,参看拙著(2000b)97页。

【里边】lǐ biān 靠里面的一边。｜于屋里近户～置瓮。(八,作酢

---

① 此例承真大成君惠示,谨致谢意。

法,551)按,这个"里边"跟今天表"里面"义的"里边"尚不同,"边"还是实义,没有虚化。《大词典》释作"一定的时间、空间或某种范围以内",首引《二刻拍案惊奇》(9·79)。

【例】lì 一概；大抵。|《广志》曰："……西方～多奈,家以为脯,数十百斛以为蓄积,如收藏枣栗。"(四,奈、林檎,297)按:凡种榆者,宜种刺、棶两种,利益为多；其馀软弱,～非佳木也。(五,种榆、白杨,338)前件三种酢,～清少淀多。(八,作酢法,548)《大词典》首引《南史·刘苞传》:"〔刘苞〕少好学,能属文,家有旧书,～皆残蠹,手自编辑,筐箧盈满。"(1·1334)《大字典》首引唐诗(62)。

【立意】lì yì 打定主意；决心。|故赵过始为牛耕,实胜耒耜之利；蔡伦～造纸,岂方缣、牍之烦?(序,7)《大词典》首引此例(8·378)。

【利益】lì yì 好处。|用功盖不足言,～动能百倍。(一,种谷,66)按:凡种榆者,宜种刺、棶两种,～为多；其馀软弱,例非佳木也。(五,种榆、白杨,338)《大词典》首引《后汉书·循吏传·卫飒》:"教民种殖桑柘麻苎之属,劝令养蚕织屦,民得～焉。"(2·638)

【历落】lì luò 疏落参差貌。|其阜劳之地,不任耕稼者,～种枣则任矣。枣性炒故。(四,种枣,263)然柏沥、芥子,并是躁药,其遍体患疥者,宜～斑驳,以渐涂之；待差,更涂馀处。(六,养牛、马、驴、骡,410)《大词典》首引北魏郦道元《水经注·河水四》:"轻崖秀举,百有馀丈。峰次青松,岩悬赪石,于中～有翠柏生焉。"(5·364)参看江蓝生(1988)"历落"条,王云路、方一新(1992)"历落"条。

【连雨】lián yù 连续下雨。|湿积则稿烂,积晚则损耗,～则生耳。(一,种谷,67)此菜旱种,非～不生,所以不同春月要求湿下。种后,未遇～,虽一月不生,亦勿怪。……六月中无不霖,遇～生,则根强科大。(三,种胡荽,210)六月～,拔栽之。(三,种兰香,214)盛夏～,土气蒸热,什器之属,虽不经夏用,六七月中,各须一曝使干。(五,漆,349)《大词典》首引《汉书·高祖纪上》:"时～自七月至九月。"(10·856)

【稴穇】lián shān 禾穗空而不实。|小麦宜下田。歌曰:"高田种小麦,～不成穗。男儿在他乡,那得不憔悴?"(二,大小麦,127)缪启愉《校释》:"稴穇:义同'稴穖'。《集韵》释为'禾草不实',即禾稼不结实。"(131)《集韵·栝韵》:"稴,稴穖,禾不实貌。"《集韵·衔韵》:"穇,稴穇,禾穗

不实。"二典"均仅引《要术》此例(8·128,1097)。

【良杀】liáng shā 如法而杀;好好地杀。|肉酱法:牛、羊、獐、鹿、兔肉皆得作。取～新肉,去脂,细剉。陈肉干者不任用。(八,作酱等法,540)缪启愉《校释》:"良杀:活的牲兽现杀的。"(542)不甚确,参看本书第一章第三节附录"《齐民要术校释》存疑·良杀"条。《大词典》未收此词(9·263)。

【两厢】liǎng xiāng 两旁;两边。|五岁,上下著成齿四;六岁,上下著成齿六。～黄,生区,受麻子也。(六,养牛、马、驴、骡,398)精舍东向开门,门户～有二石柱,左柱上作轮形,右柱上作牛形。(法显传·拘萨罗国舍卫城)《大词典》首引《北史·百济国传》:"其饮食衣服,与高丽略同,若朝拜祭祀,其冠～加翅,戎事则不。"(1·566)

【料简】liào jiǎn 整治拣选。|其岁岁～剗治之功,指柴雇人——十束雇一人——无业之人,争来就作。(五,种榆、白杨,342)《大词典》"料拣"条释作"选择;拣择",亦作"料柬""料简",引《隶续·汉平舆令薛君碑》:"料拣真实,好此徽声。"汉蔡邕《司空杨秉碑》:"〔公〕复拜太常,遂陟上司,沙汰海内,料简贞实。"(7·334)

【料理】liào lǐ 整治;整理。|其叶作菹者,～如常法。(三,蔓菁,184)先耕地作垅,然后散榆荚。垅者看好,～又易。(五,种榆、白杨,341)若碗子奠,去蕺节,～,接奠各在一边,令满。(九,作菹、藏生菜法,665)～令直,满奠之。(同上)《大词典》首引《要术》(7·333)。参看江蓝生(1988)"料理"条,蔡镜浩(1990)"料理"条。

【挒】liè ①拗折;折断。|其苗长者,亦可～去叶端数寸,勿伤其心也。(二,旱稻,147)"二典"均首引此例(6·716,801)。②按;挤压。|少时,～出,净捩去渖。晒极干。以别绢滤白淳汁,和热抒出,更就盆染之,急舒展令匀。汁冷,～出,曝干,则成矣。(三,杂说,240)"二典"均首引宋代例。

【林檎】lín qín 植物名。又名花红、沙果。落叶小乔木,叶卵形或椭圆形,花淡红色。果实卵形或近球形,黄绿色带微红,是常见的水果。亦特指此种植物的果实。|奈、～不种,但栽之。(四,奈、林檎,297)作～麨法:～赤熟时,擘破,去子、心、蒂,日晒令干。……若干咳者,以～麨一升,和米麨二升,味正调适。(同上,298)《大词典》首引

《宋书·谢灵运传》:"枇杷～,带谷映渚。"(4·803)

【淋】①lín 浇。让水或其他液体自上落下。|《食经》藏干栗法:"取穰灰,～取汁渍栗。出,日中晒,令栗肉焦燥,可不畏虫,得至后年春夏。"(四,种栗,293)又不用器～灰,不用见新产妇。(六,养鹅、鸭,455)汤～处即冷,不过数斛汤,回转翻覆,通头面痛～,须臾起坐。(七,笨麹并酒,512)更汲冷水浇～,味薄乃止。～法,令当日即了。糟任饲猪。其初挹淳浓者,夏得二十日,冬得六十日;后～浇者,止得三五日供食也。(八,作酢法,554)《食次》曰:"折箕漉糗出,以饮汁当向糗汁上～之,以糗帚舂取勃,出别勃置。"(九,煮糗,642)《吴录·地理志》曰:"交阯有穰木,其皮中有如白米屑者,干,捣之,以水～之,似面,可作饼。"(十,穰木,845)"二典"均首引《要术》(5·1344,690)。《说文·水部》:"淋,以水浇也。"②lìn 过滤。|取咸土两石许,以水～取一石五斗,釜中煎取三二斗。(六,养牛、马、驴、骡,411)《大词典》首引《要术》(5·1344),《大字典》仅引《儿女英雄传》一例(690)。

【凌旦】líng dàn 拂晓;清早。|大作酪时,日暮,牛羊还,即间羔犊别著一处,～早放,母子别群,至日东南角,唼露草饱,驱归挼之。(六,养羊,432)～,合盆于席上,脱取凝胶。(九,煮胶,680)旦起至食时,卷去上箔,令胶见日;～气寒,不畏消释;霜露之润,见日即干。(同上)《大词典》首引《要术》(2·415)。

【凌雪】líng xuě 冰雪。|作甜脆脯法:腊月取獐、鹿肉,片,厚薄如手掌。直阴干,不著盐。脆如～也。(八,脯腊,579)色同琥珀,又类真金。入口则消,状若～,含浆膏润,特异凡常也。(九,炙法,616)截饼纯用乳溲者,入口即碎,脆如～。(九,饼法,634)《大词典》仅引《要术》一例(2·416)。

【柳罐】liǔ guàn 用柳条编成的打水罐。|井别作桔槔、辘轳。井深用辘轳,井浅用桔槔。～令受一石。罐小,用则功费。(三,种葵,181)石声汉注:"罐是汲器,即从井里汲水出来灌地用的,现在多写作罐。有些地方,用柳枝编成,轻而易举,并可免在撞击中碰破。"《大词典》"柳棬"条首引此例及石声汉注(4·928)。

【陆轴】liù zhóu 碾压用的农具,用牲畜或人力牵引来压平田地、碾脱谷粒等。|先放火,十日后,曳～十遍。遍数唯多为良。(二,水稻,

138)《大词典》仅引此例(11・997),《大字典》未收此词(1720)。

【碌碡】liù zhóu 同"陆轴"。│特打时稍难,唯快日用～碾。(二,大小麦,133)缪启愉《校释》:"(青稞麦)这条是后人的冒牌货。"(136)《大词典》首引此例(7・1066),《大字典》首引宋范成大诗(1020)。

【砻】lóng 脱去稻壳的农具。│多种者,以砖瓦蹉之亦得,以木～砻之亦得。(三,种胡荽,207)《大词典》首引《要术》(7・1121),《大字典》首引明宋应星《天工开物》(1030)。

【龙牙】lóng yá 一根粗枝上有许多横出枝条者。│以大科蓬蒿为薪,散蚕令遍,悬之于栋梁、椽柱,或垂绳钩弋、鹗爪、～,上下数重,所在皆得。(五,种桑、柘,333)《大词典》仅引《要术》一例(12・1461)。

【鞑头】lóng tóu 套在骡马头上的络头,用皮条或绳子做成,用来系缰绳。│饲父马令不斗法:多有父马者,别作一坊,多置槽厩;到刍及谷豆,各自别安。唯著～,浪放不系。(六,养牛、马、驴、骡,406)《大词典》仅引此一例(12・216)。

【笼炉】lóng lú 取暖用的火炉。│炭聚之下碎末,勿令弃之。捣、筛,煮淅米沿溲之,更捣令熟。丸如鸡子,曝干。以供～种火之用,辄得通宵达曙,坚实耐久,逾炭十倍。(三,杂说,233)《大词典》仅引一例:《南史・梁南平王伟传》:"立游客省,寒暑得宜,冬有～,夏设饮扇,每与宾客游其中。"(8・1281)

【笼】lǒng 笼罩;遮掩。│雏出则著外许,以罩～之。(六,养鸡,449)雏既出,别作笼～之。(六,养鹅、鸭,455)三七日,～之。四七日,出置日中,曝令干。(七,法酒,528)脯成,置虚静库中,纸袋～而悬之。置于瓮则郁浥;若不～,则青蝇、尘污。(八,脯腊,579)《大词典》首引《要术》(8・1287),《大字典》首引唐杜牧诗(1264)。

【漏气】lòu qì 指空气渗入。│若欲久停者,入五月,内著屋中,闭户塞向,密泥,勿使风入～。(五,种紫草,377)擘破块,内著瓮中。盆合,泥封。裂则更泥,勿令漏气。(七,笨麴并酒,512)内瓮子中,泥密封,日曝。勿令～。(八,作酱等法,541)《大词典》未收。

【镂楱】lòu zòu 耙的一种。│苗既出垅,每一经雨,白背时,辄以铁齿～纵横耙而劳之。(一,种谷,67)地液辄耕垅,以铁齿～镂楱之,更以鲁斫劚其科土,则滋茂矣。(三,种苜蓿,224)亦指用这种铁耙耙地,

当属临时性的词类活用。|地液辄耕垅,以铁齿镉楱~之,更以鲁斫劚其科土,则滋茂矣。(三,种苜蓿,224)八九月中水尽,燥湿得所时,急耕则~之。(五,种槐、柳、楸、梓、梧、柞,352)《大词典》均首引《要术》(11·1388)。

【鲁桑】lǔ sāng 桑树的一种。枝条粗长,叶卵圆形,无缺刻,肉厚而富光泽。原产山东,为我国蚕区的主要栽培桑种。|桑椹熟时,收黑鲁椹,黄~,不耐久。谚曰:"~百,丰绵帛。"言其桑好,功省用多。(五,种桑、柘,317)凡蚕从小与~者,乃至大入簇,得饲荆、鲁二桑;若小食荆桑,中与~,则有裂腹之患也。(同上,332)《大词典》仅引《要术》一例(12·1208)。

【鲁斫】lǔ zhuó 锄名。|地液辄耕垅,以铁齿镉楱镉楱之,更以~劚其科土,则滋茂矣。(三,种苜蓿,224)缪启愉《校释》:"鲁斫:王祯《农书》说就是'钁',一种重型钝刃的锄头。"(226)《大词典》仅引《要术》一例及缪启愉《校释》(12·1207)。

【漉酪】lù lào 谓将牛、羊等乳过滤炼制成食品。|作~法:八月中作。取好淳酪,生布袋盛,悬之,当有水出滴滴然下。(六,养羊,433)《大词典》仅引《要术》一例(6·99)。

【露气】lù qì 露水;水汽。|昼日箔盖,夜即去之。昼日不用见日,夜须受~。(三,种兰香,213)蚕小,不用见~;得人体,则众恶除。(五,种桑、柘,333)夜炊粟米饭,即摊之令冷,夜得~,鸡鸣乃和之。(七,笨麹并酒,514)《大词典》首引《礼记·月令》唐孔颖达疏(11·739)。

【旅生】lǔ shēng 同"穭生"。|今秋取讫,至来年更不须种,自~也。(五,伐木,381)《大词典》引《后汉书·光武帝纪上》:"至是野谷~,麻未尤盛……人收其利焉。"李贤注:"旅,寄也,不因播种而生,故曰旅。"《梁书·武帝纪下》:"大同三年……北徐州境内,~稻稗二千许顷。"(6·1586)

【穭生】lǔ shēng 植物落粒自生;野生。|若地柔良,不须重耕垦者,于子熟时,好子稍有零落者,然后拔取,直深细锄地一遍,劳令平,六月连雨时,~者亦寻满地,省耕种之劳。(三,种胡荽,209—210)若~及种而不栽者,则著子迟。(四,插梨,287)《大词典》首引《要术》及缪启愉《校释》(8·161)。

【滤】lǜ 过滤。使液体或气体等通过一定的装置,除去杂质。|以别绢～白淳汁,和热抒出,更就盆染之,急舒展令匀。(三,杂说,240)绵～著瓷、漆盏中令凝。(五,种红蓝花、栀子,367)以毛袋漉去麹滓,又以绢～麹汁于瓮中,即酘饭。(七,造神麹并酒,489)以大杓挹取胶汁,泻著蓬草上,～去滓秽。(九,煮胶,680)《大词典》首引《要术》(6·200),《大字典》首引唐诗(747)。《玉篇·水部》:"滤,滤水也。"

【挛拳】luán quán 蜷曲。|书有毁裂,劙方纸而补者,率皆～,瘢疮硬厚。(三,杂说,227)《大词典》首引此例(6·980)。

【挛缩】luán suō 蜷曲。|又敦煌俗,妇女作裙,～如羊肠,用布一匹。(序,8)蛞蝓　味咸寒。主治贼风喎僻,轶筋及脱肛,惊痫～。(《神农本草经》下卷)《大词典》引《三国志·魏志·仓慈传》"遥共祠之"裴松之注引三国魏鱼豢《魏略》:"敦煌俗,妇女作裙,～如羊肠,用布一匹。"(6·980)即《要术》此例。

【罗】luó ①一种密孔筛子。|六七日许,当大烂,以酒淹,痛挼之,令如粥状。下水,更挼,以～漉去皮、子。(四,柰、林檎,297—298)《大字典》首引《要术》(1221),《大词典》首引元杂剧(8·1047)。②用筛子等筛东西。|净簸择,细磨。～取麨,更重磨,唯细为良,麤则不好。(七,造神麹并酒,490)复取水六斗,细～麹末一斗,合饭一时内瓮中,和搅令饭散。(七,白醪麹,501)《食次》曰:"粲:一名'乱积'。用秫稻米,绢～之。蜜和水,水蜜中半,以和米屑。……"(九,饼法,632)《大词典》首引《要术》(8·1047),《大字典》首引唐诗(1221)。

【落疏】luò shū 指瓜皮上的条纹稀疏开朗。|王逸《瓜赋》曰:"～之文。"(二,种瓜,152)凡瓜,～、青黑者为美;黄、白及斑,虽大而恶。(同上,155)缪启愉《校释》:"落疏:指瓜皮上的条纹稀疏开朗。"(158)《大词典》未收此词。

【掠】lüè 从液体表面撇取。|待小冷,～取乳皮,著别器中,以为酥。(六,养羊,432)瀹鸡子法:打破,泻沸汤中,浮出,即～取,生熟正得,即加盐醋也。(六,养鸡,450)各自别捶牛羊骨令碎,熟煮取汁,～去浮沫,停之使清。(八,脯腊,579)《大词典》仅引《要术》一例(6·699),《大字典》未收此义(799)。

【略皆】lüè jiē 大略;大都。|世事～如此,安可不存意哉?(六,养羊,

427)羽好《左氏传》,讽诵～上口。(《三国志·蜀书·关羽传》裴注引《江表传》)《大词典》未收。参看江蓝生(1988)"略"条,董志翘、蔡镜浩(1994)"略 略皆"条。

M

【麻油】má yóu 麻实所榨之油。|炒鸡子法:打破,著铜铛中,搅令黄白相杂。细擘葱白,下盐米、浑豉、～炒之,甚香美。(六,养鸡,450)酒色似～,甚酽。(七,笨麴并酒,512)临食,细切葱白,著～炒葱令熟,以和肉酱,甜美异常也。(八,作酱等法,541)若无新猪膏,净～亦得。(九,炙法,616)《大词典》首引《三国志·魏志·满宠传》:"宠驰往赴,募壮士数十人,折松为炬,灌以～,从上风放火,烧贼攻具。"(12·1273)

【马鞭】mǎ biān 策马的鞭子。|十年,中四破为杖,任为～、胡床。～一枚直十文,胡床一具直百文。(五,种桑、柘,324)《大词典》首引《三国志·魏志·袁绍传》"配声气壮烈,终无挠辞,见者莫不叹息,遂斩之"裴注引《先贤行状》:"是日生缚配,将诣帐下,辛毗等逆以～击其头。"(12·789)

【麦䅟】mài juān 麦茎,麦秆。|卧麴法:先以～布地,然后著麴,讫,又以～覆之。……七日,翻麴,还以～覆之。(七,造神麴并酒,496)《大词典》首引《要术》,次引《文选·潘岳〈射雉赋〉》"窥闆䅟叶"南朝宋徐爰注:"䅟,麦稍也。"李善注:"䅟与稍并同。"(12·1020)

【麦子】mài zǐ 麦。|可粱粟、黍、大小豆、麻、～等。(三,杂说,233)《大词典》首引《儿女英雄传》(12·1015)。

【脉】mài 指睾丸。|剸法:生十馀日,布裹齿～碎之。(六,养羊,423)缪启愉《校释》:"齿:作动词用,就是咬。脉:指睾丸。这句就是'布裹着,咬睾丸碎之'。"(426)"二典"均未收此义。

【漫】màn 四散地;撒播式地。|耕荒毕,以铁齿镂榛再遍杷之,～掷黍穄,劳亦再遍。(一,耕田,37)缪启愉《校释》:"漫掷:撒播。"(40)一亩用子三升。先～散讫,犁细浅畴而劳之。(二,大豆,109—110)～种者,先以耧耩,然后散子,空曳劳。(二,胡麻,149)十月末,地将

冻,～散子,唯概为佳。(三,种葵,181)"二典"均无完全吻合的相应义项(6・84,723)。

【毛孔】máo kǒng 汗孔。|焦猪肉法:净燖猪讫,更以热汤遍洗之,～中即有垢出,以草痛揩,如此三遍,梳洗令净。(八,蒸焦法,599)佛眼如四大海水,青白分明,身诸～,演出光明,如须弥山。(南朝宋礓良耶舍译《佛说观无量寿佛经》)按,此词汉译佛经中常见。《大词典》首引唐诗(6・998)。

【冒雨】mào yǔ 顶着雨。|天雨无所作,宜～薅之。(二,旱稻,147)尝有人～葬,至此遇劫,一时散走,方相头陷没泥中。(《太平御览》卷五五二引《幽明录》)《大词典》未收此词。

【门法】mén fǎ 专门的法则。|河东颐白酒法:六月、七月作。用笨麹,陈者弥佳,剉治,细剉。麹一斗,熟水三斗,黍米七斗。麹杀多少,各随～。(七,笨麹并酒,509)《大词典》首引清代例(12・8)。

【米粉】mǐ fěn 米磨成的粉。亦泛指某些谷物磨成的粉。|泻去汁,置布于上,以灰饮汁,如作～法。(四,柰、林檎,298)作～法:粱米第一,粟米第二。(五,种红蓝花、栀子,371)《广志》曰:"粱禾,蔓生,实如葵子。～白如面,可为𫗴粥。牛食以肥。六月种,九月熟。"(十,禾,695)《大词典》首引《要术》(9・196)。

【密封】mì fēng 严密地封闭。|七日之后,既烂,漉去皮核,～闭之。(四,种桃柰,268)合和,复～。数十日便熟。(七,笨麹并酒,511)即以盆合瓮口,泥～,勿令漏气。(同上,513)小麦三斗,炊令熟,著塪中,以布～其口。(八,作酢法,557—558)《大词典》首引《抱朴子・金丹》:"又尹子丹法:以云母水和丹,～致金华池中,一年出,服一刀圭,尽一斤得五百岁。"(3・1534)

【眠】mián 蚕在蜕皮时不食不动。|初生,以毛扫。用荻扫则伤蚕。调火令冷热得所。热则焦燥,冷则长迟。比至再～,常须三箔:中箔上安蚕,上下空置。(五,种桑、柘,333)《大词典》首引北周庾信《归田》诗:"社鸡新欲伏,原蚕始更～。"(7・1200)

【眠起】mián qǐ 忽卧忽起。|治马大小便不通,～欲死,须急治之,不治,一日即死。(六,养牛、马、驴、骡,412)《大词典》未收此义。

【眠卧】mián wò 躺;睡。|非直饮食遂性,舒适自在;至于粪溺,

自然一处,不须扫除。干地～,不湿不污。(六,养牛、马、驴、骡,406)
治马卒腹胀、～欲死方:用冷水五升,盐二升,研盐令消,以灌口中,必
愈。(同上,412)《大词典》"入睡;睡眠"义下首引唐杜甫诗,"躺着"义
下仅引《初刻拍案惊奇》一例(7·1201)。

【面糊】miàn hú 用面粉加水调成的糊状物。|上犊车蓬(篷)牵及
糊屏风、书帙令不生虫法:水浸石灰,经一宿,挹取汁以和豆黏及作～
则无虫。(三,杂说,233)又方:汤洗疥,拭令干。煮～,热涂之,即愈
也。(六,养牛、马、驴、骡,410)《大词典》首引《要术》(12·1022)。

【面向】miàn xiàng 面对;朝向。|七月取中寅日,使童子著青衣,
日未出时,～杀地,汲水二十斛。勿令人泼水,水长亦可泻却,莫令人
用。其和麹之时,～杀地和之,令使绝强。团麹之人,皆是童子小儿,
亦～杀地;有污秽者不使。(七,造神麹并酒,478)三种量讫,于盆中
"太岁"和之,向"太岁",则无蛆虫也。搅令均调,以手痛挼,皆令润彻。
亦～"太岁"内著瓮中,手挼令坚。(八,作酱等法,536)《大词典》引现
代例(12·381)。

【面脂】miàn zhī 润面的油脂。|种红蓝花、栀子第五十二燕支、香
泽、～、手药、紫粉、白粉附(五,篇名,364)合～法:用牛髓。牛髓少者,用牛
脂和之。若无髓,空用脂亦得也。(五,种红蓝花、栀子,367)《大词典》首引
《要术》(12·385)。

【名目】míng mù 名称;名义。|其有五谷、果蓏非中国所殖者,存
其～而已;种莳之法,盖无闻焉。(序,19)按今世粟名,多以人姓字
为～,亦有观形立名,亦有会义为称,聊复载之云耳。(一,种谷,61)此
等～,皆是叶生形容之所象似,以此时栽种者,叶皆即生。(四,栽树,256)中国
所生,不过淡苦二种;其～奇异者,列之于后条也。(五,种竹,359)《大词典》
首引晋葛洪《抱朴子·吴失》:"不知五经之～,而享儒官之禄。"(3·
166)

【明旦】míng dàn 明晨;次日早晨。|良久,以单布盖之。～酪成。
(六,养羊,433)待至～,以酒杷搅之,自然解散也。(七,笨麹并酒,
505)今日作,～鸡鸣便熟。(同上,520)～作酢,今夜炊饭,薄摊使冷。
(八,作酢法,548)《大词典》首引唐诗(598)。

【明净】míng jìng 明丽而洁净。|凡三捣三煮,添和纯汁者,其省

四倍,又弥～。(三,杂说,226)凡点书、记事,多用绯缝,缯体硬强,费人齿力,俞污染书,又多零落。若用红纸者,非直～无染,又纸性相亲,久而不落。(同上,227)然新皮胶色～而胜,其陈久者固宜,不如新者。(九,煮胶,679)《大词典》首引南朝宋鲍照《学古》诗:"凝肤皎若雪,～色如神。"(5·606)

【摩】mó 用耢耢地。|春耕寻手劳,古曰"耰",今曰"劳"。《说文》曰:"耰,摩田器。"今人亦名劳曰"～",鄙语曰"耕田～劳"也。(一,耕田,38)《大词典》释作"指摩田器",仅引《要术》一例(6·822)。按,《大词典》释义不确,《要术》原注中的"摩"是名词用作动词,不是农具名。参看《齐民要术校释》40页注释【六】。

【摩挲】mó suō 揉搓。|盛暑,日曝使干,渐以手～,散为末。(四,种枣,264)《大词典》首引《礼记·郊特牲》"汁献涗于醆酒"汉郑玄注:"～沛之,出其香汁。"(6·824)

【末】mò ①细粉;碎屑。|亦可洗讫,和粥清、麦麨～,如蘸、芥菹法,亦有一种味。(三,种胡荽,210)作干者,大晴时,薄地刈取,布地曝之。干乃挼取～,瓮中盛。须则取用。(三,种兰香,214)盛暑,日曝使干,渐以手摩挲,散为～。(四,种枣,264)汁尽,刀劚,大如梳掌,于日中曝干,研作～,便成。(四,奈、林檎,298)春、秋、桑叶落时,麹皆细剉;冬则捣～,下绢筛。(七,笨麹并酒,511)《大字典》首引《世说新语·汰侈》:"豆至难煮,唯豫作熟～,客至,作白粥以投之。"(484)《大词典》首引《晋书·石崇传》(4·693),按,实即《世说》例。②研成粉末。|其叶及青摘取,可以为菹;干而～之,亦足充事。(四,种椒,310)然后细剉,燥曝,～之。(七,笨麹并酒,518)麹一斤,～,搅和。(同上,519)《大字典》未收此义,《大词典》首引宋代例(4·693)。

【磨】mò 用磨碎物。|魏武使典农种之,顷收二千斛,斛得米三四斗。大俭可～食之。(一,种谷,84)种瞿麦法:……浑蒸,曝干,舂去皮,米全不碎。炊作飧,甚滑。细～,下绢筛,作饼,亦滑美。(二,大小麦,127)先于青硬石上,水～雌黄令熟;曝干,更于瓷碗中研令极熟。(三,杂说,227)林檎赤熟时,擘破,去子、心、蒂,日晒令干。或～或捣,下细绢筛;麤者更～捣,以细尽为限。(四,奈、林檎,298)《大字典》首引《清平山堂话本》(1026),《大词典》首引清代例(7·1101)。

【磨具】mò jù 磨粉的器具的总称。｜崔寔《四民月令》曰："七月。……六日,馔治五谷、～。"(三,杂说,239)《大词典》未收此词。

【莫问】mò wèn 不论;不管。｜治旱稻赤米令饭白法:～冬夏,常以热汤浸米,一食久,然后以手挼之。(九,飧、饭,649)参看王云路、方一新(1992)"不问"条。

【木橛】mù jué 短木桩。｜欲作鞍桥者,生枝长三尺许,以绳系旁枝,～钉著地中,令曲如桥。十年之后,便是浑成柘桥。(五,种桑、柘,324)《大词典》首引《隋书》(4・680)。

【木斫】mù zhuó 即櫌。一种敲打土块、平田的农具。｜北土高原,本无陂泽。随逐隈曲而田者,二月,冰解地干,烧而耕之,仍即下水;十日,块既散液,持～平之。(二,水稻,138)《大词典》首引本例(4・669)。

N

【那得】nǎ dé 怎得;怎会;怎能。｜歌曰:"高田种小麦,稴穇不成穗。男儿在他乡,～不憔悴。"(二,大小麦,127)处分适兄意,～自任专?（古诗为焦仲卿妻作）简文为相,事动经年,然后得过。桓公甚患其迟,常加劝勉。太宗曰:"一日万机,～速!"(世说新语・政事20)《大词典》首引《三国志・魏志・曹洪传》"于是泣涕屡请,乃得免官削爵土"裴松之注引三国魏鱼豢《魏略》:"太祖曰:'我家赀～如子廉耶!'"(10・600)

【耐久】nài jiǔ 能够经久。｜以供笼炉种火之用,辄得通宵达曙,坚实～,逾炭十倍。(三,杂说,233)李性～,树得三十年;老虽枝枯,子亦不细。(四,种李,277)七月中摘,深色鲜明,～不黦,胜春种者。(五,种红蓝花、栀子,364)瘦鱼弥胜,肥者虽美而不～。(八,作鱼鲊,573)《大词典》首引《新唐书》(8・776)。

【男儿】nán ér 犹男子汉;大丈夫。｜歌曰:"高田种小麦,稴穇不成穗。～在他乡,那得不憔悴。"(二,大小麦,127)子伯少有猛志,尝叹息曰:"～居世,会当得数万兵千匹骑著后耳!"(《三国志・魏书・崔琰传》裴注引《吴书》)[延]牙引还成都,[公孙]述谓曰:"事当奈何?"牙对曰:"～贵死中求生,败中求成。无爱财物也。"(《华阳国志・公孙述志》)

《大词典》首引《东观汉记·公孙述传》："～当死中求生,可坐穷乎?"(7·1306)

【腩】nǎn 用调味品浸渍肉类以备炙食。|～炙:羊、牛、獐、鹿肉皆得。(九,炙法,616)肝炙:牛、羊、猪肝皆得。脔长寸半,广五分,亦以葱、盐、豉汁～之。(同上)～炙法:肥鸭,净治洗,去骨,作脔。(同上,620)"二典"均仅引《要术》例(6·1341,878)。

【挠劳】náo láo 搅动。|没水而已,勿更～。待至明旦,以酒杷搅之,自然解散也。(七,笨麹并酒,505)缪启愉《校释》:"劳:劳有'动'义,见朱骏声《说文通训定声》。挠劳:意即搅动。"(507)按,缪说有误,参看本书第一章第三节附录"《齐民要术校释》存疑·挠劳"条。

【稆】nè 谷物脱粒后所剩的茎干秆壳。|冬寒,取谷～布地,一行蒜,一行～。不尔则冻死。(三,种蒜,191)"中国"多寒,宜作窖,以谷～合埋之。(三,种姜,218)七月中作坑,令受百许束,作麦～泥泥之,令深五寸,以苦薕四壁。(五,种蓝,374)"二典"均首引《要术》(8·98,1092)。石声汉注:"谷稆,是谷穰,即脱粒后所剩的藁秸秆壳。"

【内许】nèi xǔ 里面;里边。|裴渊《广州记》曰:"槃多树,不花而结实。实从皮中出。自根著子至杪,如橘大。食之。过熟,～生蜜。"(十,槃多,848)《大词典》未收此词。

【嫩】nèn 指物初生时的柔弱状态。|枺生肥～,比至收时,高与人膝等,茎叶皆美,科虽不高,菜实倍多。(三,种葵,177)又长,更剪,常得～者。(三,荏、蓼,215—216)《大词典》首引南朝梁江淹《丽色赋》:"若夫红华舒春,黄鸟飞时,绀蕙初～,頳兰始滋。"(4·401)《大字典》首引南朝梁萧衍《游钟山大爱敬寺》:"萝短未中揽,葛～不任牵。"(452)

【抳】ní 研磨。|勿以杓～,～则羹浊——过不清。(八,羹臛法,589)"二典"均仅引《要术》一例(6·503,781)。

【泥】nì ①用稀泥或如稀泥一样的东西涂抹或封固。|既生,长二尺馀,便总聚十茎一处,以布缠之五寸许,复用泥～之。(二,种瓠,167)《食经》曰:"作干枣法:……率一石,以酒一升,漱著器中,密～之。经数年不败也。"(四,种枣,264)《杂五行书》曰:"二月上壬,取土～屋四角,宜蚕,吉。"(五,种桑、柘,327)若欲久停者,入五月,内著屋中,闭

户塞向,密～,勿使风入漏气。(五,种紫草,377)《大词典》首引《要术》(5·1102),《大字典》首引《世说新语·汰侈》:"王(恺)以赤石脂～壁。"(670)②粘湿。∣凡种下田,不问秋夏,候水尽,地白背时,速耕,杷、劳频烦令熟。过燥则坚,过雨则～,所以宜速耕也。(二,旱稻,147)"二典"均未收此义(5·1102,670)。

【逆顺】nì shùn 逆行与顺行。∣至正月、二月中,以犁作垅,一垅之中,以犁～各一到,墒中宽狭,正似葱垅。(五,种榆、白杨,344)一亩三垅,一垅之中,～各一到,墒中宽狭,正似葱垅。(五,种槐、柳、楸、梓、梧、柞,352)《大词典》释作"指星辰的逆行与顺行",且仅引《隋书·律历志下》一例(10·831),未当。

【腻】nì ①肥厚;油腻。∣于良美地中,先种晚禾。晚禾令地～。(二,种瓜,156)取良杀新肉,去脂,细剉。陈肉干者不任用。合脂令酱～。……有骨者,和讫先捣,然后盛之。骨多髓,既肥～,酱亦然也。……勿作陈肉,令酱苦～。(八,作酱等法,540)《食次》曰:"宿客足,作粳粏。粳末一升,以沸汤一升沃之;不用～器。……"(九,煮粳,642)釜必磨治令白净,勿使有～气。(九,饧铺,675)《大字典》首引汉蔡邕《为陈留太守上孝子状》:"但用麦饭寒水,不食肥～。"(884)《大词典》首引《要术》(6·1377)。②黏腻。∣以净竹箸不～者,良久痛搅。(五,种红蓝花、栀子,367)《大词典》首引《要术》,《大字典》未举书证。

【酿菹】niàng zū 利用乳酸发酵加工制成的整棵蔬菜。∣～法:菹,菜也。一曰:菹不切曰"～"。(九,作菹、藏生菜法,657)石声汉注:"菹:即利用乳酸发酵来加工保藏的蔬菜。有加盐的咸菹,不加盐的淡菹,整棵的酿菹。"《大词典》仅引此例(9·634)。

【捻】niē 捏;用手指把软东西弄成一定的形状或弄破。∣盐入汁出,然后合盐晒令萎,手～之令褊。复晒,更～,极褊乃止。(四,种李,277)明日干浥浥时,～作小瓣,如半麻子,阴干之,则成矣。(五,种红蓝花、栀子,367)《食经》作豉法:"率一石豆,熟澡之,渍一宿。明日,出,蒸之,手～其皮破则可,便敷于地……"(八,作豉法,564—565)"二典"均首引《要术》(6·695,798),注音作niǎn,释义为"用手指搓或转动",疑误。"捻"在历史上是个同形字,早期读入声(今音niē),义同"捏";大约明代以后才用于记录音niǎn、义为"用手指搓或转动"的那个词。"二典"的注音和释义恐有"以今律古"之嫌。

【牛拘】niú jū 牛鼻环。|若不能得多枝者,取一长条,烧头,圆屈如～而横埋之,亦得。然不及上法根强早成。其拘中亦安骨、石。(四,安石榴,304—305)石声汉注:"牛拘,穿在牛鼻孔中的圆圈形木条,现在河北称'牛鼻圈'。"《大词典》首引《要术》此例(6·229)。《说文·木部》"桊,牛鼻环也"段玉裁注引唐玄应曰:"桊,牛拘也。"

【脓】nóng 腐烂。|稻苗长七八寸,陈草复起,以镰侵水芟之,草悉～死。(二,水稻,138)二日一饮。频饮则伤水而鼻～。(六,养羊,423)"二典"均仅引《要术》一例(6·1384,887)。

【暖暖】nuǎn nuǎn 犹"温温"。|好熟,出,著盆中,以冷水和煮豚面浆使～,于盆中浸之。(八,菹绿,611)《大词典》未收此词。"暖暖(xuān xuān)"条仅引明张居正诗一例(5·795)。

【暖气】nuǎn qì 暖和之气。|崔寔《四民月令》曰:"是月尽夏至,～将盛,日烈暵燥,利用漆油,作诸日煎药。可粜黍。买布。……五月。芒种节后,阳气始亏,阴慝将萌;～始盛,虫蛊并兴。"(三,杂说,233—234)所以然者,豚性脑少,寒盛则不能自暖,故须～助之。(六,养猪,443)《大词典》首引晋张华《杂诗》:"重衾无～,挟纩如怀冰。"(5·794)

【暖热】nuǎn rè 温暖。|每人出,皆还谨密闭户,勿令泄其～之气也。(八,作豉法,562)《大词典》首引唐诗(5·795)。

【搦】nuò 握;捏。|河东染御黄法:碓捣地黄根令熟,灰汁和之,搅令匀,～取汁,别器盛。(三,杂说,239)盆中浮酥,得冷悉凝,以手接取,～去水,作团,著铜器中,或不津瓦器亦得。(六,养羊,437)于席上摊黍饭令极冷,贮出麹汁,于盆中调和,以手～破之,无块,然后内瓮中。(七,造神麹并酒,492)初溲时,手～不相著者佳。(七,笨麹并酒,505)条脯浥浥时,数以手～令坚实。(八,脯腊,579)裹盛溲粉,敛四角,临沸汤上～出,熟煮。曜浇。若著酪中及胡麻饮中者,真类玉色,积积著牙,与好面不殊。一名"～饼"。(九,饼法,636)《食次》曰:"糫:用秫稻米末,绢罗,水、蜜溲之,如强汤饼面。手～之,令长尺馀,广二寸馀。……"(九,粽糫法,640)《大词典》引《后汉书·臧洪传》和晋郭璞《江赋》(6·820),《大字典》引三国魏曹植《幽思赋》《后汉书·臧洪传》和晋郭璞《江赋》(814)。

【糯米】nuò mǐ 糯稻碾出之米。富于黏性,可做糕点,亦可酿酒。|秫稻米,一名～,俗云"乱米",非也。(二,水稻,137)各自纯作,莫杂馀种。其杂米——～、小麦、黍米、穄米作者,不得好也。(五,种红蓝花、栀子,371)若作～酒,一斗麴,杀米一石八斗。(七,造神麴并酒,480)粳米法酒:～大佳。(七,法酒,525)《大词典》首引宋代例(9·243)。

【女麴】nǔ qū 酒曲名。|水苦酒法:～、龘米各二斗,清水一石,渍之一宿,沑取汁。(八,作酢法,558)《食经》作豉法:"更煮豆,取浓汁,并秫米～五升,盐五升,合此豉中。"(八,作豉法,565)《食次》曰:"～:秫稻米三斗,净淅,炊为饭——软炊。停令极冷,以麴范中用手饼之。"(九,作菹、藏生菜法,664)酿瓜菹酒法:秫稻米一石,麦麴成剉隆隆二斗,～成剉平一斗。(同上)《大词典》首引李时珍《本草纲目》,并云"参阅《齐民要术·作菹、藏生菜法》"(4·265)。

O

【偶日】ǒu rì 双日。与"只日"相对。|于后无若,或八日、六日一酘,会以～酘之,不得只日。(七,法酒,526)会以只日酘,不得以～也。(同上)《大词典》未收此词(1·1524)。按,《大词典》收了"只日"而未收"偶日",宜补。

P

【杷子】pá zǐ 酿酒等工作中用以搅、抨等的工具。|研尽,以～就瓮中良久痛抨,然后澄之。(五,种红蓝花、栀子,372)抨酥法:以夹榆木碗为～——作～法:割却碗半上,剜四厢各作一圆孔,大小径寸许,正底施长柄,如酒杷形——抨酥,酥酪甜醋皆得所,数日陈酪极大醋者,亦无嫌。(六,养羊,437)旦起,泻酪著瓮中炙,直至日西南角,起手抨之,令～常至瓮底。……于此时,～不须复达瓮底,酥已浮出故也。(同上)《大词典》未收此词(4·885)。

【帊】pà 巾帕。|然后细剉,布～盛,高屋厨上晒经一日,莫使风土秽污。(七,造神麴并酒,479)缪启愉《校释》:"帊,大方巾。"(484)《大

词典》首引《三国志·魏志·王粲传》："观人围棋，局坏，粲为覆之。棋者不信，以～盖局，使更以他局为之。用相比较，不误一道。"(3·699)

【排】pái 排列。|《食经》作豉法："……二十七日，出，～曝令燥。更蒸之时，煮矫桑叶汁洒溲之，乃蒸如炊熟久，可复～之。此三蒸曝则成。"(八，作豉法，565)《大词典》首引南朝梁沈约《注制旨连珠表》："连珠者，盖谓辞句连续，互相发明，若珠之结～也。"(6·653)《大字典》首引白居易诗(796)。

【潘泔】pān gān 淘米水。|芹、苣，并收根畦种之。常令足水。尤忌～及咸水。浇之即死。(三，种蘘荷、芹、苣，221)《大词典》仅引《要术》一例(6·143)。

【槃歧】pán qí 指瓜蔓上蟠曲歧出的岔头。|若无萆而种瓜者，地虽美好，正得长苗直引，无多～，故瓜少子。(二，种瓜，157)《大词典》仅引此例(4·1214)。

【胮】pāng 胀大貌。|择去～烂者。～者永不干，留之徒令污枣。(四，种枣，263)或睹众生寿命终讫，息绝煴逝，神迁身冷，九族捐之，远著外野，旬日之间，～胀烂臭。(三国吴康僧会译《六度集经》卷七)"二典"均仅引《要术》此例(6·1254，868)。按，此词佛经中常见。

【醅】pēi 未滤去糟的酒。亦泛指酒。|此酒合～饮之可也。(七，造神麹并酒，489)缪启愉《校释》："醅：带糟未经压榨的酒，义与'醨'同。合醅饮之：即连糟吃喝。"(490)大率五石米酒～，更著麹末一斗，麦䴷一斗，井花水一石。(八，作酢法，552)《食经》作大豆千岁苦酒法："用大豆一斗，熟汰之，渍令泽。炊，曝极燥。以酒～灌之。任性多少，以此为率。"(同上，557)《食次》曰："大酒接出清，用～，若一石，与盐三升，女麹三升，蜜三升。"(九，作菹、藏生菜法，664)《大词典》首引《要术》(9·1428)，《大字典》首引唐诗(1494)。

【抨】pēng 搅拌击捣。|六七日许，当大烂，以酒淹，痛～之，令如粥状。下水，更～，以罗漉去皮子。良久，清澄，泻去汁，更下水，复～如初，嗅看无臭气乃止。(四，柰、林檎，297—298)研尽，以杷子就瓮中良久痛～，然后澄之。(五，种红蓝花、栀子，372)率十石瓮，著石灰一斗五升，急手～之，一食顷止。(五，种蓝，374)旦起，泻酪著瓮中炙，直至日西南角，起手～之，令杷子常至瓮底。一食顷，作热汤，水解，令得

下手,泻著瓮中。汤多少,令常半酪。乃～之。良久,酥出,复下冷水。冷水多少,亦与汤等。更急～之。于此时,杷子不须复达瓮底,酥已浮出故也。酥既遍覆酪上,更下冷水,多少如前。酥凝,～止。(六,养羊,437)《大词典》首引《要术》(6·449),《大字典》未收此义(777)。

【棚栈】péng zhàn 棚架。|著敞屋下阴凉处～上。其棚下勿使驴马粪及人溺,又忌烟——皆令草失色。(五,种紫草,377)若经夏在～上,草便变黑,不复任用。(同上)《大词典》仅引《要术》一例(4·1120)。

【蓬】péng 某些植物果实的外苞。|荏子秋未成,可收～于酱中藏之。～,荏角也,实成则恶。(三,荏、蓼,215)“二典”均仅引此例(9·510,1361)。

【篷軬】péng fàn(又 bèn) 车弓。|上犊车蓬(篷)軬及糊屏风、书帙令不生虫法:水浸石灰,经一宿,挹取汁以和豆黏及作面糊则无虫。(三,杂说,233)缪启愉《校释》:“蓬,应作‘篷’。篷軬(fàn 又 bèn):即‘车弓’。《方言》卷七:‘车枸篓……南楚之外谓之篷。’郭璞注:‘即车弓也。’軬:《释名·释车》:‘軬,藩也,蔽雨水也。’所谓车弓,就是撑持车篷的骨架,用竹木制成,弯曲如弓,故名。”(236)《大词典》未收此词(9·1233)。

【批契】pī qì 一种用绳系在腰间牵引着覆土的农具。|两楼重构,窃瓠下之,以～继腰曳之。(三,种葱,199)缪启愉《校释》:“批契:一种用绳系在腰间牵引着覆土的农具。”(201)旱种者,重楼构地,使垅深阔,窃瓠下子,～曳之。(三,种苜蓿,224)《大词典》未收此词(6·366)。

【劈裂】pī liè 裂开;分裂。|《广志》曰:“有劈李,熟必～。”(四,种李,275)其冒霜雪远行者,常啮蒜令破,以揩唇,既不～,又令辟恶。(五,种红蓝花、栀子,367)牛胘炙:老牛胘,厚而脆。划穿,痛蹙令聚,逼火急炙,令上～,然后割之,则脆而甚美。(九,炙法,616)《大词典》“劈烈”条云:“亦作‘劈裂’。”首引唐诗(2·744)。

【皮子】pí zǐ 即皮。植物的表皮。|种冬瓜法:十月,霜足收之。早收则烂。削去～,于芥子酱中,或美豆酱中藏之,佳。(二,种瓜,163)作奈豉法:……下水,更抨,以罗漉去～。(四,奈、林檎,297—298)《大词

典》未举书证(8·519)。

【皮膜】pí mó 像皮的薄膜。|初煎乳时,上有～,以手随即掠取,著别器中。(六,养羊,437)《大词典》未收此词(7·523)。

【匹】pì 通"譬"。比如;比方。|花草之流,可以悦目,徒有春花,而无秋实,～诸浮伪,盖不足存。(序,19)《大词典》引《颜氏家训·文章》:"陈思王《武帝诔》遂深永蛰之思,潘岳《悼亡赋》乃怆手泽之遗;是方父于虫,～妇于考也。"王利器集解:"宋本及《徐师录》作'譬妇为考也。'"南朝陈徐陵《为贞阳侯重与王太尉书》:"鲁柝闻邾,方之尚远;胡桑对蓟,～此为遥。"(1·947)《大字典》未收此义(34)。

【片】piàn ①用刀将物斜削成扁薄形状。|熟,出,待干,切如鲊脔:～之皆令带皮。(八,作鱼鲊,577)作甜脆脯法:腊月取獐、鹿肉,～,厚薄如手掌。(八,脯腊,579)《大词典》首引《水浒传》,《大字典》首引《儿女英雄传》(6·1038,845)。②量词。用于扁而成片的东西。|水尽,炙一～,尝咸淡。(八,作鱼鲊,573)《食经》曰:"白菹:鹅、鸭,鸡白煮者,鹿骨,斫为准:长三寸,广一寸。下杯中,以成清紫菜三四～加上,盐、醋和肉汁沃之。"(八,菹绿,610)〔《食次》〕又云:"长四寸,广一寸。仰奠四～。"(九,作菹、藏生菜法,664)《异物志》云:"用之,当裂作三四～。"(十,蕣母,876)《大字典》首引唐诗,《大词典》引汉应劭《风俗通·怪神·石贤士神》:"田家老母到市买数～饵。"南朝梁吴均《续齐谐记》:"堂前一株紫荆树,共议欲破三～。"

【漂漂】piāo piāo 漂浮;浮动。|酒色～与银光一体,姜辛、桂辣、蜜甜、胆苦,悉在其中,芬芳酷烈,轻俊遒爽,超然独异,非黍、秫之俦也。(七,笨麹并酒,512)《大词典》首引《要术》(5·78)。

【频烦】pín fán 频繁。|布叶而锄。～再遍止。(二,种麻,118)凡种下田,不问秋夏,候水尽,地白背时,速耕,耙、劳～令熟。(二,旱稻,147)刈讫即耕。～转之。(二,种瓜,155)《大词典》首引《三国志·蜀志·费祎传》:"以奉使称旨,～至吴。"(12·313)

【平正】píng zhèng 端正;平整。|坑底必令～,以足踏之,令其保泽。(二,种瓜,160)大木迮之,令～,唯重为佳。(九,作膟、奥、糟、苞,630)《大词典》引《后汉书·西域传·大秦》:"其人民皆长大～,有类中国,故谓之大秦。"《百喻经·见他人涂舍喻》:"昔有一人,往至他舍,见

他屋舍墙壁涂治,其地～,清静甚好。"(2·924)

【婆陀】pó tuó 倾斜不平。|翻法:以杷枚略取堆里冷豆为新堆之心,以次更略,乃至于尽。冷者自然在内,暖者自然居外。还作尖堆,勿令～。(八,作豉法,561)《大词典》首引《要术》(4·375)。

【破折】pò zhé 破坏折损。|凡开卷读书,卷头首纸,不宜急卷;急则～,折则裂。(三,杂说,227)忿怒之人,呴呼于人之旁,口气喘射人之面,虽勇如贲、育,气不害人,使舒手而击,举足而蹴,则所击蹴无不～。(论衡·论死)《大词典》首引《汉书·王莽传下》:"昭宁堂池东南榆树大十围,东僵,击东阁,阁即东永巷之西垣也。皆～瓦坏,发屋拔木。"(7·1029)

【剖析】pōu xī 破裂;裂开。|崔寔曰:"自正月以终季夏,不可伐木——必生蠹虫。或曰:'其月无壬子日,以上旬伐之,虽春夏不蠹。'犹有～间解之害,又犯时令,非急无伐。"(五,伐木,380)《大词典》仅列"辨析,分析"和"辩解"二义,而未收此义(2·710)。

【铺】pū 展开;摊平。|若不种豆、谷者,初草实成时,收刈杂草,薄～使干,勿令郁浥。(六,养羊,426)"二典"均首引唐诗(11·1287,1749)。

Q

【漆器】qī qì 涂漆的器物。|凡～,不问真伪,过客之后,皆须以水净洗,置床箔上,于日中半日许曝之使干,下晡乃收,则坚牢耐久。(五,漆,348—349)世人见～暂在日中,恐其炙坏,合著阴润之地,虽欲爱慎,朽败更速矣。(同上,349)《大词典》首引《资治通鉴·唐太宗贞观十七年》(6·66)。

【奇】qí 副词。极;甚;特别。|荷叶别有一种香,～相发起香气,又胜凡鲊。(八,作鱼鲊,574)裴渊《广州记》曰:"枸橼,树似橘,实如柚大而倍长,味～酢。皮以蜜煮为糁。"(十,枸橼,743)《词诠》卷四:"奇,表态副词。极也,甚也。"《大字典》引《世说新语·品藻》:"刘尹亦～自知,然不言胜长史。"《水经注·沁水》:"(沁水)又南五十馀里,沿流上下,步径裁通,小竹细笋,被于山渚,蒙笼茂密,～为翳荟也。"(224)《大

词典》引《水经注》(2·1520)。参看江蓝生(1988)"奇"条,董志翘、蔡镜浩(1994)"奇"条。

【歧】qí 分叉;枝杈。|芰多则蔓广,蔓广则～多,～多则饶子。其瓜会是～头而生;无～而花者,皆是浪花,终无瓜矣。(二,种瓜,156—157)八月半剪去,留其～。～多者则去地一二寸,独茎者亦可去地四五寸。(三,种葵,177)嫁李法:正月一日,或十五日,以砖石著李树～中,令实繁。(四,种李,277)后以水浸令湿,手抟之,使汁出——从指～间出——为佳,以著瓮器中。(八,作豉法,565)《大词典》引《列子·说符》:"～路之中又有～焉,吾不知所之,所以反也。"《后汉书·张堪传》:"桑无附枝,麦穗两～。"(5·349)《大字典》则首引《后汉书》例(605)。

【齐等】qí děng 平等;同等。|又造神麴法:其麦蒸、炒、生三种～,与前同。(七,造神麴并酒,486)若欲多作者,任人耳,但须三麦～,不以三石为限。(同上,486—487)《大词典》引《释名·释亲属》:"士庶人曰妻,妻,齐也。夫贱不足以尊称,故～言也。"《后汉书·清河孝王庆传》:"庆时虽幼,而知避嫌畏祸,言不敢及宋氏。帝更怜之,敕皇后令衣服与太子～。"《北史·王谊传》:"上戏之曰:'吾昔与公位望～,一朝屈节为臣,或当耻愧。'"(12·1433)

【齐葫】qí hú 指大蒜。|朝歌大蒜甚辛。一名葫,南人尚有"～"之言。(三,种蒜,191)缪启愉《校释》:"齐葫:未详。齐:推测也许是南人方言语助词,无义。"(194)《大词典》未收此词(12·1433)。

【畦畔】qí liè 田垯。|～大小无定,须量地宜,取水均而已。(二,水稻,139)《大词典》首引《周礼·地官·稻人》"以列舍水"汉郑玄注:"列,田之畦畔也。"(按,此例《要术》中亦有。)次引本例(7·1341)。

【其实】qí shí 副词。事实上;实际上。|看虽似多,～倍少。(三,种葵,177)按:今棠叶有中染绛者,有惟中土紫者;杜则全不同。～三种别异,《尔雅》、毛、郭以为同,未详也。(五,种棠,346)《大词典》释作"实际情况;实际上,事实上",引《孟子·滕文公上》:"夏后氏五十而贡,殷人七十而助,周人百亩而彻,～皆什一也。"《北史·萧大圜传》:"及于谨军至,元帝乃令大封充请和使,大圜副焉,～质也。"(2·103)按,《大词典》所引二例尚是名词性短语,意为"它的实质,实际情况"。《要术》二例则已

是副词。参看董秀芳(2002)228—230 页、朱冠明《副词"其实"的形成》(《语言研究》2002 年第 1 期)。

【骑暮】qí mò 横跨。|书带勿太急,急则令书腰折。～书上过者,亦令书腰折。(三,杂说,227)缪启愉《校释》:"暮:跨越。这句是说横扣在书上压过,也会拦腰折断。"(231)《大词典》仅引《要术》一例及缪启愉《校释》(12・855)。

【起】qǐ ①膨胀;隆起。|春稻必须冬时积日燥曝,一夜置霜露中,即春。若冬春不干,即米青赤脉～。不经霜,不燥曝,则米碎矣。(二,水稻,139)取好干鱼——若烂者不中,截却头尾,暖汤净疏洗,去鳞,讫,复以冷水浸。一宿一易水。数日肉～,漉出,方四寸斩。(八,作鱼鲊,577)干剂于腕上手挼作,勿著勃。入脂乳出,即急翻,以杖周正之,但任其～,勿刺令穿。熟乃出之,一面白,一面赤,轮缘亦赤,软而可爱。(九,饼法,635)《异物志》曰:"槟榔……其颠近上未五六尺间,洪洪肿～,若瘣木焉;因坼裂,出若黍穗,无花而为实,大如桃李。"(十,槟榔,738)参看王云路、方一新(1992)"起"条。②特指发酵。|《食经》作白醪酒法:"……再宿,麹浮,～。炊米三斗酘之,使和调,盖。满五日,乃好。"(七,笨麹并酒,519)以渍米汁随瓮边稍稍沃之,勿使麹发饭～。(八,作酢法,558)酒鱼眼沸,绞去滓,以和面。面～可作。(九,饼法,632)馉饳:～面如上法。(同上,634)《大词典》仅引《要术》一例(9・1086),《大字典》未收此义(1448)。

【起发】qǐ fā 起泡;鼓起。|若不揩拭者,地气蒸热,遍上生衣,厚润彻胶便皱,动处～,飒然破矣。(五,漆,349)《大词典》未收此义(9・1102)。

【起手】qǐ shǒu 起头;开始。|旦起,泻酪著瓮中炙,直至日西南角,～抨之,令杷子常至瓮底。(六,养羊,437)《大词典》引明冯梦龙《挂枝儿》(9・1088)。

【起土】qǐ tǔ 顶破表土,使土松动,以便植物子叶出土。|瓜性弱,苗不独生,故须大豆为之～。(二,种瓜,156)缪启愉《校释》:"起土:顶破表土,使土松动,帮助甜瓜子叶出土。"(159)以瓜子、大豆各十枚,遍布坑中。瓜子、大豆,两物为双,藉其～故也。(同上,160)《大词典》仅列"挖土、掘土"一义,首引唐李白诗(9・1087)。

【乞】qì 给予。｜细剉,和茎饲牛羊,全掷～猪,并得充肥,亚于大豆耳。(三,蔓菁,187)《术》曰:"～人酱时,以新汲水一盏,和而与之,令酱不坏。"(八,作酱等法,537)厩中凡有马六十匹,悉以～希微偿责。(宋书·萧惠开传)"二典"均首引《汉书·朱买臣传》:"妻自经死,买臣～其夫钱,令葬。"(1·760,22)参看蔡镜浩(1990)"乞"条。

【气势】qì shì 指品质;功效。｜数岁之后,便结子,实芬芳,香、形、色与蜀椒不殊,～微弱耳。(四,种椒,309)《大词典》仅引此例(6·1034)。

【气味】qì wèi 滋味和嗅觉所感到的味道。｜"九英"叶根麤大,虽堪举卖,～不美;欲自食者,须种细根。(三,蔓菁,187)味足沸定为熟。～虽正,沸未息者,麹势未尽,宜更酘之;不酘则酒味苦、薄矣。(七,造神麹并酒,487)尝看之,～足者乃罢。若犹少味者,更酘三四斗。(七,笨麹并酒,506)《神异经》曰:"……～甘润,殊于常枣。"(十,枣,705—706)《大词典》首引《要术》(6·1027)。

【讫至】qì zhì 通"迄至"。至;到。｜至四月末五月初,生苗。～八月尽九月初,根成,中染。(五,伐木,381)《大词典》未收"讫至","迄至"条首引南朝梁刘勰《文心雕龙·时序》:"自安、和以下,～顺、桓,则有班、傅、三崔、王、马、张、蔡,磊落鸿儒,才不时乏。"(10·718)

【器】qì 量词。用于器皿可量的物品。｜《神仙传》曰:"董奉……宣语买杏者:'不须来报,但自取之,具一～谷,便得一～杏。'"(四,种梅杏,282)《大字典》引《郙君开褒斜道摩崖刻石》:"凡用功七十六万六千八百馀人,瓦卅六万九千八百四～。"《宋书·张邵传附邵畅①》:"孝武遣送酒二～。"(290)《大词典》未收此义(3·521)。

【葺治】qì zhì 整治。｜崔寔《四民月令》曰:"蚕农尚闲,可利沟渎,～墙屋;修门户,警设守备,以御春饥草窃之寇。"(三,杂说,233)《大词典》首引明代例(9·459)。

【掐】qiā 用指甲截取或截断。｜瓜生数叶,～去豆。(二,种瓜,156)～秋菜,必留五六叶。不～则茎孤,留叶多则科大。凡～,必待露解。谚曰:"触露不～葵,日中不剪韭。"(三,种葵,177)初产者,宜煮谷饲之。其子三日便～尾,六十日后犍。三日～尾,则不畏风。(六,养猪,443)净扬

---

① 真大成君指出:"邵畅"当作"张畅",《大字典》引书有误。

簸，大釜煮之，申舒如饲牛豆，～软便止；伤熟则豉烂。（八，作豉法，560—561）按：此义的"揩"字《要术》中常见。"二典"均首引《颜氏家训》（6·697，799）。

【签】qiān 尖锐细长的杆状物。｜斜攕竹为～，刺皮木之际，令深一寸许。折取其美梨枝阳中者，阴中枝则实少。长五六寸，亦斜攕之，令过心，大小长短与～等。（四，插梨，287）《大词典》首引玄应《一切经音义》卷十二引晋葛洪《字苑》："以～贯肉炙之者也。"（8·1283）《大字典》首引《北史·鱼俱罗传》："赞凶暴，令左右炙肉，遇不中意，以～刺瞎其眼。"（1265）

【前辈】qián bèi 前一辈；前一批。｜《永嘉记》曰："永嘉有八辈蚕：……凡蚕再熟者，～皆谓之'珍'。养珍者，少养之。"（五，种桑、柘，327）时贼分布，驱出母前去。贼连击出，不胜，乃走与～合。（《三国志·魏书·阎温传》裴注引《世语》）《大词典》未收此义（2·136）。

【前件】qián jiàn 前已述及的（事物）。｜凡为家具者，～木，皆所宜种。（五，种槐、柳、楸、梓、梧、柞，358）～三种酢，例清少淀多。（八，作酢法，548）《大词典》首引《要术》（2·123）。

【呛】qiāng 同"呛"。水或食物进入气管引起咳嗽。｜剉草麤，虽是豆谷，亦不肥充；细剉无节，筛去土而食之者，令马肥，不～，自然好矣。（六，养牛、马、驴、骡，405）《大词典》仅引《要术》此例（3·393），《大字典》首引明代例（272）。

【墙壁】qiáng bì 院子或房屋的四围。多以砖石等砌成，垂直于地面。｜不竖柴者，羊揩～，土，咸相得，毛皆成毡。（六，养羊，423）《大词典》首引《后汉书·献帝纪》："群僚饥乏，尚书郎以下自出采稆，或饥死～间，或为兵士所杀。"（7·815）

【墙匡】qiáng kuāng 围墙；墙垣。｜别筑～，开小门；作小厂，令鸡避雨日。……如鹌鹑大，还内～中。其供食者，又别作～，蒸小麦饲之，三七日便肥大矣。（六，养鸡，449—450）《大词典》首引《要术》（2·813）。

【劁刈】qiáo yì 收割。｜粟、黍、穄、粱、秫，常岁岁别收，选好穗纯色者，～高悬之。（一，收种，54）熟，～取穗，欲令茇长。（二，种瓜，156）《大词典》仅引第一例（2·741）。《大字典》"劁"字条云："割。《广雅·释言》：'劋，刈也。'王念孙疏证：'《小雅·白华篇》："樵彼桑薪。"樵与劋通。'"亦首引《要术》第一例(150)。

【窍瓠】qiào hú　一种播种农具。|两耧重構，～下之，以批契继腰曳之。(三，种葱，199)旱种者，重耧構地，使垅深阔，～下子，批契曳之。(三，种苜蓿，224)《大词典》仅引《要术》一例及石声汉注："窍瓠：用干胡卢作成的下种用的器具。"(8·486)

【侵】qīn　接近；临近。|稻苗长七八寸，陈草复起，以镰～水芟之，草悉脓死。(二，水稻，138)《大词典》首引杜甫《陪诸贵公子丈八沟携妓纳凉晚际遇雨》诗之二："缆～堤柳系，幔卷浪花浮。"仇兆鳌注："侵，迫近也。"(1·1425)《大字典》释作"到；临近"，首引《列子·周穆王》："周之尹氏大治产，其下趣役者，～晨昏而弗息。"(70)参看董志翘、蔡镜浩(1994)"侵"条。

【亲知】qīn zhī　亲戚朋友。|得者无不传饷～以为乐。(七，笨麹并酒，513)《大词典》首引南朝齐谢朓《和王著作八公山》："浩荡别～，连翩戒征轴。"(10·343)

【清】qīng　经过沉淀后浮在上面的液体。|亦可洗讫，和粥～、麦㸑末，如釀、芥菹法，亦有一种味。(三，种胡荽，210)更捣，以粟饭浆～而醋者淘之，又以布袋绞去汁，即收取染红，勿弃也。(五，种红蓝花、栀子，366)良久，清澄，以杓徐徐接去～，以三重布帖粉上，以粟糠著布上，糠上安灰。(同上，372)剪去毛，以泔～净洗。(六，养牛、马、驴、骡，411)正月作，至五月大雨后，夜暂开看，有～中饮，还泥封。(七，笨麹并酒，512)魏武帝上九酝法，奏曰："……臣得法，酿之常善。其上～，滓亦可饮。"(同上，518)前件三种酢，例～少淀多。(八，作酢法，548)《食经》作芥酱法："熟捣芥子，细筛取屑，著瓯里，蟹眼汤洗之。澄去上～，后洗之。……"(八，八和齑，572)与水，沸，下豉～、破米汁。(八，羹臛法，592)《食次》曰："大酒接出～，用醋，若一石，与盐三升，女麹三升，蜜三升。"(九，作菹、藏生菜法，664)"二典"列有"滤去汁滓的甜酒。亦泛指饮料"义，但均未收此义(5·1293，688)。

【清澄】qīng chéng(又音 dèng)　沉淀；使清澈。|酒若熟矣，押出，～。(七，造神麹并酒，492)春夏七日熟，秋冬稍迟，皆美香。～后一月，接取，别器贮之。(八，作酢法，552)与蜜三升，杬汁三升，生橘二

十枚——去皮核取汁——复和之，合煮两沸，去上沫，～令冷。（九，作菹、藏生菜法，666）参看王云路、方一新（1992）"清澄"条。

【清隽】qīng juàn（味道）清爽隽永。│羹熟即下清冷水，大率羹一斗，用水一升，多则加之，益羹～甜美。（八，羹臛法，590）以二升，得解水一升，水冷～，有殊于凡。（九，飧、饭，649）缪启愉《校释》："'水冷'，疑应作'水泠'。'泠'，清凉轻隽之意。"（650）《大词典》未收此义（5·1320）。

【清快】qīng kuài（味道）清凉爽口。│《永嘉记》曰："永嘉美瓜，八月熟。至十一月，肉青瓤赤，香甜～，众瓜之胜。"（二，种瓜，152）《大词典》未收此义（5·1300）。

【清朗】qīng lǎng 清晰响亮。│《异物志》曰："九真长鸣鸡最长，声甚好，～。鸣未必在曙时，潮水夜至，因之并鸣，或名曰'伺潮鸡'。"（六，养鸡，447）《大词典》首引《艺文类聚》卷四四引晋孙该《琵琶赋》："～紧劲，绝而不茹。"（5·1313）

【顷】qǐng 用于句末，表示一段时间。│浸法：著水中，如炊两石米～，漉出。（二，种麻，118）率十石瓮，著石灰一斗五升，急手抨之，一食～止。（五，种蓝，374）一炊～，下置净席上，摊令极冷。（八，作酱等法，536）……讫，向一食～，使拔醅取汁煮之。（九，饧餔，675）"二典"均无相应义项（12·226，1811）。按，方一新、王云路《中古汉语读本》引汉魏六朝佛典多例（220页），可参看。又请参看王云路、方一新（1992）"顷"条。

【秋上】qiū shàng 秋天。│～酸枣熟时，收，于垅中种之。（四，园篱，254）～楮子熟时，多收，净淘，曝令燥。（五，种穀楮，347）～子黑熟时，收取，散著池中，自生矣。（六，养鱼，465）《大词典》未收此词。

【区处】qū chǔ 处理；筹划安排。│鳏寡孤独有死无以葬者，乡部书言，霸具为～：某所大木，可以为棺；某亭豚子，可以祭。吏往皆如言。（序，8）《大词典》引《汉书·循吏传·黄霸》："鳏、寡、孤、独有死无以葬者，乡部书言，霸具为～。"（1·977）按，此即《要术》所引。

【曲戾】qū lì 弯曲。│又种榆法：其于地畔种者，致雀损谷；既非丛林，率多～。不如割地一方种之。（五，种榆、白杨，341）《大词典》首引《山海经·海外南经》"其为人交胫"晋郭璞注："言脚胫～相交。"（5·

566）

【曲挠】qū náo 弯曲。｜性甚劲直,堪为屋材;折则折矣,终不～。（五,种榆、白杨,343）《大词典》首引《礼记·明堂位》"殷以楷"汉郑玄注:"楷之言枳楷也,谓～之也。"次引《要术》（5·572）。

【屈曲】qū qū 弯曲;曲折。｜裂若～者,还须于正纸上,逐～形势裂取而补之。（三,杂说,227）《大词典》首引《文选·张衡〈东京赋〉》:"谢门曲榭,邪阻城洫"三国吴薛综注:"冰室门及榭,皆～邪行,依城池为道也。"（4·28）

【驱行】qū xíng 驱赶。｜牧羊必须大老子、心性宛顺者,起居以时,调其宜适。……若使急性人及小儿者,拦约不得,必有打伤之灾;或劳戏不看,则有狼犬之害;懒不～,无肥充之理;将息失所,有羔死之患也。……缓～,勿停息。息则不食而羊瘦,急行则坌尘而虫颡也。（六,养羊,423）《大词典》仅引《要术》此例（12·873）。

【棬】quān 圆圈。｜屈木为～,以张生绢袋子,滤熟乳,著瓦瓶子中卧之。（六,养羊,432）《大词典》首引此例（4·1130）,《大字典》则引宋代例（520）。

【拳缩】quán suō 卷缩。｜若不先正元理,随宜裂斜纸者,则令书～。（三,杂说,227）《大词典》引唐柳宗元文（6·540）。

R

【染易】rǎn yì 传染。｜羊脓鼻,口颊生疮如干癣者,名曰"可妒浑",迭相～,著者多死,或能绝群。（六,养羊,440）《大词典》未收此词（4·936）。

【蘘】ráng 通"穰"。指稿秆之类。｜还以所治～草蔽窖。（一,收种,55）石声汉注:"'蘘',整理庄稼所剩下的稿秆、枯叶、稃壳……合称为'穰',也可写作'蘘'。"缪启愉《校释》:"蘘:指本种的稿秆。《要术》中贾氏本文常是'黍穰'、'穄穰'连称,其称谷、麦、稻时,则称'谷秆'、'麦䅲'、'稻秆'等,绝不称'穰','穰'在《要术》中专指黍类的稿秆。卷七《笨曲并酒》篇并别称其带叶者为'穰',去叶的净秆为'藁',还保存着古义。这里'蘘草'是泛指谷类作物的带叶稿秆,以别于专有所指的

'黍穰'。"(56)若移大栽者,二月、三月中移之。先作熟~泥,掘出即封根,合泥埋之。(四,种椒,309)更蒸,气馏极熟,乃下,揸去热气,及暖内瓮中,盆盖,于~粪中燠之。(八,作豉法,565)"二典"此义下均仅引《要术》(9·626,1388)。

【饶】ráo 多。动词。后带宾语。|止取实者,种斑黑麻子。斑黑者~实。(二,种麻子,123)多锄则~子,不锄则无实。(二,种瓜,156)形大,毛羽悦泽,脚麤长者是,游荡~声,产、乳易厌,既不守窠,则无缘蕃息也。(六,养鸡,449)欲令生大鱼法:要须载取薮泽陂湖~大鱼之处,近水际土十数载,以布池底,二年之内,即生大鱼。(六,养鱼,461)汉瓜用极大~肉者,皆削去皮,作方䐑,广一寸,长三寸。(九,素食,655)《大词典》首引南朝宋鲍照《拟古》诗之五:"海岱~壮士,蒙泗多宿儒。"(12·577)《大字典》"多;丰富"合为一义,首引《墨子·备城门》:"山林草泽之~足利。"(1859)不妥。《小尔雅·广诂》:"饶,多也。"

【人】rén 果仁。后写作"仁"。|按今世有白胡麻、八棱胡麻。白者油多,~可以为饭,惟治脱之烦也。(二,胡麻,149)《杂五行书》曰:"舍南种枣九株,辟县官,宜蚕桑。服枣核中~二七枚,辟疾病。能常服枣核中~及其刺,百邪不复干矣。"(四,种枣,264)杏子~,可以为粥。多收卖者,可以供纸墨之直也。(四,种梅杏,282)《大词典》首引《要术》(1·1033),《大字典》亦首引《要术》及石声汉注:"种仁的'仁',本书都用'人'。"(43)段玉裁《说文解字注·人部》:"果人之字,自宋元以前,《本草》方书,诗歌记载,无不作人字。自明成化重刊《本草》,乃尽改为仁字。"

【人客】rén kè 客人;宾客。|拟~作饼,及作香粉以供妆摩身体。(五,种红蓝花、栀子,372)《大词典》首引唐杜甫诗(1·1045)。参看王云路、方一新(1992)"人客"条,李维琦(2004)"人客"条。

【人体】rén tǐ 人的身体。|小时采"福、德"上桑,著怀中令暖,然后切之。蚕小,不用见露气;得~,则众恶除。(五,种桑、柘,333)其六七月中作者,卧时令如~,直置冷地,不须温茹。冬天作者,卧时少令热于~,降于馀月,茹令极热。(六,养羊,433)唯十一月、十二月天寒水冻,黍须~暖下之;桑落、春酒,悉皆冷下。(七,造神麴并酒,497)顾微《广州记》曰:"续断,草藤也,一曰'诺藤',一曰'水藤'。山行渴,则断

取汁饮之。治～有损绝。沐则长发。"(十，藤，813)《大词典》引《后汉书·方术传·华佗》："佗语普曰:'～欲得劳动，但不当使极耳。'"南朝梁沈约《难范缜〈神灭论〉》："又云，～是一，故神不得二。"(1·1056)

【任事】rèn shì 顶事;顶用。│秫米令酒薄，不～。(七，造神麹并酒，496)石声汉注:"任事，顶事。"策谓昭曰:"若仲谋不～者，君便自取之。……"(《三国志·吴书·张昭传》裴注引《吴历》)《大词典》仅引《要术》一例(1·1200)。

【任用】rèn yòng 堪用;能用。│长辕耕平地尚可，于山涧之间则不～，且回转至难，费力，未若齐人蔚犁之柔便也。(一，耕田，50)车、板、盘、合、乐器，所在～。(五，种槐、柳、楸、梓、梧、柞，354)无杬皮者，虎杖根、牛李根，并～。(六，养鹅、鸭，456)即散收，令干，勿使饼;饼成则不复～。(八，黄衣、黄蒸及蘖，532)《大词典》仅引《要术》一例(1·1199)。

【仍】réng 依然;还是。│桃，奈桃，欲种，法:熟时合肉全埋粪地中。直置凡地则不生，生亦不茂。桃性早实，三岁便结子，故不求栽也。至春既生，移栽实地。若～处粪地中，则实小而味苦矣。(四，种桃奈，268)尝看之，气味足者乃罢。若犹少味者，更酘三四斗。数日复尝，～未足者，更酘三二斗。(七，笨麹并酒，506)酘，常令寒食前得再酘乃佳，过此便稍晚。若邂逅不得早酿者，春水虽臭，～自中用。(同上)《大词典》首引现代例(1·1104)，《大字典》首引《魏书·高祖纪上》:"诏遣使者十人循行州郡，检括户口，其有～隐不出者，州、郡、县、户主并论如律。"(47)按，参看帅志嵩《"仍"当"仍然"讲时代管窥》，载《汉语史研究集刊》第八辑。

【仍即】réng jí 就。│随逐隈曲而田者，二月，冰解地干，烧而耕之，～下水;十日，块既散液，持木斫平之。(二，水稻，138)主者令二人并闭目，倏忽，二人脚已各易矣。～遣之，豁然复生。(《太平广记》卷三七六"士人甲"引《幽明录》)《大词典》未收此词。按，"仍即"系同义连文。

【日数】rì shù 天数。│麹发便下酿，不限～，米足便休为异耳。(七，笨麹并酒，514)过此以往则伤苦;～少者，敊白而用费;唯合熟，自然香美矣。(八，作敊法，562)《大词典》未收此词(5·553)。

【日阳】rì yáng 太阳光。│藏生菜法:九月、十月中，于墙南～中掘作坑,深四五尺。(九,作菹、藏生菜法,657)《大词典》首引唐白居易诗(5·549)。

【柔肕】róu rèn 同"柔韧"。|暖泉不冰冻,冬日沤者,最为～也。(二,种麻,118)捣小豆为末,下绢筛,投汤中以洗之。洁白而～,胜皂荚矣。(三,杂说,233)漱生衣绢法:以水浸绢令没,一日数度回转之。六七日,水微臭,然后拍出,～洁白,大胜用灰。(同上)水浸之木,更益～。(五,伐木,379)《大词典》首引《要术》(4·947),"柔韧"条则首引宋代例。

【揉】róu 摩擦;搓揉。|以汤淋取清汁,初汁纯厚太酽,即杀花,不中用,唯可洗衣;取第三度淋者,以用～花,和,使好色也。～花。(五,种红蓝花、栀子,366)溲时微令刚,足手熟～为佳。(七,造神麹并酒,489)如环饼面,先刚溲,以手痛～,令极软熟。(九,饼法,635)菰米饭法:菰谷盛韦囊中;捣瓷器为屑,勿令作末,内韦囊中令满,板上～之取米。(九,飧、饭,651)《大词典》首引《要术》(6·785),《大字典》首引唐诗(809)。

【肉酱】ròu jiàng 碎肉做成的糊状食品。|～、鱼鲊,偏宜所用。(四,种茱萸,312)羔有死者,皮好作裘褥,肉好作干腊,及作～,味又甚美。(六,养羊,440)～法:牛、羊、獐、鹿、兔肉皆得作。(八,作酱等法,540)崔寔曰:"正月,可作诸酱,～、清酱。"(同上,543)《大词典》首引《周礼·天官·醢人》"醓醢"汉郑玄注:"～也。"次引《要术》(8·1066)。

【茹】rú ①熟菜。|菹色仍青,以水洗去咸汁,煮为～,与生菜不殊。(九,作菹、藏生菜法,657)《诗义疏》曰:"苣,似苦菜,茎青;摘去叶,白汁出。甘脆可食,亦可为～。"(同上,671)《义疏》云:"菲,似葍,茎麤,叶厚而长,有毛。三月中,蒸为～,滑美,亦可作羹。"(十,土瓜,803)按《要术》卷一"种谷"引《汉书·食货志》"菜茹有畦"小注:"案生曰菜,熟曰茹,犹生曰草,死曰芦。"(92)②塞;纳入。|小开腹,去五藏,又净洗。以茅～腹令满,柞木穿,缓火遥炙,急转勿住。(九,炙法,616)《大词典》仅引《要术》一例(9·396),《大字典》首引《唐律疏议》(1338)。《广雅·释诂三》:"絮,塞也。"王念孙疏证:"絮,字或作茹。"③包;围裹。|以毡、絮之属,～瓶令暖。(六,养羊,433)其六七月中作者,卧时令如人体,直置冷地,不须温～。冬天作者,卧时少令热于人

体,降于馀月,～令极热。(同上)唯冬天著草——不～则子冻。(六,养鸡,449)十月初冻尚暖,未须～瓮;十一月、十二月,须黍穰～之。(七,造神麹并酒,496)《大字典》首引《要术》,《大词典》首引《魏书·高句丽传》:"生一卵……后弃之野,众鸟以毛～之。"次引《要术》。清黄生《义府》卷下"茹瓮"条引《要术》"造神麹并酒"例,云:"茹者,以物拥覆取暖之名,字书茹字无此义。《礼·乐记》:'煦妪覆育万物'。注:'以气曰煦,以体曰妪。'当用此妪字。"按,黄生释"茹"字之义是,以"茹"为"妪"之借字则未必。又,①②③义参看王云路、方一新(1992)"茹"条。④制笔的工序。用口含使锋头对齐。|韦仲将《笔方》曰:"先次以铁梳梳兔毫及羊青毛,去其秽毛,盖使不髯。～讫,各别之。……"(九,笔墨,683)缪启愉《校释》:"茹:是制笔过程中用口整治毫锋的一道工序,必须非常细致地使锋头对齐。"(686)"二典"均未收此义。

【乳齿】rǔ chǐ 人和多数哺乳动物幼年期所生的牙齿。|一岁,上下生～各二。(六,养牛、马、驴、骡,398)《大词典》未收此词,"乳牙"条云"又称乳齿",未举书证(1·779)。

【乳核】rǔ hé 乳头。|牛产三日,以绳绞牛项、胫,令遍身脉胀,倒地即缚,以手痛接～令破,以脚二七遍蹴乳房,然后解放。羊产三日,直以手接核令破,不以脚蹴。若不如此破核者,乳脉细微,摄身则闭;核破脉开,捋乳易得。曾经破核后产者,不须复治。(六,养羊,431)缪启愉《校释》:"乳核:谢成侠教授解释应指乳头,因土种黄牛初产者,其乳头短小,其形如核,经用力揉捏使其有蜡质封口的乳头管通畅。"(435)《大词典》未收此词(1·781)。

【入药】rù yào 用作药物。|作乌梅法:亦以梅子核初成时摘取,笼盛,于突上熏之,令干,即成矣。乌梅～,不任调食也。(四,种梅杏,281)《大词典》首引明李时珍《本草纲目》(1·1069)。

【入意】rù yì 中意;满意。|可和水为浆,及和米籹,所在～也。(四,种梅杏,281)《大词典》首引唐诗(1·1067)。

【软弱】ruǎn ruò 柔软;不坚硬。|按:凡种榆者,宜种刺、梜两种,利益为多;其馀～,例非佳木也。(五,种榆、白杨,338)作毡法:春毛秋毛,中半和用。秋毛紧强,春毛～,独用太偏,是以须杂。(六,养羊,428)《临海异物志》曰:"钟藤,附树作根,～,须缘树而作上下条。……"(十,藤,

812—813)《大词典》释作"缺乏力气;不坚强",首引《战国策·楚策四》:"李园,～人也。"(9·1230)按,释义不周。《要术》例当另立一义。

【润气】rùn qì 水气。|阴雨～,尤须避之。慎书如此,则数百年矣。(三,杂说,228)不烧者,有～,则酪断不成。(六,养羊,432)若待熟始翻,杖刺作孔者,泄其～,坚硬不好。(九,饼法,635)《大词典》仅引《要术》一例(6·148)。

【润泽】rùn zé 滋润;不干枯。|凡秋收之后,牛力弱,未及即秋耕者,谷、黍、穄、粱、秫芨之下,即移赢速锋之,地恒～而不坚硬。(一,耕田,38)至春草生,瓜亦生,茎叶肥茂,异于常者。且常有～,旱亦无害。(二,种瓜,160—161)假有在者,疥瘦赢弊,与死不殊,毛复浅短,全无～。(六,养羊,427)若待熟始翻,杖刺作孔者,泄其润气,坚硬不好。法须瓮盛,湿布盖口,则常有～,甚佳。(九,饼法,635)《大词典》首引《要术》(6·148)。

【挼】ruó 同"挼"。揉搓;摩挲。|又收瓜子法:食瓜时,美者收取,即以细糠拌之,日曝向燥,～而簸之,净而且速也。(二,种瓜,155)融羊、牛脂,灌于蒲台中,宛转于板上,～令圆平。(三,杂说,233)足手痛～勿住。痛～则滑美,不～则涩恶。(五,种红蓝花、栀子,372)《诗义疏》曰:"煮熟,～去腥气,米面糁蒸为茹,佳美。"(十,藻,808)《大词典》首引《晋书·刘毅传》:"〔刘裕〕因～五木久之……既而四子俱黑,其一子转跃未定,裕厉声喝之,即成卢焉。"次引《要术》(6·620),《大字典》首引《文选·马融〈长笛赋〉》:"～挼臧,递相乘邅。"李善注引《说文》曰:"挼,摧也。"(792)

【箬】ruò 竹笋外壳。|覆瓮多荷、～,令酒香。(七,笨麴并酒,520)以竹～交横帖上,八重乃止。无～,菰、芦叶并可用。(八,作鱼鲊,574)〔《食次》云:〕"裹蒸生鱼:……膏油涂～,十字裹之,糁在上,复以糁屈膈箬之。——又云:盐和糁,上下与。细切生姜、橘皮、葱白、胡芹、小蒜置上。箬～。——蒸之。既奠,开～,裙边奠上。"(八,蒸焦法,603)《说文·竹部》:"箬,楚谓竹皮曰箬。"《大词典》首引晋王彪之《闽中赋》:"细～素笋,彤竿绿筒。"(8·1189)《大字典》未举例(1242)。

S

【撒】sǎ 散布;播撒。｜好雨种麻时,和麻子～之。(五,种槐、柳、楸、梓、梧、柞,350)《大词典》首引晋葛洪《神仙传·麻姑》:"得米便～之掷地,视其米皆成珍珠矣。"(6·853)《大字典》首引《世说新语·言语》:"兄子胡儿曰:'～盐空中差可拟。'"(820)

【飒然】sà rán 迅疾、倏忽貌。｜若不揩拭者,地气蒸热,遍上生衣,厚润彻胶便皱,动处起发,～破矣。(五,漆,349)《大词典》首引唐诗(12·638)。

【三角】sān jiǎo 三角形。｜马眼欲得高,眶欲得端正,骨欲得成～,睛欲得如悬铃、紫艳光。(六,养牛、马、驴、骡,396)《大词典》首引《诗·小雅·大东》"跂彼织女"唐孔颖达疏:"三星鼎足,而成～。"(1·202)

【散液】sǎn yè (土块)泡透化开。｜北土高原,本无陂泽。随逐隈曲而田者,二月,冰解地干,烧而耕之,仍即下水;十日,块既～,持木斫平之。(二,水稻,138)《大词典》未收此词。

【扫】①sǎo 像扫一样的动作。｜养蚕法:收取种茧,必取居簇中者。……初生,以毛～。用荻～则伤蚕。(五,种桑、柘,333)②sào 刷把。｜取鱼眼汤沃浸米泔二斗,煎取六升,著瓮中,以竹～冲之,如茗渤。(七,白醪酴,501)缪启愉《校释》:"竹扫:竹刷把。"(504)以上二义"二典"均未收(6·725,801)。

【扫帚】sào zhǒu 除去尘土、垃圾等的用具。｜多种久居供食者,宜作翢刈;倒刈,薄布,顺风放火;火既著,即以～扑灭,仍打之。(二,大小麦,127)令悉著盆,合著～上少时,杀其苦气。(八,八和齑,572)"二典"均首引《南齐书·刘休传》:"令休于宅后开小店,使王氏亲卖～皂荚以辱之。"(6·726,801)

【糁】sè 掺。用米麦粉和羹。亦泛指以米麦等掺入他物。｜秫米为饭,令冷。取葵著瓮中,以向饭沃之。欲令色黄,著小麦时时～桑葚反之。(九,作菹、藏生菜法,660)缪启愉《校释》:"糁:《集韵·入声·十二曷》:'掺也。《齐民要术》:"时时糁之。"'"此作动词用,即在菜上面撒上些煮熟的小麦。"（661）《大词典》仅引《要术》一例（9·210），《大字典》未举书证（1310）。

【沙汰】shā tài 淘汰；拣选。｜易器淘治～之，澄去垢土，泻清汁于净器中。（八，常满盐、花盐，534）《大词典》引汉蔡邕《太尉杨公碑》："～虚冗，料简贞实。"晋葛洪《抱朴子·明本》："夫迁之洽闻，旁综幽隐，～事物之臧否，核实古人之邪正。"（5·952）

【杀】shài 使消化；使销蚀；使（菜）蔫下去。｜若作秫、黍米酒，一斗麹，～米二石一斗：第一酘，米三斗；停一宿，酘米五斗；又停再宿，酘米一石；又停三宿，酘米三斗。（七，造神麹并酒，479）缪启愉《校释》："杀米：指麹对于原料米的糖化和酒精发酵的效率。二石一斗：是该种麹一斗对于该种米所能负荷的消米量的指标。"（486）此麹一斗，～米三石；笨麹一斗，～米六斗：省费悬绝如此。（同上，487）大率麹一斗，春用水八斗，秋用水七斗；秋～米三石，春～米四石。（同上，492）麹一斗，熟水三斗，黍米七斗。麹～多少，各随门法。（七，笨麹并酒，509）笨麹一斗，～米六斗；神麹弥胜。用神麹，量～多少，以意消息。（同上，511）大率米一石，～麹末一斗，春酒糟末一斗，粟米饭五斗。麹～若少，计须减饭。（同上，514）缪启愉《校释》："'大率米一石，杀，麹末一斗，春酒糟末一斗，粟米饭五斗'，不易理解，疑有错乱。通例以麹杀米，现在是句法倒装，米被麹所'杀'，问题不大。……存疑。"（515）其用神麹者，一升当笨麹四升，～多故也。（八，作酱等法，536）作菹咸菹法：水四斗，盐三升，搅之，令～菜。（九，作菹、藏生菜法，659）按，此词《要术》中常见。末一例是指用盐水浸泡使菜蔫下去。《大词典》释作"消化；消耗"，首引东汉张仲景《伤寒论·厥阴病》："吴人驹曰：'有协热下利者，亦完谷不化，乃邪热不～谷，其别在脉之阴阳虚实之不同。'"次引《要术》（6·1488）；《大字典》释作"消耗"，首引《商君书·说民》："能生力，能～力，曰攻敌之国，必强。"又："故能生力不能～力，曰自攻之国，必削。"高亨注："生是在平时培养滋生实力，杀是在战争中消耗实力。"次引《农政全书》（904）。今按，《商君书》的"杀"与《要术》尚有区别，《要术》和《伤寒论》的"杀"都是强调"消化；销蚀"，所带宾语为"谷""米"等。这种用法西汉以前未见。又，王继如《魏晋南北朝疑难词语辨析三则》（载《中国语文》1990 年第 5 期）"杀　栅"条释《要术》中的此类"杀"为"撒开、搅拌（佐料）"，并认为"栅"与"杀"义同。今不取。参看本书第二章第四节"杀（栅）"条。

【扇】shān 遮蔽；遮阴。｜其林木大者劁杀之，叶死不～，便任耕种。（一，耕田，37）慎勿于大豆地中杂种麻子。～地两损，而收并薄。（二，种麻子，124）稻苗性弱，不能～草，故宜数锄之。（二，旱稻，147）榆性～地，其阴下五谷不植。随其高下广狭，东、西、北三方所～，各与树等。（五，种榆、白杨，338）"二典"均首引《要术》（7·365,948）。参看蔡镜浩（1990）"扇"条。

【苫】shàn 覆盖；遮蔽。｜燥则上在厨积置以～之。积时宜候天阴润，不尔多碎折。久不积～则涩也。（三，蔓菁，184）"二典"均首引《要术》（9·335,1328）。

【伤】shāng 失于；太。｜收待霜降。～早黄烂，～晚黑涩。（三，种葵，177）架北墙为厂。为屋即～热，热则生疥癣。（六，养羊，423）其卧酪待冷暖之节，温温小暖于人体为合宜适。热卧则酪醋，～冷则难成。（同上，433）若等不调，宁～冷，不～热：冷则穰覆还暖，热则臭败矣。（八，作豉法，560）按，此义《要术》中常见。参看黄侃述、黄焯编《文字声韵训诂笔记》第 11 页（上海古籍出版社，1983 年），蔡镜浩（1990）"伤"条，董志翘、蔡镜浩（1994）"伤"条，阚绪良《南北朝时期的副词"伤"》（〔日本〕《中国语研究》第 40 号，1998 年），王继如《训诂学：面对新世纪》（收入其《训诂问学丛稿》，26—27 页，江苏古籍出版社，2001年）。《大字典》无相应义项。《大词典》"嫌，失之于"义下首引《北史》，"太，过度"义下首引唐诗（1·1635）。

【暘】shāng 即"墒"。土壤适合种子发芽和作物生长的湿度。｜正月地释即耕，逐～布之。（二，种瓜，161）缪启愉《校释》："暘：也写作'塌'（《黍穄》等篇），即今墒字。逐暘布之：即抢墒播种。"（162）《大词典》未收此词，"塌"下云"同场"，亦非此义（2·1200）；《大字典》云：同"塌"。《集韵·阳韵》："塌，《方言》：'蚍蜉犁〔犂〕鼠之塌谓之坻塌。'一曰浮壤。或作暘。"《齐民要术·种蒜》："黄暘时，以楼构，逐垅手下之，五寸一株。"（1067）"塌"下云：①蚂蚁、蚡鼠所起的小土堆。②耕过的疏松土壤。（202）也未列"土壤适合种子发芽和作物生长的湿度"义。"墒"字条"二典"均引现代作家马烽作品例（2·1200,203）。

【上】shàng ①涂(药);敷(药)。｜剪却毛,泔净洗去痂,以禾茇汁热涂之,一～即愈。(六,养牛、马、驴、骡,412)净洗了,捣杏人和猪脂涂。四五～,即当愈。(同上)烧葵根为灰。煮醋淀,热涂之,以灰厚傅。再～,愈。(六,养羊,439)《大字典》"染;涂"义下未举书证(3);《大词典》归入"施加;施用"义,引有《要术》一例(1·262),欠妥。参看王云路、方一新(1992)"上"条。②放(到);放(进)。｜燥则～在厨积置以苫之。(三,蔓菁,184)二月中还出,舒而～架。(四,种桃奈,273)《大词典》首引《要术》,《大字典》无相应义项。

【上粪】shàng fèn 指往地里施粪。｜畦种水浇,一如韭法。亦一剪一～,锄杷耧土令起,然后下水。(三,种苜蓿,224)《大词典》未举例(1·297)。

【上时】shàng shí 最合适的时令。｜三月上旬种者为～,四月上旬为中时,五月上旬为下时。(二,黍穄,102)崔寔……又曰:"三月,昏,参夕,杏花盛,桑椹赤,可种大豆,谓之～。"(二,大豆,113)又作神麹方:以七月中旬以前作麹为～,亦不必要须寅日;二十日以后作者,麹渐弱。(七,造神麹并酒,490)《大词典》首引《要术》(1·283)。

【烧饼】shāo bǐng 古代指经烘烤制成的面饼,有馅儿。｜～作酢法:亦七月七日作。大率麦䴷一斗,水三斗,亦随瓮大小,任人增加。水、䴷亦当日顿下。初作日,软溲数升面,作～,待冷下之。经宿,看饼渐消尽,更作～投。凡四五投,当味美沸定便止。有薄饼缘诸面饼,但是烧煿者,皆得投之。(八,作酢法,552)作～法:面一斗。羊肉二斤,葱白一合,豉汁及盐,熬令熟。炙之。面当令起。(九,饼法,632)石声汉注:"这里所谓的'烧饼',该是现在的馅儿饼。"《大词典》首引《要术》(7·253)。

【杓子】sháo zǐ 舀东西的器具。舀物部分大体作半球形,有柄。｜大铛中煮汤;以小～挹粉著铜钵内,顿钵著沸汤中,以指急旋钵,令粉悉著钵中四畔。(九,饼法,636)《大词典》首引此例(4·786)。

【少时】shǎo shí 不久;一会儿。｜市柴者,口含～,颜色如旧者佳;如变黑者,裛。(二,种麻,117)抒出,著盆中,寻绎舒张。～,掠出,净揻去滓。(三,杂说,240)令悉著盆,合著扫帚上～,杀其苦气——多停则令无复辛味矣,不停则太辛苦。(八,八和齑,572)凡停馈,冬宜久,夏～,盖以人意消息之。(九,飧、饭,648)《大词典》首引《世说新语·言语》:"支公好鹤,住剡东岇山。有人遗其双鹤,~,翅长欲飞。"(2·1652)

【少许】shǎo xǔ 少量;一点点。│禾一斗,有五万一千馀粒。黍亦少此~。(一,种谷,82)《龙鱼河图》曰:"岁暮夕,四更中,取二七豆子,二七麻子,家人头发~,合麻、豆著井中,咒敕井,使其家竟年不遭伤寒,辟五方疫鬼。"(二,种麻,116)泽欲熟时,下~青蒿以发色。(五,种红蓝花、栀子,367)得一斗许,于铛中炒~时,即出于盘上,日曝。(六,养羊,433)《大词典》首引晋葛洪《抱朴子·黄白》:"然率多深微难知,其可解分明者~尔。"(2·1653)

【麝香】shè xiāng 雄麝脐与生殖器之间腺囊的分泌物。干燥后呈颗粒状或块状,作香料或药用。│书厨中欲得安~、木瓜,令蠹虫不生。(三,杂说,227)亦以真珠砂一两,~一两,别治,细筛:都合调。(九,笔墨,683)《大词典》首引《南齐书·东昏侯纪》:"更起仙华、神仙、玉寿诸殿,刻画雕采,青䂮金口带,~涂壁,锦幔珠帘,穷极绮丽。"(12·1301)

【申舒】shēn shū 舒展。│净扬簸,大釜煮之,~如饲牛豆,掐软便止,伤熟则豉烂。(八,作豉法,560—561)盲者得视,聋者得听,跛者行走,痛者得平,屈者~,狂者得正,尫者强健,疾者瘳除。(西晋竺法护译《度世品经》卷四)《大词典》仅引《要术》一例(7·1294)。按,《要术》此例谓豆子膨胀。

【神验】shén yàn 灵验。│《杂五行书》曰:"常以正月旦——亦用月半——以麻子二七颗,赤小豆七枚,置井中,辟疫病,甚~。"(二,小豆,116)于今介山林木,遥望尽黑,如火烧状,又有抱树之形。世世祠祀,颇有~。(九,醴酪,644)令夏月饭瓮、井口边无虫法:清明节前二日夜,鸡鸣时,炊黍熟,取釜汤遍洗井口、瓮边地,则无马蚿,百虫不近井、瓮矣。甚是~。(九,飧、饭,649)《大词典》首引《水经注·河水五》:"县西有东方朔冢,冢侧有祠,祠有~。"(7·891)

【橦酒】shěn jiǔ 橦木的花叶汁酿制的酒。│作~法:四月取橦叶,合花采之,还,即急抑著瓮中。(七,笨麴并酒,520)《大词典》仅引此例(4·1357)。

【渗】shèn 液体慢慢地透过或沁出。│泻热脂于瓮中,回转浊流,极令周匝;脂不复～乃止。(七,涂瓮,477)渝釜令粥黑,火急则焦苦,旧盆则不～水,覆盖则解离。(九,醴酪,645)《大词典》首引《梁书·豫章王综传》:"闻俗说以生者血沥死者骨,～,即为父子。"(6·114)《大字典》首引《史记·司马相如列传》:"滋液～漉,何生不育!"次引《梁书》例(728)。按,《史记》例《大词典》"渗漉"条释作"液体向下滴流",并引司马贞索隐引《说文》:"渗漉,水下流之貌也。"(6·115)

【生】shēng 使柴、炭等燃烧。|悬讫,薪下微～炭以暖之。(五,种桑、柘,333)涂法:掘地为小圆坑,旁开两道,以引风火。～炭火于坑中,合瓮口于坑上而熏之。(七,涂瓮,477)《大词典》首引《水浒传》(7·1487),《大字典》未举书证(1077)。

【生布】shēng bù 未经煮练的麻布。|～绞取浓汁,涂盘上或盆中。(四,种枣,264)缪启愉《校释》:"生布:未经煮练的麻布。"(267)取～割两头,各作三道急裹之。(六,养牛、马、驴、骡,411)取好淳酪,～袋盛,悬之,当有水出滴滴然下。(六,养羊,433)《食次》曰:"梅瓜法:……～薄绞去汁,即下杭汁,令小暖。"(九,作菹、藏生菜法,666)《大词典》未收此词(7·1491)。

【生粪】shēng fèn 未经沤化的粪肥。|凡～粪地无势;多于熟粪,令地小荒矣。(二,种瓜,161)凡五果,花盛时遭霜,则无子。常预于园中,往往贮恶草～。天雨新晴,北风寒切,是夜必霜,此时放火作煴,少得烟气,则免于霜矣。(四,栽树,257)《大词典》首引元王祯《农书》(7·1516)。

【生绢】shēng juàn 未漂煮过的绢。|更捣滓,使极熟,又以灰汁和之,如薄粥,泻入不渝釜中,煮～。(三,栽树,239—240)屈木为棬,以张～袋子,滤熟乳著瓦瓶子中卧之。(六,养羊,432)《大词典》首引宋米芾《画史》(7·1512)。

【生口】shēng kǒu 指奴隶。|《魏略》曰:"……及太祖辅政,超为邺令,赐其～十人,绢百匹,既欲厉之,且以报干椹也。"(五,种桑、柘,318)《大词典》引《后汉书·东夷传·倭》:"倭国王帅升等献～百六十人,愿请见。"《北史·房谟传》:"前后赐其奴婢,率多免放,神武后赐其～,多黥面为'房'字而付之。"(7·1489)

【生衣】shēng yī 指物体表面长出霉菌。|若不措拭者,地气蒸热,

遍上～，厚润彻胶便皴，动处起发，飒然破矣。（五，漆，349）缪启愉《校释》："生衣：上霉。"（350）但候麹香沫起，便下酿。过久麹～，则为失候；失候则酒重钝，不复轻香。（七，造神麹并酒，492）缪启愉《校释》："生衣：长出菌醭，结成一层皮膜的'衣'。"（495）当纵横裂，周回离瓮，彻底～。（八，作酱等法，536）《大词典》未收此义，"指物体表面寄生的菌藻类植物"义下所举的两个书证其实都是动宾词组，与《要术》例同义，不应释作名词：唐杜甫《寄韦有夏郎中》诗："归楫～卧，春鸥洗翅呼。"宋陈师道《酬智叔见赠》诗："过逢为说侯芭在，卧楫～犊有孙。"（7·1495）

【生意】shēng yì　犹发心；立意。｜按：今青州有蜀椒种，本商人居椒为业，见椒中黑实，乃遂～种之。（四，种椒，309）《大词典》无相应义项，"谓主张"义下首引《三国志·魏志·武帝纪》"必与颍川典农中郎将严匡讨斩之"裴松之注引晋袁晔《献帝春秋》："收纪晃等，将斩之。纪呼魏王名曰：'恨吾不自～，竟为群儿所误耳！'"（7·1511）

【省力】shěng lì　不费或少费力气。｜如此令地熟软，易锄～。（一，种谷，67）《大词典》引宋朱翌《猗觉寮杂记》（7·1171）。

【剩】shèng　阉割。｜拟供厨者，宜～之。～法：生十馀日，布裹齿脉碎之。（六，养羊，423）缪启愉《校释》："剩：阉割，也写作'骟'。"（425）羊羔腊月、正月生者，留以作种；馀月生者，～而卖之。（同上，440）《大词典》仅引《要术》一例（2·725）。

【施设】shī shè　陈设；布置。｜《异物志》曰："甘藷似芋，亦有巨魁。剥去皮，肌肉正白如脂肪。南人专食，以当米谷。蒸、炙皆香美。宾客酒食亦～，有如果实也。"（十，藷，728）《大词典》首引《南史·恩幸传·阮佃夫》："中书舍人刘休尝诣之，遇佃夫出行，中路相逢，要休同反。就席便命～，一时珍羞，莫不毕备。"（6·1581）

【十字】shí zì　指物成"十"字形。｜凡一顷地中，须开～大巷，通两乘车，来去运辇。其瓜，都聚在～巷中。（二，种瓜，156）其～破杜者，十不收一。所以然者，木裂皮开，虚燥故也。（四，插梨，288）五十头作一"洪"，"洪"，～，大头向外，以葛缠络。（五，种紫草，377）《食次》曰："膏油涂箸，～裹之，糁在上，复以糁屈牖簝之。"（八，蒸魚法，603）《大词典》引《晋书·何曾传》："〔曾〕务在华侈……蒸饼上不坼作～不食。"南朝梁

吴均《行路难》诗之三:"君不见西陵田,纵横~成陌阡。"(1·820)

【石灰】shí huī 由石灰石煅烧而成的白色硬块。|水浸~,经一宿,挹取汁以和豆黏及作面糊则无虫。(三,杂说,233)率十石瓮,著~一斗五升,急手抨之,一食顷止。(五,种蓝,374)凡以猪槽饲马,以~泥马槽,马汗系著门:此三事,皆令马落驹。(六,养牛、马、驴、骡,406)酒尽出时,冰硬糟脆,欲似~。(七,笨麹并酒,512)《大词典》首引《后汉书·杨琁传》:"杨琁乃特制马车数十乘,以排囊盛~于车上,系布索于马尾……"(7·983)

【使用】shǐ yòng 用。|用黄软者;硬黑者,即不中~也。(八,八和齑,568)真与伪与天相应,不悉以示下古之人,试~之,灾害悉除,即是吾之真文也,与天上法相应,可无疑也。(《太平经》卷一百二十至一百三十六)《大词典》首引元杂剧(1·1327)。

【世间】shì jiān 人世间;世界上。|所留之种,率皆精好,与~绝殊,不可同日而语之。(六,养羊,440)《大词典》引《百喻经·观作瓶喻》:"诸佛大龙出,雷音遍~。"晋陶潜《饮酒》诗之三:"有饮不肯饮,但顾~名。"(1·502)

【市易】shì yì 交易;贸易。|谚曰:"木奴千,无凶年。"盖言果实可以~五谷也。(四,种梅杏,282)《大词典》首引《三国志·吴志·全琮传》:"柔尝使琮赍米数千斛到吴,有所~。"(3·687)

【势力】shì lì 泛指力量。|香美~,倍胜常酒。(七,笨麹并酒,511)然其米要须均分为七分,一日一酘,莫令空阙,阙即折麹~。(同上,518—519)其胶~,虽复相似,但驴、马皮薄毛多,胶少,倍费樵薪。(九,煮胶,679)《大词典》首引《北史·毛修之传》:"亮既剧蜀,弗量~,严威切法,控勒蜀人,欲以边夷之众,抗衡上国。"(2·814)

【收获】shōu huò 收割农作物。|《汉书·食货志》曰:"力耕数耘,~如寇盗之至。"(一,种谷,92)又法:岁常绕树一步散芜菁子,~之后,放猪啖之,其地柔软,有胜耕者。(五,种桑、柘,318)人家八月~之始,多为庸暇,宜卖羊雇人,所费既少,所存者大。(六,养羊,427)《大词典》首引《后汉书·章帝纪》:"车驾行秋稼,观~。"(5·391)

【收益】shōu yì 获得的利益、好处。|大锄者,草根繁茂,用功多而~少。(一,种谷,66)《大词典》引现代作家孙犁文(5·386)。

【手板】shǒu bǎn 即笏。古代大臣朝见时,用以指画或记事的狭长板子。|《食经》藏梅瓜法:"先取霜下老白冬瓜,削去皮,取肉方正薄切如～。……"(九,作菹、藏生菜法,662)《大词典》引《晋书》《宋书》等,"手板支颐"条引《世说新语》(6·296)。

【手拌斫】shǒu bàn zhuó 一种小型刨土工具。|自四月八日以后,日日剪卖,其剪处,寻以～劚地令起,水浇,粪覆之。(三,种葵,181)缪启愉《校释》:"手拌斫:一种手用的小型刨土工具。"(184)《大词典》未收此词。

【手力】shǒu lì 人手;劳力。|一顷花,日须百人摘,以一家～,十不充一。(五,种红蓝花、栀子,364)收草宜并～,速竟为良,遭雨则损草也。(五,种紫草,377)无～之家,乃用甘井水耳。(七,造神麴并酒,497)杵头大小,令与臼底相安可,杵头著处广者,省～,而齑易熟,蒜复不跳也。(八,八和齑,567—568)《大词典》仅引《要术》二例(6·293)。按,此义与六朝常见的当"奴仆;差役"讲的"手力"不同,是两个义项。

【守护】shǒu hù 看守保护。|能种一顷,岁收千匹。唯须一人～、指挥、处分,既无牛、犁、种子、人功之费,不虑水、旱、风、虫之灾,比之谷田,劳逸万倍。(五,种榆、白杨,342)《大词典》首引《晋书·孙绰传》:"所居斋前种一株松,恒自～。"次引本例(3·1309)。

【书厨】shū chú 藏书的橱柜。|～中欲得安麝香、木瓜,令蠹虫不生。(三,杂说,227)《大词典》首引《警世通言·王安石三难苏学士》;"讽喻读书多而不能运用的人"义下则首引《南齐书·陆澄传》:"当世称为硕学,读《易》三年不解文义,欲撰《宋书》竟不成。王俭戏之曰:'陆公,～也。'"(5·726)把两义出现的先后弄颠倒了。

【书带】shū dài 束书的带。|以～上下络首纸者,无不裂坏;卷一两张后,乃以～上下络之者,稳而不坏。……～勿太急,急则令书腰折。骑蓑书上过者,亦令书腰折。(三,杂说,227)《大词典》仅引唐诗二例(5·722)。

【书帙】shū zhì 书卷的外套。|上犊车蓬(篷)牵及糊屏风,～令不生虫法:水浸石灰,经一宿,挹取汁以和豆黏及作面糊则无虫。(三,杂说,233)《大词典》首引晋王嘉《拾遗记·秦始皇》:"二人每假食于路,剥树皮编以为～,以盛天下良书。"次引《要术》(5·717)。

【**殊常**】shū cháng 异常;不同寻常。|二七日熟,美酽～矣。(八,作酢法,552)置箔上阴干之。甜脆～。(八,脯腊,580)非直光白可爱,亦自滑美～。(九,饼法,635)《大词典》引《晋书》《宋书》(5·161)。

【**疏洗**】shū xǐ 洗涤。|以热汤数斗著瓮中,涤荡～之,泻却;满盛冷水。(七,涂瓮,477)缪启愉《校释》:"'疏',各本同。或谓当作'梳',卷八《蒸缹》有'梳洗令净',卷九《脺奥糟苞》有'用暖水梳洗之'。按:疏有清除、洗涤义,《国语·楚语上》:'以疏其秽',《文选·晋孙绰〈游天台山赋〉》:'过灵溪而一濯,疏烦想于心胸',皆清除洗涤之意。又,疏是梳的本字,见清俞樾《俞楼杂纂》卷四四《疏字考》。疏、梳同义,《要术》互用,并非错字。"(477)取好干鱼——若烂者不中,截却头尾,暖汤净～,去鳞,讫,复以冷水浸。(八,作鱼鲊,577)去直鳃,破腹作鲅,净～,不须鳞。(八,脯腊,580)复著水痛～,视汁黑如墨,抒却。更脂拭,～。(九,醴酪,645)《大词典》未收此词(8·500)。参看王云路、方一新(1992)"疏洗(梳洗)"条。

【**梳洗**】shū xǐ 同"疏洗"。|缹猪肉法:净燖猪讫,更以热汤遍洗之,毛孔中即有垢出,以草痛揩,如此三遍,～令净。(八,蒸缹法,599)爈讫,以火烧之令黄,用暖水～之,削刮令净,刳去五藏。(九,作脺、奥、糟、苞,628)《大词典》未收此义(4·1059)。

【**梳掌**】shū zhǎng 梳子的柄。|汁尽,刀劙,大如～,于日中曝干,研作末,便成。(四,柰、林檎,298)缪启愉《校释》:"梳掌:指划成像梳把厚薄的片子。"(301)韦仲将《笔方》曰:"先次以铁梳梳兔毫及羊青毛,去其秽毛,盖使不耗。茹讫,各别之。皆用～痛拍,整齐毫锋端,本各作扁,极令均调平好,用衣羊青毛——缩羊青毛去兔毫头下二分许。然后合扁,卷令极圆。讫,痛颉之。"(九,笔墨,683)《大词典》首引此例及缪启愉《校释》(4·1060)。

【**舒缓**】shū huǎn 宽松。|剥讫,即编为巴篱,随宜夹缚,务使～。(四,园篱,254)《大词典》仅引此例(8·1088)。

【**舒适**】shū shì 舒服安逸。|非直饮食遂性,～自在;至于粪溺,自然一处,不须扫除。(六,养牛、马、驴、骡,406)《大词典》首引此例(8·1087)。

【**舒展**】shū zhǎn 伸展;展开。|五月湿热,蠹虫将生,书经夏不～

者,必生虫也。(三,杂说,227)十日一放,令其陆梁～,令马硬实也。(六,养牛、马、驴、骡,406)《大词典》首引《要术》(8·1086)。

【舒张】shū zhāng 犹展开。|数回转使匀,举看有盛水袋子,便是绢熟。抒出,著盆中,寻绎～。(三,杂说,239—240)《大词典》首引《三国志·魏志·管辂传》:"雄雌以形,翅翼～。"(8·1087)

【熟】shú 均匀;调和。|凡秋耕欲深,春夏欲浅。犁欲廉,劳欲再。犁廉耕细,牛复不疲;再劳地～,旱亦保泽也。(一,耕田,38)锄者非止除草,乃地～而实多,糠薄,米息。(一,种谷,67)雌黄治书法:先于青硬石上,水磨雌黄令～;曝干,更于瓷碗中研令极～;曝干,又于瓷碗中研令极～。(三,杂说,227)杀花法:摘取即碓捣使～,以水淘,布袋绞去黄汁。(五,种红蓝花、栀子,366)尿渍羊粪令液,取屋四角草,就上烧,令灰入钵中,研令～。(六,养牛、马、驴、骡,412)以三月三日,收水九斗,米九斗,焦麬末九斗——先曝干之:一时和之,揉和令极～。(七,法酒,526)《大词典》"指土壤颗粒均匀疏松"义下首引《要术》(7·242),《大字典》"指土地经过多次耕耘而适合作物生长"义下同(934)。按,"二典"释义均太窄,不能涵盖《要术》用例。参看王云路、方一新(1992)"熟"条。

【熟烂】shú làn 熟透。|粳米枣糒法:炊饭～,曝令干,细筛。(九,飧、饭,651)《大词典》首引《要术》(7·247)。

【树林】shù lín 成片生长的树木。|若任之～,一遇风寒,大者损瘦,小者或死。(六,养鸡,449)我处于山谷,或在～下。(后秦鸠摩罗什译《妙法莲华经》卷二)《大词典》首引宋欧阳修《醉翁亭记》(4·1301)。

【树阴】shù yīn 树木枝叶在日光下所形成的阴影。|胡荽宜黑软青沙良地,三遍熟耕。～下,得;禾豆处,亦得。(三,种胡荽,207)蘘荷宜在～下。(三,种蘘荷、芹、䔲,220)《大词典》引《后汉书·独行传·范冉》:"〔冉〕或寓息客庐,或依宿树荫。如此十余年,乃结草室而居焉。"《魏书·魏收传》:"夏月坐板床,随～讽诵。"(4·1304)

【数号】shù hào 犹算筹,用于计算的筹码。|《广志》曰:"木瓜,子可藏;枝可为～,一尺百二十节。"(四,种木瓜,307)《大词典》有"算筹"而未收此词。

【率皆】shuài jiē 犹言大都。｜书有毁裂，剟方纸而补者，～挛拳，瘢疮硬厚。（三，杂说，227）所留之种，～精好，与世间绝殊，不可同日而语之。（六，养羊，440）《大词典》引《三国志·魏志·杜恕传》："夫先意承旨，以求容美，～天下浅薄无行义者也。"晋葛洪《抱朴子·疾谬》："凡彼轻薄之徒，虽便辟偶俗，广结伴流……然～皮肤狡泽，而怀空抱虚。"（2·381）

【双生】shuāng shēng 并生；孪生。｜～者多，易为繁息。（六，养羊，428）其主人妇怀妊十月，～二男，甚大端政无比。（晋法炬共法立译《法句譬喻经》卷二）①《大词典》引《公羊传·隐公元年》"立子以贵不以长"汉何休注："其～也，质家据见，立先生；文家据本意，立后生。"《南齐书·五行志》："永明五年，吴兴东迁民吴休之家女人～二儿，胸以下脐以上合。"（11·851）。

【水气】shuǐ qì 指水蒸气。｜俗人釜上蒸瓮者，～，亦不佳。（七，涂瓮，477）肉脔方五六寸作，令皮肉相兼，著水令相淹渍，于釜中炒之。肉熟，～尽，更以向所炒肪膏煮肉。（九，作脾、奥、糟、苞，628）《大词典》释作"指云气；水上的雾气"，引《诗·大雅·云汉》"倬彼云汉"汉郑玄笺："倬然天河～也，精光转运于天。"北周庾信《同颜大夫初晴》诗："夕阳含～，反景照河堤。"（5·869）

【四畔】sì pàn 四周。｜插讫，以绵幕杜头，封熟泥于上，以土培覆，令梨枝仅得出头，以土壅～。（四，插梨，288）然后削去～麤白无光润者，别收之，以供麤用。（五，种红蓝花、栀子，372）每日四五度，以碗挹取篅中汁，浇～糠糟上。（八，作酢法，554）大铛中煮汤；以小杓子抔粉著铜钵内，顿钵著沸汤中，以指急旋钵，令粉悉著钵中～。（九，饼法，636）《大词典》仅引《要术》一例（3·586）。

【四散】sì sàn 向四面散开。｜栽法欲浅，令其根须～，则滋茂；深而直下者，聚而不科。（二，旱稻，147）其高原山田，土厚水深之处，多掘深坑，于坑中种桑柘者，随坑深浅，或一丈、丈五，直上出坑，乃扶疏～。（五，种桑、柘，324）高下任人，取足，便掐去正心，即～下垂，婀娜可爱。若不掐心，则枝不～，或斜或曲，生亦不佳也。（五，种槐、柳、楸、梓、梧、柞，351）

---

① 　感谢真大成君惠示此例。

《大词典》首引《晋书·刘琨传》："流移～，十不存一。"（3·591）

【四下】sì xià 指四蹄。｜马：头为王，欲得方；目为丞相，欲得光；脊为将军，欲得强；腹胁为城郭，欲得张；～为令，欲得长。（六，养牛、马、驴、骡，386）《大词典》仅引一例：《吴子·治兵》："夫马必安其处所，适其水草，节其饥饱，冬则温厩，夏则凉庑，刻剔毛鬣，谨落～，戢其耳目，无令惊骇。"（3·570）

【四厢】sì xiāng 四周。｜其瓜蔓本底，皆令土下～高，微雨时，得停水，瓜引蔓，皆沿芰上。（二，种瓜，156）作杷子法：割却碗半上，剜～各作一圆孔，大小径寸许，正底施长柄，如酒杷形。（六，养羊，437）《大词典》首引《要术》（3·593）。

【似如】sì rú 好像。｜不收荄者：初冬乘秋，～有肤，羊羔乳食其母，比至正月，母皆瘦死；羔小未能独食水草，寻亦俱死。（六，养羊，427）至来岁秋，马肥，复相率候于震所，埋羚羊，燃火，拔刀，女巫祝说，～中国祓除，而群队驰马旋绕，百币乃止。（魏书·高车传）①《大词典》引南朝宋鲍照《怀远人》诗："去事难重念，恍惚～神。"南朝梁刘勰《文心雕龙·指瑕》："《雅》《颂》未闻，汉魏莫用，悬领～可辩，课文了不成意。"（1·1221）

【耸】sǒng 高起；矗立；生长。｜凡插梨，园中者，用旁枝；庭前者，中心。旁枝，树下易收；中心，上～不妨。（四，插梨，288）其旁生枝叶，即掐去，令直～上。（五，种槐、柳、楸、梓、梧、柞，351）"二典"均首引晋陶潜诗（8·698，1167）。

【酥】sū 酪类。用牛羊乳制成的食品。｜待小冷，掠取乳皮，著别器中，以为～。（六，养羊，432）抨～法：以夹榆木碗为杷子……抨～，酥酪甜醋皆得所，数日陈酪极大醋者，亦无嫌。（同上，437）～涂火炙特精，脏之尤美也。（八，作鱼鲊，577）《神异经》曰："实长九围，无瓤、核，割之如凝～。"（十，柤，731）《大词典》首引唐诗（9·1400），《大字典》首引《北史·真腊国传》："饮食多～酪沙糖，秔粟米饼。"（1490）

【酥酪】sū lào 以牛羊乳精制成的食品。｜双生者多，易为繁息；性既丰乳，有～之饶；毛堪酒袋，兼绳索之利：其润益又过白羊。（六，养羊，428）抨

---

① 感谢真大成君惠示此例。

酥法:以夹榆木碗为杷子……抨酥,～甜醋皆得所,数日陈酪极大醋者,亦无嫌。(同上,437)《大词典》首引唐诗(9·1401)。

【宿猪】 sù zhū 圈养一年以上的猪。|作奥肉法:先养～令肥,腊月中杀之。(九,作膊、奥、糟、苞,628)《大词典》仅引《要术》一例(3·1528)。

【算子】 suàn zǐ 竹制的筹。|蜜姜:生姜一斤,净洗,刮去皮,～切,不患长,大如细漆箸。(九,素食,653)〔《食次》云:〕"菘,净洗遍体,须长切,方如～,长三寸许。"(九,作菹、藏生菜法,665)《大词典》首引《要术》及石声汉注:"即竹制的筹。"(8·1192)

【虽复】 suī fù ①虽然。|其胶势力,～相似,但驴、马皮薄毛多,胶少,倍费樵薪。(九,煮胶,679)②纵然,即使。|置槽于迥地,～雪寒,勿令安厂下。(六,养牛、马、驴、骡,406)《大词典》释义作"犹纵令",引三国魏嵇康《家诫》:"～守辱不已,犹当绝之。"北周庾信《周上柱国齐王宪神道碑》:"自尔承基纂基,保受姓氏,～千年一圣,终是百世同宗。"(11·849)

【随便】 suí biàn 随其所宜。|若值巧人,～采用,则无事不成,尤宜作机。(四,园篱,254)待出百里之外,乃始分道押领,～安置,咸得其宜。(魏书·尔朱荣传)①《大词典》首引此例(11·1106)。

【随即】 suí jí 立刻;马上。|初煎乳时,上有皮膜,以手～掠取,著别器中。(六,养羊,437)酒有斗升减,～益之,不亦快乎!(《三国志·吴书·吴主传》裴注引《江表传》)②《大词典》首引《北史·元敏传》:"其婿柱国乙费贵、大将军大利稽佑家赀皆千万,每营给之。敏～散尽,而帝不之责。"(11·1105)

【随宜】 suí yí ①随意;任意。|荏,性甚易生。蓼,尤宜水畦种也。荏则～,园畔漫掷,便岁岁自生矣。(三,荏、蓼,215)若～取栽,非直长迟,树亦曲恶。(五,种槐、柳、楸、梓、梧、柞,350)《大词典》首引《颜氏家训·杂艺》:"武烈太子偏能写真,坐上宾客,～点染,即成数人,以问童孺,皆知姓名矣。"(11·1106)②根据具体情况灵活处置。|裂若屈曲者,还须于正纸上,逐屈曲形势裂取而补之。若不先正元理,～裂斜

---

①② 感谢真大成君惠示此例。

纸者,则令书拳缩。(三,杂说,227)剺讫,即编为巴篱,～夹缚,务使舒缓。急则不复得长故也。(四,园篱,254)《大词典》仅引《资治通鉴·汉献帝建安五年》一例(11·1106)。参看王云路、方一新(1992)"随宜"条,李维琦(2004)"随宜"条。

【随逐】suí zhú 依;顺着。|北土高原,本无陂泽。～隰曲而田者,二月,冰解地干,烧而耕之,仍即下水;十日,块既散液,持木斫平之。(二,水稻,138)《大词典》释作"跟从;追随",首引《隋书·高祖纪下》:"负甲持仗,～徒行,追而不及,即加罪遣。"(11·1107)

【岁道】suì dào 时令;时运。|～宜晚者,五月、六月初亦得。(一,种谷,66)凡田欲早晚相杂。防～有所宜。(一,种谷,66)余初谓家自不宜,又疑～病瘦,乃饥饿所致,无他故也。(六,养羊,427)《大词典》首引《要术》(5·358)。

【碎末】suì mò 细末子。|炭聚之下～,勿令弃之。(三,杂说,233)又用作动词,使成细末子。|冬米明酒法:九月,渍精稻米一斗,捣令～,沸汤一石浇之。(七,笨麹并酒,519)《大词典》未收此词,"碎"的"零星;细小"义下引晋王嘉《拾遗记·岱舆山》:"孟冬水涸,中有黄烟从地出,起数丈,烟色万变。山人掘之,入地数尺,得焦石如炭灭,有碎火。以蒸烛投之,则燃而青色。深掘则火转盛。"南朝梁刘勰《文心雕龙·杂文》:"碎文琐语,肇为连珠,其辞虽小而明润矣。"(7·1060)

【遂性】suì xìng 顺应本性。|非直饮食～,舒适自在;至于粪溺,自然一处,不须扫除。(六,养牛、马、驴、骡,406)《大词典》首引三国魏嵇康《答〈难养生论〉》:"然松柏之生,各以良殖～。"次引《要术》(10·1090)。

【损伤】sǔn shāng 伤害;损坏。|收梨置中,不须覆盖,便得经夏。摘时必令好接,勿令～。(四,插梨,288)《大词典》首引《诗·豳风·破斧》"既破我斧,又缺我斨"汉郑玄笺:"四国流言,既破毁我周公,又～我成王。"(6·802)

【损瘦】sǔn shòu 犹消瘦;瘦弱。|若任之树林,一遇风寒,大者～,小者或死。(六,养鸡,449)《大词典》首引《艺文类聚》卷七九引晋张敏《神女赋》序:"夫鬼魅之下人也,无不羸病～,今义起平安无恙。"次引《要术》(6·802)。

【索笼】suǒ lóng 绳索编制的笼。|蒸法:～盛豚,著甑中,微火蒸之,汗出便罢。(六,养猪,443)《大词典》未收。

【所以】suǒ yǐ 连词。表示因果关系。用在下半句,由因及果。|过燥则坚,过雨则泥,～宜速耕也。(二,旱稻,147)此菜旱种,非连雨不生,～不同春月要求湿下。(三,种胡荽,210)春夏早放,秋冬晚出。春夏气软,～宜早;秋冬霜露,～宜晚。(六,养羊,423)《食经》藏越瓜法:"……豫章郡人晚种越瓜,～味亦异。"(九,作菹、藏生菜法,662)《大词典》首引《荀子·哀公》:"君不此问,而问舜冠,～不对。"(7·350)恐非典型的结果连词。参看拙文《"所以"完全变成连词的时代》,载《古汉语研究》2002年第2期。

【所在】suǒ zài 随处;处处。|作白梅法:……调鼎和齑,～多入也。(四,种梅杏,281)《神仙传》曰:"……其杏子熟,于林中～作仓。"(同上)十年后,一树千钱,柴在外。车、板、盘、合、乐器,～任用。以为棺材,胜于柏松。(五,种槐、柳、楸、梓、梧、柞,354)按书传曰,或为"芋蔗",或"干蔗",或"邯睹",或"甘蔗",或"都蔗",～不同。(十,甘蔗,722)《大词典》首引《魏书·崔鸿传》:"自晋永宁以后,虽～称兵,竞自尊树,而能建邦命氏成为战国者,十有六家。"(7·351)参看江蓝生(1988)"所在"条。

T

【踏】tà 踩;践踏。|摘瓜法:在步道上引手而取,勿听浪人～瓜蔓,及翻覆之。～则茎破,翻则成细,皆令瓜不茂而蔓早死。(二,种瓜,157)正月地释,驱羊～破地皮。不～即枯涸,皮破即膏润。(三,种葵,181)于木槽中下水,脚～十遍,净淘,水清乃止。(五,种红蓝花、栀子,371)饼用圆铁范,令径五寸,厚一寸五分,于平板上,令壮士熟～之。(七,造神麹并酒,486)《大词典》首引晋干宝《搜神记》卷二十:"此是毒蜇物,不可长,我当～杀之。"次引《要术》(10·499),《大字典》首引《晋书·王湛传附王述》:"鸡子圆转不止,便下床以屐齿～之。"(1546)

【挞】tà ①农具名。即打田篲。用以压土。|凡春种欲深,宜曳重～。(一,种谷,66)缪启愉《校释》:"挞:一种用来镇压虚土和覆土的

农具(也用于拖压场地)。用一丛枝条缚成扫把的样子,上面压着泥土和石块,用牲口或人力牵引。"(70)《大字典》首引《要术》(820),《大词典》则仅引《要术》一例(6·852)。②动词。用挞这种农具压土。|春气冷,生迟,不曳～则根虚,虽生辄死。夏气热而生速,曳～遇雨必坚垎。其春泽多者,或亦不须～;必欲～者,宜须待白背,湿～令地坚硬故也。(一,种谷,66)足迹相接者,亦可不烦～也。(同上,67)"二典"均未收此义。

【台】tái 通"薹"。|作假蜡烛法:蒲熟时,多收蒲～。削肥松,大如指,以为心。烂布缠之。融羊、牛脂,灌于蒲～中,宛转于板上,挼令圆平。(三,杂说,233)缪启愉《校释》:"蒲台(薹):香蒲科香蒲的花穗,雌雄花穗紧密排列在同一花轴上,成圆柱状,形如蜡烛,称蒲台,俗亦称蒲槌。"(237)"二典"均未收此义。

【薹】tái 蒜、韭菜、油菜等蔬菜的花莛,嫩的可作蔬菜。|《广雅》曰:"藿、藭、藉,葱也;其蓊谓之～。"(三,种葱,198)缪启愉《校释》:"蓊,就是薹。王念孙《广雅疏证》:'今世通谓草心抽茎作华者为薹矣。蓊之言郁蓊而起也。'"(200)《大字典》首引《本草纲目》(1379),《大词典》未引书证(9·587)。

【摊】tān 平铺;展布。|绞讫,著瓮器中,以布盖上;鸡鸣更捣令均,于席上～而曝干,胜作饼。(五,种红蓝花、栀子,366)一发之后,重酘时,还～黍使冷——酒发极暖,重酿暖黍,亦酢矣。(七,造神麴并酒,493)黍熟,以净席薄～令冷。(同上,505)～去热气,及暖于盆中以糵末和之,使均调。(九,饧餔,675)按,此词《要术》中极为常见。《大词典》首引《要术》(6·980)。《大字典》:"铺开;摆开。《说文新附·手部》:'摊,开也。'郑珍新附考:'按:《世说新语》"王戎摊书满床"始见此字,是汉后俗语。'"首引书证为唐杜甫诗(835)。

【汤饼】tāng bǐng 水煮的面食。|与"王"酒脯之法:湿"麴王"手中为碗,碗中盛酒、脯、～。(七,造神麴并酒,478)又造神麴法:其麦蒸、炒、生三种齐等,与前同;但无复阡陌、酒脯、～、祭麴王及童子手团之事矣。(同上,486)用秫稻米屑,水、蜜溲之,强泽如～面。(九,饼法,633)《食次》曰:"糫:用秫稻米末,绢罗,水、蜜溲,如强～面。……"(九,粽糫法,640)《大词典》引《释名·释饮食》:"蒸饼、～、蝎饼、金饼、索饼之属,皆随形而名之也。"《初学记》卷二六引晋束皙

《饼赋》:"玄冬猛寒,清晨之会,涕冻鼻中,霜凝口外,充虚解战,～为最。"《世说新语·容止》:"何平叔美姿仪,面至白。魏明帝疑其傅粉,正夏月,与热～。既啖,大汗出,以朱衣自拭,色转皎然。"(5·1462)

【汤汁】tāng zhī 食物加水煮出或淘出的汁液。|良久,淘汰,挼去黑皮,漉而蒸之。淘豆～,即煮碎豆作酱,以供旋食。大酱则不用汁。(八,作酱等法,536)《大词典》首引《水浒传》(5·1460)。

【煻灰】táng huī 热灰。|其鱼,草裹泥封,～中燺之。(八,脯腊,580)《大词典》首引《要术》(7·216)。

【汤】tàng 通"烫"。高温物体与皮肤接触而使之产生疼痛感。|若热～人手者,即为失节伤热矣。(八,作豉法,561)缪启愉《校释》:"汤,通'烫'。《山海经·西山经》:'汤其酒百樽。'即烫酒。"(564)《大词典》仅引《要术》一例(5·1459),《大字典》未收此义(703)。

【淘】táo 用水冲洗,汰除杂质。|地既熟,净～种子;浮者不去,秋则生稗。(二,水稻,138)先以水净～瓜子,以盐和之。(二,种瓜,156)茄子,九月熟时摘取,擘破,水～子,取沉者,速曝干裹置。(同上,164)于木槽中下水,脚踏十遍,净～,水清乃止。(五,种红蓝花、栀子,371)"二典"均首引《要术》(5·1400,696)。

【淘汰】táo tài 洗去杂质;去除杂质。|柘子熟时,多收,以水～令净,曝干。(五,种桑、柘,324)作热汤,于大盆中浸豆黄。良久,～,挼去黑皮。(八,作酱等法,536)解大肠,～,复以白酒一过洗肠中,屈申以和灌肠。(八,羹臛法,585)汤冷,泻去,即以冷水～,挼取白乃止。(九,飧、饭,649)《大词典》首引晋葛洪《抱朴子·仙药》:"虽水饵之,皆当先以茅屋霤水,若东流水露水,渍之百日,～去其土石,乃可用耳。"次引《要术》(5·1401)。

【添】tiān 增加;增补。|蘗熟后,漉滓捣而煮之,布囊压讫,复捣煮之,凡三捣三煮,～和纯汁者,其省四倍,又弥明净。(三,杂说,226)还以甘水～之,取一升,～一升。(八,常满盐、花盐,534)良久,淘汰,挼去黑皮,汤少则～,慎勿易汤;易汤则走失豆味,令酱不美也。(八,作酱等法,536)以杓接取浮脂,别著瓮中;稍稍～水,数数接脂。(八,蒸缹法,599)"二典"首引《三国志·吴志·吕蒙传》"徐皆释放,复为平民"裴松之注引三国吴韦昭《吴书》:"诸将皆劝作土山,～攻具。"(5·1339,

688)

【田头】tián tóu 田边。|每岁时家收后,察其强力收多者,辄历载酒肴,从而劳之,便于～树下饮食劝勉之,因留其馀肴而去。(序,9)《大词典》首引《东观汉记·王丹传》:"每岁农时,载酒肴,便于～大树下饮食劝勉之。"(7·1280)按,此即《要术》所引。

【甜酒】tián jiǔ 甘甜的米酒。|合滓餐之,甘、辛、滑如～味,不能醉人。(七,笨麹并酒,511)《大词典》首引《文选·左思〈魏都赋〉》"甘露如醴"李善注引汉郑玄《周礼》注:"醴,今～。"(7·978)

【甜美】tián měi 泛指气、味美好。|蒜宜良软地。白软地,蒜～而科大;黑软次之;刚强之地,辛辣而瘦小也。(三,种蒜,191)凡醋梨,易水熟煮,则～而不损人也。(四,插梨,288)临食,细切葱白,著麻油炒葱令熟,以和肉酱,～异常也。(八,作酱等法,541)三四日,看米消,搅而尝之,味～则罢;若苦者,更炊二三升粟米投之,以意斟量。(八,作酢法,551—552)《风土记》曰:"甘,橘之属,滋味～特异者也。"(十,甘,717)《南方草物状》曰:"……采取,盐、酸沤之,其味酸酢;以蜜藏,滋味～。"(十,桶,755)《异物志》曰:"初入口,苦涩;咽之,口中乃更～足味。"(十,馀甘,758)《大词典》首引《要术》(7·978)。

【填满】tián mǎn 填塞;塞满。|刘熙《释名》曰:"田,填也,五谷～其中。"(一,耕田,33)和法:痛按令相杂,～瓮为限。(七,笨麹并酒,514)《大词典》首引《释名·释地》:"田,填也,五稼～其中也。"次引《后汉书·崔骃传》:"门下掾倪敞谏,篆乃强起班春。所至之县,狱犴～。"(2·1171)

【调均】tiáo jūn 均匀;匀称。|自馀粉悉于甑中干蒸,令气好馏,下之,摊令冷,以麹末和之,极令～。(七,笨麹并酒,512)以麹末于瓮中和之,按令～,擘破块,著瓮中。(同上,513)干姜一升,末之。橘皮一合,缕切之。和令～,内瓮子中,泥密封,日曝。(八,作酱等法,541)《食经》作麦酱法:"……炊小麦投之,搅令～。"(同上,543)《大词典》首引三国魏嵇康《琴赋》:"乃使离子督墨,匠石奋斤,夔、襄荐法,般、倕骋(骋)神,镂会裛厕,朗密～。"次引《要术》(11·300)。

【调适】tiáo shì 合适;适当。|三尺五寸至四尺,～,高下皆熟。(三,杂说,247)若干啖者,以林檎麨一升,和米麨二升,味正～。(四,

奈、林檎,298)黍、桑当俱生,锄之,桑令稀疏~。(五,种桑、柘,326)务
在充饱~而已。(六,养牛、马、驴、骡,383)火盛喜破,微则难热,务令~乃
佳。(七,涂瓮,477)作颐酒法:八月、九月中作者,水未定,难~,宜煎
汤三四沸,待冷然后浸麴,酒无不佳。(七,笨麴并酒,508)《大词典》首
引《要术》(11·309)。

【调熟】tiáo shú (田地)匀细熟软。|秋种者,五月子熟,拔去,急
耕,十馀日又一转,入六月又一转,令好~,~如麻地。(三,种胡荽,
210)麦底地亦得种,止须急耕~。(同上)种禾豆,欲得逼树。不失地
利,田又~。(五,种桑、柘,318)《大词典》仅引《要术》二例(11·310)。

【跳】tiào 上冒;冒出。|不剪则不茂,剪过则根~。(三,种葱,199)
韭,一剪一加粪,又根性上~,故须深也。(三,种韭,203)《大词典》首引《要
术》(10·463),《大字典》引《释名·释姿容》:"跳,条也。如草木枝条
务上行也。"王先谦疏证补:"苏舆曰:《尔雅·释诂》:'跳,上也。'《汉
书·地理志》:'艸繇木条。'颜注:'条,修畅也。'草木之畅生自下而上,
人之跳跃亦自下而上,故以为喻。"(1541)

【帖】tiē 贴;粘。|良久,清澄,以杓徐徐接去清,以三重布~粉上,
以粟糠著布上,糠上安灰;灰湿,更以干者易之,灰不复湿乃止。(五,
种红蓝花、栀子,372)以竹箸交横~上,八重乃止。(八,作鱼鲊,574)
"二典"均首引《木兰诗》:"当窗理云鬓,对镜~花黄。"(3·700,308)

【亭亭】tíng tíng 直立貌。|三年正月,移而植之,~条直,千百若
一。(五,种槐、柳、楸、梓、梧、柞,350)本不大,末不小;上不倾,下不
斜:调直~,千百若一。(十,槟榔,737)《大词典》首引汉刘桢《赠从弟》
诗之二:"~山上松,瑟瑟谷中风。"(2·365)

【停】tíng 存放;保存。|冬日亦得入窖,夏还出之。但不湿,亦得
五六年~。(三,种胡荽,209)若路远者,以韦囊盛之。~二日以上,及见风日
者,则不复生矣。(四,种栗,292)若欲久~者,入五月,内著屋中,闭户塞
向,密泥,勿使风入漏气。(五,种紫草,377)糟糠经夏辄败,不中~故。
(六,养猪,443)《博物志》胡椒酒法:"……若饮不尽,可~数日。此胡
人所谓荜拨酒也。"(七,笨麴并酒,519)粥色白如凝脂,米粒有类青
玉。~至四月八日亦不动。(九,醴酪,645)"二典"均首引《要术》(1·
1556,82)。参看蔡镜浩(1990)"停"条,王云路、方一新(1992)"停"条。

【停息】tíng xī 停止；止息。｜缓驱行，勿～。息则不食而羊瘦，急行则尘而蚰颡也。(六，养羊，423)《大词典》引晋陶潜《杂诗》之十："驱役无～，轩裳逝东崖。"南朝梁武帝《孝思赋序》："因尔驱驰，不获～。"(1·1558)

【停置】tíng zhì 放置；静置。｜接去清水，贮出淳汁，著大盆中，以杖一向搅——勿左右回转——三百馀匝，～，盖瓮，勿令尘污。(五，种红蓝花、栀子，372)生时寻即收取，别著一暖处，以柔细草覆藉之。～窠中，冻即雏死。(六，养鹅、鸭，455)七日后当臭，衣生，勿得怪也，但～，勿移动、挠搅之。(八，作酢法，552)《大词典》未收。

【通宵达曙】tōng xiāo dá shǔ 一夜到天亮。｜以供笼炉种火之用，辄得～，坚实耐久，逾炭十倍。(三，杂说，233)《大词典》"通宵达旦"条首引《醒世恒言》，"通宵"条首引唐诗，"通宵彻昼"条首引宋诗(10·935)。

【童男】tóng nán 男孩。｜使～小儿饼之，广三寸，厚二寸。(七，造神麴并酒，489)丈夫妇人皆团之，不必须～。(同上，491)《大词典》引《后汉书·祭祀志下》："舞者用～十六人。"晋傅玄《云中白子高行》："童女掣电策，～挽雷车。"(8·390)

【痛】tòng 尽力；竭力。｜六七日许，当大烂，以酒淹，～拌之，令如粥状。(四，柰、林檎，297)合蒿叶于好酒中～挼，使汁甚滑。(五，种红蓝花、栀子，367)汤淋处即冷，不过数斛汤，回转翻覆，通头面～淋，须臾起坐。(七，笨麴并酒，512)净燖猪讫，更以热汤遍洗之，毛孔中即有垢出，以草～揩，如此三遍，梳洗令净。(八，蒸缹法，599)按，此词《要术》中极为常见。《大词典》首引《要术》(8·322)。参看蔡镜浩(1990)"痛"条，王云路、方一新(1992)"痛"条，董志翘、蔡镜浩(1994)"痛"条。

【投】tóu 介词。犹待、到。表示时间。｜又课民无牛者，令蓄猪，～贵时卖，以买牛。(序，9)《大词典》首引《后汉书·独行传·范式》："式便服朋友之服，～其葬日，驰往赴之。"(6·398)参看董志翘、蔡镜浩(1994)"投"条。

【头】tóu ①物的顶端或末梢。其用颇广，详引如下。｜泽少者，暂浸即出，不得待芽生，耧～中下之。(二，种麻，118)收瓜子法：常岁岁先取"本母子"瓜，截去两～，止取中央子。……去两～者：近蒂子，瓜曲而细；近～子，瓜短而喝。(二，种瓜，155)于树旁数尺许掘坑，泄其根～，则

生栽矣。(四,奈、林檎,297)周景式《庐山记》曰:"香炉峰~有大磐石,可坐数百人,垂生山石榴。"(四,安石榴,304)刮取车轴~脂作饼子,著疮上,还以净布急裹之。(六,养牛、马、驴、骡,411)竖长竿于圈中,竿~施横板,令猕猴上居数日,自然差。(六,养羊,440)春初掘藕根节~,著鱼池泥中种之,当年即有莲花。(六,养鱼,465)《食经》七月七日作法酒方:"一石麴作'燠饼':编竹瓮下,罗饼竹上,密泥瓮~。"(七,法酒,526)凡四五度翻,内外均暖,微著白衣,于新翻讫时,便小拨峰~令平,团团如车轮,豆轮厚二尺许乃止。(八,作豉法,561)杵~大小,令与白底相安可,杵~著处广者,省手力,而虀易熟,蒜复不跳也。(八,八和虀,567—568)杖尖~作樗蒲之形。(八,脯腊,580)长作木匕,匕~施铁刃,时时彻底搅之,勿令著底。匕~不施铁刃,虽搅不彻底,不彻底则焦,焦则胶恶,是以尤须数数搅之。(九,煮胶,679)韦仲将《笔方》曰:"……用衣羊青毛——缩羊青毛去兔毫~下二分许。"(九,笔墨,683)"二典"均首引晋刘琨《扶风歌》:"系马长松下,废鞍高岳~。"(12·295,1818)②边;畔。|每岁时家收后,察其强力收多者,辄历载酒肴,从而劳之,便于田~树下饮食劝勉之,因留其馀肴而去;其惰懒者,独不见劳。(序,9)但驾车地~,每旦当有小儿僮女十百为群,自来分摘;正须平量,中半分取。(五,种红蓝花、栀子,364)若以床小,不得多著麴者,可四角~竖槌,重置椽箔如养蚕法。(七,白醪麴,501)《大词典》首引《要术·序》,《大字典》未收此义。③量词。犹言"个""把""捆"。|收草宜并手力,速竟为良,遭雨则损草也。一扼随以茅结之,擘葛弥善。四扼为一~,当日即斩齐,……五十~作一"洪","洪",十字,大头向外,以葛缠络。(五,种紫草,377)《大词典》未收此种用法(12·295),《大字典》"量词。用于其他事物"义下首引宋代例(1819)。

　　【头发】tóu fà 人的前额以上、两耳以上和后颈部以上生长的毛。|《龙鱼河图》曰:"岁暮夕,四更中,取二七豆子,二七麻子,家人~少许,合麻、豆著井中,咒敕井,使其家竟年不遭伤寒,辟五方疫鬼。"(二,种麻,116)治马疥方:用雄黄、~二物,以腊月猪脂煎之,令发消;以砖揩疥令赤,及热涂之,即愈也。(六,养牛、马、驴、骡,410)《大词典》首引《神异经·东荒经》:"东荒山中有大石室,东王公居焉,长一丈,~皓白。"(12·308)

【突过】tū guò 穿过；透过。｜以铍刀子刺空中皮，令～。（六，养牛、马、驴、骡，410）《大词典》列"高出；超越"（引唐诗）和"冲过"（引《金史》）二义（8·430）。按，本义更早，可补。

【推求】tuī qiú 推寻；求觅。｜昔汉武帝逐夷至于海滨，闻有香气而不见物。令人～，乃是渔父造鱼肠于坑中，以至土覆之，香气上达。（八，作酱等法，545）《大词典》首引《后汉书·独行传·王烈》："后有老父遗剑于路，行道一人见而守之，至暮，老父还，寻得剑，怪而问其姓名，以事告烈。烈使～，乃先盗牛者也。"次引《要术》本例。（6·671）参看王云路、方一新（1992）"推求"条。

【脱】tuō 连词。假如；万一。表示假设。｜其在外簇者，～遇天寒，则全不作茧。（五，种桑、柘，333）"二典"均首引《吴子·励士》："君试发无功者五万人，臣请率以当之。～其不胜，取笑于诸侯，失权于天下矣。"（6·1294,873）参看董志翘、蔡镜浩（1994）"脱"条。

W

【瓦子】wǎ zǐ 碎瓦片。｜～垄底，置独瓣蒜于瓦上，以土覆之，蒜科横阔而大，形容殊别，亦足为异。（三，种蒜，192）此有盗者，是汝东巷中第三家也。汝径往门前，伺无人时，取一～，密发其碓屋东头第七椽，以瓦著下，不过明日食时，自送还汝。（《三国志·魏书·方技传·管辂》裴注引《辂别传》）《大词典》首引唐诗（5·282）。

【喎】wāi 偏斜；不正。今作"歪"。｜去两头者：近蒂子，瓜曲而细；近头子，瓜短而～。（二，种瓜，155）《食次》曰："瓜用小而直者，不可用～。"（九，作菹、藏生菜法，664）"二典"均首引《要术》前一例（3·383，270）。

【外许】wài xǔ 外面；外边。｜雏出则著～，以罩笼之。（六，养鸡，449）五日后，出著～悬之。（七，造神麴并酒，491）《大词典》未收此词（3·1161）。

【宛顺】wǎn shùn 和顺；柔顺。｜牧羊必须大老子、心性～者，起居以时，调其宜适。（六，养羊，423）《大词典》首引《要术》（3·1402）。

【剜剜】wān wān 凹陷貌。｜按：俗人呼杼为橡子，以橡壳为"杼斗"，以～似斗故也。（五，种槐、柳、楸、梓、梧、柞，358）《大词典》首引此例（2·713）。

【挽棹】wǎn zhào 划船桨。｜其匕匙如～法，连疾搅之，不得暂停，停则生熟不均。（七，笨麹并酒，505）《大词典》未收此词。"二典""挽"字条亦无相应义项（6·623，792）。

【碗子】wǎn zǐ 碗。｜〔《食次》云：〕"出铛，及热置柈上，～底按之令拗。将奠，翻仰之。若～奠，仰与～相应。"（九，炙法，623）～盛，合汁减半奠；用箸，二人共。（九，素食，653）若～奠，去蔤节，料理接奠，各在一边，令满。（九，作菹、藏生菜法，665）《大词典》仅引《要术》一例（7·1422）。

【䏿】wǎn 马脚与蹄间相连的屈曲处。｜蹄欲得厚而大。～欲得细而促。（六，养牛、马、驴、骡，399）回毛起～膝是也。（同上）～欲促而大，其间才容绊。（同上，400）治马瘊蹄方：以刀刺马～丛毛中，使血出，愈。（同上，411）"二典"均首引《要术》（10·513，1548）。

【望】wàng 依；随。｜谷，稷也，名粟。谷者，五谷之总名，非止谓粟也。然今人专以稷为谷，～俗名之耳。（一，种谷，60）缪启愉《校释》："'望'，各本同，金抄作'故'。'望俗'犹言'随俗'。"（62）按，"二典"均未收此义（6·1283，872）。

【隈曲】wēi qū 山水弯曲处。｜北土高原，本无陂泽。随逐～而田者，二月，冰解地干，烧而耕之，仍即下水；十日，块既散液，持木斫平之。（二，水稻，138）曹毗《湘中赋》曰："竹则篔筜、白、乌，实中、绀族。滨荣幽渚，繁宗～；蔂蔜陵丘，蔓逮重谷。"（十，竹，776）《大词典》首引《左传·闵公二年》"虢公败犬戎于渭汭"晋杜预注："水之～曰汭。"次引《要术》（11·1077）。

【温热】wēn rè 加温使热。｜取美豉一升，好酒一升——夏著日中，冬则～——浸豉使液，以手搦之，绞去滓，以汁灌口。（六，养牛、马、驴、骡，410）《大词典》仅引《水浒传》一例（5·1472）。

【温温】wēn wēn 和暖；不冷不热。｜其卧酪待冷暖之节，～小暖于人体为合宜适。热卧则酪醋，伤冷则难成。（六，养羊，433）合滓餐之，甘、辛、滑如甜酒味，不能醉人。多啖，～小暖而面热也。（七，笨麹并酒，511）粥～如人体时，于瓮中和粉，痛挼使均柔，令相著；亦可椎打,如椎麴法。(同上,512)蒸干黄蒸一斛,熟蒸麸三斛:凡二物,～暖,便和之。(八,作酢法,554)《大词典》首引汉王粲《初征赋》:"薰风～以增热,体烨烨其若焚。"(5·1471)

【瓮子】wèng zǐ 陶制盛器。|作汤净洗芜菁根,漉著一斛～中,以菥荻塞瓮里以蔽口。(三,蔓菁,188)受二石以下～,以石子二三升蔽瓮底。(七,笨麴并酒,514)盘上和令均调,内～中。(八,作酱等法,540)布鱼于～中,一行鱼,一行糁,以满为限。(八,作鱼鲊,574)《大词典》仅引《要术》一例(5·297)。

【卧】wò ①平放着;横陈。|先～锄耧却燥土,不耧者,坑虽深大,常杂燥土,故瓜不生。然后掊坑,大如斗口。(二,种瓜,156)《大词典》首引唐杜甫诗(8·722),《大字典》首引唐杜牧《阿房宫赋》(1169)。②暖;保温。|屈木为棬,以张生绢袋子,滤熟乳著瓦瓶子中～之。新瓶即直用之,不烧。若旧瓶已曾～酪者,每～酪时,辄须灰火中烧瓶,令津出,回转烧之,皆使周匝热彻,好干,待冷乃用。(六,养羊,432)用胡叶汤令沸,笼子中盛麴五六饼许,著汤中,少时出,～置灰中,用生胡叶覆上。(七,白醪麴,501)《食经》作麦酱法:"小麦一石,渍一宿,炊,～之,令生黄衣。……"(八,作酱等法,543)夏日作者,宜冷水淋;春秋作者,宜温～,以穰茹瓮,汤淋之。以意消息之。(八,作酢法,555)《大字典》首引《要术》第一例,并引石声汉注:"卧,其他书中有写作奥、喝、罨等的;比较合适的写法应是'燠'。"(1169)《大词典》首引《太平御览》卷七一九引晋张华《博物志》:"作燕支法,取蓝蒻捣以水,挑去黄汁,作十饼如手掌,着湿草～一宿,便阴干。"次引《要术》"瓮中～经再宿,三日便压之,如压酒法",石声汉校释:"卧,保温。"(8·722)

【卧房】wò fáng 睡觉的房间。|《养生要论》曰:"腊夜令持椒～床旁,无与人言;内井中,除温病。"(四,种椒,310)《大词典》首引明代例(8·723)。

【污秽】wū huì 肮脏;不干净。|团麴之人,皆是童子小儿,亦面向杀地;有～者不使。(七,造神麴并酒,478)《大词典》此义首引《敦煌曲·〈十恩德〉之六》:"干处与儿眠,不嫌～与腥膻。"(5·914)

【污泥】wū ní 黏滞。|凡下田停水处,燥则坚垎,湿则～,难治而易荒,硗埆而杀种——其春耕者,杀种尤甚——故宜五六月暵之,以拟

穬麦。（二，旱稻，147）《大词典》未收此义（5·911）。

【屋柱】wū zhù 房屋的支柱。|《南方草物状》曰："由梧竹，吏民家种之。长三四丈，围一尺八九寸，作～。出交趾。"（十，竹，775）《诗》曰："南山有枸。"毛云："柜也。"《义疏》曰："树高大似白杨，在山中。……其木令酒薄；若以为～，则一屋酒皆薄。"（十，枳柜，860）《山海经》曰："前山，有木多櫄。"郭璞曰："似樗，子可食。冬夏青。作～难腐。"（十，櫄，863）《大词典》未收此词（4·35）。

【无复】wú fù 不再有；没有。|若不早放先犉者，比竟，日高则露解，常食燥草，～膏润，非直渐瘦，得乳亦少。（六，养羊，432）又造神麹法：其麦蒸、炒、生三种齐等，与前同；但～阡陌、酒脯、汤饼、祭麹王及童子手团之事矣。（七，造神麹并酒，486）自此以后，米之多少，～斗数，任意酘之，满瓮便止。（七，法酒，525）盐少令酱酢；后虽加盐，～美味。（八，作酱等法，536）先用暖汤净洗，～腥气，乃浸之。（八，脯腊，579）《大词典》引《抱朴子·对俗》："不死之事已定，～奄忽之虑。"南朝梁元帝《金楼子·杂记上》："少来搜集书史，颇得诸遗书，～首尾，或失名，凡百馀卷。"（7·137）

【无苦】wú kǔ 犹无妨。|四五宿，洗去盐，炊白饭，渍清水中。盐饭酿。多饭～。（八，作鱼鲊，577）人病脉不病，名曰内虚，以无谷神，虽困～。（伤寒论·平脉法）《大词典》首引宋代例（7·115）。

【无问】wú wèn 不论。|凡瓮，～大小，皆须涂治；瓮津则造百物皆恶，悉不成。所以特宜留意。（七，涂瓮，477）破皮履、鞋底、格椎皮、靴底、破鞍、靽，但是生皮，～年岁久远，不腐烂者，悉皆中煮。（九，煮胶，679）《大词典》首引《要术》（7·134）。参看王云路、方一新（1992）"不问"条。

【无嫌】wú xián 犹无妨。|六月以后，虽湿亦～。（一，种谷，67）积葵著栅中，高一丈亦～。（六，养羊，427）牝者，子母不同圈。子母同圈，喜相聚不食，则死伤。牡者同圈则～。（六，养猪，443）大凡作麹，七月最良；然七月多忙，无暇及此，且颐麹，然此麹九月作，亦自～。（七，笨麹并酒，508）《大词典》仅引《要术》一例（7·145）。参看王云路、方一新（1992）"无嫌（无苦）"条。

【无缘】wú yuán 没有理由；无从；不可能。|形大，毛羽悦泽，脚麤长

者是,游荡饶声,产、乳易厌,既不守窠,则～蕃息也。(六,养鸡,449)《大词典》引《后汉书·袁安传》:"今朔漠既定,宜令南单于反其北庭,并领降众,～复更立阿佟,以增国费。"(7·153)

X

【息】xī 出米率高。|锄者非止除草,乃地熟而实多,糠薄,米～。锄得十遍,便得"八米"也。(一,种谷,67)收少者美而耗,收多者恶而～也。(一,种谷,65)按,"二典"均未收此义(7·501,959)。

【息耗】xī hào 指谷子的出米率有多有少。|凡谷成熟有早晚,苗秆有高下,收实有多少,质性有强弱,米味有美恶,粒实有～。……收少者美而耗,收多者恶而息也。(一,种谷,65)缪启愉《校释》:"息:增益;耗:减损。此指出米率有多少。"(68)《大词典》无相应义项(7·503)。

【悉皆】xī jiē 全都。|摘蒲萄法:逐熟者一一零叠一作"条"摘取,从本至末,～无遗。(四,种桃奈,273)又至明年正月,剧去恶者,其一株上有七八根生者,～斫去,唯留一根麤直好者。(五,种榆、白杨,341)凡乘秋刈草,非直为羊,然大凡～倍胜。(六,养羊,426)治麴必使表里、四畔、孔内,～净削,然后细剉,令如枣、栗。(七,造神麴并酒,496)《大词典》首引《百喻经·以梨打头破喻》:"时有一人,以梨打头,乃至二三,～伤破。"(7·535)

【晞解】xī jiě 因日晒而消除。|七月以后,霜露气降,必须日出霜露～,然后放之;不尔则逢毒气,令羊口疮、腹胀也。(六,养羊,423)《大词典》仅引《要术》此例(5·742)。

【稀豁】xī huò 犹空旷。|～之处,锄而补之。(一,种谷,66)《大词典》首引此例(8·91)。

【喜】xǐ 容易。|早出者,皮赤科坚,可以远行;晚则皮皱而～碎。(三,种蒜,191)后年正月、二月,移栽之。初生即移者,～曲,故须丛林长之三年,乃移植。(五,种榆、白杨,338)目多白,却视有态,畏物～惊。(六,养牛、马、驴、骡,397)常以杓扬乳,勿令溢出;时复彻底纵横直勾,慎勿圆搅,圆搅～断。(六,养羊,432)《大词典》引《百喻经·婆罗门杀子喻》"人命难知,计算～错"及《要术》二例(3·401);《大字典》则首引《金匮要

略·痰饮欬嗽》:"脉双弦者寒也,皆大下后～虚。"(273)按,此义《要术》中常见,同时期文献中用例也多见,如:兄～患,散辄发痛热,积乃不易。(王献之杂帖,《全晋文》卷二十七)人心孔昏塞,多忘～误。(晋葛洪《肘后备急方·治面疱发秃身臭心昏鄙丑方》)将军举动,不肯详思,辄～言误,误不可数也。(《三国志·魏书·吕布传》裴松之注引《英雄记》)毒龙居之,多有灾异。夏～暴雨,冬则积雪,行人由之多致难艰。(《洛阳伽蓝记》卷五)详参本书第二章第三节"喜烂"条。

【洗面】xǐ miàn 洗脸。|小儿面患皱者,夜烧梨令熟,以糠汤～讫,以暖梨汁涂之,令不皱。(五,种红蓝花、栀子,367)夜煮细糠汤净～,拭干,以药涂之,令手软滑,冬不皱。(同上)《大词典》首引《西游记》(5·1154)。

【洗手】xǐ shǒu 在水中把手洗干净。|常预煎汤停之;酘毕,以五升～,荡瓮。(七,法酒,526)切脍人,虽讫亦不得～,～则脍湿;要待食罢,然后洗也。～则脍湿,物有自然相厌,盖亦"烧穰杀瓠"之流,其理难彰矣。(八,八和齑,569)《大词典》未收此义(5·1151)。

【洗手剔甲】xǐ shǒu tī jiǎ 洗净双手,剔净指甲。|淘米必须极净。常～,勿令手有咸气;则令酒动,不得过夏。(七,笨麴并酒,506)《大词典》未收此词。按,《水浒传》《金瓶梅》等小说中常见。

【狭长】xiá cháng 窄而长。|井必相当,斜角则妨地。地形～者,井必作一行;地形正方者,作两三行亦不嫌也。(三,种葵,181)此疮头黑深,破之黄水出,四畔浮浆起,～似鱼脐,故谓之鱼脐丁疮。(诸病源候论·丁疮病诸候·鱼脐丁疮候)①《大词典》首引《诗·周颂·般》"隋山乔岳"唐孔颖达疏(5·52)。

【下】xià ①放入;投入。|细磨,～绢筛,作饼,亦滑美。(二,大小麦,127)率方一步,～一斗粪,耕土覆之。(二,种瓜,161)《食经》藏蘘荷法:"……～苦酒三斗,以三升盐著中。"(三,种蘘荷、芹、茞,220)泽欲熟时,～少许青蒿以发色。(五,种红蓝花、栀子,367)《大词典》首引《水经注·淇水》:"汉建安九年,魏武帝于水口～大枋木以成堰,遏淇水东入白沟,以通漕运,故时人号其处为枋头。"(1·307)《大字典》首

---

① 感谢真大成君惠示此例。

引《论衡·物势》："若烁铜之～形,燔器之得火也。"(4)②收获;收取。|《广志》曰:"荔支树,……一树～子百斛。"(十,荔支,751)《大词典》首引《后汉书·安帝纪》:"〔延平元年〕冬十月,四州大水,雨雹。诏以宿麦不～,赈赐贫人。"次引《要术》此例;《大字典》未收此义。③用在动词后,表示动作由高处到低处。|候实口开,便速收之,天晴时摘～,薄布曝之,令一日即干,色赤椒好。(四,种椒,309—310)泻时直倾～,勿以手拨饭。(八,作酢法,548)《广州记》曰:"庐山有山桃,大如槟榔形,色黑而味甘酢。人时登采拾,只得于上饱啖,不得持～,——迷不得返。"(十,桃,708)《大词典》首引《水浒传》,《大字典》未收此义。④指某个时间或时节。|谚曰:"赢牛劣马寒食～。"言其乏食瘠瘁,春中必死。(六,养牛、马、驴、骡,383)缪启愉《校释》:"下:凡物自上陨落曰'下',此指倒毙。这是说瘦牛瘠马过不了寒食节(清明前一二天)就要倒毙。"(386)按:缪说恐未当。此"下"应指时间,即"前后;左近"之意,句谓赢牛劣马过不了寒食节前后。《大字典》首引《红楼梦》第七回:"趁着他家有年～送鲜的船,交给他带了去了。"《大词典》引现代作品。参看江蓝生(1988)"下"条。

【下垂】xià chuí 谓向下垂挂。|高下任人,取足,便掐去正心,即四散～,婀娜可爱。(五,种槐、柳、楸、梓、梧、柞,351)又刮以杂巨胜为烛,夜遍照地下,有金玉宝藏,则光变青而～,以锸掘之可得也。(抱朴子·内篇·仙药)《大词典》首引唐诗(1·316)。

【下酒】xià jiǔ 以菜肴佐酒。|饮酒时,以汤洗之,漉著蜜中,可～矣。(四,种李,277)白如珂雪,味又绝伦,过饭～,极是珍美也。(八,脯腊,580)《大词典》首引此例(1·320)。参看王云路、方一新(1992)"饮酒(下酒　案酒　酒啖)"条。

【下时】xià shí 谓最晚的时限。|二月中旬为上时,一亩用子八升。三月上旬为中时,用子一斗。四月上旬为～。用子一斗二升。(二,大豆,109)梨叶微动为上时,将欲开莩为～。(四,插梨,287)十二月、正月为上时,二月为中时,三月为～。(八,作酱等法,535)《大词典》首引《要术》(1·320)。

【下头】xià tóu 下面一头,在下的一头。|栽石榴法:三月初,取枝大如手大指者,斩令长一尺半,八九枝共为一窠,烧～二寸。(四,安石

榴,304)种柳:正月、二月中,取弱柳枝,大如臂,长一尺半,烧～二三寸,埋之令没,常足水以浇之。(五,种槐、柳、楸、梓、梧、柞,351)〔《食次》曰:〕"蒸藕法:水和稻穰、糠,揩令净,斫去节,与蜜灌孔里,使满,溲苏面,封～,蒸。熟,除面,写去蜜,削去皮,以刀截,奠之。"(八,蒸焦法,603)竹筒六寸围,长三尺,削去青皮,节悉净去。以肉薄之,空～,令手捉,炙之。(九,炙法,622—623)《大词典》未收此义(1·331)。

【枚】xiān 农具名。似锹,而铲较方阔,柄端无短拐。有铁枚、木枚等。用于铲取、抛扬谷物及播撒肥料等。|细剉刍,～掷扬去叶,专取茎,和谷豆秫之。(六,养牛、马、驴、骡,406)翻法:以杷～略取堆里冷豆为新堆之心,以次更略,乃至于尽。(八,作豉法,561)三日开户,复以～东西作垄構豆,如谷垄形,令稀概均调。～划法,必令至地——豆若著地,即便烂矣。(同上)《大词典》首引《要术》(4·878),《大字典》首引宋代例(493)。《玉篇·木部》:"枚,锹属。"

【涎濊】xián huì 口水,唾液。|《广志》曰:"益智,……核小者,曰'益智',含之隔～。出万寿,亦生交趾。"(十,益智,752)《大词典》仅引此例,释义作"口中涎唾多"(5·1168),恐不确,"涎濊"应是名词,而非形容词。详参本书第一章第三节"涎濊"条。

【香】xiāng 使香;使增加香味。|泽蒜可以～食,吴人调鼎,率多用此,根叶解菹,更胜葱、韭。(三,种蒜,192)《诗义疏》云:"梅,杏类也;……又可含以～口。亦蜜藏而食。"(四,种梅杏,279)生姜:削去皮,细切,以冷水和之,生布绞去苦汁。苦汁可以～鱼羹。(八,八和齑,568)《大词典》仅引《要术》二例(12·423),《大字典》未收此义(1839)。

【香美】xiāng měi 气味和味道很好。|明日,汲水净洗,出别器中,以盐、酢浸之,～不苦。(三,种胡荽,210)荏油色绿可爱,其气～,煮饼亚胡麻油,而胜麻子脂膏。(三,荏、蓼,215)《交州记》曰:"扶留有三种:一名'获扶留',其根～;一名'南扶留',叶青,味辛;一名'扶留藤',味亦辛。"(十,扶留,764—765)《南方草物状》曰:"合浦有菜名'优殿',以豆酱汁茹食之,甚～可食。"(十,菜茹,767)《〔诗〕义疏》云:"莪蒿……茎叶可食,又可蒸,～,味颇似蒌蒿。"(十,莪蒿,799)《大词典》未收(12·429)。

【香气】xiāng qì 芳香的气味。｜不蒸者难舂，米碎，至舂又土臭；蒸则易舂，米坚，～经夏不歇也。（二，黍穄，102）昔汉武帝逐夷至于海滨，闻有～而不见物。令人推求，乃是渔父造鱼肠于坑中，以至土覆之，～上达。（八，作酱等法，545）三日后，糟熟，发～。（八，作酢法，554）《广州记》云："东风，华叶似'落娠妇'，茎紫。宜肥肉作羹，味如酪，～似马兰。"（十，东风，834）《大词典》首引《列子·汤问》："沐浴神瀵，肤色脂泽，～经旬乃歇。"（12·429）

【相当】xiāng dāng 相对。｜井必～，斜角则妨地。（三，种葵，181）三步一树，行欲～。（四，种枣，263）行欲小捎角，不用正～。～者则妨犁。（五，种桑、柘，317）齿，左右蹉不～，难御。（六，养牛、马、驴、骡，397）《大词典》引《周礼·天官·阍人》"掌扫门庭"汉郑玄注："门庭，门～之地。"北魏郦道元《水经注·河水三》："孔山之上，有穴如车轮三所，东西～，相去各二丈许，南北直通，故谓之孔山也。"（7·1157）又《大词典》"相宜"义下首引《齐民要术·园篱》："必须稀概均调，行伍条直～。"恐未当。此例的"相当"仍是"相对"义，"行伍条直相当"意思是每行都要笔直而且相对。

【相得】xiāng dé 混合；融合。｜羊不揸土，毛常自净；不竖柴者，羊揸墙壁，土、咸～，毛皆成毡。（六，养羊，423）蒲熟，下盐复舂，令沫起。然后下白梅、姜、橘末复舂，令～。（八，八和虀，568—569）《大词典》未收此义。参看蔡镜浩（1990）"相得"条。

【相著】xiāng zhuó 相互粘着。｜取芥子，熟捣，如鸡子黄许，取巴豆三枚，去皮留脐，三枚亦熟捣，以水和，令～。（六，养牛、马、驴、骡，410）中国必须铰，不铰则毛长～，作毡难成也。（六，养羊，428）初溲时，手搦不～者佳。（七，笨麹并酒，505）《食次》曰："折米弱炊，令～，盛饭瓯中。"（九，煮糗，642）夏中虽软～，至八月秋凉时，日中曝之，还复坚好。（九，煮胶，680）按，《大词典》释作"互相接触；相依"，不够周全；首例引《隋书·循吏传·辛公义》："死生由命，不关相着，前汝弃之，所以死耳。"（7·1151）亦嫌晚。

【厢】xiāng 边；旁。｜喙长则牙多；一～三牙以上则不烦畜，为难肥故。（六，养猪，443）"二典"均首引《要术》（3·1250，375）。

【向】xiàng ①泛指窗户。｜若欲久停者，入五月，内著屋中，闭户塞～,密泥,勿使风入漏气。(五,种紫草,377)"二典"均仅引此例(3·136,244)。②接近;临近。见【向暮】【向晓】。"二典"均首引《后汉书·段颎传》:"馀寇残烬,将～殄灭。"《大词典》次引晋陶潜《饮酒》诗之三:"道丧～千载,人人惜其情。"

【向暮】xiàng mù 傍晚。|预前经宿浸米令液,以正月晦日～炊酿,正作馈耳,不为再馏。(七,笨麴并酒,513)《大词典》首引《三国志·魏志·管辂传》"人多爱之而不敬也"裴松之注引《辂别传》:"论难锋起,而辂人人答对,言皆有馀。至日～,酒食不行。"(3·140)

【向晓】xiàng xiǎo 拂晓。|于黍饭初熟时浸麴,～昧旦日未出时,下酿,以手搦破块,仰置勿盖。(七,笨麴并酒,509)《大词典》首引《晋书·陆云传》:"〔云〕至一家,便寄宿,见一年少,美风姿,共谈《老子》,辞致深远。～辞去。"(3·140)

【象似】xiàng sì 相像;相似。|此等名目,皆是叶生形容之所～,以此时栽种者,叶皆即生。(四,栽树,256)《大词典》首引晋葛洪《抱朴子·时难》:"于是弘恭、石显之徒,饰巧辞以构～,假至公以售私奸。"(10·17)

【消化】xiāo huà 融化;消融。特指酒麴对于原料米的糖化和发酵。|或再宿一酘,三宿一酘,无定准,惟须～乃酘之。(七,造神麴并酒,492)虽言春秋二时杀米三石、四石,然要须善候麴势:麴势未穷,米犹～者,便加米,唯多为良。(同上)酿法:须～,复以五升米酘之;～,复以五升米酘之。(九,作菹、藏生菜法,664)《大词典》首引《释名·释天》:"火,化也,～物也。"(5·1200)

【消灭】xiāo miè 消失;灭亡。|《杂五行书》曰:"舍西种梓、楸各五根,令子孙孝顺,口舌～也。"(五,种槐、柳、楸、梓、梧、柞,354)《大词典》引《列子·杨朱》:"生则有贤愚贵贱,是所异也;死则有臭腐～,是所同也。"《后汉书·刘陶传》:"臣敢吐不时之义于讳言之朝,犹冰霜见日,必至～。"(5·1207)

【消融】xiāo róng 融化;销蚀。|造花盐、印盐法:五、六月中旱时,取水二斗,以盐一斗投水中,令消尽;又以盐投之,水咸极,则盐不复～。(八,常满盐、花盐,534)《大词典》首引宋诗(5·1208)。

【消息】xiāo xī 斟酌;增减。|大率用水多少,酘米之节,略准春

酒,而须以意～之。(七,笨麴并酒,508)用神麴,量杀多少,以意～。(同上,511)凡停馈,冬宜久,夏少时,盖以人意～之。(九,飧、饭,648)《大词典》首引《晋书·慕容超载记》:"其令博士已上,参考旧事,依《吕刑》及汉、魏、晋律令,～增损,议成燕律。"(5·1203)参看江蓝生(1988)"消息"条,蔡镜浩(1990)"消息"条,王云路、方一新(1992)"消息"条,李维琦(2004)"消息"条。

【小小】xiǎo xiǎo　少量;稍稍。|其春种～供食者,自可畦种。(三,种胡荽,210)凡栽一切树木,欲记其阴阳,不令转易。阴阳易位则难生。～栽者,不烦记也。(四,栽树,256)从九月一日后,止可～供食,不得多作:天寒草枯,牛羊渐瘦故也。(六,养羊,432)《大词典》引《太平御览》卷八五〇引汉应劭《风俗通》:"俗说,大饿不在车饭。谓……辅车上饭,～不足济也。"《三国志·魏志·高柔传》:"校事刘慈等,自黄初初数年之间,举吏民奸罪以万数。柔皆请惩虚实,其馀～挂法者,不过罚金。"(2·1587)

【晓示】xiǎo shì　明白告知;告诫。|鄙意～家童,未敢闻之有识,故丁宁周至,言提其耳,每事指斥,不尚浮辞。(序,19)《大词典》首引《后汉书·班超传》:"令～康居王。"(5·833)

【晓夜】xiǎo yè　日夜。|其春种,不作畦,直如种凡瓜法者,亦得,唯须～数浇耳。(二,种瓜,164)泉扉一淹,～无光,式刊玄石,以咏余芳。(汉魏南北朝墓志汇编·北魏员外郎散骑常侍西阳男高广墓志)《大词典》首引《隋书·王充传》(5·834)。按,此词北朝墓志中屡见。

【孝杖】xiào zhàng　守孝者所执的手杖。|《术》曰:"若为妊娠妇人坏酱者,取白叶棘子著瓮中,则还好。俗人用～搅酱,及炙瓮,酱虽回而胎损。"(八,作酱等法,537)《大词典》未收此词(4·198)。

【屧】xiè　木屐。|青、白二材,并堪车板、盘合、木～等用。(五,种槐、柳、楸、梓、梧、柞,356)缪启愉《校释》:"屧:木鞋。清王筠《说文句读》:'《众经音义》云:"屧,凿腹令空荐足者也。"然则屧以木为之而空其中也。'这是凿空的木鞋。屧也指屐。《晋书·谢安传》:'过户限,心甚喜,不觉屐齿之折。'唐独孤及(725—777年)《毗陵集》卷二《山中春思》诗:'花落没屐齿。'这都是有齿的木屐,不同于现在单块板的无齿木屐。"(357)《广韵·帖韵》:"屧,屐也。"《大字典》首引《要术》此例

(412),《大词典》首引《南齐书·孝义传·江泌》:"泌少贫,昼日斫～为业,夜读书随月光。"(4·53)

【心性】xīn xìng 性情;性格。|牧羊必须大老子、～宛顺者,起居以时,调其宜适。(六,养羊,423)《大词典》首引晋葛洪《抱朴子·交际》:"今先生所交必清澄其行业,所厚必沙汰其～。"(7·378)

【辛辣】xīn là 味道或气味辣。|蒜宜良软地。白软地,蒜甜美而科大;黑软次之;刚强之地,～而瘦小也。(三,种蒜,191)朝歌大蒜,～异常,宜分破去心——全心——用之。不然辣则失其食味也。(八,八和齑,568)《异物志》曰:"益智,类薏苡。实长寸许,如枳棋子。味～,饮酒食之佳。"(十,益智,752—753)《大词典》首引《要术》(11·480)。

【新成】xīn chéng 刚长成。|鸭煎法:用～子鸭极肥者,其大如雉。(八,脏、腤、煎、消法,606)《大词典》未收此词(6·1068)。

【腥气】xīng qì 鱼、虾、血等的气味。|麻子脂膏,并有～。(三,荏、蓼,215)先用暖汤净洗,无复～,乃浸之。(八,脯腊,579)当时随食者,取即汤煤去～,擘破。(九,素食,655)《诗义疏》曰:"……此二藻皆可食。煮熟,挼去～,米面糁蒸为茹,佳美。荆、扬人饥荒以当谷食。"(十,藻,807—808)《大词典》首引明代例(6·1347)。

【腥窍】xīng qiào 禽类的下窍(泄殖腔)。|乃净治,去～及翠上"脂瓶"。(八,脯腊,580)《大词典》仅引《要术》一例(6·1348)。

【行】xíng 量词。层。|冬寒,取谷得布地,一～蒜,一～谷。不尔则冻死。(三,种蒜,191)布鱼于瓮子中,一～鱼,一～糁,以满为限。(八,作鱼鲊,574)一～肉,一～擘葱、浑豉、白盐、姜、椒。如是次第布讫,下水煮之。(八,蒸缹法,600)《食经》云:"……计二升米,以成粟一斗,著竹篗内,米一～,粟一～,裹,以绳缚。"(九,粽䊷法,640)"二典"均未收此义。参看王云路、方一新(1992)"一行"条。

【行动】xíng dòng 走动;行走。|《博物志》曰:"人食豆三年,则身重,～难。恒食小豆,令人肌燥麤理。"(十,豆,698)《大词典》首引《北史·隋房陵王勇传》:"我有时～,宿卫须得雄毅。"(3·908)

【形势】xíng shì 形状;样子。|裂若屈曲者,还须于正纸上,逐屈曲～裂取而补之。若不先正元理,随宜裂斜纸者,则令书拳缩。(三,杂说,227)《大词典》无相应义项(3·1117)。

【杏人】xìng rén 即"杏仁"。杏核中的仁。可食用,亦可入药。|
净洗了,捣～和猪脂涂。四五上,即当愈。(六,养牛、马、驴、骡,412)
打取～,以汤脱去黄皮,熟研,以水和之,绢滤取汁。(九,醴酪,645)
《大词典》未收"杏人","杏仁"条所引始见书证为《颜氏家训》(4·74)。

【杏子】xìng zǐ 杏树的果实。|《神仙传》曰:"其～熟,于林中所在
作仓。"(四,种梅杏,282)～人,可以为粥。多收卖者,可以供纸墨之直也。
(同上)喘家作桂枝汤,加厚朴～佳。(伤寒论·辨太阳病脉证并治法
上)《大词典》首引《云笈七签》卷七四(4·774)。

【须要】xū yào 必须;需要。|～晴时,于大屋下风凉处,不见日
处。(三,杂说,228)《大词典》首引宋代例(12·249)。

【许】xǔ 表示约略估计的数量。|将种前二十～日,开出水洮,浮
秕去则无莠。(一,收种,55)《食经》曰:"蜀中藏梅法:取梅极大者,剥皮
阴干,勿令得风。经二宿,去盐汁,内蜜中。月～更易蜜。经年如新
也。"(四,种梅杏,281)大如臂～,正月中移之。(五,种桑、柘,317)四
扼为一头,当日即斩齐,颠倒十重～为长行,置坚平之地,以板石镇之
令扁。(五,种紫草,377)治马中水方:取盐著两鼻中,各如鸡子黄～
大,捉鼻,令马眼中泪出,乃止,良矣。(六,养牛、马、驴、骡,410)种一
斗馀～,足以供用也。(六,养鱼,463)用胡叶汤令沸,笼子中盛麹五六
饼～,著汤中。(七,白醪麹,501)漉出,著筐中,令半筐～,一人捉筐,
一人更汲水于瓮上就筐中淋之,急抖擞筐,令极净,水清乃止。(八,作
豉法,561)《食次》云:"……经一日～方得。"(九,作脾、奥、糟、苞,630)
馎饦:接如大指～,二寸一断,著水盆中浸,宜以手向盆旁接使极薄,皆
急火逐沸熟煮。(九,饼法,635)《异物志》曰:"益智,类薏苡。实长
寸～,如枳棋子。味辛辣,饮酒食之佳。"(十,益智,752—753)顾微《广
州记》曰:"……藤类有十～种:续断,草藤也,一曰'诺藤',一曰'水
藤'。"(十,藤,813)"二典"均首引《后汉书》(11·68,1642)。

【悬绝】xuán jué 相差极远。|崔寔《政论》曰:"……今辽东耕犁,
辕长四尺,回转相妨,既用两牛,两人牵之,一人将耕,一人下种,二人
挽耧:凡用两牛六人,一日才种二十五亩。其～如此。"(一,耕田,50)
用盐杀茧,易缲而丝韧。日曝死者,虽白而薄脆,缣练衣着,几将倍矣,
甚者,虚失岁功:坚、脆～,资生要理,安可不知之哉?(五,种桑、柘,

333)此麴一斗,杀米三石;笨麴一斗,杀米六斗:省费～如此。(七,造神麴并酒,487)《大词典》首引旧题汉李陵《答苏武书》:"客主之形,既不相如;步马之势,又甚～。"(7·780)

【削刮】xuē guā 用刀具等切削或拂刮,使物体光洁平整。｜作酒之法,净～去垢,打碎,末,令干燥。(七,法酒,528)爁讫,以火烧之令黄,用暖水梳洗之,～令净,刳去五藏。(九,作脟、奥、糟、苞,628)《大词典》有"刮削"而未收"削刮"(2·693)。

【熏黄】xūn huáng 雄黄的一种。｜又方:腊月猪脂,加～涂之,即愈。(六,养羊,439)缪启愉《校释》:"熏黄:劣质的雄黄。《唐本草》注:'雄黄……恶者名熏黄,用熏疮疥,故名之。'《本草图经》:'有青黑色而坚者名熏黄,有形色似真而气臭者名臭黄。'"(442)《大词典》首引明李时珍《本草纲目》(7·224)。

【寻】xún ①沿着;顺着。｜薄地～垄蹑之。不耕故。(一,种谷,66)缪启愉《校释》:"寻垄:逐垄,一垄一垄地。"(71)《大字典》首引《后汉书·袁绍传》:"绍遂～山北行。"次引本例(215);《大词典》释作"随着;循着。参见'寻声'",'寻声'条所引始见书证为《三国志·魏志·夏侯玄传》:"令发之日,下之应也,犹响寻声也。"(2·1293)②不久;接着;随即。｜春既多风,若不～劳,地必虚燥。(一,耕田,38)凡五谷种子,浥郁则不生,生者亦～死。(一,收种,54)自四月八日以后,日日剪卖,其剪处,～以手拌斫劚地令起,水浇,粪覆之。(三,种葵,181)《大词典》首引《后汉书·邳彤传》:"彤～与世祖会信都。"刘淇《助字辨略》卷二:"寻,旋也;随也。凡相因而及曰寻,犹今之随即如何也。"(2·1288)《大字典》首引《古诗为焦仲卿妻作》:"媒人去数日,～遣丞请还。"(215)

【寻览】xún lǎn 翻阅。｜卷首皆有目录,于文虽烦,～差易。(序,18)《大词典》未收此词。

【寻手】xún shǒu 随手;随即。｜春耕～劳,古曰"耰",今曰"劳"。秋耕待白背劳。(一,耕田,38)其碎者,割讫,即地中～纠之。待萎而纠者必烂。(三,种葵,177)割讫则～择治而辫之,勿待萎。萎而后辫则烂。(三,蔓菁,184)葱中亦种胡荽,～供食。乃至孟冬为菹,亦无妨。(三,种葱,199)《大词典》仅引《要术》二例(2·1288)。参看蔡镜浩(1990)

"寻手"条。

Y

【压油家】yā yóu jiā 榨油的人家，油坊。|一顷收子二百石，输与～，三量成米，此为收粟米六百石，亦胜谷田十顷。（三，蔓菁，187）《大词典》未收此词。

【压枝】yā zhī 亦称"压条"。一种植物繁殖技术，即把植物的枝条的一部分刮去表皮埋入土中，头端露出地面，等它生根以后把它和母株分开，使另成一个植株。|木瓜，种子及栽皆得，～亦生。（四，种木瓜，307）大都种椹长迟，不如～之速。（五，种桑、柘，317）《大词典》仅引《要术》一例（2·1233）。

【押】yā 压。从上向下加以重力。|酒若熟矣，～出，清澄。（七，造神麹并酒，492）磨不求细；细者酒不断麤，刚强难～。（七，笨麹并酒，505）以纸盖口，砖～上，勿泥之，泥则伤热。（同上，514）《博物志》胡椒酒法："以好春酒五升；干姜一两，胡椒七十枚，皆捣末；好美安石榴五枚，～取汁。……"（同上，519）《大词典》首引《后汉书·东夷传·三韩》："儿生欲令其头扁，皆～之以石。"次引《要术》（6·458）；《大字典》无相应义项（777）。

【鸭子】yā zǐ 鸭蛋。|其中心圆如钵形，酷似～白光润者，名曰"粉英"。（五，种红蓝花、栀子，372）汁极冷，内瓮中，汁热，卵则致败，不堪久停。浸～。一月任食。（六，养鹅、鸭，456）欲熟，——小干，不著手——竖堛中，以鸡鸭子白手灌之。若不均，可再上白。犹不平者，刀削之。更炙，白燥，与～黄；若无，用鸡子黄，加少朱，助赤色。（九，炙法，623）一升肉，可与三～，别复蒸令软。（九，作腤、奥、糟、苞，630）《大词典》首引《要术》（12·1077）。

【轧】yà 拔断。|条拳而～之。不～则独科。（三，种蒜，191）缪启愉《校释》："条：指蒜薹；拳：弯曲；轧：拔断。这是说蒜薹已显现弯曲时就要采收。"（194）"二典"均未收此义。

【烟气】yān qì 燃烧时产生的烟火气。|天雨新晴，北风寒切，是夜必霜，此时放火作煴，少得～，则免于霜矣。（四，栽树，257）脯成，置

虚静库中,著~则味苦。(八,脯腊,579)《大词典》首引唐诗(7·179)。

【淹渍】 yān zì 浸没;淹浸。｜水多少,要使相~,水多则酢薄不好。(八,作酢法,554)七日后,酢香熟,便下水,令相~。(同上,555)肉脔方五六寸作,令皮肉相兼,著水令相~,于釜中炒之。(九,作脹、奥、糟、苞,628)少下水,仅令相~。(九,素食,655)《大词典》首引《诗·小雅·信南山》"是剥是菹"汉郑玄笺:"天子剥削~以为菹。"次引《要术》(5·1354)。

【研】 yán 研磨;磨细。｜~为羹臛,美于麻子远矣。(三,荏、蓼,215)雌黄治书法:先于青硬石上,水磨雌黄令熟;曝干,更于瓷碗中~令极熟;曝干,又于瓷碗中~令极熟。乃融好胶清,和于铁杵臼中,熟捣。丸如墨丸,阴干。以水~而治书,永不剥落。(三,杂说,227)白桃人二七枚,去黄皮,~碎,酒解,取其汁。(五,种红蓝花、栀子,367)稍稍出著一砂盆中熟~,以水沃,搅之。(同上,371)《食次》曰:"葱韭羹法:下油水中煮葱、韭——五分切,沸俱下。与胡芹、盐、豉、~米糁——粒大如粟米。"(九,素食,652)"二典"均首引《要术》(7·1006,1011)。《说文·石部》:"研,礦也。"段玉裁注:"亦谓以石礦物曰研也。"《玉篇·石部》:"研,摩也。"

【颜色】 yán sè 色彩。｜凡种麻,用白麻子。白麻子为雄麻。~虽白,啮破枯燥无膏润者,秕子也,亦不中种。市籴者,口含少时,~如旧者佳;如变黑者,裛。(二,种麻,117)《大词典》首引杜甫诗(12·337)。

【砚】 yàn 磨墨的文具。通称砚台。｜崔寔《四民月令》曰:"~冰释,命幼童入小学,学篇章。"(三,杂说,226)崔寔《四民月令》曰:"~冰冻,命幼童读《孝经》《论语》、篇章小学。"(同上,240)《大词典》首引晋陆云《与兄平原书》:"笔亦如吴笔,~亦尔。"(7·1051)《大字典》首引《十六国春秋》(1017)。按,字亦作"研",《大词典》首引《后汉书·班超传》:"大丈夫无它志略,犹当效傅介子、张骞立功异域,以取封侯,安能久事笔研间乎?"(7·1006)《大字典》首引《文选·郭璞〈江赋〉》:"紫菜荧晔以丛被,绿苔鬖髶乎研上。"李善注:"研与砚同。"(1011)

【酽】 yàn 味厚;汁浓。｜酒势美~,尤逾黍、秫。(一,种谷,84)以汤淋取清汁,初汁纯厚太~,即杀花,不中用,唯可洗衣。(五,种红蓝花、栀子,366)春酒糟则~。颐酒糟亦中用。(八,作酢法,554)大醋经年~者,先以水调和,令得所,然后下之。(八,八和薤,569)"二典"均首引《要术》(9·1450,1501)。参看王云路、方一新(1992)"美酽"条。

【仰】yǎng 指朝上敞露,不遮盖。|春若遇旱,秋耕之地,得～垅待雨。(一,种谷,66)其朱里者,～而曝之——朱本和油,性润耐久故。(五,漆,349)风尘阴雨则盖,天晴净,还～。(八,常满盐、花盐,534)～瓮口曝之。谚曰:"萎蕤葵,日干酱。"言其美矣。(八,作酱等法,537)《大词典》首引《要术》(1·1208),《大字典》仅引《要术》二例(53)。

【仰头】yǎng tóu 朝天敞露,不遮盖。|预前多买新瓦盆子容受二斗者,抒粥著盆子中,～勿盖。(九,醴酪,645)胶盆向满,舁著空静处屋中,～令凝。盖则气变成水,令胶解离。(九,煮胶,680)《大词典》未收。参看王云路、方一新(1992)"仰头"条。

【要求】yāo qiú 需要;须要。|此菜旱种,非连雨不生,所以不同春月～湿下。(三,种胡荽,210)《大词典》未收此义(8·756)。

【要】yào 须;应当。|解后二十日堪食;然～百日始熟耳。(八,作酱等法,537)神酢法:～用七月七日合和。瓮须好。(八,作酢法,554)切脍人,虽讫亦不得洗手,洗手则脍湿;～待食罢,然后洗也。(八,八和薤,569)煮胶法:煮胶～用二月、三月、九月、十月,馀月则不成。热则不凝,无作饼。寒则冻瘃,令胶不黏。(九,煮胶,679)"二典"均首引《世说新语·文学》:"孙兴公作《天台赋》成,以示范荣期云:'卿试掷地,～作金石声。'"(8·754,1171)参看柳士镇(1992:134)。

【要须】yào xū 必须;需要。|然～数看,恐骨尽便伤好处。(六,养牛、马、驴、骡,411)欲令生大鱼法:～载取薮泽陂湖饶大鱼之处、近水际土十数载,以布池底,二年之内,即生大鱼。(六,养鱼,461)又作神麴方:以七月中旬以前作麴为上时,亦不必～寅日;二十日以后作者,麴渐弱。(七,造神麴并酒,490)《食次》曰:"女麴:……三七日无衣,乃停,～衣遍乃止。"(九,作菹、藏生菜法,664)《大词典》首引《三国志·魏志·蒋济传》:"天下未宁,～良臣以镇边境。"次引《要术》(8·760)。参看王云路、方一新(1992)"要(要当　要须)"条,柳士镇(1992:131)"要应　要须　要当　要宜"条。

【要欲】yào yù 必须;应当。|春采者,必须长梯高机,数人一树,还条复枝,务令净尽;～旦、暮,而避热时。(五,种桑、柘,318)《大词

典》未收此词(8·759)。

【暍】yē ①变色。|须要晴时,于大屋下风凉处,不见日处。日曝书,令书色～。(三,杂说,228)缪启愉《校释》:"暍:伤暑;这里指染潢后的书受烈日直射,书色变暗褐。"(232)石声汉注:"太阳晒书,书的颜色会变暗。""二典"均仅引此例(5·782,640),《大词典》释作"通'褐'",不知何据。②通"餲"。食物变质。|干、漉二酪,久停皆有～气,不如年别新作,岁管用尽。(六,养羊,433—434)缪启愉《校释》:"'暍',各本同,是伤热中暑,但这里是指食物变质,正字应作'餲'。或者食物变坏主要由湿热引起,所以借用了'暍'字?"(435)此义"二典"均未收(5·782,640)。

【野生】yě shēng 动植物在野外自然生长而非人工驯养或培植。|种者地熟,美于～。(三,种蒜,192)性并易繁茂,而甜脆胜～者。(三,种襄荷、芹、莒,221)《南方草物状》曰:"都咸树,～。如手指大,长三寸,其色正黑。"(十,都咸,869)《大词典》仅引《要术》一例(10·405)。

【叶】yè 量词。专用于称量橘皮。|生姜五合,橘皮两～,鸡子十五枚,生羊肉一斤,豆酱清五合。(八,作酱等法,543)葱三升,芋二十株,橘皮三～,木兰五寸,生姜十两,豉汁五合,米一升,口调其味。(八,羹臛法,583)《食经》曰:"作跳丸炙法:羊肉十斤,猪肉十斤,缕切之,生姜三升,橘皮五～,藏瓜二升,葱白五升,合捣,令如弹丸。"(九,炙法,619)按,此词刘世儒(1965)未论及。

【黦】yè 色泽变坏。|七月中摘,深色鲜明,耐久不～,胜春种者。(五,种红蓝花、栀子,364)《大词典》首引此例(12·1372),《大字典》引《广韵·月韵》:"～,色坏也。"晋周处《风土记》:"夏至之雨,名为黄梅雨,沾衣服,皆败～。"(1972)

【一经】yī jīng 副词。表示只要经过某个步骤或某种行为就能产生相应的结果。|若水旱不调,宁燥不湿。燥耕虽块,～得雨,地则粉解。湿耕坚垆,数年不佳。(一,耕田,37—38)譬如生铁,～柔熟,永无熔铸之理,无烂汁故也。(九,煮胶,679)《大词典》首引《要术》(1·95)。

【一劳永逸】yī láo yǒng yì 谓劳苦一次,可望永安。|按谚曰:"家贫无所有,秋墙三五堵。"盖言秋墙坚实,土功之时,～,亦贫家之宝也。(一,种谷,

74)此物长生,种者,～。(三,种苜蓿,224)斫后复生,不劳更种,所谓～。(五,种榆、白杨,342)《大词典》:"亦作'一劳久逸'。语本汉扬雄《谏勿许单于朝疏》:'以为不壹劳者不久佚,不暂费者不永宁,是以忍百万之师,以摧饿虎之喙……而不悔也。'汉班固《封燕然山铭》:'兹可谓一劳而久逸,暂费而永宁者也。'"次引《要术》(1·87)。按,据此则"一劳永逸"这个成语应定型于《要术》。

【一面】yī miàn 指物体的几个面之一。|逼火偏炙～,色白便割;割遍又炙～。含浆滑美。若四面俱熟然后割,则涩恶不中食也。(九,炙法,616)熟乃出之,～白,～赤,轮缘亦赤,软而可爱。(九,饼法,635)《大词典》未引书证,只举了一个自编例(1·55)。

【一色】yī sè 谓全部一样。|作米粉法:粱米第一,粟米第二。必用～纯米,勿使有杂。(五,种红蓝花、栀子,371)《大词典》首引此例(1·31)。

【一时】yī shí 同时,一齐。|复取水六斗,细罗麹末一斗,合饭～内瓮中,和搅令饭散。(七,白醪麹,501)以三月三日,收水九斗,米九斗,焦麹末九斗——先曝干之;～和之,揉和令极熟。(七,法酒,526)大率麦麲一升,水九升,粟饭九升,～顿下,亦向满为限。(八,作酢法,547)《大词典》首引《晋书·李矩传》:"矩曰:'俱是国家臣妾,焉有彼此!'乃～遣之。"(1·63)参看江蓝生(1988)"一时"条,董志翘、蔡镜浩(1994)"一时"条,李维琦(2004)"一时"条。

【一月日】yī yuè rì 一个月。|一七日,一搅;二七日,一搅;三七日,亦一搅。～,极熟。(八,作酢法,548)得～停。(九,饼法,635)〔《食次》曰:〕"又云:～可用。"(九,作菹、藏生菜法,666)《大词典》引二例:南朝宋东阳无疑《齐谐记·东阳郡吴道宗》:"儿还,母语之曰:'宿罪见遣,当有变化事。'后～,便失其母。"南朝宋刘义庆《幽明录·刘道锡》:"道锡未及鬼处,便闻如有大杖声,道锡因倒地,经宿乃醒,～都差。"(1·18)参看王云路、方一新(1992)"一月日"条。

【衣】yī ①胎盘和胎膜;胞衣。|蟪蛄,有刺:治去刺,疗产妇难生,～不出。(三,杂说,引崔寔《四民月令》原注,234)"二典"均首引《要术》此例(9·17,1280)。②指长在食物或器物表面的霉菌。|若不揩拭者,地气蒸热,遍上生～,厚润彻胶便皱,动处起发,飒然破矣。(五,漆,

349)打破,看饼内干燥,五色~成,便出曝之;如饼中未燥,五色~未成,更停三五日,然后出。(七,笨曲并酒,505)七日后当臭,~生,勿得怪也,但停置,勿移动、挠搅之。数十日,醋成~沉,反更香美。(八,作酢法,552)《食次》曰:"女曲:……三七二十一日,开看,遍有黄~则止。三七日无~,乃停,要须~遍乃止。"(九,作菹、藏生菜法,664)"二典"均首引《要术》。

【衣着】yī zhuó 衣服;穿着。|用盐杀茧,易缲而丝韧。日曝死者,虽白而薄脆,缣练~,几将倍矣,甚者,虚失岁功:坚、脆悬绝,资生要理,安可不知之哉?(五,种桑、柘,333)《大词典》首引晋陶潜《桃花源记》:"其中往来种作,男女~,悉如外人。"(9•22)

【依法】yī fǎ 依照一定的方法。|又种瓜法:~种之,十亩胜一顷。(二,种瓜,156)如朱公收利,未可顿求。然~为池,养鱼必大丰足,终天靡穷,斯亦无赀之利也。(六,养鱼,461)其大瓮多酿者,~倍加之。(七,造神曲并酒,493)作瓮随大小,~加减。(七,笨曲并酒,505)《大词典》未收此词(1•1350)。

【依前】yī qián 照旧;仍旧。|初生三年,不用采叶,尤忌捋心;捋心则科茹不长,更须依法烧之,则~茂矣。(五,种榆、白杨,338—339)《大词典》首引《要术》(1•1350)。参看董志翘、蔡镜浩(1994)"依前"条。

【依主】yī zhǔ 依靠的对象。|别竖一柱以为~,每一尺以长绳柱拦之。(五,种槐、柳、楸、梓、梧、柞,351)《大词典》未收此词(1•1349)。

【胰】yí 同"胰"。|合手药法:取猪~一具……著~汁中,仍浸置勿出——瓷瓶贮之。(五,种红蓝花、栀子,367)"二典"均首引此例(6•1278,866)。"胰"字条《大词典》未举书证,《大字典》首引《格物粗谈》。

【移动】yí dòng 改换原来的位置。|尖量曲末,泻著饭上,慎勿挠搅,亦勿~。(八,作酢法,548)七日后当臭,衣生,勿得怪也,但停置,勿~、挠搅之。(同上,552)《大词典》引《吴子•料敌》:"旌旗乱动可击,陈数~可击。"《北史•于谨传》:"若难于~,据守罗郭,是其下策。"(8•79)

【宜须】yí xū 应当;须要。|其春泽多者,或亦不须挞;必欲挞者,~待白

背,湿挞令地坚硬故也。(一,种谷,66)又土地温凉,高下不同,物性刚柔,餐居亦异,是故黄帝兴四方之问,岐伯举四治之能,以训后贤,开其未悟者,临病之工,～两审也。(伤寒论·伤寒例第三)①《大词典》未收此词。参看柳士镇(1992:130)"宜须"条。

【以后】yǐ hòu　比现在或某一时间晚的时期。|此时二十日～,和气去,即土刚。(一,耕田,49)七月～,霜露气降,必须日出霜露晞解,然后放之;不尔则逢毒气,令羊口疮、腹胀也。(六,养羊,423)～,间一日辄更酘,皆如初下法。(七,笨麹并酒,505)然要须日未出前清凉时下黍;日出～热,即不成。(同上,509)按,此词《要术》中很常见。《大词典》首引《后汉书·列女传序》:"故自中兴～,综其成事,述为《列女篇》。"(1·1090)

【已还】yǐ huán　左右;上下。|《食次》曰:"毛蒸鱼菜:白鱼、鯶鱼最上。净治,不去鳞。一尺～,浑。盐、豉、胡芹、小蒜,细切,著鱼中,与菜,并蒸。"(八,蒸缹法,603)缪启愉《校释》:"已还:犹'已来',左右、上下之意。"(605)按,此义《大词典》未收;"已还"条释作"以后;以来",首引唐白居易文(4·72)。

【倚】yǐ　谓偏重。|取石首鱼、魦鱼、鰡鱼三种肠、肚、胞,齐净洗,空著白盐,令小～咸,内器中,密封,置日中。(八,作酱等法,545)夏月特须多著盐;春秋及冬,调适而已,亦须～咸;两两相合。(八,脯腊,580)《大词典》首引《要术》(1·1456),《大字典》未收此义(73)。

【浥】yì　同"裛②"。|临种时,必燥曝葵子。葵子虽经岁不～,然湿种者,疥而不肥也。(三,种葵,176)缪启愉《校释》:"浥,与'裛'同义,指物质因湿热而引起自热变质。又常和郁字连用,称'浥郁''裛郁'(或二字倒转),有时也迳称'裛烂'(如下文《种兰香》)。"(179)此义"二典"均未收(5·1213,682)。

【浥浥】yì yì　半干貌。|明日干～时,捻作小瓣,如半麻子,阴干之,则成矣。(五,种红蓝花、栀子,367)缪启愉《校释》:"浥浥:半干状态。"(370)两三宿,竖头著日中曝之,令～然。不晒则郁黑,太燥则碎折。(五,种紫草,377)以手团之,大小厚薄如蒸饼剂,令下微～。(七,造神

---

① 感谢真大成君惠示此例。

麴并酒,491)苞肉法:十二月中杀猪,经宿,汁尽~时,割作棒炙形,茅、菅中苞之。(九,作脾、奥、糟、苞,628)《大词典》首引《要术》,次引《太平广记》卷一一二引南朝齐王琰《冥祥记·董吉》:"吉悲喜取看,~如有湿气。开囊视经,尚燥如故。"(5·1213)参看王云路、方一新(1992)"浥浥"条。

【浥郁】yì yù 因闷湿发热而变质。浥,粘湿;郁,闷闭着。|凡五谷种子,~则不生,生者亦寻死。(一,收种,54)缪启愉《校释》:"浥郁:指种子在贮藏中闷湿而发热,因而损坏了种子,不能发芽。"(55)泽少则否,为其~不生。九月中,候近地叶有黄落者,速刈之。叶少不黄必~。(二,大豆,110)收葱子,必薄布阴干,勿令~。此葱性热,多喜~;~则不生。(三,种葱,199)作饼者,不得干,令花~也。(五,种红蓝花、栀子,366)《大词典》首引《要术》(5·1213)。

【裛】yì 通"浥"。①指密闭着使湿热相郁。|穄,践讫即蒸而~之。(二,黍穄,102)缪启愉《校释》:"裛:指密闭着使湿热相郁。'蒸而裛之',采用加热办法使热气透入穄粒并密闭一定时间,使其气味颜色发生良好的变化。此法很像浙江湖州一带的'蒸谷'。"(104)地既熟,净淘种子;浮者不去,秋则生稗。渍经三宿,漉出;内草篅中~之。(二,水稻,138)渍种如法,~令开口。(二,旱稻,147)子有两人,人各著,故不破两段,则疏密水~而不生。(三,种胡荽,207)②因湿热而窝坏。|市籴者,口含少时,颜色如旧者佳;如变黑者,~。(二,种麻,117)若乘湿横积,蒸热速干,虽曰郁裛,无风吹亏损之虑。~者,不中为种子,然于油无损也。(二,胡麻,150)拔根悬者,~烂,又有雀粪、尘土之患也。(三,种兰香,214)豆黄特不宜~,~则全不入黄矣。(三,杂说,227)"二典"均未收此二义;"通'浥'。沾湿"义下均首引晋陶潜《饮酒》诗之七:"秋菊有佳色,~露掇其英。"(9·79,1288)

【裛郁】yì yù 同"浥郁"。|若市上买韭子,宜试之:以铜铛盛水,于火上微煮韭子,须臾芽生者好;芽不生者,是~矣。(三,种韭,203)又五月子熟,拔取曝干,勿使令湿,湿则~。(三,种胡荽,209)《大词典》未收此词(9·79)。

【阴凉】yīn liáng 日光照不到而凉爽(的地方)。|著敞屋下~处棚栈上。(五,种紫草,377)夏日盛暑,须得~;若日中不避热,则尘汗相渐,秋

冬之间,必致癣疥。(六,养羊,423)《大词典》首引《要术》(11·1029)。

【饮酒】yǐn jiǔ 犹"下酒"。以菜肴等佐酒。|《广志》曰:"鬼目似梅,南人以～。"(十,鬼目,744)《广志》曰:"橄榄,大如鸡子,交州以～。"(十,橄榄,747)《异物志》曰:"益智,类薏苡。实长寸许,如枳棋子。味辛辣,～食之佳。"(十,益智,752—753)参看王云路、方一新(1992)"饮酒(下酒　案酒　酒唉)"条。

【隐约】yǐn yuē 大约;约略。|折粟米法:取香美好谷脱粟米一石,于木槽内,以汤淘,脚踏;泻去沸,更踏;如此十遍,～有七斗米在,便止。(九,飧、饭,648)《大词典》未收此义。参看王云路、方一新(1992)"隐约"条。

【劓】yīng 切割。|其林木大者～杀之,叶死不扇,便任耕种。(一,耕田,37)石声汉注:"切断韧皮部和新木质部,使茎干自行死亡。"缪启愉《校释》:"劓:环割;杀:弄死。"(40)以刀微～梨枝斜攦之际,剥去黑皮。勿令伤青皮,青皮伤即死。拔去竹签,即插梨,令至～处,木边向木,皮还近皮。(四,插梨,287)《大词典》首引《要术》(2·757),《大字典》仅引《要术》二例(152)。

【映火】yìng huǒ 遮蔽火光。|四度酘者,及初押酒时,皆回身～,勿使烛明及瓮。(七,笨麹并酒,513)《大词典》仅引《要术》一例(5·668)。按,参看第一章第三节"映"条。

【硬强】yìng jiàng 僵硬。|凡点书、记事,多用绯缝,缯体～,费人齿力,俞污染书,又多零落。(三,杂说,227)《大词典》未收此词(7·1049)。

【硬实】yìng shí 健壮结实。|十日一放,令其陆梁舒展,令马～也。(六,养牛、马、驴、骡,406)饲征马令～法:细剉乌,枕掷扬去叶,专取茎,和谷豆秣之。置槽于迥地,虽复雪寒,勿令安厂下。一日一走,令其肉热,马则～,而耐寒苦也。(同上)《大词典》首引《要术》(7·1050)。

【庸力】yōng lì 雇佣的人力。|敦煌不晓作耧犁;及种,人牛功力既费,而收谷更少。皇甫隆乃教作耧犁,所省～过半,得谷加五。(序,8)《大词典》未收此义。

【优赡】yōu shàn 充足;富厚。|或由年谷丰穰,而忽于蓄积;或由

布帛～,而轻于施与:穷窘之来,所由有渐。(序,17)融在北海,自以智能～,溢才命世,当时豪俊皆不能及。(《三国志·魏书·崔琰传》裴注引司马彪《九州春秋》)《大词典》首引《要术》此例(1·1731)。

【游荡】yóu dàng 喜欢到处浪走。|牝性～,若非家生,则喜浪失。(六,养猪,443)形大,毛羽悦泽,脚麤长者是,～饶声,产、乳易厌,既不守窠,则无缘蕃息也。(六,养鸡,449)《大词典》首引《乐府诗集·相和歌辞二·东光》:"诸军～子,早行多悲伤。"(10·1056)

【有似】yǒu sì 犹如;类似。|谓之稼者,～嫁女相生。(二,水稻,引《周官》郑玄注,141)其形小于龙眼,～木瓜。(十,果蓏,引《临海异物志》,701)此蕉有三种:一种,子大如拇指,长而锐,～羊角,名"羊角蕉",味最甘好。一种,子大如鸡卵,～牛乳,味微减羊角蕉。(十,芭蕉,引《南方异物志》,760)《大词典》首引南朝梁刘勰《文心雕龙·附会》:"驭文之法,～于此。"参看王云路、方一新(1992)"有(有似)"条。

【雨脚】yǔ jiǎo 密集落地的雨点。|截～即种者,地湿,麻生瘦;待白背者,麻生肥。(二,种麻,118)种欲截～。若不缘湿,融而不生。(二,胡麻,149)《大词典》首引《要术》(11·615)。

【芋魁】yù kuí 芋的块茎。|《食经》曰:"种名果法:三月上旬,斫取好直枝,如大母指,长五尺,内著～中种之。无芋,大芜菁根亦可用。"(四,栽树,257)《广志》曰:"芭蕉……其根大如～,大一石,青色。"(十,芭蕉,760)《南方异物志》曰:"甘蔗……根似～,大者如车毂。"(同上)《大词典》首引《后汉书·方术传上·许杨》:"时有谣歌曰:'败我陂者翟子威,饴我大豆,亨我～。'"李贤注:"芋魁,芋根也。"(9·274)

【欲得】yù dé 须要;应该;以……为佳。|其土黑坚强之地,种未生前遇旱者,～令牛羊及人履践之;湿则不用一迹入地。(二,旱稻,147)书厨中～安麝香、木瓜,令蠹虫不生。(三,杂说,227)花地～良熟。(五,种红蓝花、栀子,364)马:头为王,～方;目为丞相,～光;脊为将军,～强;腹胁为城郭,～张;四下为令,～长。(六,养牛、马、驴、骡,386)按,此词《要术》极常见。《大词典》仅引《要术》二例(6·1443)。参看王云路《中古语言研究与古籍校注》(载《文史》第四十一辑,又收入其《词汇训诂论稿》)。

【欲似】yù sì 好像。|酒尽出时,冰硬糟脆,～石灰。(七,笨麹并

酒,512)～大便而反失气,仍不利者,属阳明也,便必硬,十三日愈。(伤寒论·辨霍乱病脉证并治)《大词典》首引《要术》(6·1442)。蒋礼鸿《敦煌变文字义通释》"欲似"条云:"就是似,'欲'是语助词,没有意义。"(520)

【郁浥】yù yì 同"浥郁"。│数入候看,热则去火。蓬蒿疏凉,无～之忧;死蚕旋坠,无污茧之患;沙、叶不作,无瘢痕之疵。～则难缲,茧污则丝散,瘢痕则绪断。(五,种桑、柘,333)五月子熟,拔,曝令干,打取之。子亦不用～。(五,种红蓝花、栀子,364)若不种豆、谷者,初草实成时,收刈杂草,薄铺使干,勿令～。(六,养羊,426)置于瓮则～;若不笼,则青蝇、尘污。(八,脯腊,579)《大词典》释作"谓潮湿不干",首引《要术》二例(3·1141)。参看王云路、方一新(1992)"郁浥(浥郁)"条。也作"郁裛"。│虽曰郁裛,无风吹亏损之虑。(二,胡麻,150)

【预前】yù qián 事先;预先。│～事麦三种,合和细磨之。(七,造神麹并酒,486)～数日刈艾,择去杂草,曝之令萎,勿使有水露气。(同上,505)槌箔上敷席,置麦于上,摊令厚二寸许,～一日刈薍叶薄覆。(八,黄衣、黄蒸及糵,532)～一月,事麦折令精,细簸拣。(九,醴酪,645)《大词典》仅引《要术》二例(12·276)。

【元理】yuán lǐ 原先的纹理。│裂若屈曲者,还须于正纸上,逐屈曲形势裂取而补之。若不先正～,随宜裂斜纸者,则令书拳缩。(三,杂说,227)《大词典》仅收"即玄理"一义,引明代文二例(2·214)。

【月数】yuè shù 指月份。│常留腊月、正月生羔为种者,上;十一月、二月生者,次之。非此～生者,毛必焦卷,骨骼细小。所以然者,是逢寒遇热故也。(六,养羊,422)《大词典》未收此义(6·1138)。

【沦】yuè 通"瀹"。煮。│《诗义疏》云:"茆,与葵相似。……皆可生食,又可～,滑美。"(六,养鱼,463)《尔雅》曰:"茆,凫葵也。"郭璞注云:"颇似葵而叶小,状如藜,有毛。～啖之,滑。"(十,凫葵,810)"二典"均首引《尔雅·释天》"夏祭曰礿"晋郭璞注:"新菜可～。"陆德明释文:"礿,煿菜也。"(5·927,652)

【瀹】yuè 煮。│～鸡子法:打破,泻沸汤中,浮出,即掠取,生熟正得,即加盐醋也。(六,养鸡,450)白～～,煮也。豚法:用乳下肥豚。……(八,菹绿,610)《诗义疏》曰:"二月中,高八九寸,老有叶,～为茹,滑美如葵。"（九，作菹、藏生菜法，671）《食经》曰："一法：以薄灰淹之，一宿，出，蟹眼汤～之。出熇，内糟中。可至蕨时。"（同上）《大词典》首引南朝宋鲍照《园葵赋》："曲瓢卷浆，乃羹乃～。"（6·214）《大字典》首引《汉书·郊祀志下》："杜邺说［王］商曰：'东邻杀牛，不如西邻之～祭。'"颜师古注："瀹祭，谓瀹煮新菜以祭。"（751）

【煴】yūn 郁烟，不见火焰的燃烧所产生出来的许多烟。｜天雨新晴，北风寒切，是夜必霜，此时放火作～，少得烟气，则免于霜矣。（四，栽树，257）"二典"均首引《要术》（7·197，928）。

【匀调】yún tiáo 均匀；适当。｜竖枝于坑畔，环圆布枝，令～也。（四，安石榴，304）《大词典》引宋苏轼文（2·174）。

【酝】yùn ①酿酒。｜魏武帝上九～法，奏曰："臣县故令九～春酒法：……若以九～苦，难饮，增为十酿，易饮不病。"（七，笨麴并酒，518）九～用米九斛，十～用米十斛，俱用麴三十斤，但米有多少耳。（同上）《大词典》引汉张衡《南都赋》："酒则九～甘醴，十旬兼清。"三国魏曹植《酒赋》："或秋藏冬发，或春～夏成。"（9·1430）《大字典》首引曹植《酒赋》，而将张衡赋例作为"再酿"义的始见书证（1495）。②酒。｜酿此二～，常宜谨慎：多，喜杀人；以饮少，不言醉死，正疑药杀。尤须节量，勿轻饮之。（七，笨麴并酒，513）《大词典》首引隋孙万寿《远戍江南寄京邑亲友》诗："宜城～始熟，阳翟曲新调。"（9·1430），《大字典》首引宋陆游诗（1495）。

【熨斗】yùn dǒu 烫平衣物的金属器具。构造形似斗，中烧木炭。｜其新写者，须以～缝缝熨而潢之，不尔，入则零落矣。（三，杂说，226）《大词典》引《晋书·韩伯传》："伯年数岁，至大寒，母方为作襦，令伯捉～。"南朝梁简文帝《和徐录事见内人作卧具》："～金涂色，簪管白牙缠。"（7·230）

Z

【栽莳】zāi shì 栽种；移植。｜树，大率种数既多，不可一一备举，凡不见者，～之法，皆求之此条。（四，栽树，256）《大词典》仅引此例（4·963）。

【栽种】zāi zhòng　栽培种植。｜此等名目,皆是叶生形容之所象似,以此时~者,叶皆即生。(四,栽树,256)~与桃李同。(四,种梅杏,281)木瓜,种子及栽皆得,压枝亦生。~与桃李同。(四,种木瓜,307)《大词典》首引唐白居易诗(4·963)。

【在外】zài wài　除外;不计在内。｜以蚕樀为率,一根五钱,一亩岁收二万一千六百文。柴及栋梁、椽柱~。(五,种榆、白杨,344)十年后,一树千钱,柴~。(五,种槐、柳、楸、梓、梧、柞,354)二百石米,已当谷田;三百匹绢,超然~。(五,种红蓝花、栀子,364)《大词典》未收此词。

【暂停】zàn tíng　暂时停止;短暂地停顿。｜锄不厌数,周而复始,勿以无草而~。(一,种谷,66—67)其比匙如挽棹法,连疾搅之,不得~,停则生熟不均。(七,笨麹并酒,504)《大词典》首引晋袁宏《三国名臣序赞》:“亹亹通韵,迹不~。”(5·831)

【澡】zǎo　淘洗。｜《食经》藏柿法:“柿熟时取之,以灰汁~再三度。干,令汁绝,著器中。经十日可食。”(四,种柿,301—302)《食经》作豉法:“常夏五月至八月,是时月也。率一石豆,熟~之,渍一宿。……”(八,作豉法,564—565)缪启愉《校释》:“澡:淘洗。此字与上文‘揹’字,均《食经》用词,《要术》本文无此用例。”(567)“二典”均未单列此义。

【早晚】zǎo wǎn　先与后;迟早。｜凡谷成熟有~,苗秆有高下,收实有多少,质性有强弱,米味有美恶,粒实有息耗。(一,种谷,65)崔寔曰:“凡种大、小麦,得白露节,可种薄田;秋分,种中田;后十日,种美田。唯穬~无常。”(二,大小麦,133)又八月中方得熟,九月中始刈得花子。至于五谷蔬果,与徐州~不殊,亦一异也。(三,种蒜,191)《师旷占》五谷~曰:“……此收谷远近之期也,~以其时差之。”(三,杂说,246)《大词典》引二例:《三国志·魏志·王朗传》:“盖生育有~,所产有众寡也。”《北齐书·崔昂传》:“终是除正,何事~! 可除正仆射。”(5·560)

【燥曝】zào pù　晒得很干。｜春稻必须冬时积日~,一夜置霜露中,即春。若冬春不干,即米青赤脉起。不经霜,不~,则米碎矣。(二,水稻,139)临种时,必~葵子。葵子虽经岁不浥,然湿种者,疥而不肥也。(三,种葵,176)薤子,三月叶青便出之,未青而出者,肉未满,令薤瘦。~,接去荄馀,切却强根。(三,种薤,196)然后细剉,~,末之。(七,笨麹并酒,

518)《大词典》未收此词。

【躁】 zào 通"燥"。指药性燥热。|然柏沥、芥子,并是~药,其遍体患疥者,宜历落斑驳,以渐涂之;待差,更涂馀处。一日之中,顿涂遍体,则无不死。(六,养牛、马、驴、骡,410)骨外,融蜜蜡周匝拥之,不尔,恐药~疮大。(同上,410—411)《大词典》"躁药"条仅引《要术》第一例,并云:"躁,一本作'燥'。"(10·561)参看王云路、方一新(1992)"躁"条。

【迮】 zé 压榨;挤压。|盛著笼中,平板石上~去水。世名"逐水"。盐水不尽,令鲊脔烂。经宿~之,亦无嫌也。(八,作鱼鲊,573)十脔为裹,以荷叶裹之,唯厚为佳,穿破则虫入。不复须水浸、镇~之事。(同上,574)《食经》曰:"作犬牒法:……以石~之。一宿出,可食。名曰'犬牒'。"(九,作脺、奥、糟、苞,630)《异物志》曰:"斩而食之,既甘;~取汁为饴饧,名之曰'糖',益复珍也。"(十,甘蔗,722)"二典"均首引此例,题作"汉杨孚《异物志》"(10·759,1592)。参看王云路、方一新(1992)"镇迮"条。

【煠】 zhá 把食物放在沸水中涮熟。|作胡荽菹法:汤中~出之,著大瓮中,以暖盐水经宿浸之。(三,种胡荽,210)作裹菹者,亦须~去苦汁,然后乃用之矣。(同上)"二典"均首引《要术》(5·1444,701)。

【笮】 zhà 压榨。|〔《食次》云:〕"女麴曝令燥,手~令解,浑用。"(九,作菹、藏生菜法,664)"二典"均首引《要术》(6·463,778)。

【斋】 zhāi 家居的房屋。|明年三月中,移植于厅~之前,华净妍雅,极为可爱。(五,种槐、柳、楸、梓、梧、柞,356)《大词典》引《世说新语·言语》:"孙绰赋《遂初》,筑室畎川,自言见止足之分。~前种一株松,恒自手壅治之。"《晋书·陶侃传》:"侃在州无事,辄朝运百甓于~外,暮运于~内。"(12·1437)《大字典》略同(1985)。

【摘】 zhāi 用手指采下或取下。|~瓜法:在步道上引手而取,勿听浪人踏瓜蔓,及翻覆之……凡瓜所以早烂者,皆由脚蹑及~时不慎,翻动其蔓故也。(二,种瓜,157)茄子,九月熟时~取,擘破,水淘子,取沉者,速曝干裹置。(同上,164)~蒲萄法:逐熟者一一零叠一作"条"~取,从本至末,悉皆无遗。(四,种桃柰,273)收梨置中,不须覆盖,便得经夏。~时必令好接,勿令损伤。(四,插梨,288)《大词典》首引南朝宋谢

灵运《拟魏太子邺中集诗·平原侯植》:"倾柯引弱枝,攀条～蕙草。"(6·841)《大字典》首引《新唐书》(818)。《说文·手部》:"摘,拓果树实也。"段玉裁注:"引申之凡他取亦曰摘。"《广雅·释诂一》:"摘,取也。"

【搌】zhǎn 拭抹。|数回转使匀,举看有盛水袋子,便是绢熟。抒出,著盆中,寻绎舒张。少时,掠出,净～去滓。(三,杂说,239—240)缪启愉《校释》:"净搌:将渣滓抖拭干净。"(243)"二典"均首引李诚《营造法式》(6·820,814)。《集韵·线韵》:"搌,拭也。"

【绽解】zhàn jiě 绽开;散开。|写书,经夏然后入潢,缝不～。(三,杂说,226)《大词典》未收此词。

【著】①zháo 燃烧。|多种久居供食者,宜作𪍽麦;倒刈,薄布,顺风放火;火既～,即以扫帚扑灭,仍打之。(二,大小麦,127)《大词典》首引此例(9·430),《大字典》仅引《物类相感志·饮食》一例:"以火煮令一～一灭。"(1345)②zháo 遇到;碰到;沾染。|羊疥先～口者,难治,多死。(六,养羊,439)羊脓鼻,口颊生疮如干癣者,名曰"可妒浑",迭相染易,～者多死,或能绝群。(同上,440)脯成,置虚静库中,～烟气则味苦。(八,脯腊,579)《义疏》云:"蘵,或谓之荻;至秋坚成即刈,谓之'雈'。三月中生。初生其心挺出,其下本大如箸,上锐而细,有黄黑勃,～之污人手。……"(十,乌蘝,831)《大字典》"遇,受到"义下首引唐诗,《大词典》未收此义。③zhuó 到;及。|须取栽者,正月、二月中,以钩弋压下枝,令～地,条叶生高数寸,仍以燥土壅之。(五,种桑、柘,317)凡耕桑田,不用近树。其犁不～处,劚地令起,斫去浮根,以蚕矢粪之。(同上,318)枚划法,必令至地——豆若～地,即便烂矣。(八,作豉法,561)底欲平宽而圆。底尖捣不～,则蒜有黸成。以檀木为蒲杵臼。杵头大小,令与臼底相安可,杵头～处广者,省手力,而蒲易熟,蒜复不跳也。(八,八和蒲,567—568)《大字典》首引《三国志·魏志·田豫传》:"果遇恶风,船皆触山沉没,波荡～岸。"《大词典》未收此义。④zhuó 介词。用;拿。|经三日,压取清汁两石许,～热粟米饭四斗投之,盆覆,密泥。(八,作酢法,555)《大词典》仅引唐白居易诗一例,《大字典》未收此义。参看李维琦(2004)"著₁"条。

【笊篱】zhào lí 用竹篾或铁丝、柳条编成的蛛网状供捞物沥水的

器具。|须即汤煮,～漉出,别作曤浇,甚滑美。(九,饼法,635)《大词典》首引《要术》(8·1115)。

【折】zhé 指制取精粮。|预前一月,事麦～令精,细簁拣。(九,醴酪,645)缪启愉《校释》:"折:折损,折耗,指尽量舂治折去外皮。按:皮大麦的种子与稃壳紧密胶结不易分离,舂去稃壳极不容易,很费时力,因此舂去后比不黏稃皮的裸粒大麦或小麦的折损要大些。《要术》舂治五谷要求'折令精'者此皮大麦是一例。"(647—648)～粟米法:取香美好谷脱粟米一石,勿令有碎杂。于木槽内,以汤淘,脚踏;泻去渖,更踏;如此十遍,隐约有七斗米在,便止。(九,飧、饭,648)缪启愉《校释》:"折:凡麤粝使精白,或粉碎,贾氏《食经》《食次》都称为'折',意谓耗折。这粟米一石只剩下七斗,确实耗折很多,很精白,其胚乳外层的糊粉层殆已折脱罄尽,所以炊成饭很坚实,又滑溜细腻好吃。"(650)"二典"均未收此义。参看蔡镜浩(1990)"折(折米)"条。

【折米】zhé mǐ 指用"折"法特别加工而成的精米。|《食次》曰:"……～白煮,取汁为白饮。"(九,煮糗,642)缪启愉《校释》:"折米:一种特别精白的米,参看《飧饭》'折粟米法'。"(644)下馈时,于大盆中多著冷水,必令冷彻米心,以手接馈,良久停之。～坚实,必须弱炊故也,不停则硬。(九,飧、饭,648)《食次》曰:"～饭:生折,用冷米,用虽好,作甚难。"(同上,651)《大词典》未收此词。参看蔡镜浩(1990)"折(折米)"条。

【珍贵】zhēn guì 珍爱;重视。|《南州异物志》曰:"椰树……实形团团然,或如瓜蒌。横破之,可作爵形,并应器用,故人～之。"(十,椰,733)《大词典》首引《三国志·魏志·荀彧传》"韦康为凉州,后败亡"裴注:"不意双珠,近出老蚌,甚～之。"(4·537)

【斟裁】zhēn cái 斟酌决定。|满二石米以外,任意～。然要须米微多,米少酒则不佳。(七,造神麴并酒,489)盐、麴、麦䴷合和,多少量意～,然须盐、麴二物等分,麦䴷倍少于麴。(九,作脾、奥、糟、苞,628)《大词典》仅引《要术》一例及石声汉注:"斟裁,斟酌断定。"(7·340)

【斟量】zhēn liáng 酌量;估量。|三四日,看米消,搅而尝之,味甜美则罢;若苦者,更炊二三升粟米投之,以意～。(八,作酢法,551—552)冷即须微厚,熟则须微薄,尤须以意～之。(八,作豉法,561)《大

词典》首引《要术》(7·340)。

【赈救】zhèn jiù 赈济救助。|《神仙传》曰："董奉居庐山,不交人。……奉悉以前所得谷,～贫乏。"(四,种梅杏,282)常好布施,～贫穷。(三国吴支谦译《佛说孛经钞》)《大词典》首引《太平广记》卷十二引晋葛洪《神仙传·董奉》(10·209),即本例。

【镇迮】zhèn zé 压榨。|十裔为裹,以荷叶裹之,唯厚为佳,穿破则虫入。不复须水浸,～之事。(八,作鱼鲊,574)《大词典》仅引此一例(11·1362)。参看江蓝生(1988)"镇迮"条,王云路、方一新(1992)"镇迮"条。

【整理】zhěng lǐ 整顿,使有条理。|寻垅以杷楼取,～。(五,种紫草,377)于是外连东吴,内平南越,立法施度,～戎旅,工械技巧,物究其极,科教严明,赏罚必信,无恶不惩,无善不显。(三国志·蜀书·诸葛亮传)《大词典》此义下首引《敦煌变文集》(5·516)。

【正】zhèng 副词。仅;只。|若无芨而种瓜者,地虽美好,～得长苗直引,无多盘歧,故瓜少子。(二,种瓜,157)凡栽桑不得者,无他故,～为犁拨耳。(五,种桑、柘,317)但驾车地头,每旦当有小儿僮女十百为群,自来分摘,～须平量,中半分取。(五,种红蓝花、栀子,364)水多则难净,是以～须半瓮尔。(八,作豉法,561)《大词典》首引《世说新语·自新》："乃自吴寻二陆,平原不在,～见清河。"(5·304)《大字典》将"相当于'恰'、'只'、'仅'"处理为一个义项(604),不妥。参看江蓝生(1988)"正¹"条,蔡镜浩(1990)"正〔一〕"条,董志翘、蔡镜浩(1994)"正"条。

【正方】zhèng fāng 呈正方形或立方体的。|地形狭长者,并必作一行;地形～者,作两三行亦不嫌也。(三,种葵,181)《南方异物志》曰："一种,蕉大如藕,长六七寸,形～,名'方蕉',少甘,味最弱。"(十,芭蕉,760)《大词典》首引唐柳宗元文(5·307)。

【正好】zhèng hǎo 恰好。|外舍无市之处,一亩用子一升,疏密～。(三,种胡荽,207)《大词典》首引苏轼词(5·310)。

【只日】zhī rì 单日。|于后无若,或八日、六日一酘,会以偶日酘之,不得～。(七,法酒,526)会以～酘,不得以偶日也。(同上)《大词典》首引《旧唐书》(11·794)。

【直尔】zhí ěr 就这样;直接。|裴渊《广州记》曰:"鬼目、益知,～不可啖;可为浆也。"(十,鬼目,745)世间或有欲试修长生之道者,而不肯谦下于堪师者,～蹑迍,从求至要,宁可得乎?(抱朴子·内篇·勤求)汝等比丘,当知多欲之人,多求利故,苦恼亦多。少欲之人,无求无欲,则无此患。～少欲,尚宜修习,何况少欲,能生诸功德?(后秦鸠摩罗什译《佛垂涅槃略说教诫经》)《大词典》释作"竟然如此",仅引《聊斋志异·聂小倩》一例:"何物老魅,～大胆,致坏箧子。"(1·865)义有别。

【直是】zhí shì 只是。|顾微《广州记》曰:"甘蔗,与吴花、实、根、叶不异,～南土暖,不经霜冻,四时花叶展。其熟,甘;未熟时,亦苦涩。"(十,芭蕉,761)庾公造周伯仁,伯仁曰:"君何所欣说而忽肥?"庾曰:"君复何所忧惨而忽瘦?"伯仁曰:"吾无所忧,～清虚日来,滓秽日去耳。"(世说新语·言语30)《大词典》未收此词(1·859)。

【直头】zhí tóu 谓抵值。|一顷收子二百斛,与麻子同价,既任车脂,亦堪为烛,即是～成米。二百石米,已当谷田;三百匹绢,超然在外。(五,种红蓝花、栀子,364)《大词典》仅引此例(1·866)。按,此词的确切含义尚待考定,这里暂依缪启愉先生和《大词典》的释义。参看本书第一章第三节附录"《齐民要术校释》存疑·直头"条。

【指头】zhǐ tóu 手指;指端。|《临海异物志》曰:"猴阂子,如～大,其味小苦,可食。""猴总子,如小～大,与柿相似,其味不减于柿。"(十,果蓏,700—701)《尔雅》曰:"朹,檕梅。"郭璞云:"朹树,状似梅。子如～,赤色,似小柰,可食。"(十,朹,861)《大词典》首引唐张文成《游仙窟》(6·584)。

【指斥】zhǐ chì 明白指说,直截了当地说。|鄙意晓示家童,未敢闻之有识,故丁宁周至,言提其耳,每事～,不尚浮辞。(序,19)《大词典》引汉蔡邕《独断》卷上:"谓之陛下者,群臣与天子言,不敢～,故呼在陛下者而告之,因卑达尊之意也。"晋葛洪《抱朴子·黄白》:"古人秘重其道,不欲～,故隐之云尔。"(6·575)

【指挥】zhǐ huī 安排。|能种一顷,岁收千匹。唯须一人守护、～、处分,既无牛、犁、种子、人功之费,不虑水、旱、风、虫之灾,比之谷田,劳逸万倍。(五,种榆、白杨,342)朱泰家在江陵,宋元徽中,病亡未殡。

忽形见,还坐尸侧,慰勉其母,众皆见之;～送终之具,务从俭约。谓母曰:"家比贫,泰又亡殁,永违侍养,殡殓何可广费?"(《太平广记》卷三二三"朱泰"引《述异记》)《大词典》首引《要术》此例(6·580)。

【纸】zhǐ ①丝絮或植物纤维为主要原料的制成品,可供书写、绘画、印刷、包装之用。是我国古代四大发明之一。|故赵过始为牛耕,实胜耒耜之利;蔡伦立意造～,岂方缣、牍之烦?(序,7)染潢及治书法:凡打～欲生,生则坚厚,特宜入潢。凡潢～灭白便是,不宜太深,深则年久色暗也。(三,杂说,226)按今世人乃有名之曰"角楮",非也。盖"角""榖"声相近,因讹耳。其皮可以为～者也。(五,种榖楮,347)用故～糊席,曝之。(七,造神麹并酒,491)～袋盛笼,以防青蝇、尘垢之污。(八,作豉法,566)《大词典》首引《后汉书·宦者传·蔡伦》:"自古书契多编以竹简,其用缣帛者谓之为～。缣贵而简重,并不便于人。伦乃造意,用树肤、麻头及敝布、鱼网以为～。"(9·767)《大字典》首引《后汉书·贾逵传》:"(帝)令逵自选《公羊》严、颜诸生高才者二十人,与简～经传各一通。"李贤注:"竹简及纸也。"(1406)②量词。张;件。|欲作"爱"者,取蚖珍之卵,藏内罂中,随器大小,亦可十～,盖覆器口,安硎泉、冷水中,使冷气折其出势。(五,种桑、柘,327)《大词典》首引《北齐书·魏收传》:"初夜执笔,三更便成,文过七～。"(9·768)《大字典》首引《世说新语·雅量》:"修书累～,意寄殷勤。"(1406)参看江蓝生(1988)"纸"条。

【中半】zhōng bàn 对半。|耧耩者,炒沙令燥,～和之。不和沙,下不均。(二,胡麻,149)但驾车地头,每旦当有小儿僮女十百为群,自来分摘,正须平量,～分取。(五,种红蓝花、栀子,364)大率酒糟、粟糠～。(八,作酢法,554)《食次》曰:"粲:一名'乱积'。用秫稻米,绢罗之。蜜和水,水蜜～,以和米屑。"(九,饼法,632)《大词典》首引《要术》(1·587)。

【中平】zhōng píng 中等;平常。|布豆尺寸之数,盖是大率～之言矣。冷即须微厚,熟则须微薄,尤须以意斟量之。(八,作豉法,561)《大词典》首引《宋史》(1·585)。

【中时】zhōng shí 不好也不坏的时机。|二月上旬及麻菩、音倍,音勃杨生种者为上时,三月上旬及清明节、桃始花为～,四月上旬及枣叶

生、桑花落为下时。(一,种谷,66)夏至前十日为上时,至日为～,至后
十日为下时。(二,种麻,118)十月桑落初冻则收水酿者为上时。春酒
正月晦日收水为～。(七,造神麴并酒,496)《大词典》仅引《要术》一例
(1·600)。

【潼溶】zhōng róng 黏糊貌。|合墨不得过二月、九月,温时败臭,
寒则难干～,见风自解碎。(九,笔墨,683)缪启愉《校释》:"潼溶:过寒
使胶难干,墨变成潮软黏腻状态。"(688)《大词典》仅引此例(6·145)。

【终天】zhōng tiān 终身;永远。|然依法为池养鱼,必大丰足,～糜穷,
斯亦无赀之利也。(六,养鱼,461)《大词典》首引晋陶潜《祭程氏妹文》:
"如何一往,～不返!"(9·792)

【钟乳】zhōng rǔ 钟乳石。|好日无风尘时,日中曝令成盐,浮即
接取,便是花盐,厚薄光泽似～。(八,常满盐、花盐,534)《大词典》首
引《后汉书·皇后纪上·和熹邓皇后》:"后尝梦扪天,荡荡正青,若
有～状,乃仰嗽饮之。"(11·1352)

【种火】zhǒng huǒ 犹火种。|丸如鸡子,曝干。以供笼炉～之用,辄得
通宵达曙,坚实耐久,逾炭十倍。(三,杂说,233)缪启愉《校释》:"笼炉种
火:保存在火笼、火炉里的火种。"(234)《大词典》仅引《要术》此例及缪
启愉《校释》(8·108)。

【种莳】zhòng shì 犹种植。|其有五谷、果蓏非中国所殖者,存其
名目而已;～之法,盖无闻焉。(序,19)凡于城上～者,先宜随长短掘堑,停
之经年,然后于堑中～,保泽沃壤,与平地无差。(四,种茱萸,312)《大词典》
首引《要术》第一例(8·110)。

【蚛】zhòng 虫咬;被虫咬残。|缓驱行,勿停息。息则不食而羊瘦,
急行则劳尘而～颡也。(六,养羊,423)缪启愉《校释》:"蚛颡:《资治通
鉴·唐纪·太宗中之上》:'侯君集马病～颡,行军总管赵元楷亲以指
沾其脓而嗅之。'胡三省注:'虫食曰蚛。'"(426)《大字典》首引《要术》
(1184),《大词典》首引唐诗(8·867)。

【周匝】zhōu zā 周遍。|圈内须并墙竖柴栅,令～。(六,养羊,
423)若旧瓶已曾卧酪者,每卧酪时,辄须灰火中烧瓶,令津出,回转烧
之,皆使～热彻,好干,待冷乃用。(同上,432)以茅茹腹令满,柞木穿,
缓火遥炙,急转勿住。转常使～,不匝则偏焦也。(九,炙法,616)《大词

典》未收此义(3·295)。参看王云路、方一新(1992)"周匝"条。

【周至】zhōu zhì 周到。｜鄙意晓示家童，未敢闻之有识，故丁宁～，言提其耳，每事指斥，不尚浮辞。(序，19)《大词典》引《三国志·蜀志·诸葛亮传论》："论者或怪亮文彩不艳，而过于丁宁～。"《晋书·纪瞻传》："〔瞻〕少与陆机兄弟亲善，及机被诛，瞻恤其家～。"(3·296)

【粥清】zhōu qīng 粥熬成后浮在上面的汤汁。｜亦可洗讫，和～、麦䴷末，如釀、芥菹法，亦有一种味。(三，种胡荽，210)粉黍米，作～；捣麦䴷作末，绢筛。布菜一行，以䴷末薄坌之，即下热～。(九，作菹、藏生菜法，657)《大词典》未收此词(4·149)，"二典""清"字条下亦无相应义项(5·1293，688)

【昼】zhòu 指中午。｜何谓"三时"？ 一曰朝饮，少之；二曰～饮，则胸餍水；三曰暮，极饮之。(六，养牛、马、驴、骡，405)《家政法》曰："养鸡法：……并作鸡笼，悬中。夏月盛～，鸡当还屋下息。"(六，养鸡，450)横柯上蔽，在～犹昏。(南朝梁吴均《与朱元思书》)《大词典》首引《初刻拍案惊奇》(5·750)，《大字典》未收此义(637)。参看汪维辉《新版中学课本文言文注释商兑拾补》"昼"条，《古汉语研究》1992 年第 3 期；周志锋：《释"正昼"》，《辞书研究》1993 年第 6 期，《近代汉语词语选释》"当昼"条，《语言研究》1995 年第 2 期，又，《大字典论稿》9—10 页，浙江教育出版社 1998 年。

【皱】zhòu 收缩；紧蹙。｜半赤而收者，肉未充满，干则色黄而皮～；将赤味亦不佳；全赤久不收，则皮硬，复有乌鸟之患。(四，种枣，263)若不即洗者，盐醋浸润，气彻则～，器便坏矣。(五，漆，349)用干牛粪燃火，先煮杏人汁，数沸，上作豚脑～，然后下穬麦米。(九，醴酪，645)《食次》曰："盐揩数遍，日曝令～。"(九，作菹、藏生菜法，664)《大词典》首引《要术》(8·525)，《大字典》首引南朝梁陶宏景《冥通记》："此人始入户，便～面云：'居太近后。'"(1152)

【瘃】zhú 肉等受冻。｜腊月中作条者，名曰"～脯"，堪度夏。(八，脯腊，579)《校释》："瘃：肉受冻曰瘃，如冻疮也叫'冻瘃'。所谓'瘃脯'，实际就是经腊月风冻而成的风干腊肉。"(582)作鳢鱼脯法：一名鲖鱼也。十一月初至十二月末作之。不鳞不破，直以杖刺口中，令到尾。杖尖头作樗蒲之形。作咸汤，令极咸，多下姜、椒末，灌鱼口，以满为度。

竹杖穿眼,十个一贯,口向上,于屋北檐下悬之,经冬令～。至二月三月,鱼成。(同上,579—580)五味腊法:腊月初作。用鹅、雁、鸡、鸭、鸧、鸠、凫、雉、兔、鹌鹑、生鱼,皆得作。……浸豉,调和,一同五味脯法。浸四五日,尝味彻,便出,置箔上阴干。火炙,熟捶。亦名"～腊",亦名"～鱼",亦名"鱼腊"。(同上,580)煮胶法:煮胶要用二月、三月、九月、十月,馀月则不成。热则不凝,无作饼。寒则冻～,令胶不黏。(九,煮胶,679)《大词典》释作"冻而凝结",仅引《要术》"经冬令瘃"一例及石声汉注:"令瘃,让它冻。"(8・330)《大字典》释作"冻;受冻",引《要术》"名曰瘃脯"及清王夫之《宋论・理宗》"迨至蒙古入杭,群驱北徙,～足堕指,啼饥僦食于原野"二例(1119)。按,《大字典》释义较可取。

【斸】zhú 掘;挖。|自四月八日以后,日日剪卖,其剪处,寻以手拌斫～地令起,水浇,粪覆之。(三,种葵,181)至明年秋,生高三尺许,间～去恶者,相去一尺留一根,必须稀概均调,行伍条直相当。(四,园篱,254)其～根栽者,亦圆布之,安骨、石于其中也。(四,安石榴,305)正月、二月中,～取西南引根并茎,芟去叶,于园内东北角种之。(五,种竹,359)"二典"均首引《要术》(6・1101,851)。

【住】zhù 停止;停住。|足手痛挼勿～。(五,种红蓝花、栀子,372)任羊绕栅抽食,竟日通夜,口常不～。终冬过春,无不肥充。(六,养羊,427)唯须缓火,以匕徐徐搅之,勿令～。(九,醴酪,645)宜少时～,勿使挠搅,待其自解散,然后捞盛,飧便滑美。(九,飧、饭,648)《大词典》首引《要术》(1・1276)。《大字典》"停止"义下首引晋潘岳《射雉赋》:"清道而行,择地而～。"(58)参看拙著(2000:288—291)"居、止/住"条,李维琦(2004)"住"条。

【住手】zhù shǒu 停止手的动作。|一人专以杓扬之,勿令～,手住则饧黑。(九,饧铺,675)《大词典》首引《说唐》(1・1277)。

【住宅】zhù zhái 住房。|～上及园畔者,固宜即定;其田中种者,亦如种椹法,先概种二三年,然后更移之。(五,种桑、柘,318)《大词典》首引《水浒传》(1・1277)。

【砖】zhuān 用黏土烧制成的建筑材料。多为长方形或方形。|多种者,以～蹉之亦得,以木砻砻之亦得。(三,种胡荽,208)以～揩疥令赤,及热涂之,即愈也。(六,养牛、马、驴、骡,410)治驴漏蹄方:凿厚～石,

令容驴蹄,深二寸许。热烧～,令热赤。削驴蹄,令出漏孔,以蹄顿著～孔中,倾盐、酒、醋,令沸,浸之。牢捉勿令脚动。待～冷,然后放之,即愈。(同上,412)以纸盖口,～押上,勿泥之,泥则伤热。(七,笨麹并酒,514)"二典"均首引北齐颜之推《颜氏家训·终制》(7·1099,1025)。异体字"塼",《大字典》首引南朝宋谢惠连文及《宋书·王彭传》(201),《大词典》首引《宋书》(2·1187);"甎",《大字典》首引唐韩愈文(601),《大词典》首引唐诗(5·294)。

【妆摩】zhuāng mó 妆饰涂抹。｜拟人客作饼,及作香粉以供～身体。(五,种红蓝花、栀子,372)《大词典》未收此词(4·314)。

【装】zhuāng 安装;放置。｜临欲舂去皮,更～入甑中蒸,令气馏则下,一日曝之。(八,作酱等法,536)其第二淘泔,即留以浸馈,令饮泔汁尽,重～作再馏饭。(八,作酢法,548)率十五斤肉,秫米四升为糁——先～如焦豚法,讫,和以豉汁、橘皮、葱白、酱清、生姜。(八,蒸缹法,600)绢从格上下以～之,按令均平,手捉绢,倒饼膏油中煎之。(九,炙法,623)《大词典》首引《后汉书·岑彭传》:"彭数攻之,不利,于是～直进楼船、冒突露桡数千艘。"(9·81),《大字典》首引《北史·李崇传》:"密～船舰二百馀艘。"(1288)。

【壮热】zhuàng rè 高热;高烧。｜凡人大醉,酩酊无知,身体～如火者,作热汤,以冷水解——名曰"生熟汤",汤令均均小热,得通人手——以浇醉人。(七,笨麹并酒,512)《大词典》首引《南史·吕僧珍传》:"一夜,僧珍忽头痛～,及明而颊骨益大,其骨法盖有异焉。"(2·1070)参看董志翘、蔡镜浩(1994)"壮"条。

【准】zhǔn ①依照;以为准绳。｜大率用水多少,酘米之节,略～春酒,而须以意消息之。(七,笨麹并酒,508)橘皮:新者直用,陈者以汤洗去陈垢。无橘皮,可用草橘子;马芹子亦得用。五升笛,用一两。草橘、马芹,～此为度。(八,八和齑,568)大,奠一;小,奠二。若大鱼,成治～此。(八,脏、腤、煎、消法,605)《大词典》首引《汉书·刑法志》:"《书》不云乎?'惟刑之恤哉!'其审核之,务～古法,朕将尽心览焉。"(6·18)《大字典》首引北周宗懔《荆楚岁时记》:"今寒食～节气是仲春之末,清明是三月之初,然则禁火盖周之旧制。"(714)②以……计;相当于。｜一亩得葵三载,合收米九十车。车～二十斛,为米一千八百

石。(三，种葵，181)③以……为准；……大小。|〔《食经》〕又云："……中破鳢鱼，邪截令薄，～广二寸，横尽也，鱼半体。"(八，羹臛法，590)缪启愉《校释》："准，即'準'字，'准广二寸'，意即'以广二寸为准'。《食经》特用词，《食次》亦用之。二书用此字时，只表明了长和广，绝少说厚度，似是先切成片，然后要求大小合标准，一刀斩下去即定型，因亦转称其肉块为'准'。'准'和'屈'同样是一种块形上的特用名词，屈是圆卷形的一筒，准是一定大小的一块，如'方寸准'、'斫为准'等，都是定型的肉块。"(591)鳢鱼臛：用极大者，一尺已下不合用。汤鳞治，邪截，臛叶方寸半～。(同上，592)鮀臛：汤燖徐廉切，去腹中，净洗，中解，五寸断之，煮沸，令变色。出，方寸分～，熬之。(同上)④犹块、片。|若大鱼，方寸～得用。软体之鱼，大鱼不好也。(八，脏、腤、煎、消法，606)《食经》曰："白菹：鹅、鸭、鸡白煮者，鹿骨，斫为～：长三寸，广一寸。"(八，菹绿，610)炙鱼：用小鳊、白鱼最胜。浑用。鳞治，刀细谨。无小用大，为方寸～，不谨。(九，炙法，624)又用作动词，按一定的尺寸切成块、片。|〔《食经》〕又云："～讫，肉汁中更煮，亦啖。"(八，菹绿，610)绿肉法：用猪、鸡、鸭肉，方寸～，熬之。(同上)按，②③④三义"二典"均未收。参看王云路、方一新(1992)"准"条。

【准常】zhǔn cháng 跟通常一样。|骡：驴覆马生骡，则～。以马覆驴，所生骡者，形容壮大，弥复胜马。(六，养牛、马、驴、骡，406)《校释》："'准常'犹言通常。"(407)按，"准常"的确切含义是"跟通常一样"，"准"有"跟……一样/相当"的意思。如果是"通常"，那么原句就不通了。《大词典》未收此词。

【准量】zhǔn liáng 计量；估量。|用米亦无定方，～麴势强弱。然其米要须均分为七分，一日一酘，莫令空阙，阙即折麴势力。(七，笨麴并酒，518—519)《大词典》首引三国魏嵇康《琴赋》："乃斫孙枝，～所任；至人摅思，制为雅琴。"次引《要术》(6·20)。

【著底】zhuó dǐ 黏着于锅底。|捋讫，于铛釜中缓火煎之——火急则～焦。(六，养羊，432)釜新则烧令皮～，釜小费薪火，釜渝令胶色黑。(九，煮胶，679)长作木匕，匕头施铁刃，时时彻底搅之，勿令～。(同上)《大词典》未收此词。

【子】zǐ ①动物的卵。|《广志》曰："蜀名梅为'藤'，大如雁

～。……"(四,种梅杏,279)"二典"均首引此例(4・164,423)。②结果实。|李欲栽。李性坚,实晚,五岁始～,是以藉栽。栽者三岁便结子也。(四,种李,277)"二典"均仅引此例(4・164,423)。

【子鹅】zǐ é 幼鹅;嫩鹅。|供厨者,～百日以外,子鸭六七十日,佳。过此肉硬。(六,养鹅、鸭,456)捣炙法:取肥～肉二斤,剉之,不须细剉。(九,炙法,619)衔炙法:取极肥～一头,净治,煮令半熟,去骨,剉之。(同上)《大词典》首引《要术》(4・175)。

【子实】zǐ shí 植物的种子。|既放勃,拔去雄。若未放勃去雄者,则不成～。(二,种麻子,123)然则凡木有～者,候其～将熟,皆其时也。(五,伐木,379)《大词典》未举书证,释义作"稻、麦、粟谷、高粱等粮食作物穗上的种子;大豆、小豆、绿豆等豆类作物豆荚内的豆粒"(4・174),既烦琐又不周全。

【子息】zǐ xī 孳生蕃息。|猗顿,鲁穷士,闻陶朱公富,问术焉。告之曰:"欲速富,畜五牸。"乃畜牛羊,～万计。(序,8)《大词典》仅引此例(4・171)。

【子鸭】zǐ yā 幼鸭;嫩鸭。|供厨者,子鹅百日以外,～六七十日,佳。过此肉硬。(六,养鹅、鸭,456)鸭煎法:用新成～极肥者,其大如雏。(八,脏、腤、煎、消法,606)取肥～一头,洗治,去骨,细剉。(九,炙法,620)《大词典》仅引《要术》一例(4・175)。

【紫菜】zǐ cài 甘紫菜的通称。|《南越志》云:"石莼,似～,色青。"(六,养鱼,463)《食经》曰:"白菹:鹅、鸭、鸡白煮者,鹿骨,斫为准:长三寸,广一寸。下杯中,以成清～三四片加上、盐、醋和肉汁沃之。——亦细切,苏加上。又云:准讫,肉汁中更煮,亦啖。少与米糁。凡不醋,不～。满奠焉。"(八,菹绿,610)〔《食次》曰:〕苦笋～菹法:……削讫,漉出,细切～和之。……～,冷水渍,少久自解。(九,作菹、藏生菜法,664—665)～:〔《广志》曰:〕"吴都海边诸山,悉生～。"又《吴都赋》云"纶、组、～"也。(十,菜茹,767)《大词典》仅引《本草纲目》一例(9・818)。按,《要术》中的"紫菜"一词均出现在引用南方著作中。

【自由】zì yóu 不受限制和拘束。|宜埋车轮为食场,散粟豆于内,小豚足食,出入～,则肥速。(六,养猪,444)《大词典》引《玉台新咏・古诗〈为焦仲卿妻作〉》:"吾意久怀忿,汝岂得～。"晋袁宏《后汉纪・灵

帝纪中》："今方权宦群居，同恶如市，上不～，政出左右。"《北史·尔朱世隆传》："既总朝政，生杀～，公行淫泆，信任群小，随情与夺。"（8·1308）

【自馀】zì yú 犹其馀；以外；此外。｜～杂香菜不列者，种法悉与此同。（三，种兰香，214）然枣——鸡口，槐——兔目，桑——虾蟆眼，榆——负瘤散，～杂木——鼠耳、虻翅，各其时。（四，栽树，256）～粉悉于甑中干蒸，令气好馏，下之，摊令冷，以麹末和之，极令调均。（七，笨麹并酒，512）～法用，一与前同。（同上，514）《大词典》引《晋书·孝友传序》："～群士，咸标懿德。"《水经注·阴沟水》："碑字所存惟此，～殆不可寻。"（8·1335）参看蔡镜浩（1990）"自馀"条，王云路、方一新（1992）"自馀"条。

【自在】zì zài 安闲自得；身心舒适。｜非直饮食遂性，舒适～；至于粪溺，自然一处，不须扫除。（六，养牛、马、驴、骡，406）不承大教，而反～，自令命短，何所怨咎。（《太平经》卷一一一）汝等当知此三乘法，皆是圣所称叹，～无系，无所依求。（后秦鸠摩罗什译《妙法莲华经》卷二）《大词典》引唐杜甫诗（8·1311）。

【总】zǒng 副词。都；全。｜堪作饭及饼饦，甚美。磨～尽，无麸。（二，大小麦，133）虽有五男儿，～不好纸笔。（陶潜《责子》诗）《广雅·释诂三》："总，皆也。"《大字典》首引杜预《春秋左氏传序》："传之义例，～归诸凡。"（1435）《大词典》首引唐杜牧诗（9·992）。参看江蓝生（1988）"总"条，董志翘、蔡镜浩（1994）"总"条。

【走失】zǒu shī 丧失；丢失。｜良久，淘汰，挼去黑皮，汤少则添，慎勿易汤；易汤则～豆味，令酱不美也。（八，作酱等法，536）《大词典》首引此例（9·1068）。

【觜】zuǐ 泛指形状或作用像嘴的东西。｜以绵幕铛～、瓶口，泻著瓶中。（五，种红蓝花、栀子，367）"二典"均首引《要术》（10·1359，1633）。

【作暖】zuò nuǎn 保温；保暖。｜秋冬仍留麻勿刈，为楮～。（五，种穀楮，347）《大词典》未收此词（1·1256）。

【作人】zuò rén 指役夫、匠人等劳动者。｜《列仙传》曰："丁次卿为辽东丁家～。丁氏尝使买葵，冬得生葵。问：'冬何得此葵？'云：'从日南买来。'"(十,菜茹,767)《大词典》引北魏郦道元《水经注·若水》:"其水东北流,迳博南山。汉武帝时,通博南山道,渡兰仓津,土地绝远,行者苦之,歌曰:'汉德广,开不宾,渡博南,越仓津,渡兰仓,为~。'"赵一清注:"作人,犹役徒也。"《法苑珠林》卷七一:"尝雇人筑宅,不还其值。~求钱,卞父鞭之。"(1·1246)参看李维琦(2004)"作人"条。

笔 画 索 引

本索引按《词典》首字笔画多少排列,笔画数相同的按一、丨、丿、、、乙的顺序排列。多字条目依此类推。

8 画

10 画

12 画

13　画

附录 《齐民要术校释》 (第二版)勘误表

页	行	误	正
封面		后魏	後魏
1	倒2	以身祷于桑林之祭，"	以身祷于桑林之祭。"
3	倒3	疑误。"	疑误。
7	倒2	故赵过始为牛耕。	故赵过始为牛耕，
8	倒7	使邮亭、乡官，皆畜鸡、豚，	使邮亭、乡官皆畜鸡、豚，
9	3	稀有安居。时	稀有安居时。
13	倒8	卷八二六织"	卷八二六"织"
14	3	所述事迹。	所述事迹，
18	倒7	鲍鱼之肆	"鲍鱼之肆
21	倒1	不厌其详。	，不厌其详。
28	2	南蚕俱是四眠"。"	南蚕俱是四眠。"
30	6	聯系	聯繫
30	7	"以校平"者	"以校平者"
35	倒3	张校作"象形从四口"劳校同，	张校作"象形，从四口"，劳校同，
36	9	可无语疵。	，可无语疵。
38	6	"盖言泽难遇	。"盖言泽难遇
43	11	;谓稠密	，谓稠密

页	行	误	正
45	倒9	魏文侯曰：：	魏文侯曰：
47	10	见《淮南子·主术训》。	应提前一字，顶格排。
49	倒11	慎无旱耕	慎无旱耕
55	倒6	"渥""潟"	"渥"、"潟"
58	2	"氾胜之"而题曰："术"	"氾胜之"而题曰"术"
58	倒16	,而刻书人	)，而刻书人
62	倒6	虽然指	显然指
63	10	郭璞(276—324)；	郭璞(276—324)：
63	倒4	太平谓之"雀不觉"	"太平"二字疑有误。
64	10	秆端凹曲也。"	秆端凹曲也。
65	倒1	谷田必须岁易	谷田必须岁易。
66	倒8	初角切	初角切。
67	5	《管子》曰	《管子》曰：
71	倒4	寻壐：逐壐，一壐一壐地。	寻壠：逐壠，一壠一壠地。
73	8	泥蟠"。	泥蟠。"
73	倒3	谚曰：	谚曰
73	倒1	"	。"
74	倒3	"	。"
76	8	则茂好也。	则茂好也。"
76	倒6	同《月令》	同《月令》，
79	11	)，	)"，
89	倒5	美田至十九石"……	美田至十九石，……

页	行	误	正
93	4	妇人同卷	妇人同巷
96	18	熟璞注	郭璞注
97	倒9	:涂"字注	"涂"字注
97	倒8	'涂"	'涂'
97	倒4	"伯,长也.'	'伯,长也.'
98	中间左上图	1 2　4 5 6	1 2 3 4 5 6
98	倒8	保墒抗旱。	保墒抗旱,
102	2	鸽之名	鷦鸽之名
103	8	均作:"鷦领".	均作"鷦领".
104	16	黍)	黍》
105	12	"疏黍虽科	疏黍虽科
107	11	槩	概
108	倒15	今人但指此为秫	今人但指此为秫
110	12	《胡江反》	"胡江反"
110	15	他博采汉人笺注。	他博采汉人笺注、
110	17	大和	太和
113	9	稀."	稀。
113	倒4	五月	正月
116	4	"	改成小号字。
116	5	《龙鱼河图》曰	改成大号字。
117	倒1	,【四】	【四】
118	2	,不任	逗号改成小号字。

续表

页	行	误	正
118	3	崔寔曰(	崔寔曰
118	倒2	，冬	逗号改成小号字。
118	倒5	欲薄	欲薄，
119	2	，种之	逗号改成小号字。
120	倒10	惟他处概作"喜"	"喜"字有误。
121	8	'蓜"	"蓜"
123	倒2	概则不科	概则不科。
124	倒11	麻之	"麻之
126	倒7	"	改成小号字。
127	13—14	"仲秋之月……行罪无疑。"	改成大号字。
131	16	减蚊作用	灭蚊作用
132	1	刈获也。"	"刈获也。"
132	倒10	《说文》，	《说文》
134	倒4	力引并同	所(?)引并同
136	4	多实"	"多实"
136	倒9	"磝碡	"磝碡"
136	倒1	粳、稻属。	粳,稻属。
139	倒7	萝筐	笒筐
141	倒6	"以《春秋传》曰："芟夷、蕰崇之。'	以《春秋传》曰：'芟夷、蕰崇之。'
141	倒5	，言芟刈其禾	逗号改成小号字。
145	14	可参改	可参考
150	5	不中为种子	不中为种子，

页	行	误	正
150	倒8	作"板"	作"版"
151	9	《本草图经》引	(《本草图经》引)
151	9	六稜、、	六稜,
151	10	名曰:"巨胜"	名曰"巨胜"
152	倒12	羊骹	"羊骹
152	倒2	永嘉美瓜	"永嘉美瓜
155	倒11	"本母子瓜"	"本母子瓜"
158	16	卷十:	卷十
165	2	匏,谓之瓠。	匏谓之瓠。
165	9	瓠畜	"瓠畜
166	倒2	无令亲土多疮瘢	无令亲土,多疮瘢
169	倒7	範陽	范陽
171	倒11	脂干肉	指干肉
171	倒3	範陽	范陽
176	8	【二】,	逗号改成小号字。
177	倒12	【一七】,/,全不中食	两个逗号均改成小号字。
177	倒11	【一八】,	逗号改成小号字。
179	倒14	裹面	裏面
182	6	菹,干葵	菹、干葵
182	倒2	桔槔	桔槔:
184	倒8	【八】,	逗号改成小号字。
184	倒4	燥则上在厨	燥则上在厨,
186	3	一二年生根	一二年生根,

页	行	误	正
188	倒 15	后漢書	後漢書
188	倒 13	剌史	刺史
190	8	飢荒	饑荒
191	倒 8	，置	逗号改成小号字。
191	倒 6	【一五】，/【一六】，	两个逗号均改成小号字。
191	倒 2	【一七】，	逗号改成小号字。
192	3	⑱	⑯
193	10	(见注释【七】	(见注释【七】)
193	倒 11	"至"，。/误作："全"	"至"，/误作"全"
194	倒 5	行株	行距
196	7	"土地之异。"	"土地之异"。
197	1	【八】，	逗号改成小号字。
197	7	【一二】	应删。
198	9	说的："别种"	说的"别种"
199	倒 4	"居洛阳城	居洛阳城
200	倒 16	蓊之言，郁蓊而起也	蓊之言郁蓊而起也
210	倒 6	皮则去之	夜则去之
212	5	格；	格：
213	14	裹菹	裹菹
217	倒 14	'家蓼"	'家蓼'
219	3	生姜，谓之苊姜	生姜谓之苊姜
221	3	尤其粪	尤宜(?)粪
223	11	结子亦同"。	结子亦同。"

页	行	误	正
223	14	不通用耳"。	不通用耳。"
225	倒 14	斸（yì）宾	斸（jì）宾
228	3	慎书如此。	慎书如此，
229	11	参见卷一《种谷》注释【一】。	68 页该注释无相应内容。
230	倒 1	》；	》：
233	5	薪炭。"	薪炭。
236	倒 7	蔽雨水也"	蔽雨水也。"
237	倒 13	枣糒	枣糒
239	14	縠（chú）	縠（hú）
240	14	桓墙	垣墙
240	倒 8	为差⑩	为差
240	倒 6	析麻⑪	析麻⑩
244	1	戟。"	戟"。
245	6	是何异异	是何异
258	8	金抄、明抄等作"漆"	"漆"字有误。
261	倒 14	可马相如	司马相如
267	倒 1	山桃【二】。	山桃【二】。"
268	9	"熟时	熟时
279	3	多了	此二字应有误。
284	倒 7	《食经》	、《食经》
287	倒 8	汝珍女	汝珍反
289	倒 10	后熟	後熟
289	倒 2	那里	那裏

续表

页	行	误	正
290	1	這里	這是
296	11	二畫	二書
315	10	种红蓝花、栀子	种红蓝花及栀子
316	7	乘之而还。"	乘之而还。
318	6	收獲	收穫
323	倒4	又名：	又名
326	倒5	治肥四十亩	治肥田十亩
329	倒3	相应。：	相应。
332	倒9	同功蚕，	同功蚕
332	倒1	于于	于
333	倒3	衣着，	衣着
335	3	误作:鹆爪"	误作"鹆爪"
337	倒10	觧	解
339	1	科菇	科茹
342	倒10	《诗》云：	《诗》云
344	倒8	北宋本等则	北宋本等作
347	9	穀(讹体)	穀
348	6	明年	明本
349	倒1	为系。	为系。"
351	10	根别	根
351	倒2	取掐去正心	便掐去正心
353	11	此指扦插：	此指扦插。
356	4	白桐。	白桐；

续表

页	行	误	正
356	5	梧桐；	梧桐。
357	4	于的	于
357	倒 2	昆陵集	毘陵集
358	3	放也	故也
359	6	断取	斸取
361	倒 7	令改复	今改复
366	倒 7	鸡鸣	鸡鸣
371	6	胰	"胰
372	倒 11	市	市
373	倒 11	并参看卷八《黄衣、黄蒸及糵》注释【二】。	按，此当有误。533 页该注下无相应内容。
373	倒 8	瓮	甕
377	7	速竞	速竟
378	倒 5	一头"	"一头"
383	倒 4	何可巳乎	何可已乎
387	5	皆可秉致	皆可乘致
389	倒 8	细致缴	细緻
392	10	關系	關係
395	10	辅骨	辅肉
401	倒 7	字術	字衍
402	倒 15	"要	要
407	17	明抄误作"筵"	明抄误作"筵(?)"
407	倒 6	"取取"	"取取"，
413	4	臾	?（俗体）

续表

页	行	误	正
421	2	【二】	【一】
421	10	【三】	【三】,
422	13	)	)，
423	12	二曰	二日
423	倒6	入田。	入田，
424	8	"十一月	"十一月
424	18	嫩也	嫩也
426	14	岔尘	坌尘
427	倒9	并	並
428	倒7	非直……然	非直……然……
435	倒5	下文解；	下文解：
437	7	泻者	泻著
439	倒2	皆以中水	皆以中水。
440	倒1	跳遇	跳过
443	2	曰①：	曰①："
443	9	则死伤⑧	则死伤⑧。
443	倒6	犍者、	犍者，
444	倒4	"金抄	"金抄"
445	6	黄校脱：	黄校脱；
445	倒5	ba	bā
445	倒3	三岁曰豜	三岁曰豜
446	4	柔毛；	柔毛：
447	倒7	"《鸡三尺曰鹍》	鸡三尺曰鹍

页	行	误	正
449	6	之鸡	之鸡"
451	10	"雏"	退后两格。
451	13	"音爥"	"音爥"。
455	6	"野鸭	野鸭
455	12	后輩	後輩
455	16	后有	後有
455	倒1	后以	後以
456	3	日后	日後
457	倒5	"当"	"当",
469	倒6	"孟康曰	引号改成小号字。
469	倒6	牛马贵贱,	逗号改成小号字。
469	倒5	率【五】。"	引号改成小号字。
469	倒5	"师古曰	引号改成小号字。
469	倒3	"楸	引号改成小号字。
470	倒12	日章曹掾	曰章曹掾
471	6	鲍千钧;	鲍千钧,
471	9	:	改成小号字。
471	倒4	,	改成小号字。
471	倒4	""	"
471	倒3	贫何卒,	贫何卒?
473	3	重復	重複
475	倒11	橡	掾
482	倒10	Zhàng	zhàng

页	行	误	正
486	14	即是	既是
497	11	迴易	迴易,
498	倒 10	十月獲稻	十月穫稻
498	倒 10	"周	周
498	倒 4	至使	致使
502	10	"六斗"	"六斗"
502	15	无比用例	无此用例
502	19	径宿	经宿
512	2	异	異
516	3	多少饮	多少饭
524	倒 7	枣"	枣'
526	1	摊食	摊令
529	倒 10	笼;	笼:
536	11	、居卹反	居卹反、
538	倒 7	豆多麦小	豆多麦少
539	倒 9	营	此字疑有误
540	3	復雜	複雜
540	9	称谓	称为
540	倒 2	瓶①	瓶②
546	倒 6	逐夷。"	逐夷"。
547	倒 6	水乃黄衣	水及黄衣
548	13	麴未	麴末
558	2	水苦酒法;	水苦酒法:

页	行	误	正
560	倒 4	相绩	相续
561	倒 1	斗擞	抖擞
563	倒 11	币	帀
564	倒 3	復雜	複雜
569	3	然后	然後
572	3	然后	然後
573	8	韭菁;	韭菁:
573	倒 9	不成任者	不成任食
574	倒 10	有:	有
576	14	"榨字"	"榨"字
579	7	捣令熟:	捣令熟;
579	倒 11	名曰:	名曰
580	4	瘃	瘃
580	5	其鱼。草裹泥封。	其鱼,草裹泥封,
580	倒 5	倚鹹【一七】	倚鹹
582	3	薄析曰脯。……小物全干,"	"薄析曰脯。…… 小物全干。"
586	12	什味	什麼味
588	12	笋	"笋
588	19	綱狀	網狀
595	倒 3	菜者	菜肴(?)
596	3	铜拌	铜柈
596	14	可以	可是

页	行	误	正
596	18	淡笋干。)	淡笋干。
598	11	半熟①【一】	半熟①【二】
602	倒 10	綱胃	網胃
604	11	聯系	聯繫
604	15	復以	"復以
604	19	"牖"	"牖"
604	倒 1	《集韵》	,《集韵》
606	9	一名'猪肉盐豉"	一名"猪肉盐豉"
607	倒 5	之法	之法"
608	7	刊刻之功,	刊刻之功
609	3	故名'五侯鲭"	故名"五侯鲭"
617	7	金抄作"攀"	"攀"字有误。
617	16	明抄误作"凌雪"	"凌雪"有误。
618	4	烧吃	爱吃
619	8	之④	之【四】
619	倒 2	适合	适口
623	倒 8	助诸物	助(?)诸物
623	倒 1	【19】	⑲
624	1	【20】	⑳
624	13	并列,	并列。
626	13	簇;	簇:
628	倒 7	割作捧炙形	割作棒炙形
630	11	蹲	蹲

页	行	误	正
631	倒 2	蹲	蹲
637	倒 10	书书	农书
641	9	④"篔"	④"篔"
642	倒 8	二升，	二升
642	倒 4	最胜。	最胜⑩。
642	倒 1	宜	字
643	17	空等	空白
644	倒 8	不穑	不獲
647	倒 8	餳鋪	餳舗
651	4	菰殼	菰穀
651	倒 7	輿	與
652	12	菰殼	菰穀
666	倒 7	用之。	用之。"
667	倒 1	黄壤	黄壞
673	倒 3	货买	货卖
676	12	抬	撞
682	6	青绳	青蝇
682	7	"文献	文献
682	11	黄牛	"黄牛
684	倒 3	亦日	亦曰
693	1	注曰；	注曰：
694	8	后漢	後漢
694	14	什么	什麽

页	行	误	正
695	6	俞氏时	俞氏时,
701	13	并有	並有
706	13	《东方朔》	东方朔
708	倒13	相斗击;良久,	相斗击良久;
715	倒1	困	因
722	8	(二)	【二】
722	9	(三)	【三】
726	3	につひて	について
729	倒8	《唐韵古音》	《唐韵》古音
731	倒6	剖之	割之
731	倒5	千岁。	千岁。"
732	倒2	高五六丈	高六七丈
733	倒8	'椰木'	椰木
738	6	并食	並食
738	倒11	只槟榔树	只有槟榔树
740	5	《州》	"州"
746	倒15	形像	形象
751	1	干脆	幹脆
755	倒10	,名同实异	名同实异
756	8	浮海而至	浮海而至,
756	10	刘宗	南朝宋
760	倒9	有以	有似
763	倒12	乳蕉。	乳蕉:

页	行	误	正
763	倒 9	水,,	水,
769	2—3	《淮南子·原道训·墬形训》	《淮南子·原道》《墬(地)形》
769	9	荤菜。"	荤菜。'"
779	倒 6	"谢沐"	"谢沐"
781	倒 11	無	"蕪"
783	倒 5	休"	"休"
787	倒 3	山者	小者
788	5	曰⑨	曰②
788	倒 7	殿名。	殿名,
789	9	"堇	'堇
790	3	〔四〕	【四】
790	4	'七禽方"	'七禽方'
791	3	吃白蒿/作腌菜吃	喫白蒿/作腌菜喫
797	9	鄧將	"鄧"字应有误。
798	6	披似形	披针(?)形
798	7	*Huán*	Huán(非斜体)
798	倒 2	训话	训诂
805	倒 8	邛有旨召	邛有旨苕
805	倒 6	叶以蒺藜	叶似(?)蒺藜
805	倒 3	郭璞	郭璞注
806	8	不误	之误
817	6	"锤藤"	"锤藤"
817	倒 15	断续	续断(?)

页	行	误	正
817	倒 13	"续断"藤	"续断藤"
817	倒 7	鐘藤	鍾藤
817	倒 3	最后	最後
817	倒 2	鐘藤	鍾藤
818	11	或	)或
819	1	藜:同"藜",	后一"藜"字有误。
819	5	那末。	那末,
821	倒 11	谓之'菰手",今人作'菰首"	谓之'菰手',今人作'菰首'
821	倒 10	蔬",注云:'似土菌,生菰草中",	蔬',注云:'似土菌,生菰草中.'
822	6	蘇	薊
824	1	'守气"。	'守气'。"
824	2	守气"	"守气"
824	倒 10	"玉札"	'玉札'
825	3	粗状	粗壮
825	倒 2	kuàn	kuài
827	2	名略同	字略同
827	10	之士	之土
828	5	fóu	fú
831	倒 16	取字	字
831	倒 4	已"。	已。"
833	倒 13	疏义	义疏
833	倒 12	微苦也"。	微苦也。"
836	10—11	种和品种	疑有误。

页	行	误	正
838	11	女贞	。女贞
839	倒3	《十洲记》	退后两格。
840	倒1	又有赤棣树,亦似白棣,	又有赤棣,树亦似白棣,
845	14	我国	退后一格。
846	倒1	煮食之可以疗饥"。	煮食之,可以疗饥。"
847	3	疗馑渴者,辄得之。饱不得持去。	疗饥渴者,辄得之饱。不得持去。
847	4	西河旧河	西河旧事
853	倒8	【一】	【一】。
856	倒13	一千	一年
858	倒9	有"乃"字	没(?)有"乃"字
861	4—5	就是《广志》有	就是由《广志》有
862	倒14	山人呼为棠杭子	山人呼为棠杭子
862	倒14	山人呼门为羊杭子	山人呼为羊杭子
862	倒7	杜甫《杜工部草堂诗笺》	《诗笺》的作者非杜甫。
863	2	康棣	唐棣
866	倒7	。果实	,果实
867	7	椭圆形	椭圆形,
869	9	都咸树	"都咸树
870	倒8	作"桶子",……名同实异。	作'桶子',……名同实异。"
870	倒7	异	異
871	倒10	也。"	也"。
872	倒1	P.	p.

主要参考文献

贝罗贝 1998 上古、中古汉语量词的历史发展,《语言学论丛》第 21 辑, 商务印书馆。

蔡镜浩 1989 魏晋南北朝词语考释方法论——《魏晋南北朝词语汇释》编撰琐议,《辞书研究》第 6 期;又收入王云路、方一新编《中古汉语研究》,商务印书馆,2000 年。

蔡镜浩 1990《魏晋南北朝词语例释》,江苏古籍出版社。

曹广顺 1995《近代汉语助词》,语文出版社。

程湘清 1982 先秦双音词研究,载程湘清主编《先秦汉语研究》,山东教育出版社。

程湘清主编 1992《魏晋南北朝汉语研究》,山东教育出版社。

崔效杰、薛彦斌编 2006《〈齐民要术〉研究专家学者概览·中国篇》(打印本),潍坊科技职业学院贾思勰农学思想研究所编印。

崔效杰、薛彦斌编 2006《〈齐民要术〉研究著名专家学者传记、追忆录汇编》(打印本),潍坊科技职业学院贾思勰农学思想研究所编印。

董秀芳 2002/2011《词汇化:汉语双音词的衍生和发展》,四川民族出版社/商务印书馆(修订本)。

董志翘 1985 “脚”有“足”义始于何时?,《中国语文》第 5 期。

董志翘、蔡镜浩 1994《中古虚词语法例释》,吉林教育出版社。

段业辉 2002 论《齐民要术》的助动词“中”,《中古汉语助动词研究》附录二,南京师范大学出版社。

方一新、王云路 2006《中古汉语读本》(修订本),上海教育出版社。

傅玉坤编著 2006《〈齐民要术〉难字解》(稿本),《齐民要术》研究会、潍坊科技职业学院。

葛能全 1988《〈齐民要术〉谚语、民谣、成语、典故浅释》,知识出版社。

古屋昭弘 2000《齐民要术》中所见的使成式 Vt＋令＋Vi,原载《日本中国学会报》52,又收入朱庆之编《中古汉语研究》(二),商务印书馆,2005 年。

何　杰 2000《现代汉语量词研究》,民族出版社。

何乐士 1982《左传》的单句和复句初探,载程湘清主编《先秦汉语研究》,山东教育出版社。

何乐士 1984 从《左传》和《史记》的比较看《史记》的动补式,《东岳论丛》第 4 期;又收入其《古汉语语法研究论文集》,商务印书馆,2000 年。

何乐士 1992《史记》语法特点研究——从《左传》与《史记》的比较看《史记》语法的若干特点(第七部分),收入程湘清主编《两汉汉语研究》,山东教育出版社。

洪　诚 1963 略论量词“个”的语源及其在唐以前的发展情况,《南京大学学报(人文科学)》第 2 期。

黄盛璋 1961 两汉时代的量词,《中国语文》第 6 期。

黄载君 1964 从甲骨文金文量词的应用考察汉语量词的起源与发展,《中国语文》第 6 期。

江蓝生 1988《魏晋南北朝小说词语汇释》,语文出版社。

蒋礼鸿 2001《蒋礼鸿集》(全六卷),浙江教育出版社。

蒋绍愚 1999 汉语动结式产生的时代,《国学研究》第六卷;又收入其《汉语词汇语法史论文集》,商务印书馆,2000 年。

蒋绍愚 2003 魏晋南北朝的“述宾补”式述补结构,《国学研究》第十二卷。

蒋绍愚 2005《近代汉语研究概要》,北京大学出版社。

阚绪良 1998 南北朝时期的副词“伤”,[日本]《中国语研究》第 40 号。

阚绪良 2003《齐民要术》词语札记,《语言研究》第 4 期。

李长年 1959《齐民要术研究》,农业出版社。

李立雄、蔡梦琪、温卫红译 2006《〈齐民要术〉译文》(打印本),寿光贾思勰学术研究会编印。

李　平 1987《世说新语》和《百喻经》中的动补结构,《语言学论丛》第 14 辑,商务印书馆。

李荣主编 2002《现代汉语方言大词典》(6 卷本),江苏教育出版社。

李维琦 2004《佛经词语汇释》,湖南师范大学出版社。

李新魁 1990 论"醋、酢"互易,《中国语文》第 2 期。

梁家勉 1957《齐民要术》的撰者注者和撰期,《华南农业科学》第 3 期。

梁家勉 1982 有关《齐民要术》若干问题的再探讨,《农史研究》第 2 辑,农业出版社。

梁家勉 1982 审阅《中国农业文献词汇考释》一稿的意见,《整理古农书文稿汇编》,农业出版社。

梁家勉 1985《齐民要术》成书时代背景试探,《农史研究》第 6 辑,农业出版社。

梁家勉 1988 有关《齐民要术》的几个问题答天野先生,《农史研究》第 7 辑,农业出版社。

刘承慧 1999 试论使成式的来源及其成因,《国学研究》第六卷,北京大学出版社。

刘丽川 1984 试论《搜神记》中的结果补语,《语文研究》第 4 期。

刘世儒 1965《魏晋南北朝量词研究》,中华书局。

柳士镇 1989 从语言角度看《齐民要术》卷前《杂说》非贾氏所作,《中国语文》第 2 期。

柳士镇 1992/2019《魏晋南北朝历史语法》,南京大学出版社/商务印书馆(修订本)。

柳士镇 1998/2019《语文丛稿》,南京大学出版社。

鲁国尧 2002 "颜之推谜题"及其半解(上),《中国语文》第 6 期。

鲁国尧 2003 "颜之推谜题"及其半解(下),《中国语文》第 2 期。

鲁国尧 2003《鲁国尧语言学论文集》,江苏教育出版社。

栾调甫 1994《齐民要术考证》,(台湾)文史哲出版社。

罗竹风主编 1990—1993《汉语大词典》(12 卷本),汉语大词典出版社。

骆晓平 1989 史书词语札记·自余/自外,《古汉语研究》第 1 期。

骆晓平 1990 汉魏六朝汉语词汇双音化倾向三题,《古汉语研究》第 4 期,又收入王云路、方一新编《中古汉语研究》,商务印书馆,2000 年。

梅祖麟 1991 从汉代的"动、杀"、"动、死"来看动补结构的发展——兼论中古时期起词的施受关系的中立化,《语言学论丛》第 16 辑,商务印书馆。

缪启愉 1988《齐民要术导读》,巴蜀书社。

缪启愉 1998《齐民要术校释》(第二版),中国农业出版社。

潘法莲 1984 读《中国农学书录》札记五则,《中国农史》第 1 辑。

潘允中 1980 汉语动补结构的发展,《中国语文》第 1 期。

潘允中 1982《汉语语法史概要》,中州书画社。

《齐民要术》研究会、潍坊科技职业学院 2006《〈齐民要术〉研究文集》(打印本)。

钱钟书 1986《管锥编》(全五册),中华书局。

邱　冰 2004 副词"白"的始见书证,《中国语文》第 2 期。

邵慧君 2004 "侬"字称代演化轨迹探论,《中国语文》第 1 期。

石声汉 1958《齐民要术今释》,科学出版社。

石声汉 1961《齐民要术选读本》,农业出版社。

史光辉 1997《齐民要术》复音词研究,贵州大学硕士论文。

史光辉 1998 从《齐民要术》看《汉语大词典》编纂方面存在的问题,《东南学术》第 5 期。

史光辉 1999《齐民要术》偏正式复词初探,《广播电视大学学报》第 1 期。

史光辉 2007《温州图书馆藏孙诒让批校本〈齐民要术〉述略》,中国训诂学研究会主编《孙诒让研究论文集》,百花洲文艺出版社。

帅志嵩 2005 "仍"当"仍然"讲时代管窥,《汉语史研究集刊》第 8 辑,巴蜀书社。

宋绍年 1994 汉语结果补语式起源再探讨,《古汉语研究》第 2 期。

〔日〕太田辰夫 2003《中国语历史文法》(修订译本),蒋绍愚、徐昌华译,北京大学出版社。

唐作藩 2001 汉语词汇发展简史,收入其《汉语史学习与研究》,商务印书馆。

〔日〕天野元之助 1992《中国古农书考》,彭世奖、林广信译,农业出版社。

田惠岳 1988 我国唯一的《齐民要术》"院刻"抄本——小岛尚质抄本的发现,《农史研究》第 7 辑,农业出版社。

万国鼎 1956 论《齐民要术》,《历史研究》第 1 期。

万国鼎 1957《氾胜之书辑释》,农业出版社。

汪维辉 1991a《汉语大词典》摘瑕(再续),《宁波师院学报》第 4 期。

汪维辉 1991b《汉语大词典》一、二、三卷读后,《中国语文》第 4 期。

汪维辉 1992 新版中学课本文言文注释商兑拾补,《古汉语研究》第 3 期。

汪维辉 1997 先唐佛经词语札记六则,《中国语文》第 2 期。

汪维辉 1998 系词"是"发展成熟的时代,《中国语文》第 2 期。

汪维辉 2000a《周氏冥通记》词汇研究,《中古近代汉语研究》第 1 辑,上海教育出版社。

汪维辉 2000b/2017《东汉—隋常用词演变研究》,南京大学出版社/商务印书馆(修订本)。

汪维辉 2000c 唐宋类书好改前代口语——以《世说新语》异文为例,(台湾)《汉学研究》第 18 卷第 2 期;又载于《南大语言学》第 1 编,商务印书馆,2004 年。

汪维辉 2001 汉魏六朝"进"字使用情况考察——对《"进"对"入"的历时替换》一文的几点补正,《南京大学学报》第 2 期。

汪维辉 2002a "所以"完全变成连词的时代,《古汉语研究》第 2 期。

汪维辉 2002b《齐民要术》"喜烂"考辨,《古籍整理研究学刊》第 5 期。

汪维辉 2003《齐民要术校释》商补,《文史》第 4 辑(总第 64 辑)。

汪维辉 2004 试论《齐民要术》的语料价值,《古汉语研究》第 4 期。

汪维辉 2006《齐民要术》卷前"杂说"非贾氏所作补证,《古汉语研究》第 2 期。

汪维辉 2009《"雌黄治书"究竟是怎么一回事?——纠正白寿彝主编〈中国通史〉的一处疏失》,《中国语学研究·开篇》第 28 卷,〔日〕好文出版。

王继如 1990 魏晋南北朝疑难词语辨析三则,《中国语文》第 5 期。

王继如 2001《训诂问学丛稿》,江苏古籍出版社。

王　力 1958/1980《汉语史稿》(中册),科学出版社/中华书局。

王　力 1944《中国语法理论》,商务印书馆;又《王力文集》第一卷,山东教育出版社,1984 年。

王　力 1989《汉语语法史》,商务印书馆。

王小莘 1997 魏晋南北朝词汇研究与词书的编纂,《中国语文》第 4 期。

王　锳 1982 云梦秦墓竹简所见某些语法现象,《语言研究》第 1 期。

王云路、方一新 1992《中古汉语语词例释》,吉林教育出版社。

王毓瑚 1964《中国农学书录》,农业出版社。

王云路 1999《六朝诗歌语词研究》,黑龙江教育出版社。

王云路 2002《词汇训诂论稿》,北京语言文化大学出版社。

王仲荦 1961 有关《齐民要术》的几个问题,《文史哲》第 3 期。

吴承仕 1986《经籍旧音序录　经籍旧音辨证》,中华书局。

吴福祥 2000 关于动补结构"V 死 O"的来源,《古汉语研究》第 3 期。

吴　晗 1960 古代的农书——《齐民要术》,《灯下集》8—10,三联书店。

吴金华 1981《三国志》解诂,《南京师范学院学报》第 3 期;又收入王云路、方一新编《中古汉语研究》,商务印书馆,2000 年。

吴金华 1986 "脚"有"足"义始于汉末,《中国语文》第 4 期;又收入其《古文献研究丛稿》,江苏教育出版社,1995 年。

吴金华 1988 佛经译文中的汉魏六朝语词零拾,《语言研究集刊》第 2 辑,江苏教育出版社;又收入其《古文献研究丛稿》,江苏教育出版社,1995 年。

武　英 1984 贾思勰与《齐民要术》,《天津日报》2 月 14 日。

项　楚 1991《王梵志诗校注》,上海古籍出版社。

项　楚 2000《寒山诗注(附拾得诗注)》,中华书局。

徐中舒主编 1993《汉语大字典》(缩印本),四川辞书出版社、湖北辞书出版社。

许宝华、[日] 宫田一郎主编 1999《汉语方言大词典》(5 卷本),中华书局。

[荷] 许理和 1998《佛教征服中国》,李四龙、裴勇等译,江苏人民出版社。

颜洽茂 1997《佛教语言阐释——中古佛经词汇研究》,杭州大学出版社。

杨建国 1959 补语式发展试探,《语法论集》第三集,商务印书馆。

杨　平 1989 "动词＋得＋宾语"结构的产生和发展,《中国语文》第 2 期。

杨树达 1965《词诠》,中华书局。

〔清〕永　瑢等 1983《四库全书总目》,中华书局。

游修龄 1981 古农书疑义考释(七则),《中国农史》第 1 辑。

游修龄 1985 古农书疑义考释(四则),《农史研究》第 6 辑,农业出版社。

于安澜 1989《汉魏六朝韵谱》,河南人民出版社。

于　江 1996 近代汉语"和"类虚词的历史考察,《中国语文》第 6 期。

余嘉锡 1980《四库提要辨证》,中华书局。

余健萍 1957 使成式的起源和发展,《语法论集》第二集,商务印书馆。

翟宛华等 1981 贾思勰与《齐民要术》,《兰州学刊》第 1 期。

詹秀慧 1973《世说新语语法探究》,(台湾)学生书局。

张万起 1993《世说新语词典》,商务印书馆。

张万起 1998 量词"枚"的产生及其历史演变,《中国语文》第 3 期。

张熙惟 2004《贾思勰与〈齐民要术〉》(《齐鲁历史文化丛书》第五辑),山东文艺出版社。

张涌泉 2000《汉语俗字丛考》,中华书局。

张永言 1982/2015《词汇学简论》,华中工学院出版社/复旦大学出版社(增订本)。

张永言 1985/2015《训诂学简论》,华中工学院出版社/复旦大学出版社(增订本)。

张永言主编 1992《世说新语辞典》,四川人民出版社。

张永言 1999/2015《语文学论集》(增补本),语文出版社/复旦大学出版社(增订本)。

张永言、汪维辉 1995 关于汉语词汇史研究的一点思考,《中国语文》第 6 期。

章太炎 1999《新方言》,《章太炎全集》(七),上海人民出版社。

浙江农业大学理论学习小组 1976《齐民要术及其作者贾思勰》,人民出版社。

志村良治 1995《中国中世语法史研究》,江蓝生、白维国译,中华书局。

中国社会科学院语言研究所词典编辑室编 2005《现代汉语词典》(第5版),商务印书馆。

钟兆华 2002 汉语牵涉介词试论,《中国语文》第2期。

周迟明 1957 汉语的连动性复式动词,《语言研究》第2期。

周迟明 1958 汉语的使成式复合动词,《文史哲》第4期。

周法高 1961《中国古代语法·造句编(上)》,台湾史语所专刊之三十九。

周一良 1997《魏晋南北朝史论集》,北京大学出版社。

周志锋 1993 释"正昼",《辞书研究》第6期。

周志锋 1995 近代汉语词语选释,《语言研究》第2期。

周志锋 1998《大字典论稿》,浙江教育出版社。

周祖谟 1996《魏晋南北朝韵部之演变》,(台湾)东大图书公司。

朱德熙 1999《语法讲义》,《朱德熙文集》第1卷,商务印书馆。

朱冠明 2002 副词"其实"的形成,《语言研究》第1期。

祝敏彻 1958 先秦两汉时期的动词补语,《语言学论丛》第2辑,商务印书馆。

祝敏彻 1963 使成式的起源和发展,《兰州大学学报》(人文科学)第2期。

初 版 后 记

　　本书是我承担的国家社科基金项目"《齐民要术》词汇语法研究"（批准号：00BYY013）的最终成果，首先要感谢国家社科基金及各位评委专家的支持。从2000年批准立项，一晃六年多过去了，其间杂事纷扰，研究工作时断时续，进行得相当艰苦。2002年秋至2003年夏，我在韩国延世大学任教，这部书稿也曾跟着我的笔记本电脑在汉城毋岳山下的宿舍里陪伴我度过许多课余时间。由于不断地分心，加上自己缺乏定力，学识有限，原先的一些设想没有实现，留下不少遗憾。我已经没有耐心再磨下去了，还是先拿出来接受广大同行的批评吧。项目2005年结项，承蒙评审专家们抬爱，被评为"优秀"，但我并不因此感到轻松，倒是十分惶愧。

　　感谢业师鲁国尧先生给予本课题的关怀和支持。由于先生实在太忙，我一直没敢拿这份不像样的作业去打扰他。业师张永言先生也始终关注着课题的进展，时常提供信息和建议。好友方一新教授和友生杨荣贤博士、真大成博士、刘君敬硕士认真阅读了书稿并提出了许多建设性的意见，纠正了初稿中的不少疏误，好友储泰松教授就论谚语部分补正多处，都让我感受到切磋琢磨之乐。友人史光辉教授赠我温州图书馆所藏孙诒让批校本《齐民要术》照片的光盘和他写的几篇论文；友生邱冰博士为我从国家图书馆复印了栾调甫先生的《齐民要术考证》这部极为重要的著作；友生方云云硕士替《〈齐民要术〉新词新义词典》编制了笔画索引。谨向以上各位致以深切的谢意。上海教育出版社张荣先生一力襄赞，使本书有了面世求教的机会，作者铭感于心。爱妻石方红女士自始至终给予我支持，是她一字一句替我输入了《齐民要术》全书，并一次次校对，为课题的顺利展开提供了保证。还有许多师长和朋友给过作者各种各样的帮助，在这里统致谢忱。

书稿终于杀青了,此时最深切的感受是:做学问太难了。就拿这个小小的课题来说,要想把它做得差强人意,也着实不容易。作为一部专书的语言研究,本来应该包括语音,但我对音韵学和语音史素无研究,所以这一方面只好阙如。书虽名曰《〈齐民要术〉词汇语法研究》,其实并非全面系统的研究,只是专题研究性质,即根据研究对象的特点和个人的兴趣,选择了几个专题进行探讨。像复音词这样的热门问题,因为已经有几位同行写过专门的论文,本书就不再置论。《齐民要术》全书虽然只有近14万字,本书也只研讨其中的几个词汇和语法专题,但涉及的问题仍然十分广泛,相关的研究论著相当丰富,笔者虽然尽可能地搜求来研读,但没有寓目的仍不在少数,特别是由于本人外文底子薄弱,海外尤其是日本学者的一些重要论著未能直接阅读,这是自己深感不安的。

家乡俗语云:"慢廿岁,快三十。"意思是说,从二十岁到三十岁好像觉得时间过得比较慢,一上了三十,就过得快了。这话真是经验之谈。三十快,四十似乎更快,转眼间自己已到了将近"知天命"之年,日子仿佛越过越快。要做的事情太多,总觉得时间不够,更越来越深切地感到学力不逮。书中的疏误和不周,恳请海内外同道是正。

作　者
2006 年 8 月 28 日于南京清凉山庄寓所

修订本后记

一转眼，本书出版已经 12 年了，我也已年过"耳顺"。值此修订本行将付梓，再啰唆几句。

此次修订除了改正少量校对错误，附录部分增加两条勘误外，实质性的修改只涉及下编里的三个词条：【捻】条修改了注音和释义，并加写了说明；【强】条修改了注音；【郁浥】条增加了"郁裹"的异写和书证。由于没有时间和精力作全面修订，初版后记中提到的一些缺憾只能仍旧；十多年来，初版引用的不少著作都已经有了修订本，也未能一一核对更新。以上两点请读者见谅。

拙著出版后，承蒙好友方一新教授撰写书评予以推介（《语言文字周报》2008 年 1 月 9 日第四版），中多溢美之词，愧不敢当。2009 年 4 月，收到上海教育出版社的公函："汪维辉教授：您的著作《〈齐民要术〉词汇语法研究》参加 2007—2008 年度上海市新闻出版局重点图书编校质量检查，结果令人满意，获得一致好评。出版社认为此书研究水平上乘，作者学风严谨，是一部有较高学术价值的著作。"同年秋天，本书荣获教育部"高等学校科学研究优秀成果奖（人文社会科学）"二等奖。这些都是对我的鼓励和鞭策，在此深表感谢。

同时我要衷心感谢上海教育出版社语言文字出版中心让本书有修订重版的机会。

期盼读者诸君不吝赐教。

作　者

2019 年 10 月 10 日于浙江大学汉语史研究中心

西溪校区行政楼 427 室

图书在版编目（CIP）数据

《齐民要术》词汇语法研究 / 汪维辉著. — 修订本.
— 上海：上海教育出版社，2020.11
ISBN 978-7-5720-0212-0

Ⅰ.①齐… Ⅱ.①汪… Ⅲ.①《齐民要术》–词汇–
研究②《齐民要术》–语法–研究 Ⅳ.①H141

中国版本图书馆CIP数据核字(2020)第185528号

责任编辑　徐川山
封面设计　陆　弦

《齐民要术》词汇语法研究（修订本）
汪维辉　著

出版发行　上海教育出版社有限公司
官　　网　www.seph.com.cn
地　　址　上海市永福路123号
邮　　编　200031
印　　刷　上海展强印刷有限公司
开　　本　640×965　1/16　印张24.25　插页4
字　　数　350千字
版　　次　2020年11月第1版
印　　次　2020年11月第1次印刷
书　　号　ISBN 978-7-5720-0212-0/H·0008
定　　价　93.00元

如发现质量问题，读者可向本社调换　电话：021-64377165